개정판

e스포츠의 이해

Understanding eSports

이상호

박영사

이 저서는 2019년 대한민국 교육부와 한국연구재단의 지원을 받아
수행된 연구임(NRF-2019S1A5C2A02083190)

개정판을 내면서
Preface
유일하게 불변하는 것은 변화이다(Lucretius, c.99-c.55 BC).

2021년 초판을 내고 3년의 시간이 흘렀다. 그동안 e스포츠에 대한 관심과 인식도 저자가 처음 e스포츠를 공부할 때와 비교하면 많이 바뀌었다. 디지털 기기와 디지털 플랫폼 기반의 e스포츠는 젊은 세대를 넘어 30, 40대도 즐기는 엔터테인먼트 산업으로 확대되었고, 이제 게임사 주관의 대회 규모를 넘어 아시안게임에서도 정식종목으로 채택하였다. IOC도 PC 기반의 e스포츠와 VR e스포츠를 올림픽의 한 종목으로 고려하고 있다.

e스포츠의 대중적 관심은 문화적, 경제적, 산업적 관심으로 이어지게 되었고, 이는 e스포츠의 학문적 관심으로 확장되었다. 이에 따라 한국을 포함한 전 세계의 대학에서 e스포츠를 체계적으로 논의하기 위한 e스포츠 관련 학위 과정이 신설되었다. 그럼에도 불구하고 e스포츠를 전체적으로 조망하는 학문적 체계가 아직 미흡한 것은 사실이다. e스포츠는 비디오 게임, 스포츠, 미디어, 엔터테인먼트, 경영학, 컴퓨터 공학 등의 요소가 개입된 학제적 연구라는 점에서 더 많은 연구가 축적되어야 한다. 물론 현재 e스포츠의 지속 가능성과 독립적인 e스포츠학(學)에 대해서도 회의적인 관점도 존재한다. e스포츠의 학문적 연구는 디지털 속도만큼 따라 잡지 못하고 있는 것이 사실이다. 하지만 디지털 기술의 발달에 따라 e스포츠 종목은 달라질 수 있지만, 디지털

i

기기와 디지털 플랫폼에서의 경쟁은 사라지지 않을 것이다. 가까운 미래에 우리는 생성형 인공지능과 경쟁하는 날이 올지도 모른다.

초판은 저자 자신의 e스포츠 연구의 결과물이다. 하지만 급속하게 변화하는 e스포츠 현상을 추가할 필요가 있어 개정판을 내게 되었다. 그렇다고 해서 전혀 새로운 책이 아니다. e스포츠 재미와 열광에 대한 인지적 특성과 관련된 연구[1]를 추가하였고, 초판에서 보인 미흡한 내용을 수정 및 보완하였다. 다만 개정판에서는 e스포츠에 관심 있는 학생에게 도움이 되기 위해서 각각의 장마다 토론할 내용을 추가하였다. 그리고 심도 있는 e스포츠 이해를 위해 관련된 책을 소개하였다. 물론 개정판을 내면서 아쉬운 것이 있다. e스포츠와 미디어, 엔터테인먼트, 비즈니스, 문화, 윤리 등의 분야를 추가하지 못한 부분이다. 이는 차후로 기약하기로 한다.

저자가 초판을 낼 때 'e스포츠는 스포츠이다'라고 하였지만, 지금은 'e스포츠는 e스포츠이다'라고 생각한다. 이러한 저자의 주장은 e스포츠만의 학문적 영역을 갖기 위한 출발점이다. 그러나 아직 e스포츠의 학문적 내용은 많은 논의, 토론, 비판의 여지가 존재한다. 하지만 e스포츠를 연구할 때마다 저자에게 힘이 되는 구절이 있다. 실용주의 철학자와 심리학자인 윌리엄 제임스(William James)에 따르면 "새로운 이론은 처음에는 불합리하다고 공격받다가, 그 다음에는 참이긴 하지만, 뻔하고 무의미하다고 인정되다가, 마지막에는 그것을 반대했던 사람들이 자신이 그것을 발견했다고 주장할 만큼 중요시된다"고 하였다.[2]

더 많은 연구자가 e스포츠 학문에 참가해서 한국이 선수 기량 위

---

1 이상호(2022).
2 정해창 역(2008: 288).

주의 e스포츠 종주국을 넘어 학문적 허브가 되길 바란다. 물론 e스포츠 연구의 새로운 패러다임을 만들어 가는 길은 쉽지 않다. 하지만 한국은 충분히 e스포츠 연구를 할 수 있는 사회 문화적 현상과 환경이 마련되어 있고, 우리는 그 길을 찾아 떠나면 된다. 더 많은 연구자들이 이 길에 동참하기를 기대한다.

2024년 신년 아침에
연구실에서 이상호

책을 내면서

e스포츠의 경기속도만큼 세상은 너무 빨리 변해 간다. 저자는 젊은 시절 게임회사에 근무하였다. 그 당시 뛰어난 격투기게임의 선수와 대결은 오락실이라는 한정된 공간에 직접적인 대면에서나 가능하였다. 인터넷의 발달은 저 멀리 부산, 서울, 광주에 있는 선수들이 바로 옆에 있지 않더라도 직접적인 경기가 가능할 수 있다고 생각을 했다. 그러나 오락실에서 인터넷 이용은 PC방의 등장으로 실패하였다. PC방 탄생은 e스포츠의 토대가 되었다. 그 당시 개인적인 무도철학의 관심은 게임과 관련된 일을 그만두고, 학문의 길로 들어서게 되었다. 시간이 지나 e스포츠의 관심은 우연히 찾아왔다. 아들들이 성장하면서 게임에 관한 관심은 다른 부모들과 다르지 않았다. 물론 게임회사에 근무하였기 때문에 다른 사람들보다 긍정적인 측면을 갖고 있었지만, 그것만으로 아이들의 게임에 대한 태도와 열광을 전부 이해할 수는 없었다. 어느 부모와 마찬가지로 게임과 관련된 아들과의 마찰은 피할 수 없었다.

어느 순간 e스포츠를 즐기는 젊은 세대와 시간낭비, 과몰입이라는 기성세대의 부정적 관점의 대립은 시간이 지나감에 따라 그들 간의 인식간격은 더 넓어지는 것 같다. 왜 e스포츠가 재미가 있고, 많은 사람은 열광할까? 저자는 한쪽에서 e스포츠가 무엇이기에 전세계가 이렇게 열광하고, 재미에 빠지는지, 다른 쪽에서는 왜 과몰입이나 폭력성으로 생각하는지 알고 싶었다. 저자는 과거 게임회사의 경험과 인지과학의 이해를 바탕으로 2017년 한국체육철학회 동계학술대회에 'e스포츠의 철학적 이해'라는 주제로 발표하였다. 저자는 e스포츠의 과몰입에 따른 문제해결을 경험에 초점을 맞추었다. e스포츠의 재미, 열광, 과몰입, 중독의 출발은 디지털 경험에서 시작한다고 생각하였다. 경험의 본질에 대한 이해를 위해 현상학의 이론적 접근이 필요하며, e스포츠경기의 매체인 컴퓨터가 우리의 행동을 유발한다는 측면에서 그 근본작동의 원리인 생태 심리학의 연구가, e스포츠의 즉각적인 반응을 이해하기 위해 인지과학의 이해가, 그리고 디지털 속성상 e스포츠의 윤리문제와 e스포츠문화에 관심을 가져야 한다고 주장하였다. 그 당시 발표 내용에 대한 지적도 있었지만, 거기에 모인 교수와 선생님의 목소리는 e스포츠가 아이들이 즐기는 게임이지 스포츠가 아니라는 지적이 대다수였다.

그러나 시간의 흐름은 e스포츠의 인식을 바꾸어 놓았다. 2018년 팔렘방 아시안게임 시범종목에 따른 e스포츠의 TV 중계, 2022년 항저우 아시안게임에서 정식종목 채택, 다양한 e스포츠의 월드컵대회에서 한국의 우승은 e스포츠의 경제적 관심을 넘어 학문적 관심을 불러일으키게 하였다. 그러나 아직 많은 사람들은 e스포츠에 대해 잘 모르고 있고, 학문적 토대는 빈약한 실정이다. 그렇지만 현실은 한국에서 특정한 e스포츠선수가 다른 프로선수보다 더 많은 연봉을 받고 있으며, 한국직업표준분류에 e스포츠선수가 하나의 직업으로서 인정받고 있다. 이에 따라 많은 대학이 e스포츠의 운영에 관심을 두고 있다. 서구에서도 대학e스포츠 선수들에게 장학금을 지급하고 e스포츠팀을 운영하고 있다. 하지만 e스포츠와 관련된 현실을 둘러보면, 우리의 관심은 스포츠인지 아닌지의 논쟁, 비즈니스와 산업적인 측면, 중독, 선수의 기량 향상 연구에 치우친 느낌을 지울 수 없다.

사실 e스포츠의 전세계인 관심에 비해서 e스포츠가 무엇인지 질문하면 답하기란 쉽지 않다. 우리가 e스포츠를 이해하기 위해서는 비디오 게임의 역사, 스포츠의 본질, 디지털 매체, 인간의 속성 등 다양한 분야의 이해가 축적되어야 한다. e스포츠는 스포츠의 전반적인 지식과 디지털 기술과 만남의 산물이기 때문에 학제적 연구(interdisciplinary)가 필요한 분야이다. 즉 우리가 e스포츠를 이해하기 위해서는 스포츠, 비디오 게임, 디지털 기술, 영상, 미디어, 리터러시 등 다양한 학문분야를 섭렵하고 이해해야 한다. 어느 한 분야도 쉽지 않다. 그럼에도 e스포츠의 선순환적인 발전을 위해서 e스포츠의 학문적 토대는 누군가해야 할 숙제이다. 서구에서도 e스포츠와 관련된 논의는 비즈니스, 스포츠와 관계, 문화현상, 프로e스포츠선수의 움직임에 한정된다. e스포츠를 체계적으로 이해할 수 있는 책은 부족한 실정이다. 한국도 마찬가지다. 물론 심리, 환경, 마케팅, 산업, 법, 건축, 빅 데이터 등 각자의 연구분야에 따라 e스포츠를 설명하고 있다. 하지만 e스포츠를 전체적으로 조망하고 이해할 수 있는 관점의 책은 보이지 않는다.

저자는 2018년부터 학부와 대학원에서 'e스포츠'와 'e스포츠 인지행동'을 강의해오면서 체계적인 e스포츠의 이해가 필요하다고 생각하였다. 기존 'e스포츠의 학문적 이해'라는 책으로 학생들에게 e스포츠를 이해시키고 설명하는 데 그 내용이 너무 철학적인 내용으로 치우쳐 학생들이 개략적으로 e스포츠를 이해하는 데 어려움이 있었다. 이 책은 학생들에게 e스포츠를 이해시키기 위한 저자 나름대로의 결과물이다. 수업을 듣고 많은 질문을 해준 학생들이 이 책에 상당한 기여를 하였다. e스포츠 수업시간에 부족한 강의내용을 이 책으로 어느 정도 짐을 덜었다.

저자는 이미 발표한 논문을 토대로 책의 전개에 맞게 새롭게 구성하였다. 그 목록은 다음과 같다. 그대로 인용한 부분이 있지만, 많은 부분 수정하였거나 새롭게 추가하였다.

e스포츠의 역사와 과정. e스포츠연구: 한국e스포츠학회지, 1(1), 2019.

e스포츠의 개념 형성과 특징. e스포츠연구: 한국e스포츠학회지, 2(1). 2020.

e스포츠 재미의 학문적 이해. e스포츠연구: 한국e스포츠학회지, 2(2), 2020.

e스포츠의 본질: 놀이, 게임, 스포츠와의 관계. 한국체육학회지, 59(1), 2020.

e스포츠 현상의 이해와 학제적 접근. 한국체육학회지, 59(2), 2020.

호이징가의 놀이이론에서 본 e스포츠. 한국체육학회지, 60(1), 2021.

카이와(Caillois)의 게임이론에서 본 e스포츠. 한국체육학회지, 61(3), 2021.

이박사와 e스포츠 같이 놀기(https://blog.naver.com/kdmusic).

e스포츠 과목을 개설하고 강의의 기회를 준 경성대학교 e스포츠 연구소 소장인 황옥철교수에게 감사의 말씀을 드린다. e스포츠학문의 필요성에 서로 공감하여 2019년 "e스포츠의 학문적 토대 연구구축"의 주제로 한국연구재단의 인문사회연구소 지원사업에 지원, 선정되어 e스포츠 연구에 매진하고 있다. 모든 것은 혼자 이루는 것은 없다. 저자의 논문발표에 유익한 의견과 조언을 해준 e스포츠학회 및 한국체육학회의 모든 분에게 감사의 마음을 전한다. e스포츠의 내용과 관련하여 여러 가지 조언해 주신 저희 연구소에서 같이 연구하고 있는 김영선, 정영수 연구교수님에게 감사의 인사를 드린다. 김영선 선생님은 초고를 읽고 유익한 조언을 해주었다. 책의 원고 교정에 도움을 준 석사과정 심영훈 학생에게도 고마움을 전한다.

책을 내면서 감사해야할 분이 있다. 먼저 게임물관리위원회 이상현 본부장이다. 그는 저자로 하여금 e스포츠의 학문적 연구의 필요성을 맨 처음 제기하였다. 그리고 e스포츠 연구를 진행함에 따라 e스포츠에 능숙한 세대인 나의 아들 재민, 재영의 격려와 비판은 이 책의 많은 부분에 녹아있다. 데이터 마이닝을 연구하는 첫째 재민은 e스포츠와 빅 데이터 연구와 관련해서 유용한 조언을 해주었다. 둘째 재영은 저자가 세부적으로 알지 못하는 e스포츠와 관련된 질문에 언제든지 유용한 답을 제공해주었다. 그 외에 도움을 주신 분들의 일일이 거명하지 못함을 죄송하게 생각한다. 그리고 변함없는 아내 정순경의 헌신은 이 책 완성의 가장 큰 공헌자이다.

이 책은 여러 가지로 불완전하다. 저자의 연구 확대에 따라 추가적인 수정과 보완을 하고자 한다. 다만 이 책을 통해 e스포츠의 더 깊은 학문적 관심을 두는 계기가 되기를 기대한다.

마지막으로 학습출판의 어려움에도 불구하고 기꺼이 출판을 결정해준 박영사와 완성된 출판을 위해 힘써주신 편집의 김윤정 선생님, 정성혁 선생님에게도 감사의 말씀을 전한다.

2021년 9월
연구실에서 이상호

목 차
Contents

서 론

서 론

01 연구의 필요성

　　e스포츠의 25년 역사를 고려한다면 e스포츠 학문적 토대의 빈약
은 당연한 일인지도 모른다. 그렇다고 해서 e스포츠와 관련된 논의가
부족한 것은 아니다. e스포츠산업, 비즈니스, 프로e스포츠선수의 움직
임, 문화적 측면에서 다양한 논의가 진행되어 오고 있다. 그러나 e스포
츠와 관련된 체계적인 저서의 부족은 e스포츠의 관심에 비해 상대적으
로 너무나 빈약한 실정이다. 기존 e스포츠의 논의는 주로 비즈니스, 마
케팅, 프로e스포츠선수, 과몰입, 중독 등에 초점을 맞추어 진행되고 있
다. 그러나 e스포츠는 상업성, 시간낭비, 학습방해의 부정적인 측면만
이 있는 것이 아니다. e스포츠의 디지털 속성상 누구에게나 참여 가능
한 개방성과 성별과 나이를 구분하지 않는 평등성을 갖는다. 또한 코
로나 19(Covid-19) 이후 e스포츠의 교육적 효과 또한 무시할 수 없다.
하지만 긍정과 부정의 논의 이전에 우리는 e스포츠의 본질이 무엇이
고, e스포츠가 지향하는 가치가 무엇인지 아직 명확하게 제시하지 못
하고 있다. 이는 e스포츠 학문과 관련된 논의의 출발점에서부터 어려

움에 직면해 있음을 보여준다.

e스포츠와 관련하여 다양한 문제가 제기된다. e스포츠란 무엇인가? e스포츠의 가치란? e스포츠는 스포츠인가? 아닌가? 일반적으로 e스포츠를 게임이라고 부르는 것이 타당한가? e스포츠가 놀이, 게임의 단어로 불릴 수 있는 이유는 무엇인가? 오늘날 올림픽, 아시안게임에서 게임종목으로 인정되는 이유는 또한 무엇인가? e스포츠가 갖는 긍정과 부정의 관점을 어떻게 해석해야 하는가? 왜 e스포츠에 열광하고 재미를 느끼는가? e스포츠와 디지털 플랫폼의 관계는 어떻게 이해해야 하는가? e스포츠를 통한 디지털 경험의 의미는 무엇인가? e스포츠와 미디어와의 관계는 어떻게 설명해야 하는가? e스포츠와 관련한 질문은 이외에도 수없이 많다.

e스포츠는 디지털 플랫폼을 기반으로 다양한 e스포츠의 경기종목이 현재 진행되고 있다. e스포츠는 디지털 플랫폼과 디지털 기기를 기반으로 한다는 점에서 e스포츠(eSports), e게임(eGame), e놀이(ePlay), VR/MR/AR e스포츠, M e스포츠로 설명이 가능하다. e스포츠는 제도화된 경기종목으로 관중이 존재하고, 규칙에 의해 승자와 패자가 결정된다. 이는 프로e스포츠를 말한다. 문제는 e스포츠는 프로e스포츠만이 있는 것이 아니다. 디지털 플랫폼을 통해 제도화된 놀이의 형태인 e게임도 있고, 승패와 관계없이 자유로운 행위에 근거로 e놀이도 존재한다는 점이다. e스포츠의 연구는 이와 관련된 내용도 설명해야 한다.

현실의 e스포츠 열광과 과몰입에 따른 부정적인 인식은 쉽게 지워지지 않는다. 누구나 한 번쯤 e스포츠와 관련된 자녀와의 논쟁은 있을 것이다. 기성세대는 청소년들에게 기분전환의 수단으로 e스포츠의 역할을 기대하고 있지만, 현실은 부모와 자녀 간의 논쟁으로 시작해서 싸움으로 끝나기 일쑤이다. 이에 따라 자녀와 부모 세대 간의 간격은 점점 더 멀어지게 되어, 세대 갈등을 유발한다. 이에 따라 기성세대는

4

e스포츠에 관심을 끄거나 아니면 지켜볼 수 밖에 없다. 반면에 젊은 세대에게 e스포츠는 재미가 있기 때문에 열광하고 시간 가는 줄 모르고 한다. 그러나 거기에는 단지 재미와 열광의 이유만이 존재하지는 않는다. 그 이유를 정확하게 알기 위해서는 디지털 세계의 환경과 문화에 대한 이해가 필요하다. 저자는 e스포츠의 재미와 열광의 근본적인 이유가 디지털 경험에서 시작한다고 생각한다. 여기에 덧붙여 스포츠 본질의 하나인 경쟁이라는 요소가 개입된다. 따라서 e스포츠와 관련된 근본적인 해결책은 디지털 경험과 스포츠에 포함된 경쟁의 본질에 대한 이해가 필요하다.

많은 사람이 e스포츠를 이야기하면서 e스포츠가 무엇인지에 대한 논리적인 설명부족에 저자는 큰 당혹감으로 갖는다. 자신의 연구분야를 근거로 e스포츠를 설명하지만, 일관된 하나의 이론적 관점에서 e스포츠의 논의를 전개하지 못했다. 이는 국외도 마찬가지다. 저자는 이러한 당혹스러운 상황에 대한 해결을 시도하고자 한다. 저자는 'e스포츠는 스포츠다'와 '경험'의 관점에서 e스포츠의 현상, 본질, 가치, 학문적 방향을 설명하고자 한다. 이러한 관점이 비록 완벽한 해결책 제시는 아니더라도 아직 그 누구도 시도하지 않았다.

이 연구는 다음과 같이 중요한 의미가 있다. 첫째, e스포츠를 전체적으로 조망할 수 있는 기회를 제공한다. 스포츠의 관점에서 e스포츠의 개념, 역사, 본질을 선명하게 드러냄으로써 다른 학자들과의 논쟁을 불러일으키는 중요한 도구가 될 수 있을 것이다. 둘째, 'e스포츠는 스포츠다'라는 저자의 견해에 다른 학문적 관점에서 반론을 제기할 수 있을 것이다. e스포츠의 새로운 개념과 이론제시가 누군가의 관점에서 본다면 논리적 비판의 근거로 작동되기 때문이다. 이 책이 이러한 비판의 대상이 되어 새로운 e스포츠의 학문적 논의가 확대되기를 기대한다. 셋째, 저자가 제시하는 e스포츠를 이해하는 이론적 방법론, 즉 스포츠와 경험에 초점을 맞춘 설명은 e스포츠를 게임학, 미디어, 커뮤니케이션, 컴퓨터와 인간 간의 새로운 이론적 방법으로 e스포츠를 설명할 수 있는 촉매제로서 역할이 가능할 것이다.

02 연구의 목표와 논의 순서 ✐

저자는 이 책에서 e스포츠와 관련된 다양한 학문적 논의를 제시하고자 한다. e스포츠의 기원, 발달, 전개 과정을 스포츠의 관점에서 해명하고, e스포츠는 놀이, 게임, 스포츠의 속성과 본질을 포함하고 있음을 설명하고자 한다. 오늘날 e스포츠 열광의 이유가 재미가 있다면, 재미가 무엇이고, 왜 재미를 갖는지, 재미를 이해하기 위한 이론적 근거는 무엇인지 알고 싶었다. 또한 디지털 매체로서 e스포츠가 갖는 속성, e스포츠의 교육적 의미, e스포츠 현상의 학제적 연구에 대해 저자 나름대로의 견해를 제시하고 싶었다. 이러한 e스포츠 연구의 이론적 바탕을 이루는 핵심주제로 저자는 스포츠와 경험으로 설명하고자 한 이 책은 다음과 같은 순서로 진행하고자 한다.

우선 1장에서는 e스포츠 이해의 출발인 e스포츠의 개념을 설명하고자 한다. 개념적 정의는 학문적 영역과 방향성을 설정하는 데 중요하기 때문이다. 여기에서 저자는 기존의 e스포츠 개념적 정의만으로 e스포츠의 본질을 전부 파악하기 어려움에 따라 추가적으로 의미 분석을 통해 e스포츠의 특성과 가치를 설명하였다.

2장에서는 e스포츠의 역사와 과정을 살펴보았다. 디지털 기기의 속성상 비디오 게임이 갖는 특징과 오늘날 e스포츠의 종목이 등장하기 이전 다양한 경기종목을 설명하였다. 그리고 e스포츠의 역사를 로마시대의 스포츠와 비교함으로써 e스포츠의 탄생이 역사적 연속상에서 나타났다는 사실을 논할 것이다.

3장에서는 e스포츠의 현상과 본질을 파악하기 위한 이전 단계로 놀이, 게임, 스포츠와의 관계를 개략적으로 논할 것이다. 또한 저자는 e스포츠의 본질을 이해하기 위한 이론적 근거로 연결론(connection) 창발론(emergence), 행위창발(enaction)의 관점에서 설명하였다.

4장에서는 e스포츠가 갖는 놀이의 속성을 호이징가의 놀이이론으로 설명하고자 한다. 여기에서 저자는 e스포츠와 놀이가 시간적 차이점에도 불구하고 유사한 특징을 보여주고 있음을 논할 것이다. 놀이와 e스포츠는 중간태의 의미 갖고 있으며, 가상세계와 현실세계의 결합에서 나왔음을 설명하였다.

5장에서는 우리가 일상적으로 e스포츠를 게임이라는 불리는 근거를 카이와의 게임이론으로 설명하였다. 카이와가 언급한 게임의 속성인 사회성과 타락은 e스포츠에서도 보여준다. 게임에서 모방은 인간의 속성이며, 이는 오늘날 시뮬레이션으로 발전되었다는 사실을 논할 것이다. 게임 그 자체가 죄가 없듯이 e스포츠 그 자체도 죄가 없음을 설명하였다.

6장에서는 왜 e스포츠가 재미있는지를 설명하였다. 많은 사람이 왜 e스포츠를 하는지 이유를 물어보면 재미가 있다고 한다. 여기에서 우리는 진화심리학과 인지과학적 관점에서 재미를 설명하였다. 그리고 e스포츠가 갖는 경쟁과 디지털 속성의 하나인 복잡성의 탐색과 실패의 역설(paradox)로 e스포츠 재미를 분석하였다.

7장에서는 e스포츠의 재미는 과학적 분석만으로 한계를 갖는다. 객관적인 재미의 분석을 넘어 우리 자신에게 일어나는 재미의 본질 파악을 위해 현상학적 방법으로 접근하여 설명하였다. 정적, 발생적, 세대 간적 현상학으로 e스포츠 재미의 본질을 설명하였다. 여기에서 재미는 의식과 대상 간의 관계, 본능, 무의식, 디지털 환경과 문화에서 나온다는 사실을 논의하였다.

8장에서는 e스포츠의 교육적 의미를 검토하였다. 현실에서 초등학교 학생에서부터 대학교 학생까지 e스포츠에 많은 시간을 보낸다는 사실에서 e스포츠에 대한 올바른 이해뿐만 아니라 e스포츠가 교육적 가치가 있는지 미국과 한국의 사례를 들어 설명하였다.

9장에서는 e스포츠가 갖는 인지기능이 무엇인지를 검토하였다. e스포츠가 갖는 긍정과 부정의 입장에서 e스포츠는 멘탈 스포츠를 넘어, 신체적 준비와 훈련이 필요함을 논의할 것이다. e스포츠에서 인지능력은 자신의 몸 기능 향상에 따라 달라질 수 있음을 설명하였다.

10장에서는 e스포츠 재미와 열광의 인지적 특성을 검토하였다. 디지털 매체와 플레이어 사이에 일어나는 e스포츠 재미와 열광의 인지적 특성을 가상성, 피지컬의 능력, 몸에 배인 인지로 설명하였다.

11장에서는 e스포츠가 아시안게임과 올림픽게임의 종목인정과 관련된 논의를 검토하였다. e스포츠가 지속적인 경기종목으로 유지되기 위한 전제 조건들, 즉 경기종목의 선정 주체, 공공재의 문제, 대한체육회의 인식전환, 국가대표 선발과정, e스포츠의 부정적 인식전환 등으로 설명하였다.

12장에서는 e스포츠에서 일어난 현상의 많은 부분을 과학적 연구방법에 근거하여 설명한다. 그러나 과학적 연구에 따른 경험의 본질 파악은 일정부분 한계를 갖는다. 우리 자신들에게 일어나는 재미의 경험 본질을 파악하기 위한 이론적 방법으로 현상학적 질적 연구를 설명하였다. e스포츠 경험의 사실적 이해와 본질적 이해를 위한 구체적인 질적 연구방법과 절차를 설명하였다.

13장에서는 e스포츠 현상을 파악하기 위해서는 e스포츠의 학제적 연구가 필요함을 주장하였다. 이를 위해 저자는 정적인 관점과 동적인 관점에서 e스포츠 현상을 이해하고, 담론적 관점에서 저자의 e스포츠에 대한 학제적 연구의 방향을 설명하였다.

앞에서 제시한 이러한 논의가 e스포츠 현상을 완벽하게 설명하였다고 할 수 없다. e스포츠를 바라보는 저자 나름의 학문적 관점이다. 따라서 e스포츠의 학문적 논의에 대한 다양한 분야에서의 의견과 비판을 기다린다. 다만 이 책이 e스포츠를 전체적으로 조망할 수 있는 기회가 되기를 기대한다.

e스포츠의 개념과 특징

e스포츠의 개념과 특징

    우리의 주위를 돌려보면 e스포츠 현상은 피할 수 없는 하나의 사건이다. 자신이 e스포츠를 잘하든 하지 못하든 그것은 문제가 되지 않는다. 가정뿐만 아니라 지하철에서도 e스포츠의 경기를 동영상 플랫폼으로 보는 것이 일상적이다. 뛰어난 한국e스포츠 선수들의 기량과 국제 경쟁력은 말할 필요가 없다. 이에 따라 e스포츠는 포털에서 스포츠 영역의 한 부분을 담당하고 있다. 이는 e스포츠의 영역이 대중으로부터 스포츠의 영역으로 인정받고 있음을 보여준다.

    사실 전세계적인 e스포츠 현상의 확산은 한국의 e스포츠문화와 사회적 배경 없이 설명하기는 힘들다. 한국은 1997년 IMF의 경제적 상황에 따른 위기 극복의 한 방편으로 디지털 시스템의 구축 강화에 초점을 맞추었고, 이를 기반으로 PC방 문화가 정착되었다. 이러한 사회문화적 배경은 한국e스포츠 발전의 토대가 되었다. 한국의 e스포츠 성장은 외국에서 유입된 스포츠가 아닌, 우리의 사회문화적 현상을 근거에서 출발하여 전세계로 확산되었다. e스포츠 종목을 만든 것이 주로 외국회사였지만, 그것을 받아들이고 하나의 스포츠 제도, 산업, 문화를 형성에 주도적 역할을 한 것은 한국이었다. PC방의 인프라는 e스포츠 경기에서 보여준 뛰어난 한국선수의 기량 발휘의 촉매제가 되었다. 이에 따라 한국은 전세계로부터 e스포츠 종주국으로 인정받고 있다.

e스포츠의 대중적 관심과 열기는 IOC나 일반대중들에게 올림픽종목의 선정 여부에도 관심을 두게 되었다. 2018년 팔렘방 아시안게임에서는 시범종목으로 2022년 중국 항저우 아시안게임에서는 정식종목으로 채택되었다. 여기에서 한국은 7개 종목 중 4개 종목에 참가하여 전원 메달을 획득하였다. 차후 올림픽에서 정식종목으로서의 채택여부가 스포츠계의 뜨거운 논쟁의 중심에 있다. 올림픽종목의 인정 여부는 시대적 요구와 흐름과 따라 변화해왔다. 과거 뒷골목으로 흑인의 춤으로 생각하였던 브레이크댄싱이 2024년 파리올림픽에 정식종목으로 채택되었다. 과거에 브레이크댄싱이 나왔을 당시 브레이크댄싱이 올림픽 정식종목이 되리라 생각한 사람은 거의 없었다. 스케이트보드와 같이 젊은이들이 열광하는 문화는 IOC로 하여금 2020년 일본에서 열린 올림픽종목으로 인정하게 되었다. 젊은 세대의 절대적인 지지와 비즈니스의 관심은 e스포츠를 올림픽종목으로서의 가능성을 높게 만들어가고 있다.

e스포츠는 어느날 갑자기 등장한 것이 아니다. 디지털 사회의 도래에 따른 문화적 사회적 환경이 e스포츠 등장의 토대로 작동하였다. 끊임없는 디지털 문화의 발전과 확산은 현재 진행 중이라는 점에서 e스포츠 현상이 앞으로 어떻게 진행될지 저자도 예측하기 힘들다. 다만 디지털 기기의 발달은 스포츠경기 양상마저도 바꾸어 놓았다. 예를 들어 야구심판의 아웃과 세이프에 비디오를 도입하게 되었고, 축구에서도 VAR(Video Assistant Referees)이 골을 결정하는 데 중요한 수단이다. 디지털 문화로 대표되는 기술발달은 스포츠의 모든 영역에 영향력을 미치고 있다. 인터넷의 보급으로 대표되는 디지털 기기의 문화는 전통적인 야외의 놀이와 게임이 디지털 플랫폼을 기반으로 하는 실내에서 놀이와 게임으로 변화하였다. 온라인의 발달은 지구 반대편에서 시간

과 인종, 성별의 차별이 없이 놀이와 게임이 가능하게 되었고, e스포츠 경기에 참여하여 재미를 즐긴다. 특히 코로나 19(COVID-19) 이후로 비대면 활동은 이러한 현상을 더욱더 가속화시켰다.

하지만 이러한 e스포츠의 현상에서 불구하고 e스포츠란 무엇인가? 질문하면 즉각적으로 대답하기 쉽지 않다. 우리가 일상적으로 e스포츠 라고 부르는 것과 e스포츠가 무엇인지 질문하고 답을 찾아 제시하는 다르다. 경제적, 사회적, 문화적 관점에서 e스포츠 현상이 우리의 삶에 많은 영향력에 미치는 것에 비해 e스포츠가 무엇인가?라는 질문에는 상대적으로 관심이 적다. e스포츠가 무엇인가? 에 대해 즉각적으로 대답하지 못하는 이유는 e스포츠가 갖는 양면성에 기인하기 때문이다.

긍정적인 측면으로 e스포츠는 4차 산업혁명에서 신산업의 동력으로 새로운 직업군, 즉 프로e스포츠선수, 코치, 감독, 심판, 마케팅, 기자, 스트리밍 등으로 인정받고 있다. 반면에 중독, 과몰입, 시간낭비, 학습방해의 부정적인 요소로도 인식된다. 또 다른 e스포츠의 개념 설정의 어려움은 일상적으로 e스포츠가 놀이, 게임, 스포츠와 상호 변용이 가능한 단어로 언급된다는 점이다. 우리는 비디오 게임을 일상적으로 게임이라고 한다. 반면에 스포츠 영역에서 게임도 올림픽게임, 아시안게임에서 보이듯이 서로 혼용되어 사용된다는 점이다. 게임이라는 같은 단어라도 각자의 입장에 따라 서로 함의하는 내용이 다름을 보여준다.

비디오 게임과 e스포츠는 비디오와 스포츠만큼 차이가 크다. 더욱이 e스포츠도 디지털 게임이라고 불리고 있는 상황에서 e스포츠의 개념을 정의하기란 쉽지 않다. 디지털 게임과 관련하여 "게임은 놀이를 목적으로 하는 프로그램"(에이케이 편집부 역, 1996: 44)으로 설명한다. 이러한 디지털 게임의 정의가 e스포츠 개념으로 받아들일 수 없다. 따라서 자신의 주어진 경험과 학문적 관심과 배경에 따라 e스포츠의 개념적 정의는 다를 수밖에 없다.

　e스포츠의 개념적 규정은 e스포츠 학문적 이해와 e스포츠에 대한 인식의 틀을 형성하는 연구의 출발점임에도 불구하고, 우리는 그것에 대한 질문과 답을 애써 외면해왔다. e스포츠가 정확히 무엇인지 모른다는 것은 출발점 없이 여행을 떠나는 것과 같다. 지금 이 시점에서 우리가 e스포츠란 무엇인가?의 질문을 던지고 답을 찾고자 하는 이유는 지속 가능한 e스포츠의 발전과 e스포츠의 학문적 토대구축을 충족하기 위함이다. 따라서 e스포츠 이해의 출발은 e스포츠가 무엇인지를 설명하는 단어의 개념 규정에서 시작해야 한다. 이를 근거로 e스포츠가 갖는 특성과 가치를 파악하고 제시해야 한다. 개념이 중요한 이유는 다른 학문적 영역과 구분하여 그 자신만이 가지고 있는 특징과 영역을 드러내기 때문이다. 즉 e스포츠의 개념적 규정은 e스포츠만의 특성이 무엇인지, 스포츠의 영역과 비디오 게임과의 차이점이 무엇인지를 명확하게 보여준다. e스포츠가 어떠한 하나의 학문적 내용으로 구성되어야 하는지는 다른 차원에서 해명해야 할 문제이지만, e스포츠의 학문적 이해는 개념의 정의에서 시작해야 한다. 어떻게 보면 본 장에서 e스포츠의 개념 규정을 시도한다는 것 자체가 역설적으로 e스포츠의 학문적 토대의 부실을 여실히 잘 보여준다. 물론 25년 정도 e스포츠의 역사에서 학자들은 자신의 관점에서 e스포츠의 개념 정의를 다양한 관점에서 주장해왔다.[1]

　본 장에서 저자는 e스포츠의 개념을 새롭게 정의하고자 하는 것은 아니다. e스포츠의 단어가 어떻게 나타났고, e스포츠의 개념이 오늘날 e스포츠 특징이나 본질을 정확하게 표현하고 있는지 검토하였다. 이를 통해 기존의 e스포츠 개념이 과연 급격하게 변화하는 e스포츠 현

1　많은 학자의 e스포츠 개념적 정의에 대해서는 이상호, 황옥철(2019)을 참조.

상을 담보할 수 있는지 생각할 기회를 갖고자 한다. 저자가 생각하기에 e스포츠는 과거가 아닌 현재 진행되고 있는 하나의 사건(event)으로 본다면, 기존 학자들의 e스포츠의 개념 규정은 e스포츠가 갖는 능동적인 측면을 파악하지 못할 가능성이 높다.

본 장에서는 e스포츠의 개념이 어떻게 설정되어 왔는지 그 속에서 보인 문제점이 무엇인지를 설명하고자 한다. 여기에서는 e스포츠의 단어가 한국과 외국에서 어떠한 배경과 과정에서 나타나게 되었는지, 그 내용이 오늘날 e스포츠의 특징과 내용을 포함할 수 있는지 검토하고자 한다. 그리고 e스포츠 개념 정의와 관련하여 다양한 측면을 파악하기 위한 방안으로 저자는 의미(meaning)와 경험(experience)의 관점에서 e스포츠의 개념을 새롭게 설정하고자 한다.[2] 마지막으로 저자가 생각하는 e스포츠의 특징과 가치가 무엇인지를 드러내고자 한다.

01 e스포츠의 개념과 이해

1) e스포츠의 개념

사전적 의미로 개념(concept)이란 "여러 관념 속에서 공통된 요소

---

2 의미는 단어가 갖는 내용을 설명하는 것이 아니라 정확한 의미를 파악하기 위한 방법으로 저자는 프랑스 철학자인 들뢰즈(Deluze)가 언급한 지시작용, 현시작용, 기호작용을 관점을 적용하자 한다. 그리고 경험의 관점은 인지 언어학자인 레이코프(Lakoff)와 존슨(Johnson)이 주장한 은유(metaphor)의 관점을 적용하고자 한다(임지룡 외3 역, 2002). 이러한 이론적 적용은 변화하고 생동적인 e스포츠 개념과 특징을 이해하는 데 도움이 된다.

를 뽑아내어 종합하여서 얻은 하나의 보편적인 관념. 언어로 표현되며, 일반적으로 판단에 의하여 얻어지는 것이나 판단을 성립시키기도 한다" (국립국어원 표준국어대사전). 개념은 공통된 요소를 설명해서 누구나 인정받을 수 있는 언어로 설명해야 한다. 이러한 개념 설정은 다른 사물이나 내용과 구분하기 위한 판단의 기준이 된다. 이는 e스포츠의 개념 설정에도 적용이 가능하다. 우리가 e스포츠의 개념 설정이 필요한 이유는 e스포츠가 갖는 공통의 요소를 파악하여 e스포츠가 갖는 특징을 주장하기 위함이다. 따라서 우리는 e스포츠의 개념적 정의를 통해 e스포츠가 추구하는 정체성, 본질, 가치의 이론적 근거를 제시해야 한다. 여기에서 우리는 e스포츠 연구의 방향성과 통일성을 부여할 수 있다.

e스포츠의 개념은 외연(extension)과 내포(intension)의 두 가지 속성을 갖는다. 외연은 대상들의 범위를 설정하고, 내연은 개념의 공통적인 속성(attribute)을 주장한다. 외연의 관점에서 본다면, e스포츠는 다양한 종목으로 설명이 가능하다. 예컨대 실시간 전략 게임(RTS, Real-Time Strategy), 일인칭 슈팅게임(FPS, First-Person Shooter), 다중 온라인 경기(MOBA, Multiplayer Online Battle Arena) 등으로 구분이 가능하다. 문제는 e스포츠가 갖는 다양한 경기 형식적 특성에 따라 e스포츠의 대상이 확대, 축소의 가능성이 존재한다. 원래 대규모 다중 접속 온라인 역할 게임(MMORPG, Massively Multiplayer Online Role-Playing Game)이 승부를 내는 경쟁의 요소가 강조된 다중 온라인 경기(MOBA, Multiplayer Online Battle Arena)로 불리게 되고, 나중에 e스포츠의 영역으로 설명된다. 스타크래프트 시리즈 유즈맵(usemap)을 이용한 AOS(Aeon of Strike)의 장르인 리그 오브 레전드(League of Legend, 이하 롤), 도타 2 (Dota 2), 히어로즈 오브 스톰(Heros of the Storm) 또한 e스포츠라 부른다. 사실 이처럼 e스포츠의 외연적인 범위의 불확실성은 e스포츠의 개념 정의를 어렵게 한다. 따라서 어떠한 관점과 기준에 의해서 e스포츠의 대

상 범위를 구분하는 것이 타당한 것인지도 앞으로 검토해야 한다.

개념이 갖는 공통적인 속성인 내포의 관점에서 본다면, e스포츠는 공통적인 속성인 경쟁적 측면, 디지털 기술(프로그램과 장비의 연결), 디지털 플랫폼, 대중성, 성별, 그리고 나이와 국가의 차별 없이 참여가 가능한 평등성의 특징을 갖는다. 하지만 이 모든 것이 e스포츠의 공통적인 속성으로 받아들일 수 있느냐는 더 많은 논의와 합의가 전제되어야 한다.

따라서 외연과 내포의 관점으로 e스포츠 개념을 설명하는 것은 사실상 힘들다. e스포츠 개념의 정의와 관련한 어려움은 현재 변화되고 진행 중인 e스포츠의 특성을 다 담을 수 없다는 현실적인 문제로 연결된다. 디지털 기기의 특성상 새로운 e스포츠 종목은 탄생할 수밖에 없고, 이로 인한 속성은 달라질 수 있기 때문이다. 예컨대 e스포츠 이외에도 모바일 기기에 기반한 M e스포츠, VR/MR/AR e스포츠도 등장한다.

e스포츠 개념의 불명확성은 e스포츠 단어의 탄생과도 연결된다. e스포츠 단어 등장 이전에는 다른 단어들로 설명되어왔다. 즉 컴퓨터 네트워크를 사용한 스포츠를 주장하기 위해 사이버스포츠(cybersports), 경쟁적인 비디오 게이밍, 멀티 비디오 게임, 프로게임, 경쟁적인 비디오 게임 등으로 불리게 되었다. 이것이 전자장비와 관련된 스포츠라는 생각이 오늘날 e스포츠(electronic sports)의 단어로 탄생하였다.

한국에서는 본격적으로 프로게이머라는 고유 명사와 함께 일렉트로닉 스포츠(electronic sports)로 불리는 과정에 해외 언론에서 간간이 쓰이던 e스포츠라는 단어가 국내에 들어와 대중화되었다. 그 시기에는 e스포츠와 이스포츠의 단어가 서로 명료하게 구분되지 않았다. 2000년 초 21세기 프로게임협회(현 한국e스포츠협회) 창립 행사에서 당시 문화관광부 장관이었던 박지원 장관이 축사에서 e스포츠 단어가 거론되면

서 주요 매체를 통해 'e스포츠'란 용어가 정식으로 쓰이게 되었다(중앙
일보, 2006. 09. 06). 하지만 언론에서 이스포츠가 아닌 'e스포츠'의 단어
가 사용된 시점은 아래의 그림에 보이듯이 전자신문 2000년 12월 15일
자에 보인다.

　　　서구에서 e스포츠 단어는 1999년에 설립된 온라인게이머협회(The
Online Gamers Association)의 보도 자료를 통해서 알려지게 되었다. 게임
전도사 매트 베팅턴(Mat Bettington)은 전통스포츠와 비교하여 "eSports"
단어를 사용하였다(Wagner, 2006). 숄츠(Scholz)의 연구에 따르면, 2016년
이후 2019년 사이의 40편 논문 중 eSports(단수와 복수)의 단어가 23번으
로 가장 많다. 미국에서는 esports로 유럽에는 eSports로 아시아는 e-
Sports로 강조한다(Scholz, 2019). 2000년 이후 학자마다 갖자의 관점에
서 eSports, esports, E-sports, ESports 등으로 사용하고 있다. AP통
신(Associated Press)은 사람이 용어를 찾을 때 명료함을 요구함에 따라
소문자는 esports로 문장 앞에는 Esports로 사용하였다.3 따라서 아직
e스포츠와 관련된 학자와 기관 간의 합의 없이 혼용되어 사용되고 있

3　https://www.espn.com/esports/story/_/id/19860473/why-associated-press-stylebook-
　　went-esports-not-esports

다.4 그리고 eSports의 단어가 복수인지 단수인지도 아직 명확하지 않다. 스포츠 단어도 미국에서는 Sports로 영국에서 Sport로 사용된다는 점에서 e스포츠의 영어는 eSport 또는 eSports로 사용이 가능하다. Sports는 신체적 활동이 포함된 경쟁이나 게임을 포함한 복수의 의미를 갖는다. 즉 축구, 배구, 농구 등 포함하는 복수적인 명사이다.5 그러나 Sports가 스포츠 종목 전체를 언급할 때는 단수로 사용된다.

저자는 e스포츠와 관련하여 통일된 단어로 한국어로는 e스포츠로 영어는 eSports로 사용해야 한다고 생각한다. eSports는 다양한 종목이 포함된 복수의 의미와 추상명사로 설명할 때는 단수로 설명이 가능하다. 즉 복수의 eSports는 ePlay, eGame, eSports을 포함한다. 그리고 ePlay, eGame, eSports에서 eSports가 종목 전체를 지칭할 때는 단수로, eSports의 각 종목인 롤(LoL), 오버워치(Overwatch), 배틀그라운드(Battlegrounds)의 경기종목 등을 포함할 때는 eSports는 복수로 사용해야 한다.

단어의 혼란은 저서나 논문 이외에도 협회나 포털 등 다양한 곳에서 보인다. 예컨대 한국e스포츠협회도 영어는 e−Sports(KeSPA, Korea e−Sports Association)이다. 그리고 부산에 위치한 국제e스포츠연맹의 영어 명칭은 International e−Sports Federation로 사용하지만, 홈페이지에는 Esports로 사용하고 있어 혼란은 가중된다. 아시안 올림픽평의회에서 e스포츠의 경기 진행을 위해 인정받은 단체도 아시안 전자스포츠연맹(Asian Electronic Sports Federation)의 이름을 사용한다. 이 연맹은 e스포츠의 영어를 esports로 사용한다. 포털인 다음(Daum)에서는 스포츠 섹션에 e−스포츠로 구분한다. 반면에 언론사 기사에는 e스포

---

4 e스포츠용어와 관련해서는 이상호, 황옥철(2019)을 참조.

5 https://learningenglish.voanews.com/a/sport-or-sports/5316290.html

츠로 기술하고 있다. 다른 포털인 네이버(Naver)에서는 e스포츠&게임으로 설명한다. 여기에도 우리가 알 수 있듯이 e스포츠의 단어에 대한 통일된 사용을 보여주지 못한다. e스포츠관련 단체의 e스포츠 정의에서도 문제가 보인다. 국제e스포츠연맹에 따르면 "e스포츠란 가상의 전자적인 환경에서 다양한 게임에서 경쟁하기 위해 정신적 신체적 능력을 사용하여 경쟁하는 스포츠이다"라고 정의한다.6 국제e스포츠연맹 e스포츠의 정의에서 e스포츠와 게임은 같은 것인가 다른 것인가? 게임이 스포츠에서 말하는 게임인지, 아니면 스포츠에서 언급하는 경쟁이 포함된 게임인지 정확하지 않다. 아시안 전자스포츠연맹(Asian Electronic Sports Federation)의 정의도 명료하지 않다. 아시안 전자스포츠연맹의 e스포츠 정의는 다음과 같다. e스포츠(esports)란 전자 기기와 스포츠를 결합한다.7

한국e스포츠협회는 자신만의 e스포츠 개념을 설명하고 있지 못하다.8 한국e스포츠협회에서 펴낸 e스포츠의 20년사에는 "e스포츠는 스포츠로 분류되길 주저하지 않는다"라고 하였다(한국e스포츠협회, 2019). 하지만 e스포츠가 스포츠의 영역에 어떻게 포함되고 있는지 명확한 설명도 부족하다. 이처럼 e스포츠에 대한 우리의 개념적 혼란은 피할 수 없다. 스포츠의 개념 정의의 어려움을 설명하기 위해 비트켄슈타인(Wittgenstein)의 가족 유사성(family resemblance)9의 용어를 빌려온다고

---

6 Esports(Electronic Sports) is a competitive sport where gamers use their physical and mental abilities to compete in various games in a virtual, electronic environment (https://ie-sf.org/esports).

7 https://www.aesf.com/en/About-Us/What-Is-Esports.html

8 https://ie-sf.org/esports

9 가족유사성에서 가족은 혈연, 피부, 성격, 외모가 비슷하다고 말할 수 있지만, 그것이 정확하게 가족이라고 정의될 수는 없다. 즉 개념적 정의가 쉽지 않음을 설명하기 위해 가족유사성의 단어를 인용한다.

할지라도, e스포츠와 관련된 단어의 통일성을 보여주지 못한 현실은 e스포츠의 허약한 학문적 위상을 잘 보여준다. 따라서 e스포츠의 복합어가 갖는 고유한 특성에 대한 엄밀한 언어적 정의가 필요하다.

　e스포츠의 개념은 electronic과 sports가 합성된 언어이기 때문에 electronic과 sports 간의 관계에서 앞 단어와 뒤 단어의 강조점에 따라 그 의미는 달라진다. 먼저 전자의(electronic) 의미를 살펴보자. electronic[10]의 어원은 문지르면 사물을 끌어당기는 전자(electron)의 명사에 그리스어인 ion, 즉 작동하는(to go) 뜻이 추가되어 형용사인 전기의(electronic) 의미가 된다.[11] 전자가 작동하는 형용사인 전기의(electronic) 의미는 '전자의 흐름이 존재하는 시스템을 사용한다'는 뜻과 '더 나아가 인터넷과 관련된 컴퓨터의 장치로 사용한다'는 의미로 확장되었다.[12] 여기에서 전기의(electronic) 의미는 시스템이나 인터넷 장치의 확대되어 새로운 가치로 확대될 수 있음을 보여준다. 복합어인 e스포츠의 단어에서 형용사의 강조는 스포츠의 요소보다는 디지털 전자 기기의 요소를 강조함으로써 스포츠의 요소보다는 전자 기기의 사용이라는 측면을 강조한다.

　언어적인 측면에서 복합어는 오른쪽에 있는 단어가 중심이 된다(황규홍, 정용길, 김용명, 역, 2017: 61). 예컨대 electronic과 sports의 관계에서 sports 단어가 문법적 범주를 결정한다. 전자 기기의 요소나 특징도 중요하지만, 스포츠가 갖는 특징이나 의미를 더 강조한다. 즉 수단인 전자적 요소보다 경쟁, 제도화, 관객의 참여 등 스포츠의 요소가 더 중요하다. 전기의 디지털 시스템은 경기를 위한 수단에 불과하다는 입장이다. 이처럼 복합어인 형용사와 명사 간의 강조점에 따라 e스포츠

10　https://www.etymonline.com/word/electric?ref=etymonline_crossreference)

11　https://www.etymonline.com/word/electronic#etymonline_v_32275.

12　https://dictionary.cambridge.org/dictionary/english/electronic

의 단어가 갖는 지향점은 다를 수밖에 없다. 이것이 e스포츠의 용어와 관련해서 다양하게 설명되고 있는 이유이다.

e스포츠의 개념은 electronic과 sports 간의 관계를 어떻게 설정하느냐에 따라 그 의미는 세 가지로 설명이 가능하다.

첫째, 복합어인 단어의 강조가 형용사이기보다는 명사에 있다고 본다면, electronic의 의미인 전자의, 전자 활동에 의한, 전자 기기를 기반으로 하는 스포츠의 의미로 설명할 수 있다. electronic의 기기가 모바일이면 M eSports로, 모니터 화면이면 eSports로, 디지털 기기나 플랫폼이 VR(가상현실, Virtual Reality), AR(증강현실, Augmented Reality),[13] MR(혼합현실, Mixed Reality)에 기반으로 한다면, VR/MR/AR e스포츠가 될 수 있을 것이다.

출처: VR 경기에 참여한 저자

---

13 증강현실과 연결된 포켓몬 고(Pocketmon Go)에서 잘 보여준다. 포켓몬 고(Pokémon GO)는 나이앤틱(Niantic, Inc.)이 개발하였다. 그 게임은 2016년 7월 6일 미국, 오스트레일리아, 뉴질랜드에서 출시되어, 소셜 미디어를 통해 큰 화제가 되었으며, 대한민국에는 2017년 1월 24일, 구글 플레이 스토어와 앱 스토어를 통해 출시되었다(https://ko.wiki pedia.org/wiki/%ED%8F%AC%EC%BC%93%EB%AA%AC_GO). 포켓몬 고는 모바일 기기 상에 출현하는 가상의 포켓몬을 현실공간의 위치에서 포획하고 훈련시켜, 대전을 하며 내용물을 거래도 할 수 있는 것이 특징이다.

둘째, 각각의 단어가 서로 분리된 입장에서 본다면, electronic을 기반으로 하는 디지털 속성과 경쟁, 제도화, 신체적 탁월성의 속성을 강조하는 sports 개념과 연결되어 e스포츠의 용어를 만들어내는 경우이다. 여기에서는 e스포츠의 개념이 너무 애매모호하게 설명할 가능성이 높다. 각자 연구자의 입장에 따라 디지털 게임이나 스포츠로 설명되기 때문이다. 저자는 e스포츠는 스포츠라고 말할 수 있지만 스포츠의 영역을 넘어선다고 생각한다. 이제 e스포츠는 e스포츠로 이해해야 한다.[14]

셋째, e스포츠 그 자체의 독자적인 개념 규정이다. electronic의 속성을 기반으로 하지만, 그 내용과 과정은 비디오 게임, 디지털 게임 등의 새로운 디지털 현상에 사회, 문화, 경제, 스포츠의 다양한 가치와 현상이 반영되어 나타난 결과로 파악해야 한다. 저자는 e스포츠의 개념 설정은 복합어의 관계가 아닌 그 자체의 독자적인 개념 규정이 필요하다고 생각한다. 그 속에서 e스포츠가 지향하는 본질과 방향성의 내용을 포함해야 한다.

e스포츠의 독자적 개념 정의의 어려움은 e스포츠에 대한 우리의 긍정과 부정적인 입장이 복합적으로 개입되어 더욱더 어렵게 만든다. e스포츠의 부정적인 관점으로 시간 낭비와 몰입 그리고 중독 등으로 설명하고, 긍정적인 e스포츠 관점에서는 산업 경제적 측면, 올림픽 종목의 가능성, 생활 e스포츠의 확대, 도시를 기반으로 하는 프로e스포츠의 형태를 주장한다. IOC도 외형적으로 스포츠의 요소를 갖고 있지만, e스포츠를 스포츠 영역으로 인정하지 못하는 이유를 e스포츠가 갖는 폭력성에 근거하여 설명한다. 그러나 우리는 e스포츠를 긍정과 부정의

---

14 e스포츠의 독자적인 학문영역을 구축하기 위해서는 e스포츠는 e스포츠로 인식해야 한다. 이와 관련된 논의는 Lee(2023)를 참조.

이분법으로 보면 e스포츠의 본질을 파악하는 데 많은 것을 놓치며, 근본적인 해결책을 찾기 어렵다. e스포츠는 산업 경제적인 활동의 토대인 물질적인 작동과 의식적인 작동으로 이루어지는 비물질적인 것이 서로 섞여 나타난 결과물로 인식해야 한다. 2020－22년 코로나 19의 팬데믹(pandemic) 현상에서 강조되었던 비대면 활동의 요구는 e스포츠의 놀이 문화와 교육적 효과에 긍정적인 역할을 하였다. 따라서 e스포츠의 개념은 객관적인 현상뿐만 아니라 그 자체가 현재 우리의 행동과 사고에 영향을 미치는 상황에서 e스포츠의 개념 정의를 하기란 쉽지 않다.

많은 e스포츠 학자들의 주장한 e스포츠의 개념 설정이 그 나름대로 의미를 갖지만, 엄밀한 의미에서 e스포츠의 본질이나 특성을 충분히 설명하고 있다고는 할 수 없다. 축적된 e스포츠의 역사가 상대적으로 부족한 현실에서 e스포츠의 개념 정의는 좀 더 많은 시간이 필요할지 모른다. e스포츠는 지금도 변화하는 하나의 동적인 사건이기 때문이다. 다만 e스포츠의 개념은 프로e스포츠 경기만이 e스포츠 영역의 전부로 생각해서는 안 된다. e스포츠는 e놀이, e게임, e스포츠의 영역까지 포함해야 한다. 그리고 e스포츠는 디지털 기기와 디지털 플랫폼을 기반으로 하는 경기이기 때문에 VR/AR/MR e스포츠의 형태까지 포함해야 한다.

2) e스포츠의 의미

e스포츠는 현재 진행중인 사건이기 때문에 외형적으로 보인 e스포츠 영역에 한정하여 e스포츠의 개념을 설정하기 힘들다. 현재 진행중인 상황을 한정적 개념으로 설명하는 것은 e스포츠의 영역을 축소할 가능성이 높다. 지금 롤이 e스포츠 종목을 대표하지만, 그 종목이 영구

적으로 그 위치를 점유할 것이라는 보장이 없기 때문이다. 현재 e스포츠의 종목은 계속 바뀐다. 한국e스포츠협회의 결정에 따라 e스포츠 종목이 매년 바뀌는 현실은 e스포츠의 영역 설정을 어렵게 한다. 이는 e스포츠의 개념 설정에도 어려움을 준다. 이러한 e스포츠 종목 설정의 불확실성은 e스포츠의 지속 가능성을 방해함으로써 e스포츠의 개념 설정이 단순하지 않음을 보여준다. 당장 디지털 게임과 e스포츠와의 경계선도 모호한 실정이다. 또한 e스포츠가 놀이, 게임, 스포츠로 언급되는 현실에서 그들 간의 경계를 명확하게 설명하기란 쉽지 않다. 따라서 e스포츠의 외형적인 모습뿐만 아니라 그 밑바탕의 흐름을 파악하기 위해서는 특정한 영역을 설정하는 개념 설정과 다른 관점에서 e스포츠의 설명이 필요하다.

우리는 "사물이 가진 잠재적 다양성을 발견하기 위해서는 개념으로부터 벗어나야 한다"(박영욱, 2009: 73). 단어의 개념과 그것이 나타내는 의미는 다를 수밖에 없기 때문이다. e스포츠의 개념적 정의는 잠시 뒤로 하고 e스포츠의 의미에 대해 생각해보자. 의미의 관점에서 e스포츠를 이해하는 것은 개념이 파악하지 못한 부분을 보충해서 새로운 관점에서 e스포츠의 본질과 속성을 파악하는 데 도움이 되기 때문이다. 의미(意味)의 사전적 내용은 "말이나 글의 뜻"과 "행위나 현상이 지닌 뜻" 그리고 "사물이나 현상의 가치"로 설명한다(국립국어원 표준국어대사전). 즉 의미란 단어가 보여주는 현상뿐만 아니라 가치 지향의 내용까지도 포함해야 한다. 비록 의미가 관점과 상황에 따라 다르게 해석될 여지를 갖는다고 하더라도, 우리는 의미 분석을 통해 단어가 갖는 현상과 가치 분석에서 새로운 의미를 도출할 수 있다. 아직 e스포츠의 본질에 대한 공통적인 합의가 이루어지지 않는 상황에서도 의미 분석은 신조어인 e스포츠가 우리에게 어떤 의미를 갖는지 윤곽을 파악하는 데 도움이 된다.

e스포츠의 등장은 디지털 기기와 조직화된 경쟁이라는 스포츠와 만남에서 나타나게 되었고, 그 만남을 통해 나타난 e스포츠 그 자체가 인간의 경험과 전반적인 우리의 삶에 커다란 영향력을 미치고 있다. 이러한 e스포츠의 의미 분석은 개념의 해석만큼 중요하다. 주어진 단어가 갖는 의미 해석은 다양한 설명이 가능하겠지만, 본 연구에서는 e스포츠가 갖는 다양한 의미를 지시작용, 현시작용, 기호작용 세 가지 관점으로 설명하고자 한다.15 이러한 세 가지 관점은 e스포츠의 본질과 특성을 이해하는 데 이론적으로 도움이 된다.

　　첫째, 지시작용이다. 지시작용은 e스포츠에 대한 지시된 내용을 설명한다. 지시작용에 기반을 둔 이론 체계는 'e스포츠는 이러저러한 것이다'고 규정한 내용이다. 연구자들은 e스포츠와 관련하여 다양한 질문을 하고 답을 제시한다. 예컨대 e스포츠는 비디오 게임의 확장인가? 아닌가? e스포츠는 스포츠의 한 형태인가? 스포츠의 하위 영역으로 분류할 수 있는가? 아니면 전혀 다른 영역으로 분류할 것인가? e스포츠는 스포츠와 다른 독자적인 특성을 갖는가? e스포츠의 역사적 과정과 장르의 구분에서 본다면 스포츠와는 같은가 아니면 전혀 다른가? 등의 질문을 던진다. 또한 e스포츠는 electronic과 sports의 합성어이다. e스포츠는 스포츠라고 말하는 것도 여기에 해당한다. 그리고 E-sports, eSports, Esports, e-sports로 설명하는 것도 마찬가지다. 그러나 이러한 지시작용에서도 한계를 보인다. 지시작용에서는 e스포츠의 동적 움직임과 관련된 내용을 즉각적으로 파악하기란 쉽지 않다는 점이다. 지시작용에서 e스포츠가 어떠한 것이라고 말할 수 있지만, e스포츠의 생성과정에 대한 본질적인 내용 파악에는 어려움이 있다.

15　이러한 관점은 질 들뢰즈(Deleuze, 1925-1995)가 의미 이해의 방법으로 지적한 3가지의 설명을 차용하였다(이정우 역, 1999: 62-70).

둘째, 현시작용이다. 현시작용은 e스포츠에 대한 자신의 관점이 투영되어 설명하는 것이다. 우리는 e스포츠에 많은 질문을 던진다. 예컨대 e스포츠는 스포츠이다. e스포츠는 스포츠가 아니다. e스포츠의 의미는 어떻게 나타났는가? e스포츠를 경제 산업적 이익의 대상으로 볼 것인가? 아니면 대중의 요구로 탄생한 것으로 볼 것인가? e스포츠의 역할은 무엇인가? 왜 사람은 e스포츠에 관심을 두게 되는가? 누가 e스포츠의 이름을 부여하는가? e스포츠의 이미지를 어떻게 부여할 것인가? e스포츠는 어떻게 분류해야 하는가? 비디오 게임을 e스포츠라고 덧붙이는 것이 타당한가? e스포츠의 종목은 어떻게 설명할 수 있는가? 등이다. 이러한 질문 그 자체에는 연구자의 관점이 개입되어 e스포츠의 개념을 설명한다는 점이다. 사실 자신의 관점이 개입되지 않는 객관적인 설명은 존재하지 않는다. 예컨대 e스포츠는 이해관계자(stakeholder)가 개입된 산업이라는 주장에도 비즈니스에 대한 연구자의 관점이 개입된다. 또한 학자들의 관점에 따라 사이버스포츠(cybersports), 전자스포츠(electronic sports), 디지털 기기의 작동 하에서 승부를 겨루는 경기로 설명하기도 한다. 학자들의 관점에 따라 e스포츠는 무엇 무엇이라고 개념으로 설명한다고 할지라도, 여기에도 해석자의 관점이 일부 포함되어 있다. 이는 모두가 인정하는 객관적인 e스포츠에 대한 개념의 추구가 원칙적으로 문제가 있음을 보여준다.

셋째, 기호작용이다. 기호작용은 과거의 놀이에 대한 인식, 신념, 지식, 습관 등이 현재의 디지털 게임의 현상과 결합하여, e스포츠의 단어가 탄생한 것으로 설명한다. e스포츠의 단어는 기존의 디지털 환경과 디지털 기기를 기반으로 등장하였고, 이전의 놀이와 비디오 게임에서 보인 경쟁에 따른 승리와 패배의 스포츠의 단어가 포함되어 e스포츠라는 새로운 기호로 만들어졌다는 것이다. 디지털 기기로 실행되는 스포츠라는 인식과 e스포츠를 하는 플레이어의 행위나 경험이 e스포츠의 단어를 등장하게 만들게 되었다. 기호작용은 앞의 지시작용과 현시작용보다 훨씬 e스포츠의 본질과 특징 이해에 도움이 된다.

하지만 기호작용에서 e스포츠라고 불리는 것에서도 우리가 일상적으로 사용하는 e스포츠 이해 사이의 불일치는 계속 진행된다. 예컨대 외국에서 사용된 eSports가 보여준 기호의 의미는 우리의 인식과 일정 부분 다를 수밖에 없다. e스포츠(eSports)는 같은 단어이지만, 그것이 동양과 서양인들에게 주는 기호의 이미지는 다르게 다가온다. 서구에서도 esports, E-Sports, eSports의 단어가 통일되지 않고 사용되는 것은 그 단어가 갖는 의미가 유럽과 미국 등 각국의 입장에 따라 다르게 해석될 여지를 보여준다. 서구에서는 비즈니스의 측면이 강조되고 한국에서는 과몰입, 중독, 그리고 학습방해의 주범으로 부정적인 측면이 훨씬 더 강조된다. 외국에 e스포츠를 하는 연령대도 우리보다 훨씬 나이가 많다. e스포츠연구의 활성화도 상대적으로 미국보다는 북유럽이 훨씬 더 철학적 질문이 많이 진행되었다.16 따라서 e스포츠의 단어가 보여준 기호내용은 보는 관점에 따라 다를 수밖에 없다.

지시작용, 현시작용, 기호작용으로 e스포츠의 의미를 전체적으로 이해하는 것은 학문적으로 의미가 있다. 이는 다음의 그림으로 설명할 수 있다.

---

16 e스포츠의 철학적 문제는 영국에서 발행되는 『Sport, Ethics and Philosophy』의 10권 1호 (2016)에서 스포츠의 철학적 관점에서 'Sport and play in a digital world'라는 주제로 다양한 논의를 진행하였다. 또한 e스포츠는 스포츠 경영의 관점에서 『Sport Management Review』(2017)에서 다양하게 논의되었다.

출처: https://www.viewsonic.com/library/entertainment/is-esports-sport/

이 그림에서 지시작용은 e스포츠는 기술적 능력, 전략, 팀워크, 경쟁, 프로, 성공, 스타, 비즈니스를 포함한다. 현시작용은 e스포츠를 설명하는 관점의 근저는 e스포츠를 프로e스포츠의 성격을 강조한다. 기호작용은 e스포츠가 어떻게 구성되었는지를 일목요연하게 설명해서, e스포츠를 이해하는 데 도움이 된다.

그러나 현재 진행 중인 e스포츠의 동적인 과정을 설명하는 데는 한계를 보인다. e스포츠는 이 시간에도 변화의 과정을 겪고 있다. e스포츠는 디지털 기기와 디지털 플랫폼이 어떻게 변화하느냐에 따라 e스포츠의 종목과 영역이 달라질 수밖에 없는 본질적 속성을 갖는다. 따라서 우리는 e스포츠가 현재 진행되고 있는 하나의 사건(event)으로 인식할 필요가 있다. e스포츠를 하나의 사건(event)으로 접근해서 이해한다는 것은 동적인 e스포츠의 특징과 가치를 파악하는 데 도움이 되기 때문이다.

사건의 관점에서 본다면, 디지털 플랫폼을 기반으로 하는 사회문화적 환경에서 많은 사람이 참여하여 어떻게 e스포츠를 형성하여 왔는지 파악이 가능하다. e스포츠를 하는 플레이어들이 없으면, 관객도 없고 이는 e스포츠 경기와 산업이 형성될 수 없음을 보여준다. e스포츠는 디지털 기술을 이용하여 가상세계에서 경쟁과 규칙 속에서 승부를 내는 경기이지만, 사회의 구성원들이 참여해서 만들어가는 하나의 사건으로

2004년 광안리 백사장에 모인 관객
출처: 데일리 게임

이해해야 한다. 즉 e스포츠는 e스포츠에 참여하는 인간의 활동과 그 속에서 갖는 경험과 그것을 가능하게 만드는 디지털 플랫폼이라는 물질이 서로 만나 만들어낸 사건으로 이해해야 한다. 이렇게 형성된 e스포츠의 사건이 e스포츠의 경제적, 사회적, 문화적 차원으로서 의미를 갖는다.

결국 하나의 사건인 e스포츠는 디지털 발달의 시간적 흐름과 가상 공간의 확장에서 플레이어들의 움직임과 경험이 서로 만나 나타난 창발적 현상이다. e스포츠의 경기에 많은 관중의 참여는 방송으로 이어지게 되었고, 비즈니스의 관점에서 e스포츠를 새롭게 보는 계기로 만들었다. 예컨대 2004년 광안리에서 열린 스타크래프트 대회(SKY2004) 1라운드 결승전에 10만 명이 모였다. 그 당시 누구도 10만 명의 관객이 모일 것으로 예측하지 못했다. 같은 날 야구의 도시 부산 사직야구장에서 개최된 프로야구 올스타전에 1만 5000여 관중이 참여하는 것과 비교해서 e스포츠가 거둔 성적을 빗대어 '광안리 대첩'이라는 수식어를 붙였다. 이러한 의미에서 부산 광안리는 e스포츠의 '성지'로 불린다. 이는 전세계적으로 한국이 e스포츠의 성지로 자리매김한 사건이었다.

즉 e스포츠는 디지털 환경, 관객, 선수, 방송, 스포츠 속성 등의 관계에서 만나 일어난 하나의 사건이다. 비록 e스포츠의 경기 형태와 종목은 디지털 속성에 따라 순간적으로 나타나고 사라지겠지만, e스포츠가 하나의 사건이라는 점에서는 변함이 없다. 더욱이 이렇게 나타난 e스포츠의 현상이 스스로 영향력을 확대하여 역으로 우리의 삶에 영향을 미친다는 사실을 고려한다면, e스포츠의 의미는 새롭게 정의할 필요가 있다.

3) e스포츠의 경험: 은유(metaphor)의 관점

e스포츠에 대한 은유의 경험은 e스포츠의 단어 탄생을 우리들의 경험에서 시작해야 한다는 사실을 강조한다. 원래 은유의 사전적 의미는 "사물의 상태나 움직임을 암시적으로 나타내는 수사법"으로 설명한다 (국립국어원 표준국어대사전). 예컨대 '시간은 돈이다'에서 돈의 의미를 중요한 암시적인 수사법인 중요하다는 사실을 시간이라는 은유적 의미로 판단한다. 하지만 본 논문에서 설명하고자 하는 은유는 대상의 움직임을 언어에 한정하여 해석하는 것이 아니다. e스포츠라는 추상적인 단어의 탄생을 언어적으로 해석하기보다는 e스포츠의 경험에서 출발해야 함을 강조하기 위해 은유의 개념을 차용하고자 한다. 은유의 관점에서 e스포츠 경험의 문제를 이해한다는 것은 e스포츠의 본질 파악을 통해 e스포츠가 갖는 부정적인 문제 해결의 실마리를 제공하기 때문이다.

은유의 개념과 관련하여 인지 언어학자와 철학자인 레이코프와 존슨(Lakoff & Johnson, 1999: 3)에 따르면 "추상화된 개념은 대체로 은유적이다(Abstract concepts are largely metaphorical)"라고 말한다. 여기에서 은유적 개념은 자신의 신체적 경험에서 출발하여 추상적 단어가 형성된다는 것이다. 은유는 몸의 움직임과 경험의 본질을 파악하고 이해하는 데 도움이 된다(Johnson, 2017: 12). 그들의 주장에 따르면, 언어의 형성은 인간움직임의 결과이지, 이성적 사고로 추상적인 단어를 먼저 만들지 않았다는 사실이다. e스포츠 관련 경험과 움직임이 있었기 때문에 어느 시점에 우리가 e스포츠라는 이름을 탄생하게 만들었다. 이는 e스포츠 개념 형성은 우리의 사고나 이성적 판단에서 만들어지기보다는 우리 자신의 몸의 경험에서 출발하였다는 의미이다. 우리 자신의 몸 경험을 배제한 e스포츠의 개념은 형성될 수 없다. 추상적인 e스포츠의 단어 탄생은 인간의 몸에 배인(embodied) 경험17을 기초로 만들어진다는 사실이다. 은유적 관점에서 본다면, 앞에서 언급한 사이버 스포츠, 경쟁적인 비디오 게임, 프로 비디오 게이밍 등 이전의 다양한 용어도 기본적으로 우리 자신의 몸의 경험을 기반으로 만들어졌고, 이를 기반으로 각각의 다양한 이름을 갖는 추상명사가 만들어졌다.

은유의 관점에서 e스포츠 개념은 e스포츠를 언어적인 측면에서 해석하기보다는 e스포츠와 관련된 인간의 움직임과 경험이 e스포츠의 단어 탄생에 직접적으로 연결되고 영향력을 발휘한 결과물임을 보여준다. 예컨대 e스포츠 단어의 탄생은 디지털 작동의 기반이 되는 전자의 (electronic) 요소에 대한 우리의 일상적인 광범위한 경험을 전제로 한다. 젊은 세대는 태어날 때부터 인터넷의 환경에 노출되었고, 그 속에서 직접적인 참여의 경험이 이루어진다. 이는 기성세대들은 경험하지 못한 사건이다. 이에 따라 기성세대들과 젊은 세대 간의 e스포츠에 대한 생각은 다를 수밖에 없다. 즉 기성세대와 젊은 세대가 e스포츠에 갖는 생각의 다름은 각자의 경험 때문이다. 기성세대는 바깥 놀이로

---

17 몸에 배인 경험의 예를 유치원 아이들의 물건을 사고파는 역할 놀이로 설명해보자. 과거에는 물건을 사는 아이는 가격을 묻고, 잔돈을 돌려받는 행위를 한다. 하지만 요즘 아이들은 물건 사는 아이는 카드를 주는 행위를 하고, 파는 아이는 카드로 결제하는 행위를 한다. 자신의 행동에 기존의 카드 결제 경험이 아이들의 행동에도 영향을 미치고 있음을 보여준다.

대표되는 전통적인 놀이의 경험과 다르게 젊은 세대는 디지털 기기를 통한 놀이와 가상세계에서 게임의 경험이 e스포츠 단어의 탄생으로 이어졌다는 것이다. 디지털 경험과 전지구적인 인터넷의 환경은 가상세계의 경기이지만, 상금을 놓고 경쟁하는 환경이 조성되었고, 그 경기에서 선수들은 자신이 가진 기량을 최대한으로 발휘하고자 노력한다. 그리고 경기에서 승리하는 경우에 환호와 패배할 때에는 눈물을 경험한다. 경쟁, 상금, 자신의 기량 발휘, 승리와 패배에 따른 눈물, 환호 등 스포츠의 경험이 e스포츠 단어의 탄생조건이다. 기존의 사이버 게임, 비디오 게이밍, 프로비디오 게임의 명칭과 다르게 e스포츠라고 불리게 된 이유는 스포츠에서 보여주는 제도화된 상황에서 플레이어들의 경험과 그 경험 속에 보여주는 경쟁의 본질이 개입되기 때문이다. 이렇게 사람에게 인지되고 사용된 의미가 하나의 추상화된 단어인 e스포츠의 단어로 탄생하였다. 은유의 관점에서 설명한 e스포츠의 개념은 e스포츠 연구를 인간 움직임에 따른 경험이 무엇인지에 초점을 맞추어 연구가 진행되어야 함을 보여준다.

　새로운 개념적 형성과 정의는 관련 학자들이 토론하고, 학회에서 공유해서 일정 시간이 지난 후 형성된다. 이러한 점에서 단어와 언어적 관점에서 e스포츠의 개념과 관련된 논쟁은 아직도 진행 중이다. 다만 은유로서 e스포츠를 바라보면, e스포츠의 특징과 속성을 인간 경험의 문제로의 해석도 가능함을 보여준다. e스포츠의 본질 파악은 e스포츠와 경험 간의 관계 속에서 많은 것을 파악할 수 있다. 그리고 개인적인 경험에 따라 e스포츠의 개념도 e놀이, e게임, e스포츠, VR/AR/MR e스포츠로 나타날 수 있을 것이다. 이는 앞으로 e스포츠 연구자에게 e놀이, e게임, e스포츠, VR/AR/MR e스포츠가 갖는 경험의 내용이 무엇인지를 해석해야 하는 학문적 숙제로 남는다.

02 e스포츠 특성과 가치 ✎

1) e스포츠의 특성

한국에서 발달한 e스포츠의 특징은 e스포츠 단어의 형성 과정에서 보인다. 한국에서 e스포츠의 개념은 법률적 관점에서 기술하였다. 즉 2012년 이스포츠(전자스포츠) 진흥에 관한 법률에 근거하여 "이스포츠란 「게임산업진흥에 관한 법률」 제2조 제1호에 따른 게임물을 매개(媒介)로 하여 사람과 사람 간에 기록 또는 승부를 겨루는 경기 및 부대 활동을 의미한다"로 정의한다. 이러한 이유는 산업적 측면에서 e스포츠산업을 진흥시키기 위해 법률적 뒷받침이 필요하다는 정부의 입장이 개입되었기 때문이다. 법률적 용어가 광범위한 사회적 요구와 현상을 반영하여 e스포츠 발전에 기여하였다는 긍정적인 측면이 있지만, 이러한 법률적 정의는 또한 많은 문제점을 또한 포함한다. 예를 들어 e스포츠란 게임물을 매개로 한다고 하였는데 게임물의 영역이 명확하지 않다. 그리고 부대 활동이라고 하였는데 부대 활동의 내용도 개념의 명료함과는 너무 거리가 멀다. 즉 법률적 정의는 e스포츠 산업을 발전시키는 데 일조하였지만, e스포츠의 법률적 정의가 오늘날의 e스포츠의 시대적 요구 상황과 현상을 정확히 표현한다고 말할 수 없다. 따라서 학문적인 관점에서 e스포츠의 정의는 다시금 검토되어야 한다.

오늘날 e스포츠의 영역은 지금 진행되고 있는 많은 프로e스포츠 경기, 즉 롤, 오버워치(Overwatch), 배틀그라운드(Battlegrounds), 도타 2(Data 2) 등 컴퓨터 기반의 경기만으로 한정할 수 없다. e스포츠는 머리에 착용하는 디스플레이(HMD, Head Mounted Display)를 통한 가상현실(VR)의 경기도 포함된다. 예컨대 VR를 통한 하도(HADO) 경기도 e스포츠의 영역에 속한다. 컴퓨터 기반에서부터 가상현실의 실제 움직임을 포함하는 e스포츠 영역의 확대로 e스포츠의 특징을 규정하기란 쉽지 않다. e스포츠는 디지털 플랫폼이나 디지털 기기의 발전에 따라 그 영역이 축소되거나 바뀔 가능성이 높기 때문에 e스포츠의 특성을 설명하는 것 자체도 쉽지 않다.

저자는 e스포츠의 개념과 의미에 관련된 논의는 뒤로하고 현재 e스포츠가 갖는 특징을 다섯 가지로 설명하고자 한다.

첫째, e스포츠는 특정한 규칙을 받아들인다. 그 규칙이 e스포츠 개발자가 정한 규칙이라고 하더라도 그 규칙은 한정된 공간과 시간에서 승부를 내어야 한다. 우리가 e스포츠의 경기에 참여하는 것은 e스포츠 종목이 규정한 규칙을 받아들인다는 태도를 전제로 한다. 이는 e스포츠의 경기가 진행되기 위한 조건이며, 철학자 슈츠(Suits)가 언급한 게임을 받아들이는 태도(lusory attitude)와도 다르지 않다(Suits, 2014). 이러한 태도는 e스포츠도 적용된다. e스포츠의 경기규칙을 받아들이지 않으면, e스포츠의 경기는 성립되지 않는다. 규칙을 받아들인다는 것은 경쟁 속에서 나타난 결과까지도 인정하는 것이다. e스포츠에 많은 사람이 참여하고 직업으로 e스포츠 선수가 되고자 하는 이유가 경제적인 이유에 근거한다고 할지라도, 우리가 그 규칙을 받아들인다는 사실은 변함이 없다. 디지털 기기의 개입에 따른 많은 새로운 e스포츠의 종목이 탄생하고 경쟁을 보여주겠지만, 그 경기가 규칙과 경쟁이 전제된다는 점에서 기존의 스포츠와 다르지 않다. 스포츠에서 승부를 내는 도구가 자신의 몸 움직임을 강조하는 것과 다르게 e스포츠는 디지털 기기와의 인터페이스를 조작하는 행위로 이루어진다는 점에서 서로 차이를 보인다. 디지털 기기를 통한 e스포츠는 인간의 사고와 삶에 색다른 의미를 부여한다. 우리가 스포츠를 통해 건강한 삶과 정당한 경쟁의 가치를 배울 수 있듯이, e스포츠도 우리에게 많은 가치를 가져다준다. 디지털 기기를 통한 e스포츠의 참여는 언제 어디에서 참여한다고 할지라도 그 규칙을 받아들인다는 사실을 전제로 한다. 규칙을 받아들이는 태도의 인정에는 중독은 존재하지 않는다. 단순히 즐기는 게임에는 중독이 있지만, e스포츠의 규칙을 통해 승리와 패배를 인정하는 태도에는 중독이 없다. 이것이 게임과 e스포츠와의 차이점이다. 이러한 e스포츠의 가치를 우리는 외면하지 말아야 한다.

둘째, e스포츠는 평등성을 강조한다. e스포츠의 발달은 디지털 기술의 뒷받침 속에서 성장하였다. 인터넷으로 대표되는 디지털의 세계는 닫힌 연줄망에서 열린 연결망으로, 수직적 연줄 망에서 수평적 연결망으로 연결된다(백욱인, 1998: 15-23). 여성과 남성의 영역으로 구분 지어진 스포츠 영역과는 다른 e스포츠는 모두가 참여 가능한 평등성을 보여준다. 물론 그렇다고 해서 e스포츠 경기에서 남녀의 평등이 이루어지고 있느냐는 다른 차원의 문제이다. 디지털의 특성은 0과 1의 단순한 작동이다. 디지털의 기본 단위로 시작하지만, 그 내용의 프로그램 형성은 광범위하게 확장하여 새로운 것을 만들 수 있다. 우리가 보는 e스포츠의 진행 상황은 디지털화된 그림으로 본다. 디지털 도구를 사용하여 디지털화된 화면으로 즐긴다. 반면에 디지털화하는 작업은 보는 것만큼 쉽지 않다. 디지털 속성이 1(있음)과 0(없음)의 이진신호를 배열하여 조합하고, 문자 단위를 1 바이트(byte)에서 시작하지만, 디지털 기술을 배워서 응용하기란 쉽지 않다. 이러한 쉽지만 배우기 어려운 속성은 e스포츠의 경기에도 적용이 된다. e스포츠는 누구나 쉽게 배우지만, 그것을 마스터하기란 쉽지 않다는 것이다(Scholz, 2019: 104). 그럼에도 불구하고 e스포츠는 성별, 나이, 국적과 관계없이 누구나 공평하게 참여의 가능성이 열려 있는 특성을 보여준다.

셋째, e스포츠는 인지, 지각, 감정, 경험의 총체적 현상으로 이해해야 한다. 우리가 e스포츠가 보여주는 현전감(presence)에 열광하고 재미를 느끼는 이유는 e스포츠의 그래픽, 음향, 사운드 그리고 디지털 작동의 알고리즘에 영향을 받기 때문이다. e스포츠는 큰 움직임이 없이 나의 시각장(the field of visual sensation) 안에서 상대의 움직임을 파악한다. 나의 시각장에서 모니터가 한눈에 파악이 가능하기 때문에 우리는 인지작동의 과정에 대한 이해가 필요하다. e스포츠의 승패는 화면에서 보이는 상대움직임의 패턴을 얼마나 빨리 판단하고 지각하느냐에 승부가 결정된다. 여기에 e스포츠의 인지작용에 대한 이해가 필요하다. 단지 인지작용만이 중요하지 않다. e스포츠의 경기에 참여하는 선수들의 에너지 소모는 스포츠에 참여하는 선수와 다르지 않다. 독일 쾰른체육대학의 프로베스(Fröböse) 교수에 따르면, e스포츠 선수들은 놀랄 만큼 빠른 손과 눈 움직임을 보여 주면서 분당 400개의 움직임을 조정한다. 경기하는 동안 그들의 심박 수는 분당 120에서 180까지 도달하고, 이것은 거의 경주 운전자의 스트레스 수준이다. 그리고 축구 선수가 챔피언스 리그 결승전에서 페널티 킥을 넣을 때 만큼 e스포츠 선수의 스트레스 호르몬 코티솔이 높아진다(Lagunas, 2019.08.02). 그리고 스트레스는 감정과 연결되어 있기 때문에 감정의 문제도 이해해야 한다. 또한 e스포츠는 즉각적인 판단을 하는 데 도움이 된다. e스포츠 경기에서 동료와 전략 전술의 상호협력은 중요하다. 서로의 생각과 판단에 대한 존중 경험은 일상생활에서도 도움이 된다. 자신의 몸을 움직여 e스포츠에 참여한다. 다양한 e스포츠 종목의 참여는 다양한 경험을 만들어낸다. 따라서 e스포츠 연구는 e스포츠가 갖는 다양한 경험의 문제를 설명해야 한다.

　넷째, e스포츠는 디지털 기기를 이용한 가상 공간성의 움직임을 이해해야 한다. 인간은 도구를 사용함으로써 생존의 확장과 문화를 발전시켜왔다. 도구의 사용은 스포츠 영역에서도 광범위하게 사용된다. 예컨대 축구의 공, 야구의 배트, 사격에서 총의 도구를 통해 스포츠의 영역을 확대해 왔다. e스포츠는 마우스와 키보드의 도구로 확장된 자신의 아바타를 통해 경기에 참여한다. 스포츠와 e스포츠는 도구가 중요한 요소라는 점에서 같다. 다만 e스포츠는 가상공간의 영역에서 자신의 몸 움직임의 연장인 아바타를 선택하여 움직인다. 엄밀한 의미에서 본다면, 스포츠도 현실에서 가상공간의 영역으로 만들어졌다. 스포츠 경기가 현실에서 작동하지만, 그 공간도 인위적인 만들어낸 가상공간이라는 점에서 e스포츠와 다르지 않다. 예컨대 야구는 가상의 형태로 야구장에서 공으로 던지고 배트로 치고 점수를 획득하는 상상으로 만들어졌다. 야구가 현실에서 직접적으로 자신의 몸을 움직이는 것이라면, e스포츠는 몸의 연장인 아바타로 화면 속에서 경쟁하는 것과 차이가 날 뿐이다. e스포츠의 경기가 진행되는 가상공간의 세계도 우리가 만든 생활공간의 일부분이다. 우리는 현실의 공간을 넘어 상상의 공간을 확대해 자신의 삶을 확대해 왔다. 특히 코로나 19(COVID-19) 팬데믹 상황은 우리의 현실에서 삶의 공간과 놀이의 공간이 상상의 공간으로 확대, 확장시키고 있다.

다섯째, e스포츠는 인간의 주도적 행동 경험을 갖는다. 일반 스포츠와 다르게 e스포츠는 개인의 선택권을 넓게 적용한다. 기존의 스포츠는 종목 결정에 따른 자신의 행위가 결정되는 반면에 e스포츠는 자신의 캐릭터를 선택하고 상대와 경쟁을 한다. 가상공간에서 e스포츠 플레이는 자신이 선택하여 경험을 확대시켜 나아간다. e스포츠의 가상의 경험은 현실과 다르겠지만, 가상공간의 경험도 일상의 공간과 연관된 의미를 갖는다. e스포츠의 가상공간에서 보인 움직임의 확대는 자신의 주도적인 행동의 결과이기 때문에 가상세계의 경험이 현실세계에도 연결된다. 현실에서 부족한 경험을 디지털 기술의 발달로 현실과 같은 환경에서 자신의 경험을 배우거나 확장시켜 나갈 수 있다. 국경을 넘어 많은 사람과 만나 경기하고 자신의 능력을 발휘할 수 있는 경험은

e스포츠의 커다란 장점이다. e스포츠의 경기에 한정하여 설명한다고 할지라도, 우리는 경기에서 상호 간의 전략적 공유와 협력의 경험은 전통적인 스포츠가 주는 직접적인 경험 못지않는 의미를 준다. 따라서 가상세계에서 펼쳐지는 e스포츠의 경험과 관련된 몰입, 공간과 시간, 자율성, 즐거움, 행위의 반성 등을 해명해야 한다. 물론 이러한 저자의 다섯 가지의 주장이 e스포츠의 특징을 완벽하게 규정하는 것은 아니다. e스포츠의 개념과 의미는 현재 진행되는 동적인 하나의 사건이기 때문에 e스포츠의 특성은 규정하기란 쉽지 않다. 다만 e스포츠가 갖는 특징이 무엇인지 질문하고 답을 찾는 과정에서 우리는 e스포츠의 개념과 의미를 설명할 수 있다.

저자는 e스포츠의 개념을 넓은 의미와 좁은 의미로 설명하고자 한다. 좁은 의미로 e스포츠는 디지털 기기의 작동 하에서 인간의 움직임을 통해 승부가 나는 경기이다. 이는 경쟁을 기반으로 승부를 내는 프로e스포츠에 적용이 가능하다. 넓은 의미의 e스포츠는 디지털 플랫폼과 디지털 기기를 기반으로 인간움직임에 따라 e놀이, e게임, e스포츠(여기에서는 프로e스포츠), VR/AR/MR e스포츠, M e스포츠를 포함한다.

2) e스포츠 본래의 가치로 돌아가자.

e스포츠를 하는 이유가 무엇인가의 질문에 많은 가장 많이 듣는 대답이 'e스포츠가 재미있다'라는 것이다.[18] 하지만 즐거운 기분이나 느낌으로 표현되는 재미[19]가 무엇인지 논리적으로 설명하기란 쉽지 않

---

18 이와 관련해서는 6장과 7장 참조.
19 호이징가(Huizinga)는 재미의 단어가 근대에 생겨난 것이며, 그것에 상응하는 프랑스

다. 덧붙여 재미의 과학적 근거를 제시하기도 어렵다. 재미를 과학적 분석의 대상으로 본다면, 도파민이라는 신경물질이 재미를 만들어 내는 요소로 설명한다. 문제는 도파민 자체에서 재미가 나오지 않는다는 사실이다. 도파민의 신경전달물질에는 재미가 포함되어있지 않기 때문이다. e스포츠 열광의 이유도 마찬가지로 과학적으로 설명이 어렵다. 열광을 심리적 분석이나 사회적 설명은 가능하겠지만, 그것이 정확한 열광의 이유는 아니다. 따라서 재미와 열광을 e스포츠의 특성으로 설명할 수 있겠지만, 우리는 왜 무엇 때문에 e스포츠의 재미나 즐거움을 찾는지에 대한 과학적 해답 이외에도 철학적 질문을 던져야 한다. 그 속에는 우리는 e스포츠가 지향해야 할 가치가 무엇인지 한번쯤 자문해야 한다.

　　e스포츠 재미와 열광의 이유를 기존의 올림픽 경기, 월드컵, UEFA 챔피언스 리그와 같은 메가 스포츠와 같은 위상으로 접근해서는 안 된다. e스포츠는 자신이 속한 팀과 국가 간의 경쟁을 보여준다는 면에서 기존의 스포츠와 유사하다. 그러나 프로e스포츠선수의 경쟁과 미디어를 통한 경제적인 측면만을 강조하면, e스포츠의 미래는 한계 상황에 직면할 것이다. e스포츠의 특정 종목이 축구와 같은 승강제도가 있고, 챔피언 리그와 같이 제도화된 경기 과정을 가지고 있지만, 특정 e스포츠 종목이 축구와 같이 지속 가능하게 유지할 수 있을 것인가에 대해서는 저자는 확신이 없다. 개발자에 의해 새로운 경기 형태가 나오고 대중의 관심이 없으면 언제든지 그 종목은 바뀔 가능성이 높기 때문이다. 이는 2018년 '히어로즈 오브 스톰'의 공식 리그를 별도의 유예기간 없이 즉시 폐지한 경우에서 잘 보여준다. 이러한 사실은 e스포츠 종목

단어도 없다고 하였다. 독일어에도 일치되는 단어는 Spas(장난, 즐거움)과 Wits(위트, 장난, 희롱)를 합쳐야 한다고 하였다(이종인 역, 2010: 33).

의 지속 가능성으로 인정할 수 없는 사실과 연결된다. e스포츠가 지속 가능한 종목을 유지하기 위해서라도 e스포츠를 만든 회사들은 e스포츠가 갖는 공공재로서 역할이 무엇인지 고민해야 한다. 이러한 현상은 e스포츠의 가치가 무엇인가에 대한 근본적인 질문을 던진다.

e스포츠의 가치 제시는 개념이나 의미 분석과 다른 e스포츠를 바라볼 수 있는 기회를 제공한다. 먼저 우리는 e스포츠의 가치 제시를 프로e스포츠선수와 관련된 내용과 문화에 한정하여 인식하는 태도를 벗어나야 한다. e스포츠의 영역에서 프로e스포츠선수와 관련된 산업, 비즈니스, 경기 내용 등 많은 부분이 점유를 인정하더라도, e스포츠의 현상은 프로e스포츠 경기를 넘어 일상에서 진행되는 e스포츠에 관심을 가져야 한다. 예컨대 생활e스포츠가 프로e스포츠의 기반이 되는 측면에서 생활e스포츠의 가치 해명은 중요하다. 그렇지 않으면 e스포츠는 참여하는 e스포츠가 아닌 보는 e스포츠로 축소될 가능성이 크다. 스포츠에서도 프로스포츠만이 있는 것이 아니다. e스포츠를 프로e스포츠에만 한정한다면, 우리는 e스포츠의 개념이나 특징 그리고 속성을 한정된 e스포츠 선수에 초점을 맞추는 우를 범하게 된다. 그리고 e스포츠의 가치를 프로e스포츠 경기와 관련한 설명으로 흐를 가능성이 크다. e스포츠는 디지털 기기와 디지털 플랫폼을 기반으로 e놀이, e게임, e스포츠, M e스포츠로 구성된다고 앞에서 지적하였다. 따라서 e스포츠가 지향해야 할 가치도 일상생활에서 e놀이, e게임, e스포츠, M e스포츠에서 찾아 제시해야 한다.

저자는 시론적 접근으로 e스포츠가 지향해야 할 가치를 e스포츠를 처음 만든 사람들의 태도에서 찾고자 한다. e스포츠의 시작은 테니스 포 투(Tennis for Two)이다. 테니스가 열대지역의 야외에서 할 수 없는 상황에서 탁구 탄생의 원인을 제공하였듯이, 테니스 포 투 경기는 테니스 경기를 화면 속에서 시뮬레이션으로 구현한 경기였다. 그 경기는 버튼과 다이얼로 조정하여 상대의 공을 넘기는 단순한 경기였다. 이것을 만든 히긴보덤(Higginbortham)은 1958년 자신의 연구소 방문을 기념하여 이 경기를 만들었다. 그 게임은 상업적인 요소를 배제하고, 단지 방문객들의 즐거움의 목적으로 만들었다. 그 자신이 2차 세계대전의 핵무기 개발에 참여하였지만, 나중에 반핵운동에 동참하였다. 그는 컴퓨터가 핵을 만드는 데 부정적으로 일조할 수 있지만, 컴퓨터가 즐거움과 행복을 주는 도구의 역할을 생각해냈다. 즉 히긴보덤에게 테니스 포 투는 디지털 기기를 매개로 사람들에게 즐거움을 주는 도구로 재탄생시켰다. 물론 이 경기는 인간과 기계 간의 대결은 아니다. e스포츠는 인간과 컴퓨터 간의 경기는 스페이스워(Spacewar)에서 시작하였다. 1972년 스페이스워의 토너먼트 경기는 스탠퍼드 대학에서 이루어졌으며, 우승 상금은 잡지인 롤링 스톤(Rolling Stone) 1년 구독권이었다.

컴퓨터가 즐거움과 재미를 위한 도구라는 히긴보덤의 태도는 스페이스워 게임을 완성한 스티브 러셀(Steve Russell)에게까지 연결된다. 러셀은 그 당시 소수의 전문가만이 사용 가능한 컴퓨터를 모두가 이용해야 한다는 생각을 가졌다. 또한 연구자의 역할은 컴퓨터가 가진 기능을 모두가 실현 가능하게 사용할 수 있게 만드는 것에 있으며, 이를 통해 만들어진 결과물은 특정인만이 즐기기보다는 모두가 즐길 수 있는 게임이 되어야 한다고 생각했다. 따라서 러셀은 오늘날과 다르게 컴퓨터의 결과물에 대한 소유권을 주장하지 않았다. 그는 컴퓨터를 통해 누구나 참여하고 즐길 수 있는 유토피아적인 공동체를 상정하였다. 스페이스워는 그들 친구와 컴퓨터를 통한 즐거운 놀이의 산물로 생각하였다. 결국 러셀과 그의 동료들은 스페이스워와 관련된 지적 재산권이나 특허권을 주장하지 않았다. 이러한 사실은 오늘날 e스포츠가 갖는 이해관계자(stakeholder)의 소유권을 강조하는 현상과 전혀 다르다. 러셀과 그의 동료들은 오늘날의 관점에서 본다면 컴퓨터를 통해 무언가 만들어내는 부정적인 의미보다는 누구나 함께 즐기기 위한 해커의 역할을 하였다는 점이다(박재호, 이해영 역, 2019). 그 이후에는 비디오 게임은 재미를 무기로 하여 경제적 관점이 개입되어 게임 기계를 만들었다.

　　토너먼트 경기의 측면에서 스페이스워 경기 내용의 확장은 1981년 아케이드 게임인 스페이스 인베이더(Space Invaders) 월드 챔피언십 경기가 이루어졌다. 그 결과 남자 우승자인 에릭 기너(Eric Ginner)는 만 2천 불, 여자 우승자 한옥순(Ok-Soo Han)은 4천 불의 상금을 받게 되었다(Keith, 2012). 이는 오늘날 e스포츠의 경기가 수십억의 상금을 놓고 경쟁하는 출발점이 되었다. 전세계적인 경기 진행과 상금 개입은 e스포츠를 하나의 상업적인 메가 스포츠의 형태로 발전하였다. 하지만 앞에서 언급하였듯이 e스포츠의 상업화, 특히 e스포츠 경기를 만든 게임회사의 허가 없이 e스포츠의 경기가 진행되지 않는 상황은 e스포츠의 지속 가능성을 위험에 빠뜨릴 가능성이 높다. 이러한 e스포츠에 대한 상업화에 따른 경기의 지속 가능성과 관련된 부정적인 측면은 e스포츠를 만든 게임회사 이익을 위한 이벤트의 일부로서 작동할 가능성이 높다. 이를 극복하기 위해 우리는 히긴보텀과 러셀의 동료들이 추구한 공동체의 가치를 다시금 생각해야 한다.

　　우리는 축구를 한다고 해서 사용료를 내지 않는다. 마찬가지로 e스포츠의 경기도 모든 사람이 경기를 공유할 수 있는 e스포츠가 있어야 한다. 이는 e스포츠가 즐거움을 공유하기 위한 공공재의 역할을 어떻게 담보할 수 있을지 게임회사가 답을 내놓아야 한다. 오늘날 e스포츠가 상금을 놓고 경쟁적인 측면을 외면할 수 없다고 할지라도, e스포츠가 일상에서 갖는 즐거움과 재미라는 본질적인 속성을 다시금 생각해보아야 한다. 우리는 e스포츠가 누구나 참여하고 즐길 수 있는 문화에서 출발하였다는 사실을 외면해서는 안 된다. e스포츠에 참여하는 플레이어가 없으면 e스포츠는 존재하지 않았기 때문이다.

지금의 e스포츠 관심은 너무 상업적인 측면을 강조한다. e스포츠는 프로e스포츠만이 존재하는 것이 아니다. 생활에서 e스포츠의 역할과 가치를 무시해서는 안 된다. PC방에서 즐기는 플레이어가 없으면, 프로e스포츠선수도 존재하지 않는다. 프로e스포츠선수가 되기란 기존의 프로선수보다 더 힘들다. 우리 모두 뛰어난 e스포츠 선수가 될 수 없다면, 생활 속에서 e스포츠를 즐기는 가치를 만들어야 한다. e스포츠가 원래 모두가 즐기는 것에서 탄생하였다면, 우리는 e스포츠를 즐기는 수단으로 접근해야 한다.

03 e스포츠 현상의 이해 ✎

코로나 19(COVID-19) 사태는 e스포츠에게 새로운 역할을 요구하였다. 전 지구적인 비대면 활동의 강조는 기존 e스포츠가 개인적인 오락과 비즈니스의 영역을 넘어, e스포츠의 교육적 가치에도 관심을 두게 되었다. 이는 팬데믹이 끝난 후에도 지속되었다. e스포츠는 감정적 스트레스 해소의 기회, 경기 진행에서 플레이 간의 동질성 확보, 경쟁과 전략 전술의 습득, 디지털 영역에서 호기심과 창의력을 만들어낸다. 이러한 장점 이외에도 e스포츠는 산업적, 경제적인 관심 또한 배제할 수 없다. 물론 중독, 과몰입, 시간 낭비 등 일각에서 지적하는 부정적인 요소를 부정하지는 않는다.

아직 e스포츠의 단어나 개념에 대한 통일된 입장을 보여주지 못하고 있는 상황에서 e스포츠의 교육적 역할과 신체적 활동에 초점을 맞추는 것은 우선 순위가 바뀌었다는 지적이 가능하다. 단순히 외형적으로 보여준 e스포츠의 현상에 대해 이런저런 의미가 있다고 첨언을 한다고 하더라도 e스포츠의 개념에 대한 자기 나름대로 명확한 정의를 가지고 있어야 한다. 자신의 관점에서 e스포츠의 연구를 진행한다고 할지라도 연구자는 e스포츠의 의미와 가치를 먼저 제시하고 연구를 진행해야 한다. e스포츠를 단순히 시간을 보내는 대상으로, 경기종목을 만드는 개발자의 입장으로, 친구 간의 소통 수단으로, 자신의 기량을 발휘하기 위해 최고의 선수가 되기 위한 노력의 수단 등으로 접근하는 각자의 자세에서 다른 경험을 갖는다. 우리는 누구나 자신만의 e스포츠를 경험한다. 디지털 사회에서 가상세계의 경험에 따른 반성은 일상에서 유사한 경험을 가져다준다. 가상세계에서 경험에 대한 반성 없는 태도는 과몰입이나 시간 낭비로 나타난다. 따라서 우리는 e스포츠의 경험을 반성의 기회로 삼아야 한다.

25년이 넘어가는 e스포츠 역사에서 다양한 학문적 분야에서 논의는 진행되어왔다. e스포츠와 관련된 저널은 2019년에 한국e스포츠학회지와 외국에서는 2020년 International Journal of Esports와 2023년 Journal of Electronic Game and Esports가 있다. 그 외에도 다양한 분야에서 e스포츠와 관련된 학문적 논의가 활발하게 논의가 진행 중이다. 그러나 많은 부분 e스포츠와 스포츠 간의 관계, 프로e스포츠선수들의 기량과 문제점, 경제적인 관점에서 주로 논의가 이루어지고 있다. 문제는 이러한 논의가 e스포츠 현상을 객관적인 대상으로 파악하고 분석함으로써 e스포츠의 본질이나 가치 파악에 어려움이 있다. 미래의 다양한 디지털 플랫폼의 조건변화에 따라 e스포츠의 내용은 달라질 가능성이 높다. 따라서 e스포츠는 골격이 형성된 집이 아니라 골조를 세우는 과정에 있기 때문에 어떻게 설치하느냐에 따라 집의 모습은 달라진다. 정지된 현시점에서 e스포츠의 개념과 의미를 설명할 수 있겠지만 과거, 현재, 미래를 관통하는 e스포츠의 본질 또는 가치를 제시함으로써 e스포츠가 하나의 학문으로서 위치를 공고히 해야 한다.

　학문적 관심과는 별개로 서구의 e스포츠 관심은 이제 피할 수 없는 거대한 하나의 현상이다. 특히 코로나 19의 팬데믹 상황은 e스포츠의 새로운 역할을 주문하였다. 예컨대 2020년 8월 6일 오디오·비디오 정보기술 서밋(2020 AV·IT Summit) 대회 기조연설자로 나선 전미 e스포츠 협회(National eSports Association)의 로리 바조렉(Lori Bajorek) 회장은 e스포츠의 특징을 세 가지로 설명한다. 그녀는 e스포츠가 미국 슈퍼볼과 맞먹는 엔터테인먼트(entertainment)의 요소를 가지고 있으며, 동등한 참여(engagement)를 위한 훌륭한 도구이며, 학습을 증진하는 교육(education)의 의미를 갖는다고 하였다.[20] 저자는 여기에 평등성(equality)과 경험(experience)이 추가되어야 한다고 생각한다. e스포츠의 평등성은 경기에 참여하는 사람이 성별, 나이, 인종과 관계없이 누구나 참여를 보장한다. e스포츠의 사이버 공간은 누구나 참여 가능한 확대 개방성의 역할을 한다. 따라서 e스포츠의 평등성은 보편적인 인류애의 가치를 지향한다고 말할 수 있을 것이다. 또한 e스포츠 경험의 문제는 e스포츠의 근본적인 문제의 이해와 해결하는 핵심 단어이다. e스포츠에 대한 경험의 본질적 해명이 전제되지 않는 상황에서 e스포츠의 부정적인 측면을 극복할 수 없다. 경험은 재미, 즐거움, 몰입의 긍정적인 측면의 원인으로 작동하기 때문이다. 이러한 e스포츠를 바라보는 다섯 가지 인식의 틀은 e스포츠의 개념 정의와 더불어 해결해야 할 학문적 주제이다.

　이 장에서 저자는 e스포츠의 개념이나 의미를 분석하고, e스포츠의 가치를 담론적 내용으로 제시하였다. 이러한 저자의 주장이 학문적 타당성과 관련해서는 더 많은 논의가 필요하다. 다만 우리가 e스포츠를 연구할 때 자신만의 e스포츠의 개념이 무엇이고, 그 의미는 어떻게

20　https://www.youtube.com/watch?v=Bw1VI7LRNNY

해석할 수 있으며, 그 가치는 무엇인지를 먼저 제시해야 한다. e스포츠가 보여주는 상업적, 교육적 가치를 주장하는 이들도 이러한 질문을 외면해서는 안 된다. 이는 e스포츠를 연구하는 모든 사람에게 적용된다. 이러한 질문과 해답은 e스포츠의 학문적 위상과 가치와 연결되기 때문이다.

1장 토론 내용

- e스포츠란 무엇인가?
- e스포츠의 개념과 의미는 어떻게 해석해야 하는가?
- e스포츠의 특성과 가치는 무엇인가?
- e스포츠의 지속 가능한 생태계(eco-system)의 조건은 무엇인가?

더 읽어야 할 책

e스포츠의 등장은 Li(2016)와 e스포츠의 전반적인 연구 내용은 Rogers 등 (2019)과 Jin Dal Yong 등(2021)을 보라. e스포츠의 현상에 대한 간략한 이해는 Collis(강지문 역, 2023)와 e스포츠에 대한 유럽의회의 보고서 (Scholz & Nothelfer, 2022)를 보라. 한국의 e스포츠 역사와 전개 내용은 김기환 등(2022)이 있으면, e스포츠의 직업과 관련해서는 남윤성, 윤아름 (2021)을 보라. 개념 정의의 어려움과 새로운 개념 설정과 관련해서는 Deleuze(이정우 역, 1999)를 보라.

e스포츠의 역사와 과정

PART
02

e스포츠의 역사와 과정

오늘날 우리가 알고 있는 축구, 농구, 야구, 배구 등 스포츠의 종목은 인간움직임과 문명발달 과정의 산물이다. 스포츠라는 형태가 먼저 존재한 것이 아니라 다양한 놀이와 게임의 형태가 시대적 문화와 인간의 욕망이 만나 오늘날 스포츠의 종목을 만들었다. 스포츠의 단어는 15세기에는 장난, 농담의 의미로 사용되었다가 오늘날 신체활동을 포함한 스포츠의 단어는 1520년경에 등장하였다. 그 단어의 어원학적 기원은 프랑스어인 desporter에 보인다. desporter의 라틴어 어원은 porter(짐)과 des(벗어던진다)가 합쳐진 단어이다. 즉 자신에게 주어진 짐을 벗어 홀가분한 기분전환을 의미한다. 스포츠의 기분전환은 특정 스포츠의 종목에 한정되지 않는다. 따라서 고대 그리스와 로마 그리고 중세에는 스포츠라고 불리는 종목을 찾을 수 없다. 중세에 사냥, 노름이라는 스포츠의 의미가 근대 영국으로 넘어가 경쟁, 규칙, 승리, 패배의 의미가 포함된 오늘날 스포츠의 개념으로 확대되었다.

고대에 스포츠의 단어가 없음에도 불구하고, 우리가 고대 그리스나 로마에서 스포츠의 의미를 찾아 설명하는 이유는 오늘날 스포츠가 지향하는 본질이나 가치를 찾기 위함이다. 그리스 올림픽 경기는 신 앞에서 자신의 신체적 탁월성을 겨루고자 하였다. 이와 반대로 로마시대는 관중 중심의 스포츠로 전차 경기나 노예들의 격투기 장면을 보았다. 이는 스포츠 몰락의 부정적인 요소로 인식하였다. 근대스포츠는 개인의 건강과 부국의 수단으로 강조되었고, 현대에는 우리가 알고 있는 다양한 스포츠의 종목이 존재하였다. 여기에 시대적 환경변화에 따라 새로운 형태의 스포츠인 스카이다이빙, 스노우보드, 클라이밍 등의 익스트림 스포츠가 나타나게 되었다. 이 속에서 우리는 시대적 상황과 기술발달 속에서 나타난 e스포츠의 대두를 정확하게 예측하지 못했다. e스포츠의 등장은 무어의 법칙(Moore's Law), 즉 컴퓨터의 성능이 일정 시기마다 배가하여 뛰어난 기능을 보여준다는 것을 예측하지 못한 것과 다르지 않다.

e스포츠는 테크놀로지의 발달에 따른 경제적, 사회적 현상으로 우리 일상생활에 깊숙이 침투해 있다. 언론과 포털의 스포츠 영역에 당당히 e스포츠가 자리 잡고 있다. 대부분의 젊은 세대에게 e스포츠가 하나의 놀이 문화로서 자리를 잡고 있다는 것이 정확한 표현일 것이다. 요즘 청소년들은 기존 기성세대와 다르게 e스포츠에 적극적인 참여자이며 동시에 관중이다.

e스포츠는 어느 날 하늘에서 뚝 떨어진 것이 아니다. e스포츠의 현상은 디지털 기계에 따른 문화적 환경과 스포츠가 갖는 다양한 속성의 관계 속에서 잠재된 요소들이 상호 연관성에서 등장하였다. 오늘날 e스포츠의 현상과 문화가 특정 집단의 전유물이라는 주장을 하고 있지만, 이는 틀린 주장이다. 그들은 디지털 환경과 디지털 기기에 익숙한 세대로 e스포츠 세계에 새로운 주역으로 성장한 것에 지나지 않는다. 미래의 스포츠가 어떻게 전개될지 알 수 없다. 과거와 비교해서 오늘날 학교 수업 후 운동장에서 얼마나 많은 학생이 스포츠를 하고 있는지 생각해보자. 극단적인 주장일 수 있지만, 일각에서는 미래에 e스포츠가 모든 스포츠를 대체할 가능성이 높다는 지적도 있다.

물론 현재 진행 중인 e스포츠가 앞으로 어떻게 전개될 수 있는지 명확하게 설정할 수는 없다. 그 이유는 e스포츠가 지금도 급격하게 진행 중인 하나의 사건 때문이라고 앞장에서 지적하였다. e스포츠가 하나의 사건으로 드러난 이상 연구자들은 e스포츠의 현상을 학문적으로 논의하고 검토해야 한다. 물론 짧은 e스포츠의 역사와 현재 진행 중인 e스포츠의 현상을 하나의 통일된 학문적 관점으로 설명하기란 쉬운 일은 아니다. 그리고 e스포츠의 짧은 역사에서 학문적 논의를 하기에는 시기상조라는 관점이 존재한다. 그렇다고 해서 현대의 시점에서 e스포츠의 현상에 대한 학문적 논의가 필요하지 않다는 것은 아니다.

본 연구자와 같이 스포츠의 영역에서 e스포츠를 바라보는 것과 다르게 게임학(ludology)이나 미디어의 관점에서 e스포츠의 논의도 가능하다. 현실적으로 e스포츠의 연구가 다양한 분야에서 진행되고 있는 사실이 환영받을 만하지만 e스포츠를 디지털 게임이나 스포츠에 한정하여 설명한다면, 이는 역으로 e스포츠의 학문적 영역을 구축하는 데 어려움으로 작동한다. 오늘날 e스포츠의 연구영역은 e스포츠의 경제적인 측면과 e스포츠 선수들의 심리적 움직임과 경기력 향상에 한정된 연구를 많은 보여준다. 이는 e스포츠 현상을 전체적으로 조망하는 데 어려움을 가져다준다. 따라서 e스포츠만이 갖고 있는 특성을 이해하기 위해서는 e스포츠의 역사와 과정에 대한 이해가 선행되어야 한다.

e스포츠의 역사와 과정 연구는 e스포츠의 본질과 특성 그리고 학문적 방향성을 설정하는 데 도움이 된다. 우리가 스포츠의 본질을 파악하기 위해 고대 그리스와 로마시대의 스포츠 형태를 연구하고, 과거에 보여준 다양한 스포츠 문화의 연구를 통해 스포츠의 학문적 특성과 방향을 이야기한다. e스포츠의 역사와 과정의 파악하는 이유도 스포츠와 다르지 않다. 오늘날 e스포츠는 놀이, 게임, 스포츠등으로 불린다. e스포츠가 놀이, 게임, 스포츠라고 불리는 이유는 e스포츠의 역사적

과정에 각각의 요소들이 내재하여 있기 때문이다. 이와 관련해서 놀이, 게임, 스포츠의 속성이 e스포츠와 어떤 유사점과 차이점을 갖는지 3장, 4장, 5장에서 살펴볼 것이다. 이를 통해 e스포츠는 스포츠의 역사와 밀접한 관계를 맺고 있음을 확인하고자 한다.

e스포츠의 역사와 과정 연구는 대단히 중요하지만 이와 관련된 논의는 상대적으로 부족하다. 본 장은 스포츠의 역사적 흐름의 관점에서, 특히 디지털 기기의 발전과 스포츠의 역사를 고려하여 e스포츠의 역사를 간략하게 설명하고자 한다. 먼저 e스포츠의 역사와 그리고 다양한 e스포츠의 경기종목을 설명함으로써 e스포츠가 갖는 특징을 드러내고자 한다. 그리고 스포츠의 역사에서 e스포츠가 갖는 의미가 무엇인지를 설명하고자 한다. 이를 통해 우리는 e스포츠의 본질과 특성을 파악하는 데 도움을 얻을 수 있다.

01 디지털 기기의 발전과 e스포츠 ✎

1) e스포츠의 태동기: 1958년~1987년

최초의 컴퓨터 게임은 윌리엄 히긴보덤(William Higginbotham, 1910-1994)의 1958년에 만든 『테니스 포 투(Tennis for Two)』로 알려졌다. 그는 저명한 물리학자로 원자폭탄 개발에 참여하였고, 그가 참여한 핵폭탄은 히로시마에 투하되었다. 그는 핵폭탄의 투하로 인한 생명 경시에 회의를 느껴, 차후에 반핵운동에 참여하였다. 2차대전 이후 그는 1958년 미국 부룩 헤이븐 국립연구소(Brookhaven National Laboratory)[1]에서 근무하게 되었다. 그 연구소는 매년 일반인을 대상으로 연구소 개방행사를 하였다. 그는 연구소 방문객에게 무료한 시간을 보내기 위한 행사용으로, 이 첨단기술이 평화에 기여할 수 있음을 보여주고자 하는 의도가 게임에 투영되었다. 이 경기는 시간 간격에 따른 전압변화의 장치인 오실로스코프(Oscilloscope) 화면에서 버튼과 다이얼로 조정하는 테니스 경기와 같은 게임을 만들었다. 컴퓨터에 앉은 두 사람이 서로 공을 주고받는 단순한 경기였다.

테니스 포 투(Tennis for two)와 컴퓨터 작동장비
출처: https://en.wikipedia.org/wiki/William_Higinbotham.

이 게임은 컴퓨터와 연결된 오실로스코프의 모니터에 테니스 경기를 구현하였다. 이는 탁구가 테니스의 공간과 환경을 고려해서 만들어진 것과 외형적으로 유사하다. 탁구는 더운 지역에서 실내에서 놀 수 있는 경기의 일종으로 테니스에서 유래하여 만들어졌다. 테니스 포 투는 테니스 게임이라는 상징적 형태는 유사하지만, 사용하는 도구와 장소가 다를 뿐이다. 또한 최초의 컴퓨터 게임인 테니스 포 투는 컴퓨터와 인간 사이의 경쟁보다는 인간 간의 대결을 위한 도구에 불과하였다.

---

1 이 연구소는 전후 냉전체제를 맞아 핵물리학을 연구하는 공공기관이었기 때문에 1년에 한 번 일반 관람객을 위한 공개행사를 열었다. 많은 관람객에게 오락거리를 제공하기 위해서 만들었지만, 다음 해의 전시를 끝으로 열지않았다.

인간과 컴퓨터 기기와의 경쟁은 스페이스워(Spacewar)에서 시작하였다. 경쟁의 형식으로 나타난 것은 1972년 스탠퍼드 대학의 인공지능 실험실에서 최초의 비디오 게임인 스페이스워(Spacewar)의 토너먼트 경기였다. 스페이스워(Spacewar)는 543kg 정도의 컴퓨터(Programmed Data Processor-1, 이하 PDP-1)를 기반으로 모니터 상에 보인 가상의 우주 공간에서 미사일을 쏘고 격추하였다. 공격의 수단은 버튼을 사용하였다.[2] 그 게임의 우승 상품은 롤링 스톤(Rolling Stone)잡지의 1년 구독권이었다. 그 경기에 참여한 사람이 24명에 불과하였지만(Baker, 2016. 05.25),[3] 그 당시 기계에 대한 관심의 증대는 오늘날 e스포츠의 관심과 다르지 않다. 컴퓨터를 매개로 인간 간의 경쟁, 인간과 컴퓨터 간의 대결은 오늘날 e스포츠의 발전에 토대를 구축하였다.

이 게임은 원래 1962년 스티브 러셀(Steve Russell)[4]과 그의 동료들과의 놀이를 즐기기 위해 시작되었다. 그들은 PDP-1의 컴퓨터 성능을 효과적으로 보여주기 위한 방안의 하나로 게임을 만들었다. MIT 공대 측에서도 PDP-1의 컴퓨터 성능 확대를 효과적으로 보여줄 방안으

---

2 물론 이 컴퓨터 기기(PDP-1)는 1962년 MIT에서 만들어졌다. 연구자들은 PDP-1을 기반으로 해서 Spacewar 게임이라는 새로운 프로그램을 만들었다. Spacewar는 그 당시 상상의 문화 현상과 우주 여행이라는 현실적 결합에서 우주 전쟁이라는 게임을 만들어 냈다. PDP-1 기기는 그 당시 요트 건조와 맞먹는 것과 같이 매우 비싼 기기였다.

3 이 경기에 처음 우승한 브루스 바움가르트(Bruce Baumgart)은 이 잡지의 인터뷰에서 낮에는 자고 밤에 12시간 동안 연습했다고 하였다. 이 기사를 적은 스튜어드 브랜드(Steward Brand)는 그의 기사 제목을 "우주 전쟁: 컴퓨터에 불타오르는 사람들의 바쁜 일상과 상징적인 죽음(SPACEWAR: Fanatic Life and Symbolic Death Among the Computer Bums)"으로 하였다. 이 기고문의 첫 문장은 준비가 되었든 되지 않았든 누구나 컴퓨터를 사용할 시대가 오고 있다(https://www.wheels.org/spacewar/stone/rolling_stone.html).

4 그의 닉네임은 달팽이(slug)이다. 즉 게으름뱅이의 의미를 갖는다. 오늘날 e스포츠 선수들의 닉네임 원조라 생각할 수 있다. e스포츠에서 닉네임의 상징적 의미가 무엇인지는 차후에 다른 지면에서 설명하고자 한다.

로 대학 동아리를 이용하였다. 그 동아리의 하나인 TMRC(Tech Model Railroad Club)의 동료들은 모니터를 갖춘 컴퓨터의 장치에 관심을 가지게 되었다. 그들은 소유권 없는 정보를 모든 사람이 공유하는 유토피아적 공동체를 만들려고 하였다.

사실 컴퓨터를 이용한 게임은 연구소의 목적이나 방향성과 다른 이탈에서 나왔다. 그 당시의 개발자들은 컴퓨터를 자유롭게 다루는 즐거움을 찾기 위한 수단으로 생각하였다. 이는 오늘날 해커(hacker)의 효시라 볼 수 있다. 그들은 시스템과 프로그래밍의 작동을 통한 컴퓨터 기반의 즐거움을 추구하였다. 버튼과 손잡이의 움직임은 오늘날 e스포츠에서 보인 키보드와 마우스의 기원으로 볼 수 있다. 또한 화면상에서 보여주는 시각적 움직임을 판단하고, 그 속에서 보인 상대방의 패턴을 인식은 오늘날의 e스포츠의 경쟁의 중요한 기술적 의미를 갖는다.

그들은 새로운 게임을 만들기 위해 다음과 같은 원칙들을 세웠다. 먼저 자신이 가진 컴퓨터는 모든 능력을 보여주어야 하고, 그 능력을 최대한 발휘해야 한다. 각각의 게임의 형태는 일관된 틀을 유지하면서도 다르게 보여 주어야 하고 흥미를 유발해야 한다. 보는 사람이 즐거워야 모든 사람이 참여가 가능하게 만들어야 한다. 한마디로 말해서 그들은 컴퓨터의 작동을 통해 누구나 즐기는 게임이 되어야 한다고 생각하였다(송기범 역, 2002: 20).[5]

---

5 1. It should demonstrate as many of the computer's resources as possible, and tax those resources to the limit; 2. Within a consistent framework, it should be interesting, which means every run should be different; 3. It should involve the onlooker in a pleasurable and active way -- in short, it should be a game(Graetz, 1981).

스티브 러셀(1937-)

우주 공간을 배경으로 한 게임의 계획은 TRMC(Tech Model Railroad Club)에 주도적인 역할을 하고 있었던 피터 샘슨(Peter R. Samson, 1941 –)이 하였다. 그는 실제 은하계와 유사한 배경을 게임 속에 추가해 넣었다. 하늘에 있는 별의 위치와 밝기를 컴퓨터 그래픽 프로그램으로 재현하였다. 그리고 로켓의 불발시스템과 조이스틱과 같은 조정 장치도 개발하였다. 이처럼 스페이스워 게임은 개인의 창작물이기보다는 집단지성이 갖는 창의성의 산물이다. 비록 스페이스워 게임이 인기가 끌고 있지만, 그 당시 컴퓨터의 가격이 12만 달러이기 때문에 사실상 게임의 산업화로 전환하기에는 시대적으로 적합하지 않았다.

스페이스워

Dan Edwards(left)
and Peter Samson(right)

이 게임을 만든 러셀은 자신의 게임에 대한 지적 재산권을 주장하지도 그것을 통한 로열티에도 관심이 없었다. 컴퓨터의 장비 테스트를 위한 진단프로그램도 무료로 고객에게 제공되었다. 스페이스워와 같은 초기의 e스포츠 형태의 프로그램이 공공재에서 출발했다는 점에서 오늘날 e스포츠의 상업성과 대조적이다. 이는 e스포츠가 지향해야 할 방향에 많은 시사점을 던져준다.

스페이스워가 보여준 게임의 단순성, 게임의 규칙, 재미의 요소 등은 그 후로 그 후로 많은 게임 개발자에게 영감을 주었다. 특히 이 게임의 후속 비디오 게임인 아스테로이드(Asteroids)는 1979년에 아타리(Atari)에서 출시되었다. 이 게임은 기존의 스페이스워(Spacewar) 게임을 기반으로 우주에서 일어나는 다방향 비디오 게임이다. 플레이어는 소행성대(Asteroid belt)에 들어선 우주선 한 대를 조정하며 다가오는 적 배행 접시와 소행성을 쏘고 파괴하는 게임이다. 소행성의 수가 증가함으로써 게임의 난이도는 증가한다.

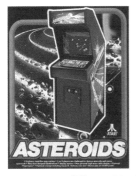
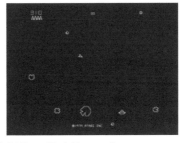

출처: en.wikipedia.org/wiki/Asteroids_(video_game)

20세기 후반 비디오 게임과 산업에 지대한 영향을 미친 사람은 '비디오 게임의 아버지'로 불리는 랄프 베어(Ralph H, Baer, 1922-2014)

였다. 그는 1972년 마그나복스 오디세이(Magnavox Odyssey)라는 첫 가정용 비디오 게임의 콘솔을 만들었다. 그는 컴퓨터 모니터가 아닌 TV 모니터에 다이얼을 조작하여 게임의 가능성을 발견하였다. 이러한 연구는 원래 자신의 회사에서는 인정받지 못하였다. TV 스크린에 게임이 가능하다고 생각한 것은 출장 중 버스 터미널에서 앉아 갑자기 TV 모니터에서 게임을 할 수 있다면 얼마나 좋을까하는 아이디어에서 나왔다. 우리는 TV가 재미없으면 채널을 돌린다. 그러나 TV 모니터를 돌리는 것이 아니라 TV 모니터에서 새로운 게임을 할 수 있다고 생각하였다(이무영, 역, 2002: 31).

Ralph H. Baer(1922-2014)   마그나복스 오디세이의 콘솔

출처: en.wikipedia.org/wiki/Ralph_H._Baer

스포츠 역사에서 나타난 다양한 스포츠의 형태도 자신의 재미나 즐거움을 바탕으로 만들어진다. 예를 들어 공을 다루고 노는 것이 규칙을 가진 축구가 등장하였듯이 e스포츠의 역사에 모니터의 활용은 새로운 놀이 문화를 확장하였다. 모니터의 활용은 베어와 또 다른 한 명의 직원(빌 러시, Bill Rush)과 함께 그들은 미로에서 한 플레이어가 다른 플레이를 추적하는 "여우와 사냥개(Fox and Hounds)"라는 게임을 만들었다. 그 당시의 그래픽 수준에서 게임에 여우와 사냥개가 나타난 것은 아니다. 두 개의 점에서 하나는 여우를 찾는 사냥개로, 다른 하

나는 도망가는 여우로 상징하여 표시하였다. 빌 러시는 점을 공으로 이용하자고 하였고 이는 2인용 탁구 게임인 브라운 박스(Brown Box)를 만들었다. 이는 차후에 비디오 게임인 핑퐁의 기반이 되었다. 비디오 게임의 아버지로 불리는 베어는 자신이 개발한 게임에 대한 특허권에도 관심을 두게 되었다. 베어의 입장은 초기 정보의 모두 사람이 공유해야 한다라고 주장한 러셀의 입장과 대조된다. 비디오 게임이 개인의 자유로운 생각의 산물에서 출발하였지만, 그것이 하나의 창작물이라면 그에 대한 저작권과 특허권의 주장은 오늘날 e스포츠의 공공재와 관련하여 다양한 논쟁을 만들어 내었다. 스포츠의 관점에서 e스포츠 비난의 가장 중요한 것은 공공재의 문제이다. 스포츠는 스포츠 종목을 이용하는 데 비용을 지불하지 않지만, e스포츠 종목의 소유권 인정이 스포츠와 가장 다른 점이다.

한편 '게임산업의 아버지'라 불리는 놀런 부시넬(Nolan Bushnell)도 스페이스워 게임에서 큰 영향을 받았다. 그는 테드 데브니(Ted Dabney)와 함께 게임회사인 아타리(Atari)6를 세웠다. 아타리는 1982년부터 1984년까지 우주 침략자 우승대회를 만들었다. 스타게이트(Starcade)의 경쟁은 미국의 TBS 텔레비전 프로그램을 통해 방영되어 대중적인 게임으로 인기를 얻게 되었다. 이는 최초의 비디오 아케이드 게임 쇼이다. 나이와 성별에 상관없이 경쟁은 새로운 게임의 세계를 열게 되었다. 대중의 새로운 관심은 역으로 게임의 내용과 형식에 영향을 주었다. 그리고 부시넬은 알 알콘(Al Alcorn)을 영입하여 게임의 산업적 가능성을 확인시킨 탁구 게임과 비슷한 퐁(Pong)을 만들었다. 알콘은 라켓의 각각의 부분에 부딪히는 각에 따라 볼의 방향과 속도를 결정하여 게임의

---

6 아타리는 일본어에 기원한다. 바둑에서 상대의 알이 도망할 수 없는 상황에서 '아다리'라고 외친다. 단수라고 번역되어 명중, 적중의 의미를 보여준다.

흥미를 갖게 했다. 이 게임은 자체의 모니터와 조정기를 내장한 최초의 아케이드 게임기를 만들었다. 이후 1974년 홈 퐁(Home Pong)이라는 가정용 게임기 버전으로도 출시되었다.

또한 아타리는 1976년 브레이크아웃(Breakout) 비디오 게임을 만들었다. 이 게임은 모니터 위에 있는 3층을 부수는 것으로 애플을 만든 스티브 잡스(Steve Jobs)의 도움을 받아 스티브 워니악(Steve Wozniak)이 만들었다.

애플(Apple)의 브레이크아웃   비디오 브레이크아웃

출처: google image

Pong은 초기의 아케이드 비디오 게임이다. 이 비디오 게임은 오늘날까지도 재미있고 영향을 주는 게임이 되었다. 퐁(Pong)이 위대한 게임의 이유는 다섯 가지로 설명한다. 1) 플레이하기 쉽다. 2) 배우기엔 쉽지만, 마스터하기는 어렵다. 즉 서로 모순된 내용을 보여준다. 3) 탁구를 은유적 표현하며 좋은 상징을 표현하고 있다. 4) 플레이어 간의 상호작용을 통한 사회관계를 느낄 수 있다. 5) 상호작용의 경쟁을 포함한 재미의 요소를 가진다. 6) 이는 어른들에게 향수를 일으키는 문화적 형태로 발전한다. 상호소통 속에서 재미와 경쟁을 하고 문화적인 감수성을 일으키는 퐁(Pong)의 디지털 게임은 기존의 놀이와 스포츠와 다른 양상을 만들어 내었다(윤형섭, 권용만 역, 2010: 13−15). 여기

에 덧붙여 퐁은 기계식 음악이 아니라 전자식 회로의 작동으로 게임의 효과음을 만들었다.

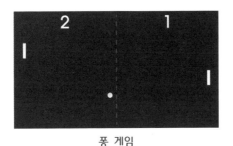

퐁 게임
출처: commons.wikimedia.org

퐁의 성공을 계기로 일본의 아케이드게임 시장진출은 비디오 게임의 방향을 새롭게 설정하였다. 아타리의 브레이크 아웃을 바탕으로 타이토(Taito)가 1978년 스페이스 인베이더(Space Invader)를 출시하였다. 이 게임은 이전에 적이 움직이지 않는 것과 반대로 상대의 능동적인 공격에 역동적인 플레이가 가능한 혁신적인 게임이었고, 이는 슈팅게임의 새로운 장르를 만들었다. 이를 통해 일본의 아케이드 게임은 전세계적으로 영향을 미쳤다. 그리고 1980년 남코(Namco)사의 팩맨(Pac-Man)이 등장하였다. 이 게임은 '모든 사람이 먹는다'는 공통적인 상징을 적용하였다. 이 게임의 개발자인 이와타니 토루(岩谷徹, 1955-)는 비디오 게임이 남성 전유물을 넘어 여성들도 할 수 있는 게임을 만들고자 하였다. 이 게임은 기존의 적을 격파하는 게임 플레이의 형태와 다르게 적으로부터 공격을 회피하면서, 쿠키를 잡아먹어 역전의 기회를 제공하였다. 주어진 공간에서 플레이는 자신의 공간적 역할과 게임의 규칙에서 주어진 패턴을 얼마나 빨리 파악하느냐가 게임의 지속성을 결정한다. 적 유령의 움직임과 자기 자신의 역할을 색깔로 구분하여 플레이어로 하여금 능동적 움직임을 가능하게 설계하였다.

그리고 미야모토 시게루(宮本茂)은 1981년 닌텐도(Nintendo)사에서 동키콩(Donkey Kong)의 비디오 게임을 만들었다. 여기에 '마리오'라고 불리는 캐릭터가 중요한 역할을 하였다. 동키콩에서 공주를 구해내기 위한 하나의 스토리를 갖춘 게임이었다. 이 게임은 진정한 의미의 단계별 게임을 가능하게 하는 스테이지 개념을 확립했고, 테마음악을 사용하였다. 이는 차후 슈퍼 마리오의 게임으로 확대되었다.

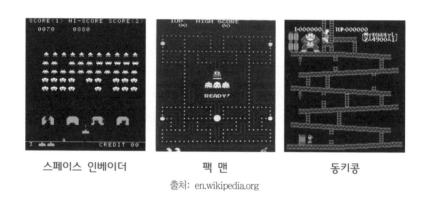

스페이스 인베이더   팩 맨   동키콩

출처: en.wikipedia.org

1990년대에 들어와서는 닌텐도 월드 챔피언대회가 열렸다. 아케이드게임으로 대표되는 게임은 그래픽과 경기 내용의 복잡성으로 더 많은 플레이어의 관심을 두게 되었다. 하지만 1990년 이후 인터넷의 발달과 개인 컴퓨터의 등장은 아케이드 게임에서 e스포츠 경기로 관심이 변화하게 되었다.

2) e스포츠의 형성기: 1988년-1999년

1988년 Netrek은 16명까지 할 수 있는 공개 오픈의 인터넷 게임이며, 개인이나 팀 기반의 실시간 전략 게임이다. 실시간으로 적의 배를 파괴하는 게임인 Netrek은 다중 온라인 팀 게임의 시작이며, 오늘날까지 활발하게 이용되는 오래된 게임이다. 이는 최초의 온라인 스포츠 게임으로 불렀다(Kelly, 1993).

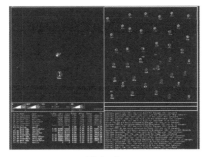

Netrek

출처: wikepedia.org/wiki/Netrek

e스포츠는 인터넷의 중요한 역할 없이는 생각할 수 없다. 인터넷의 기원은 1969년 미군이 적의 공격 시 그들 간의 소통을 유지하기 위한 아르파넷(ARPAnet)으로 출발하였다. 인터넷을 사용하는 군대의 조직과 대학 부설연구소와의 관계가 확대된 상황에서 프로그래머 크라우더(William Crowther)의 색다른 아이디어가 디지털 게임의 역사에 커다란 영향력을 미쳤다. 그는 그 당시 인기 있던 RPG(Role Playing Game) 보드게임인 던전스 앤 드래곤스(Dungeons and Dragons)와 같은 게임을 컴퓨터 통신망을 통해 할 수 있다고 생각하였다. 원래 동굴 탐험가이고 프로그래머인 크라우더는 이차원의 판타지 이야기를 탐색하면서 자신

이 설정한 괴물이나 적을 물리치거나 과제를 풀면서 던전(dungeon)을 탐색하는 게임으로 만들었다. 원래 이 게임은 딸을 위해 만들었다고 하였다. 이는 어드벤처(adventure) 게임의 시작이었다.7

아르파넷을 통해 유포된 게임은 여러 사람이 참여하여 새로운 아이디어를 추가하였다. 그것을 프로그래밍하여 유포하면, 다른 유저가 수정, 보완, 유포의 과정을 통해 진화된 게임으로 만들어갔다. 70년대 말 80년대의 컴퓨터의 게임은 텍스트를 기반으로 확대되었다. 플레이어는 컴퓨터에 자신의 의도와 생각을 개입하였다. 즉 플레이어 자신이 게임을 능동적으로 풀어나갈 수 있었다. 자신의 풍부한 상상력의 이야기가 컴퓨터에 개입하여 인터넷의 속성상 더 많은 대중이 참여하는 기회를 제공하였다. 특히 1997년 돈 우즈(Don Woods)는 크라우드의 버전을 확대하여 거대한 동굴 탐험의 게임에 판다지의 요소를 추가하였다. 인터넷의 매개는 많은 사람이 게임에 참여함으로써 새로운 e스포츠경기를 만들어내는 촉매재의 역할을 하였다.

인터넷 기반의 온라인 게임은 MUD(Multi-User Dungeon) 유형 게임에서 진화되었다. 온라인 게임의 효시인 MUD(Multi-User Dungeon, 차후에는 Muti-User Dimension 또는 Multi-User Domain)는 리차드 바틀(Richard Bartle)과 로이 트룹쇼우(Roy Trubshaw)와 1979년에 공동으로 만들었다. 그 게임은 텍스트를 기반으로 만들어졌다. 그들이 제안한 텍스트 기반의 내용은 다중 멀티플레이 온라인 전개에 있어 스토리를 부여한 게임산업의 개척자이다. 텍스트에 자신의 스토리를 타이핑하여 서로 다른 사람과의 상호작용을 할 수 있는 기회를 갖게 하였다.

인터넷 게임과 관련하여 가상의 영역을 벗어나 현실에서 산발적인 소규모 동호회의 모임으로 '길드(Guild)'나 '클랜(Clan)'을 중심으로 진행

---

7 https://en.wikipedia.org/wiki/William_Crowther_(programmer)

하였다. 예를 들어 길드는 RPG(Role Playing Game)에서 사용하는 용어이며, 각 직업군의 플레이어가 길드에 모여 게임 내에서 개별적인 집단을 형성한다. 중요한 것은 길드의 시작이 게임개발사의 시스템에 의하여 이루어진 것이 아니라 게이머들이 자발적으로 만들었다는 점이다(이상호, 2019). 1990년대의 인터넷이라는 디지털 기술과 거대 회사의 등장으로 e스포츠의 경기형식이 등장하였다. 기존의 인간과 인간의 경쟁인 스포츠와 다르게 디지털 기기를 매개로 공간의 제약을 넘어 인간 사이의 경쟁이라는 새로운 형식의 스포츠를 만들었다. 이러한 변화는 오늘날 e스포츠라고 불리는 형식의 출발점이다.

3) e스포츠의 발전기: 2000년-현재

e스포츠의 발전은 한국적 상황을 빼고는 설명할 수 없다. 디지털 기기를 매개로 인간과 인간의 경쟁을 통한 e스포츠라는 형태로 발전한 곳은 다름 아닌 한국이다. e스포츠 강국으로서 한국의 등장은 그 당시 한국적 상황을 이해해야 한다. 한국은 1997년 아시아의 금융위기로 많은 실직자를 양산하였다. 이에 따라 한국정부는 1997년 아시안 경제위기의 상황을 극복하기 위한 하나의 수단으로 정보기술에 관심을 두게 되었다. 이를 위해 정부는 인터넷 네트워크 산업에 집중함으로써 e스포츠가 발휘될 수 있는 사회적 문화적 기반을 만들었다. 지식기반 사회에 대한 국가의 관심과 한국의 특이한 사회문화의 현상으로 볼 수 있는 PC방의 대두는 e스포츠의 환경 조성에 커다란 역할을 하였다. e스포츠는 IMF의 경제 위기와 디지털 기술의 활용과 적용이 서로 상승 작용하여 발전하였다. 전국 PC방의 인터넷 연결은 디지털을 통한 만남을 넘어 플레이어로 하여금 경쟁이라는 새로운 환경 경험을 만들게 되었다.

사실 농구와 배구가 미국의 기후와 문화형성의 과정에서 나타난 사실을 고려하면, e스포츠에서 한국의 위상은 자연스러운 결과이다. 한국의 e스포츠 현상이 없었다면, 오늘날 e스포츠는 다른 방향으로 진행되었을 것이다. 물론 그 당시의 문화적 현상이 e스포츠의 등장에 어떤 역할을 하였는지에 대한 구체적인 학문적 해석과 설명은 필요하다. 다만 한국에서 e스포츠의 등장은 경제적 상황에 따른 디지털 기술을 받아들이는 사회적 분위기와 여기에서 탄생한 PC방의 문화를 배제하고는 설명할 수 없다.

한국에서 e스포츠의 시작은 블리자드가 1998년에 출시한 실시간전략(RTS, Real-Time Strategy) 게임인 스타크래프트(StarCraft)이었다. 이 게임은 인류와 인간 종족 간의 분쟁을 그렸다. 이러한 스타크래프트와 PC방의 등장이 상승작용을 일으키게 되었고, 소규모의 대회가 전국 규모의 경기로 진화되었다. 이에 따라 케이블 방송을 통한 중계로 이어지게 되었다. 특히 1999년 게이블 방송국 투니버스는 '프로게이머 코리아오픈'(Progamer Korea Open)대회를 중계하였다. TV를 통한 해설과 중계는 시청자로 하여금 흥미와 관심을 갖게 되었고, e스포츠 리그와 프로 선수가 인기를 얻는 기회를 만들게 되었다. 1999년 프로게이머

출처: 투니버스(Tooniverse)

코리아 오픈의 결승전은 생중계로 하였다. 앞 페이지의 그림에서 왼쪽은 김태형 해설가, 정일훈 캐스트, 엄재경 해설가로 구성하였다. 이것을 계기로 온게임넷(OGN)이라는 게임 전문 방송국이 등장하게 되었다.

방송국의 등장은 e스포츠를 새롭게 보는 계기를 마련하였다. e스포츠 경기에 프로e스포츠선수의 등장과 광고는 방송국으로 하여금 e스포츠를 새롭게 보는 전환점이 되었다. 매체의 활성화는 폭발적인 e스포츠 발전의 선순환적인 기폭제로 작동하였다. 방송중계는 e스포츠를 하나의 산업과 제도화하는 데 중요한 역할을 담당하였다. 한국방송의 성공은 실시간 스트리밍 플랫폼 기업인 미국의 트위치(twitch) 등장과 성장에도 영향을 미쳤다.

출처: cdn.gameanalytics.com/wp-content/uploads/2018/03/Primer-eSports-Feature.jpg

위의 그림은 2018년 3월 22일 라스베이거스 최초의 e스포츠 경기장(2850㎡)이다. e스포츠의 전용 경기장은 현재 e스포츠의 위상을 잘 보여주고 있다. 현재 진행 중인 e스포츠의 상금이나 규모는 상상을 초월하고 있다.

한국과 마찬가지로 미국도 처음부터 지금과 같은 e스포츠의 경기 형태를 보여주지는 못했다. 하지만 디지털 기술의 발전은 새로운 게임의 형태인 e스포츠를 가능하게 하였다. 특히 이드 소프트웨어(id Software)는

1996년에 가장 영향력 있는 게임 중 하나가 된 일인칭 슈팅 게임인 퀘이크(Quake)를 출시했다. 퀘이크는 전적으로 3D로 작업이 되었고, 정교한 컨트롤이 필요한 액션 게임인 동시에 다수의 플레이어가 경기를 하기 위해 서버를 구축하였다. 이를 통해 같이 온라인 경기를 즐기는 모임, 즉 클랜(Clan) 탄생에 크게 기여하여, 온라인 기반의 경기를 위한 초석을 마련하였다. 퀘이크는 초기 e스포츠의 경쟁이라는 측면에서 본다면 중요한 이정표가 된다. 1977년에 미국 전역을 대상으로 레드 어나힐레이션(Red Annihilation)라 불리는 경기가 개최되었다. 약 2,000명의 플레이어가 그 토너먼트에 참여했으며 이를 통해 16명의 오프라인 결승 진출자 중에 테니스 퐁(Dennis Fong)이 우승을 차지하게 되었다(아래 사진). 우승상품으로 페라리를 받았고, 그 유명세로 기네북스에 등재된 최초의 공식 프로게이머로 기록되었다.

출처: google image

상금과 경기 회수를 근거로 한 e스포츠는 2009년에 처음 출시된 롤(LoL, League of Legend)이다. 리그 오브 레전드의 이용자는 2011년에는 170만 명에서 2012에는 830만 명으로 증가하였고, 2013년에는 작년과 비교해서 3배 가까이 증가한 2,300만 명이었다. 그해 LA 스테이플스 센터(Staples Center)에서 열린 결승전은 1시간 만에 전 좌석이 매진되었다. 스테이플 센터에서 열린 e스포츠 대회의 성공으로 주류 미디어는

e스포츠에 갖고 있었던 그동안의 의구심을 떨쳐버렸다. 그러나 e스포츠의 역사에서 가장 중요한 사건은 이와 비슷한 시기인 2013년 7월에 일어났는데, 그건 바로 미국 정부가 e스포츠 선수들을 프로스포츠의 선수로 인정하기 시작하였다.[8]

4) 다양한 e스포츠 경기

(1) 아시안게임과 한국e스포츠 경기종목의 선정

2018 자카르타-팔렘방 아시아게임에서 e스포츠는 시범종목으로 6종목으로 진행되었다. 리그 오브 레전드(LoL), 스타크래프트 II, 클래시 로얄(Clash Royale), 위닝일레븐(Pro Evolution Soccer 2018), 하스스톤(Hearthstone), 아레나 오브 발러(Arena of Valor)의 총 여섯 게임이 세부종목으로 채택되었다. 한국은 스타크래프트에서 금과 리그 오브 레전드에서 은을 획득하였다. 2022 항저우 아시안게임에서 관람표가 가장 비싸고, 추첨으로 관람객에게 배부하였다. 여기에서 한국은 7개 종목 중 4개 종목에 참가하여 전원 메달을 획득하였다.

2022 항저우 아시안게임
스포츠 엠블럼
출처: www.aesf.com/en/index.html

---

8 https://gameanalytics.com/blog/esports-primer.html

아시안 정식종목을 시작으로 외형적으로 보면 e스포츠의 장래는 밝게 보인다. 그러나 어떤 게임을 아시안 종목으로 선택할 것이지 그 기준이 명확하지 않다. 게임의 영속성과 관련하여 많은 문제점을 노출하고 있는 것도 부인할 수 없는 사실이다. 이와 관련해서는 11장에서 설명하였다.

e스포츠의 성격을 갖는다고 전부 e스포츠라 인정할 수 없다. 이러한 문제점을 극복하기 위해 한국 정부는 e스포츠 종목을 한국e스포츠협회(KeSPA)가 결정하도록 권한을 부여하였다. 한국e스포츠협회는『이스포츠(전자스포츠)진흥에 관한 법률』(약칭 이스포츠) 제12조(종목 다양화 지원) 및 동법 시행규칙 및 제6조(종목선정 결과 제출 및 공고)에 따라 2014년부터 e스포츠 종목선정 기관으로 인정받았다. 한국e스포츠협회는 게임사로부터 e스포츠의 심의신청을 받은 후「e스포츠 종목선정 심의규정」에 따라 종목을 선택한다. 2021년에 우리나라 e스포츠 정식종목은 4개 종목이 전문종목으로 10종목이 일반종목으로 그리고 시범종목으로 인정하였다. 총 15개의 종목이 정식 e스포츠 종목으로 공인하였다. 2022년에는 전문종목으로 리그 오브 레전드, 배틀그라운드, 배틀그라운드 모바일, FIFA 온라인 4의 4개 종목이, 일반종목으로 던전 앤 파이터, 서든 어택, 카트라이더, 오디션, 클래시 로얄, 브롤스타즈, A3: 스틸얼라이브, eFootball PES 2021, 스타크래프트 2, 하스스톤 10개 종목이 선정됐다. 시범종목은 크로스파이어를 선정하였다. 2022년 e스포츠 정식종목과 비교해 본다면, 넥슨의 카트라이더: 드리프트 일반종목에서 전문종목으로 변경됐으며, 라이엇 게임즈의 발로란트가 신규 전문종목으로 편입됐다. 그리고 스마일게이트의 크로스파이어는 시범종목에서 일반종목으로 등급 변환됐으며, 님블뉴런의 이터널 리턴이 일반종목에 신규 편입됐다. 기존에 일반종목으로 선정됐던 eFootball 2023과 오디션, 브롤스타즈는 시범종목으로 전환이 되었다. 이번 선정된 종

종목구분		종 목 명	비고
정식 종목 (13)	전문 종목(6)	리그 오브 레전드, 배틀그라운드, 배틀그라운드 모바일, FIFA 온라인4, 카트라이더: 드리프트, 발로란트	
	일반 종목(7)	서든어택, 클래시 로얄, A3: 스틸얼라이브, 하스스톤, 스타크 래프트2, 크로스파이어, 이터널리턴	
시범종목(3)		efootball 2023, 오디션, 브롤스타즈	

2023년 2월 20일 e스포츠 종목선정 결과
출처: www.mcst.go.kr/kor/s_notice/notice/noticeView.jsp?pSeq=17136

목들의 등급은 매년 종목선정 공고일까지 유지된다.

이처럼 e스포츠의 인정여부는 한국e스포츠협회 심의항목에 따라 변할 수 있음을 보여준다. 한국e스포츠협회의 e스포츠 종목선정 심의 규정(제3장)에 따르면, 정식종목은 종목선정 심의를 통하여 e스포츠 적격성에 문제가 없으며, 저변 및 환경이 충분하다고 인정받아 정식 e스포츠 종목으로 선정한다. 매년 종목선정의 요구에 따라 한국e스포츠협회는 정식종목을 전문종목과 일반종목으로 구분한다. 그리고 시범종목을 추가한다.

전문종목은 정식종목 중에서 지속적인 투자를 통해 직업선수가 활동할 수 있는 대회가 있거나, 리그 구조를 구축할 수 있는 저변이 충분하다고 인정받은 종목을 말한다. 그리고 일반종목은 정식종목 중에서 직업선수 활동 저변은 부족하지만, 종목사의 투자 계획이 명확하고 지속적인 육성을 통해 발전 가능성이 있다고 인정받은 종목을 말한다. 마지막으로 시범종목은 종목선정 심의를 통하여 e스포츠의 적격성은 인정받았으나, 현재 저변 및 환경이 미비하여 향후 정식종목으로 선정되기 위해 만 2년의 유예기간을 가지는 종목을 말한다.

한국에서 e스포츠 종목선정의 기준은 한국 e스포츠 협회의 "e스포츠 종목 심의 규정" 3장 제8조에 규정하고 있다. e스포츠심의 위원회는 첫째, 종목선정의 심의를 신청한 게임물에 대해 심의사항을 종합적으로 고려하여 종목선정 여부를 심의한다. 둘째, 게임물의 콘텐츠 측면에서 e스포츠 적격 여부를 평가한다. 그 내용은 문화적 영향력, 대전방식, 관전 및 중계요소 세 가지를 고려한다. 셋째, 게임물이 e스포츠 종목으로서 지속 유지될 수 있는 저변과 환경을 갖추고 있는지 평가한다. 그 속에는 게임물의 이용자 지표 및 대회 참여 이용자 지표, 전문 e스포츠 팀 존재 여부, 선수등록 및 관리 체계, 대회와 관련된 규정, 기록, 기술지원 등 경기환경, 국제적 활성화의 요소들을 고려한다. 넷째, 게임물의 종목사가 해당 게임물을 e스포츠 종목으로 발전시키기 위해 시행해온 국내 투자실적과 계획을 평가한다. 여기에서는 최소 1년 이상 국내 e스포츠 사업비 및 상금에 투자한 비용 실적과 최소 1년 이상 향후 투자 계획을 고려한다.

하지만 e스포츠 종목선정의 기준과 관련된 논의의 적절성에 대한 재검토가 필요한 시점이다. e스포츠 종목선정이 스포츠가 지니고 있는 선수와 팀의 지속적인 유지의 여부 그리고 대회와 관련된 환경이 중요한 요소로 설명하고 있다. 그렇지만 그것이 얼마나 타당한 것인지 저자는 확신할 수 없기 때문이다. 현실적인 측면에서 e스포츠 종목을 협회가 정하는 것이 법적인 근거로 한다고 하지만 e스포츠 종목이 지향하고 있는 본질적인 내용의 검토는 상대적으로 아직 부족하다.

(2) e스포츠 경기와 내용

■가 클래시 로얄(Clash Royale)

클래시 로얄은 핀란드의 게임 회사인 슈퍼셀(SuperCell)에서 제작하고 발매한 비디오 게임이다. 선택하는 카드 게임(collective card game), 타워 디펜스(tower defense), MOBA(Multiplayer Online Battle Arena) 등

일대일 게임플레이　　　2대2 게임플레이

출처: en.wikipedia.org/wiki/Clash_Royale

여러 가지 요소가 결합된 게임이다. 2016년 3월 2일 전세계에서 정식
출시되었다.

　　플레이어는 자신의 능력에 맞는 도구인 덱(deck)을 바탕으로 한다.
그리고 매시간 발생하는 자원인 엘릭스(Elixir)로 병력을 생산해서 상대
의 공격을 막아내고 상대의 진영을 파괴하는 전략 게임이다.

■나 **피파 온라인 4(FIFA Online 4)**

　　피파 온라인 4는 EA 서울 스튜디오(이전 Spearhead)가 제작하고 넥
슨이 배급하는 스포츠의 장르로 온라인 e스포츠 경기이다. EA 서울 스

출처: blog.naver.com/gunner3455/221414715471

튜디오는 일렉트로닉 아츠(Electronic Arts, EA)의 제작사 중에서 유일하게 온라인 게임에 대한 개발을 담당하고 있다. 동시에 EA의 게임 제작사들 중에서 유일하게 대한민국 소재의 제작사이다. 현재에는 피파 모바일 4도 운행 중이다.

■다 던전 앤 파이터(Dungeon & Fighter)

던전 앤 파이터는 넥슨(Nexon)의 자회사인 네오플(Neople)에서 제작된 RPG 게임이다. 온라인판은 다중역할수행목적게임(MMORPG: Massive Multiplayer Online Role Playing Game)이다. 한국에서는 던전 앤 파이터의 이름으로 일본에서는 Arad Senki(アラド戦記 Arado Senki, lit. War Records of Arad)로 불리운다. 온라인 판은 MMORP이다. 2018년 5월 20일 현재, 전세계적으로 6억 명 이상의 사용자가 가입되어 있다. 중국 텐센트(Tencent)가 2016년부터 10년간 계약으로 퍼블리싱 중이다.

출처: upload.wikimedia.org/wikipedia/en/3/32/Dfo_new_logo.jpg

던전 앤 파이트는 맨주먹 위주의 액션 게임과 같이 빠른 플레이가 특징이다. 별다른 생각 없이 가볍게 한판 놀 수 있는 오락실 아케이드 게임의 온라인 버전이다. 복잡하게 생각할 것 없이 무작정 지하 감옥(dungeon)으로 쳐들어가서 몬스터를 차고, 쏘고, 잡고, 꺾는다는 진행형 격투 게임(belt scroll action game) 기반 특유의 플레이 방식 덕분에, 간단하게 시간을 보낼 수 있는 온라인 게임은 모든 연령층의 관심을 모으는 인기 게임으로 등극할 수 있었다. 특히 한국과 중국에서 인기를 얻고 있다. 사실 이 게임은 캡콤의 아케이드 게임인 던전 앤 드래곤에 기원한다. 오락실에서 해 본 것을 온라인에 확대한 것이기 때문에 경기진행 방식이나 기술은 유사하다.

■라 스타크래프트(StarCraft)

스타크래프트는 블리자드 엔터테인먼트에서 제작한 실시간 전략 게임(RTS)이다. 1998년 3월 31일 북미와 중국에, 4월 9일에는 대한민국에 발매되었다. 게임의 배경은 26세기 초반 미래의 우주로, 지구로부터 버림받은 범죄자 집단인 테란(Terran)과 집단의식을 가지고 다른 종족을 흡수해 자신들의 것으로 만드는 저그(Zerg), 초능력과 과학 기술이 고도로 발달한 외계 종족인 프로토스(Protoss) 사이의 전쟁을 다루고 있다. 이러한 3개의 종족 간의 전쟁은 서로의 균형 있는 게임의 진행을 요구한다. 이는 기술이 뒷받침될 때 가능하다. 그리고 각 종족의 개성을 다르게 표현하였다. 우리가 상대의 움직임을 예측할 수 있는 것을 넘어 새로운 형태의 괴물이나, 기사, 마법사 같은 존재가 나타난다. 이 게임은 승리 예측 가능한 것으로 만들기보다 이기고 있는 상황에서 한 번에 뒤집을 수 있는 상황을 만들어 놓았다. 각자의 플레이하는 방식도 다르고 그에 따른 전략전술도 다르게 진행된다. 옳고 그름의 스토리가 아니라 인간이 실질로 살아가는 동안에 사랑과 배신과 복수 그리고 조직의 리더십의 관계가 우주를 배경으로 펼쳐있는 서사적인 내용을 보여준다.

스타크래프트의 확장 팩인 스타크래프트: 블루드 워(Brood War)는 1998년 최고의 컴퓨터 전략 게임으로 오리진스 상(Origins Award)을 받았고, 그 외에도 다수의 올해의 게임, 올해의 전략 게임, 올해의 멀티 플레이어 게임 상을 받았다. 특히 대한민국에서는 2009년 1월 31일까지 세계 판매량의 대략 40% 정도인 450만 장이 팔렸으며, 2000년부터 2011년까지 프로 선수와 팀이 생겨 스타크래프트 경기가 방송에도 중계되는 등 높은 인기와 영향력을 가지고 있었다.

대한민국에서 스타크래프트는 1998년도에 LG 소프트를 통해 발매되었다. 한국어로 수정하지 않고 영문판 그대로 출시하였음에도 불구하고 많은 인기를 끌었으나, 영문판을 그대로 발매함에 따라 블리자드 엔터테인먼트가 제공하는 온라인 게이밍 서비스인 배틀넷에서 한글 채팅이 불가능해지는 문제가 있었다. 이 이후로 한빛소프트를 통해 국내에 시판되었다. 1999년 확장팩 브루드워가 출시되면서 한국에서만 300만 장이 팔린 게임이 되었다. 이후 2005년 2월 스타크래프트의 버전이 1.12로 업그레이드되면서 한글채팅의 문제는 완전히 해결되었다. 이후 스타크래프트는 2009년 1월부터 1.16.1 버전을 유지하였다.

그러나 8년이 지난 2017년 3월 26일 오후 2시부터 서울 삼성동 코엑스에서 열린 'I love Starcraft(아이 러브 스타크래프트)' 행사에서 1.17 패치를 건너 뛴 1.18패치와 스타크래프트: 리마스터를 공개하였다. 이후 동월 3월 31일 1.18버전을 공개할 예정이었으나 안정성의 문제로 테스트 버전이 먼저 공개되었다. 그 이후 밸런스 문제와 그래픽 카드 호환성 문제로 인해 여러 번 연기되었다가 종료되었다. 다음날 4월 19일 새벽부터 정식으로 1.18 패치가 배포되어 전세계 서버가 오픈되었고, 기존의 스타크래프트 엔솔로지는 무료로 받을 수 있게 된다. 상당한 버그와 화질 개선이 이루어졌고, 현재의 운영체제의 환경에 맞는 패치가 이루어졌다.

스타크래프트에 등장하는 테란, 프로토스, 저그의 세 종족은 그 이전의 RTS게임과 다른 각각 매우 뚜렷한 특징을 보여준다. 스타크래프트의 기본적인 게임 전개는 플레이어가 자원을 모아 건물을 짓고 테크 트리를 발전시키며 유닛을 생산해 상대방과의 전투에서 승리하는 것이다. 게임에 등장하는 자원에는 모든 종류의 생산 활동에 필수인 '광물'과, 고급 유닛이나 건물의 생산, 각종 업그레이드 연구 등에 사용되는 '베스핀 가스'가 있다. 자원은 종족별로 존재하는 일꾼 유닛(테란의 'SCV', 프로토스의 '프로브', 저그의 '드론')을 통해 채취할 수 있다. 베스핀 가스는 베스핀 간헐천 위에 가스 채집을 위한 건물을 건설해야 채취할 수 있다. 한 번씩 채취할 때마다 8의 수치가 축적된다. 게임에는 유닛의 생산을 한정 짓는 한계 수치가 존재한다. 이 한계 수치는 테란의 '서플라이 디포'와, 프로토스의 '파일런'과 같은 지원 건물을 건설해서 늘릴 수 있다. 저그의 경우 지원용 건물이 아니라 수송 유닛인 '오버로드'를 통해 한계 수치를 늘린다. 기본적으로 최대 유닛 단위는 종족당 200으로 한정되어 있다. 하지만 프로토스의 다크 아칸을 사용할 경우 200을 넘길 수는 있긴 하지만 그럴 일은 딱히 없다.

상대와의 전투에서 승리하려면 다양한 전략을 수립해야 하고, 적의 전략에 효과적으로 대응하려면 각종 업그레이드와 기지 확장을 통한 효율적인 자원 관리가 필요하다. 또한 종족별로 저마다의 특징이 있어 그것이 전략 수립에 영향을 미치기도 한다.

스타크래프트는 1998년 출시된 오래된 게임이지만, 2016년까지 대한민국에서는 많은 사람이 즐기는 게임의 하나로 꼽혔다. 또한 스타크래프트는 대한민국에 PC방을 퍼뜨리는 데 결정적인 역할을 했다. 그리고 프로게이머들이 경기하는 모습이 MBC 게임을 통해 중계되고 있다. 1998년 7월에는 대한민국 최초의 프로스타크래프트 리그인 KPGL이 개최되었으며, 1999년 4월 KPGL과 PKO의 양대 리그가 성립되었다. 이를 계기로 프로게이머라는 직업이 본격적으로 활성화하였다. 이를 계승한 온게임넷과 MBC 게임은 2011년까지 스타크래프트 프로리그의 명맥을 이어나갔다. 2002년부터는 스타리그의 프로게이머 중에서는 연봉이 2억이 넘는 선수가 최초로 생겼고, 기업들의 광고와 후원도 많아졌다. 2004년 7월 17일 SKY 프로 리그 2004 결승전에서는 부산 광안리에서 10만 명의 관중(일명, 광안리 대첩)이 모여 그 인기를 증명하기도 했다.

출처: google image

스타크래프트는 다양한 버전이 출시되었다. 2017년에는 스타크래프트 리마스터가 출시되었다. 스타크래프트 오리지널 및 브루드워의 원천적 재미를 4K UHD 화질로 구현한 것이 특징이다. 4K UHD 화질 및 와이드스크린 지원, 고품질 오리지널 오디오, 한국어를 포함한 13개 언어 지원, 관전자(옵저버) 모드 도입, 클라우드 저장 기능 등이 추가됐다. 또한 매치 기능이 더해졌으며 관전자 모드를 통해 다른 게이머들이 벌이는 경기를 손쉽게 볼 수 있게 됐다.

사실 이러한 경기는 e스포츠의 발전과 떨어져 설명할 수 없다. 프로게이머라는 신종직업이 등장하였고, 스프츠와 같이 TV로 그 게임을 중계하는 상황으로 발전하였다. 누구나 즐겁게 스타크래프트를 할 수 있는 문화가 형성되었다고 말할 수 있다. 스타크래프트의 성공은 이후 한국전략 게임의 등장을 촉발하는 계기를 마련하였다.

　　스타크래프트의 e스포츠 성공은 승부의 불확정성, 선수들의 경기력, 미디어의 중계, 디지털 기기의 환경 등이 어울려 나타난 현상이다. 물론 e스포츠의 실패 경우도 스타크래프트에서 알 수 있다. 사실 2007년 스타크래프트2는 전작의 분위기를 이어가는데 실패하였다. 블리자드가 방송중계 저작권을 주장하면서 한동안 TV 중계가 없게 되었다. 이는 게임사, 선수, 사용자들 전부에게 손해를 가져다주었다. 혁신적인 내용으로 채워지지 않고 기존의 내용을 답습한 내용은 새로움을 추구하는 LoL에게 e스포츠의 길을 내어주는 결과를 초래하였다. 경기력의 경쟁으로 승부를 보여주는 일반스포츠도 올림픽이나 아시아게임 종목에 살아남기 위해 대중에게 흥미를 끌어내기 위해 자신의 경기 내용을 변화시킨다. 이는 새로움을 추구하는 대중의 요구라는 점에서 e스포츠나 스포츠는 다르지 않다.

■마 워크래프트(Warcraft)

　　워크래프트는 블리자드회사의 비디오 게임, 소설, 다양한 미디어 관련 제품을 포함하고 있으며, e스포츠 최대흥행의 근원이 되는 게임이다. 스타크래프트는 원래 우주에서 일어나는 워크래프트로 기획되었다. 리그 오브 레전드(League of Legends)는 도타 올스타즈(Dota Allstars)를 바탕으로 제작한 소위 AOS(Aeon of Strike, 스타크래프트의 유즈맵)류 게임이다. 그리고 도타도 워크래프트 3을 기반으로 제작된 유즈맵(Used map)에 근거한다. AOS가 발전할 수 있는 토대를 제공한 것이 워크래프트 3이라고 볼 때 오늘날 다양한 e스포츠의 경기 내용은 워크래프트에 기인한다고 말할 수 있다.

　　시리즈의 첫 작인 워크래프트: 오크와 인간(Orcs & Humans)에서 주요 종족인 오크의 디자인은 게임즈 워크샵(Games Workshop)의 테이

워크래프트 극장판 포스트
출처: wikipedia.com

블 탑 게임 워해머(Warhammer) 판타지의 영향을 받았다. 또한 그 당시
세계 최초의 RTS게임인 듄 2(Dune 2)의 인기가 높은 상황에서 비슷한
게임 장르로 나와 배경만 판타지만 바꾼 아류작 정도로 저평가를 받았
다. 하지만 거기에 머무르지 않고 후속작인 워크래프트 2에서는 내용
의 발전과 자신만의 독특함을 가지게 되어 커맨드 앤 컨커 타이베리안
던(Command & Conquer Tiberian Dawn)과 함께 RTS 시대의 전성기를
열었다.

　　이후 성공적으로 3편을 흥행시키며 확고한 인기를 얻게 되었다. 이
는 결과적으로 비디오 게임 시장에 관심이 부족한 워해머(Warhammer)
의 판타지쪽보다 인지도를 높이게 되었다. 워크래프트의 세계를 기반
으로 한 MMORPG인 월드 오브 워크래프트가 거대한 성공을 이룬 이
후 워 해머 판타지를 기반으로 한 워 해머 온라인(Warhammer Online)
이 만들어졌지만 실패하고 만다. 2004년 MMORPG인 월드 오브 워크
래프트(World of Warcraft)로 전세계적으로 사랑을 받게 되었다. 이 시리
즈 이후에 2014년에 파생된 온라인 TCG(Trading Card Game)로 하스스
톤(Hearthstone)을 선보였다. 앞선 세 게임은 RTS(Real-Time Strategy)장
르에서 서로 경쟁하거나 컴퓨터 기반의 적과의 대결이라면 후자의 두

게임은 MMORPG로 가상세계에서 게임에 참여하는 플레이어가 자신의 캐릭터를 가지고 게임에 참여한다.

■바 리니지(Lineage)

리니지는 엔시소프트(NCSOFT)의 중세 판타지 다중역할수행목적게임(MMORPG)인 대한민국 1세대 온라인 게임이다. 1998년 9월부터 유료서비스를 시작하였다. 신일숙 동명의 만화 원작을 근거로 고유 명사들과 캐릭터 디자인, 전체적인 스토리 라인 등 일부를 차용하였다. 리니지의 게임 전개에 맞게 독자적인 스토리를 만들어서 서비스를 진행하고 있다.

리니지의 배경이 되는 '아덴 왕국'은 10세기 전후 유럽의 이미지를 딴 가상의 세계이다. 당연히 중세 유럽의 이미지를 강하게 보여준다. 또한 그 세계의 사회, 경제적 제도를 받아들이고 있기 때문에 리니지의 세계는 왕과 영주와 기사가 영토로 계약을 맺는 봉건제도를 근간으로 한다. 반면에 부정적인 측면에서 본다면, 리니지는 게임중독과 관련하여 사망한 사건 등이 발생하였다. 현금과 리니지에서 기술능력 간의 비례적 관계는 게임에 자본의 논리가 적용되어 부정적인 요소를 야기시켰다. 또한 자동으로 사냥한 아이템 확장의 불법행위로 인해 많은 비판을 받았다.

리니지
출처: namu.wiki image

리니지 리마스터(Lineage remaster)
출처: 게임메카

리니지가 출시된 이후 2018년 말 20년 만에 리니지 리마스터를 새롭게 내놓게 되었다.

■사 바람의 나라(The Kingdom of The Winds)

바람의 나라는 2019년 현재 세계에서 서비스 중인 MMORPG 중에선 가장 오래된 게임이다. 한국의 기업인 넥슨이 1996년에 서비스를 시작하였다. 온라인 게임중 한국 이외에 다른 국가에서 서비스를 진행하였다.

출처: namu.wiki image

기원후 18년에서 23년 사이 동아시아를 배경으로 한 김진의 만화 '바람의 나라'를 소재로 한다. 바람의 나라는 고구려 2대 왕인 유리왕의 아들 대무신왕 무휼의 정벌담의 내용과 그의 차비 연과의 관계, 그리고 아들 호동 왕자와 낙랑 공주의 사랑 이야기가 중첩되는 이야기를 배경으로 전쟁 이야기가 전개된다. 리니지가 만화를 원작으로 한다는 점에서 바람의 나라도 마찬가지다. 2008년에는 바람의 나라는 소설책으로 출간되었다. 2018년에는 모바일 버전으로 '바람의 나라:연'으로 새롭게 나왔다.

■아 배틀그라운드(PlayerUnknown's Battlegrounds, PUBG)

배틀그라운드는 블루홀(Bluehole)의 자회사인 PUBG 주식회사(이전에 Bluehoe Ginno Games)에서 개발한 서바이벌 슈터 게임이다. 이 게임은 일본 영화인 베틀 로얄(Battle Royal)에서 영감을 얻었다. 현재 디지털 관리 플랫폼 회사인 스팀(Steam)을 통해 전세계에 서비스 중이다. 대한민국 지역에서는 카카오(Kakao)사가 퍼블리싱을 맡고 있다. 2017년 3월 24일에 얼리 액세스(Early Access)로 출시되었고 2017년 12월 21일(한국 시간 기준)에 정식 출시되었다. 그해 최고의 게임으로 인정받게 되었다.

배틀그라운드는 본인을 포함해 한 번에 최대 100명의 플레이어가 특정한 섬에서 전투를 벌이는 배틀 로얄 형식의 슈팅 비디오 게임이다. 광활한 전장에 떨어진 100명의 플레이어가 각자 자신의 생존을 위해 싸우게 된다. 시간이 지남에 따라 전쟁의 임의로 확정된 지역으로 축소된다. 그 속에서 플레이어들은 생존 전략과 기술을 활용해 전장의 최후 1인이 되기 위해 경쟁한다.

출처: en.wikepedia.com

이 게임은 쉽게 접근 할 수 있으며, 게임 진행의 관계를 보일 수 있는 도구를 개발함으로써 보는 스포츠의 요소를 갖추게 되었다. 플레이어도 1인칭의 관점이나 3인칭의 관점을 전장에서 자신이 유리한 상황에서 선택이 가능하다. 그리고 스포츠에서 보인 토너먼트 양식이 배틀그라운드에 적용이 가능하다. 이러한 요소는 대중적인 e스포츠가 되는 요소로 작동하게 되었다. 이는 상금을 놓고 경쟁하는 프로 e스포츠로 변화였다. 디지털 기술을 기반으로 하는 e스포츠는 우연의 요소가 작동하기 어렵다. 하지만 배틀그라운드는 상대적으로 임의적인 장소에서 전쟁 상황 속에서 일어나기 때문에 일정 정도 우연성이 작동할 수 있다. 이는 스포츠에서 승부의 불확실성과 매우 비슷하다.

■자 리그 오브 레전드(League of Legends, LoL)

리그 오브 레전드는 라이엇 게임즈(Riot Games)에서 개발하고 서비스하는 액션 실시간 전략(ARTS, Action Real-Time Strategy)로 알려진 멀티 플레이어 온라인 배틀 아레나(MOBA, Multiplayer Online Battle Arena) 게임이다. 롤(LoL)의 제작자는 도타 올스타즈의 제작자 중 한 명인 스티브 피크(Steve Feak)이며, 워크래프트의 유즈맵(Usermap) DotA(Defense of the Ancients)를 바탕으로 제작되었다. 2008년 10월 7일 League of Legends(CLASH OF FATES)란 이름으로 처음 발표되었으며 2009년 4월 10일에 클로즈 베타를 실시하였으며 2009년 10월 22일에 오픈 베타를 걸쳐 북아메리카에서는 2009년 10월 27일부터 정식 서비스를 시작하였다.

현재 e스포츠로 가장 인기가 있는 경기로 인정받고 있다. 5명이 한 팀으로 이루어 플레이어가 직접 자신의 캐릭터를 선택해서 상태 팀과 경쟁을 한다. 경쟁은 소환사의 협곡(Summoner's Rift)이라는 지도에서 이루어진다. 아래의 그 영역을 단순하게 표현하였다.

오늘날 롤은 e스포츠경기에서 가장 규모가 크고 세계의 다양한 국가에서 토너먼트대회가 열리고 있다. 미국에서 대학선수로 인정하여

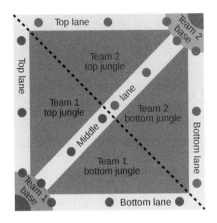

외곽과 가운데 경로는 "라인"이라 불리며 게임 시작부터 끝까지 "미니언즈 행진"이라고 불리는 군대가 상대방 진영으로 진격하는 통로이다. 그리고 점들은 각자의 라인을 방어하는 포탑이다. 그림에서는 보이지 않지만, 각 진영의 왼쪽 아래와 오른쪽 위 구석에는 넥서스가 있는데 이 넥서스를 파괴해서 승리하는 것이 이 게임의 목표이다. 중간의 검은 점선은 "강"으로 두 진영을 가르는 경계선이 된다.

출처: en.wikipedia.org/wiki/League_of_Legends

장학금을 지급하고 있다. 그리고 롤을 만든 라이엇은 리그 챔피언십 시리즈(League Championship Series)을 기획하여 미국과 유럽 지역의 프로리그를 운영한다. 그리고 각국의 나라에서 운영하여 선발된 팀이 리그 오브 레전드 월드챔피언십에서 결승전을 한다.

프로 스포츠와 같이 롤 경기는 다양한 하부리그가 진행되고 있다. 이는 챔피언십 리그에서 보인 승격과 강등전을 통한 스포츠의 흥행요소와 팀 경쟁은 e스포츠의 형식에도 영향을 주었다. 그러나 e스포츠와 스포츠 간의 직접적인 비교는 아직 이르다. e스포츠가 기존 스포츠 형태를 모방해서 발전해 나가지만, e스포츠 그 자체의 대중성과 성장 가능성으로 스스로 새로운 길을 만들어가고 있음을 배제할 수 없다. 스포츠에서 보인 제도화된 경쟁의 요소는 롤 경기를 오늘날 가장 인기 있는 e스포츠 종목으로 인정받고 있다. 롤을 만든 라이엇(Riot) 회사가 추구하는 최고의 가치는 플레이어의 경험에 최우선을 두고 있다(Play experience first).[9]

---

9 https://www.riotgames.com/en/who-we-are/values

■차 도타 2(Dota 2)

도타 2는 워크래프트 III: 혼돈의 지배(Warcraft III: Reign of Chaos)
와 워크래프트 III: 얼어붙은 왕좌(Warcraft: The Frozen Throne)의 유즈
맵(Used map) 디펜스 오브 더 에인션츠(Defense of the Ancients)의 독립적
인 속편이다. 밸브 코퍼레이션(Valve Corporation)에서 제작하는 MOBA
게임이다. 도타 2는 2009년에 시작되었다. 도타 2는 총 10명의 플레이
어가 참여 가능하며, 레디언트(하단 좌측)와 다이어(상단 우측)의 팀으로
5명씩 나뉘게 된다. 게임이 시작되기 전 자신이 조종할 영웅을 약 110
명이 넘는 영웅 중 고르게 되고 모든 영웅은 자기만의 개성이 넘치는
기술을 가지고 있다. 현실이 아닌 가상세계에서 자신에게 맞는 영웅의
선택 능력은 색다른 경험을 가능하게 한다. 플레이어 자신의 가진 심
리적, 신체적 조건은 공격형과 수비형 그리고 그들의 중간 형태의 영
웅 중 어떤 영웅을 선택하느냐에 따라 경기의 승패에 영향을 미친다.
물론 5명이 한 팀으로 어떻게 조합할 것인가는 스포츠에서 단체전에서
선수 구성조합이 성패에 영향을 미치는 것과 다르지 않다.

세부적인 영웅의 특성은 힘(strength), 민첩성(agility), 지능(intelligence)
으로 나뉜다. 힘을 가진 영웅은 체력이 많고 튼튼한 캐릭터가 많음으
로 초보자에게 추천할 만하다. 민첩성을 가진 영웅은 튼튼하진 못하지
만, 후반으로 넘어가면 넘어갈수록 공격력과 공격속도가 올라가면서
게임을 좌지우지할 정도로 강해진다. 지능을 가진 영웅은 일반적으로
초반부터 중반까지 강력한 기술로 상대방을 견제 및 사살할 수 있지
만, 후반으로 넘어갈수록 약해진다. 게임의 목적은 상대방 진영의 고대
의 요새를 파괴하는 것이다. 이는 주로 적 진영으로 이어지는 3개의
길을 지키는 포탑을 파괴해야 가능하다. 양쪽 진영은 규칙적으로 영웅
들을 도와줄 '크립'을 소환한다.

도타 2는 롤과 마찬가지로 e스포츠로 인식되고 있다. 도타 2는 The

출처: https://en.wikipedia.org/wiki/Dota_2

International이라는 토너먼트대회를 2011년 제작사가 이후로 매년 개최하고 있다.

■카 오버워치(Overwatch)

오버워치는 각각 6명인 플레이어로 구성되어 두 팀이 전투를 벌이면서 진행된다. 오버워치는 고유한 무기와 능력을 갖춘 30명의 영웅 중에서 한 명을 골라 세계 곳곳의 상징적인 지역의 지배권을 놓고 6명이 팀을 이뤄 대결하는 팀 기반 슈팅 게임이다. 플레이어는 팀 내의 조화를 고려해 공격, 방어, 지원 등으로 역할이 나뉘는 영웅 캐릭터 중 한 명을 고를 수 있다. 폭력성을 고려하여 15세 이용가로 분류하고 있다.

2016년 오버워치 리그의 설립을 공식적으로 발표했다. 2019 시즌 오버워치 리그 우승의 영예와 상금 총액 500만 달러(약 56억 3,000만원)이다. 이는 2018년 시즌 보다 150만 달러가 증가하였다. 전세계 연고지를 대표하는 20개 팀 간의 치열한 경쟁이 펼쳐진다. 세계 최초 도시 연고제 기반의 오버워치는 기존의 북미 프로스포츠리그를 모방하여 글로벌 e스포츠 리그인 오버워치 리그(OWL, Overwatch League)를 개최하여 한층 더 팬 친화적인 모습으로 돌아왔다.

출처: en.wikipedia.org/wiki/Over
watch_(video_game)

출처: Blizzard Entertainment

오버워치는 LoL의 승강제와 하부리그의 제도와 다르게 전통스포츠의 경기 진행 방식을 차용하였다. 전미 미식축구리그와 같은 도시기반의 팀 스포츠 경기로 경기를 진행한다. 도시 연고지의 팀과 플레이어의 발전을 위한 수익 모델은 광고와 스트리밍 수입 등이다. 2018년 12개의 도시 연고제로 시작해서 현재는 아틀랜틱 디비전과 패시픽 디비전 각각 10대 총 20팀이 참여 중이다. 차후에 28개 팀으로 확대하여 프로스포츠와 같이 홈 어웨이 경기로 진행할 계획이다.

5) e스포츠 종목의 다양성

e스포츠 종목은 디지털 플랫폼의 형태에 따라 다양한 설명이 가능하다. 첫째, 콘솔 게임(console game)이다. 콘솔 게임은 TV 스크린과 모니터에 조작 버튼을 사용한다. 디지털 기술의 발달로 다양한 게임 작동 방법은 하드시스템을 통해 게임을 풀어나간다. 조이스틱, 버튼,

총, 레이싱 휠 등 다양한 수단을 X-box나 플레이스테이션(PlayStation) 그리고 위(Wii)의 하드웨어 기계의 작동 하에 경쟁한다. 둘째, PC게임 이다. PC게임은 단순한 그래픽을 기반으로 하는 단순한 경기와 높은 사운드와 그래픽과 기능을 보유한 복잡한 경기로 이루어진다. 개인용 컴퓨터에 CD나 DVD로 게임을 진행하였지만, 오늘날에는 인터넷을 기 반으로 온라인 게임으로 발전하였다. 셋째, 모바일 게임(mobile game) 이다. 모바일 게임은 핸드폰, 태블릿, 스마트워치, PDA의 기기로 하는 게임이다. 모바일 게임은 핸드폰의 기술발달에 따라 다양하게 전개되 면, PC를 기반으로 하는 e스포츠가 모바일 게임에 적용되어 변화되는 양상을 보여준다.

또 다른 e스포츠경기의 장르 구분도 가능하다. 먼저 일인칭 슈팅 게임(FPS, First-Person Shooter)이다. 이는 자신의 캐릭터가 중심으로 총 이나 무기를 가지고 상황을 극복하는 게임이다. 캐릭터의 눈을 통하여 자신의 움직임을 통해 승부를 내는 경기이다. 물론 디자인된 게임의 목적에 따라 캐릭터의 움직임은 제한된다. FPS 게임은 즉각적인 반응 과 경쟁적인 결과의 요소는 e스포츠의 영역으로 포함될 수 있을 것이 다. 그리고 멀티플레이 온라인 배틀 아레나(MOBA, Multiplayer Online Battle Area)이다. 이 게임은 과거에 실시간 전략(RTS, Real-Time Strategy) 게임을 기반으로 각자의 캐릭터를 가지고 상대방의 방어 구조를 무너 뜨리는 경쟁과 전략 게임이다. 가장 대표적인 e스포츠로 스타크래프트 (StarCraft)와 리그 오브 레전드(LoL) 그리고 도타 2(Dota 2)가 여기에 속 한다. 또 다른 장르로는 대규모 다중 온라인 접속역할 게임(MMORPG) 이 있다. 이 게임은 가상세계에서 개인의 역할과 다중의 플레이와 협 력, 경쟁을 통해 자신의 영역을 확대하고자 한다. 플레이는 자신의 가 상의 공간에서 자신의 캐릭터의 역할 증대와, 공동체와의 소통을 형성 하고자 한다. 이 게임의 대표적인 형태는 바람의 왕국(Kingdom of the

Winds)과 리니지(Lineage) 그리고 월드 오브 워크래프트(World of War Craft)가 있다. 이러한 e스포츠의 종목 구분은 e스포츠의 경기를 만든 사람이나 회사가 붙인 이름에 기인한 측면이 있다. 따라서 학문적 관점에서 e스포츠의 종목에 대한 검토가 필요하다. 물론 e스포츠의 종목을 정확하게 학문적으로 분류하기란 쉬운 일이 아니다. 왜냐하면 e스포츠의 종목은 디지털 기기의 발달과 밀접한 관계를 맺지 않을 수 없기 때문이다. e스포츠와 관련된 기술발달은 가상현실(virtual reality)과 증강현실(augmented reality)그리고 혼합현실(mixed reality)을 기반으로 하는 새로운 e스포츠 종목의 가능성을 만들게 되었다. 이러한 기기의 발달은 기존 모니터를 보면서 마우스나 손의 움직임을 넘어 모든 몸 전체로 경쟁에 참여한다. 이는 기존의 스포츠 영역과 e스포츠 간의 경계를 허무는 것으로 이어질 것이다.

02 스포츠 역사에서 e스포츠의 의미

우리는 가장 전형적인 스포츠의 형태를 그리스시대로 생각한다. 그리스 올림픽과 그 시대 스포츠 사상의 핵심적인 단어는 인간의 움직임과 관련된 탁월성이다. 반면에 로마시대의 스포츠는 긍정적인 측면보다 부정적인 측면을 강조한다. 그러나 그리스 올림픽 경기와 다른 로마시대의 콜로세움에서 보여준 격투 장면도 스포츠 경쟁의 일부분으로 파악된다. 이러한 그리스 로마시대에 보여준 스포츠의 요소도 e스포츠에 일부 투영된다. 그리스 올림픽 경기에서 월계관의 영광을 위해 하루에 10시간 넘게 노력하는 선수와 오늘날 e스포츠 선수가 자신의 기량 발휘를 위해 하루에 14시간 넘는 훈련에는 차이가 없다. 그 영광의 목적이 비록 국가나 개인적 금전적인 이익에 따라 지향하는 방향이 다를지라도 최고의 선수가 되기 위한 노력과 경쟁의 결과에 대한 관중의 환호는 다르지 않다. 운동선수(athlete)의 그리스 용어의 어원인 athlein은 원래 상금을 놓고 경쟁한다는 의미이다. 상금을 놓고 경쟁한다는 측면에서 프로스포츠와 프로e스포츠는 차이점이 없다. 또한 로마시대 콜로세움에서 일어난 전시 장면의 재현과 격투기에 대한 열광은 그 대상이 다르지만, e스포츠의 선수들의 최선의 경기 모습과 그에 따른 관중의 환호와 본질적으로 다르지 않다.

로마시대 스포츠의 행위자들은 직접적인 참여보다는 콜로세움에서 진행된 노예, 범죄자 등의 경기와 전시장면을 보는 관전자였다. 그리스시대의 개인적 참여가 관전자 참여로의 변화는 로마의 시대적 상황 변화에 따라 나타난 현상이다. 여기에서 우리는 스포츠의 접근과 참여가 시대적 상황에 따라 다를 수 있음을 알 수 있다. 영화 '글래디에이터(Gladiator)'를 보면 주인공은 충분히 로마 장군으로서 군사적으로 영향력을 발휘할 수 있었는데, 그는 노예로서 검투사의 역할을 받아들인다. 주인공은 충분히 자신의 힘으로 새로운 역할을 모색할 수도 있지만, 자신의 노예상태를 기꺼이 받아들인다. 이는 그 당시의 주어진 운명을 받아들이는 스토아학파(Stoicism)의 영향력을 생각한다면 당연하다. 여기에서 우리는 시대적 문화적 상황이 직접 참여나 관객 중심의 스포츠 영역으로 나누어질 수 있고, 스포츠의 구성요소에도 영향을 미치고 있음을 알 수 있다. 즉 스포츠의 양상은 고정된 것이 아니라 시대의 흐름에 따라 다르게 나타난다는 점이다. 과거에는 게임을 하러 가자고 했을 때, 그 게임은 축구나 야구 경기 등을 하는 것으로 판단하였다. 반면에 오늘날 게임을 하러 가자고 하면 PC방에서 e스포츠를 하자는 것으로 인식되는 이유가 여기에 있다.

e스포츠가 스포츠의 특성이 있다면, 저자는 그 특성의 많은 부분

이 고대 로마시대의 스포츠에 근거한다고 생각한다. 그리스 올림픽에서 보이는 인간의 탁월성 발휘, 전쟁중지, 문화교류 등은 오늘날의 입장에서 본다면 충분히 의미가 있다. 이는 오늘날 올림픽 경기를 통해 스포츠가 지향해야 할 긍정적인 가치인 세계평화, 친선도모, 그리고 인격형성을 뒷받침한다. 반면에 로마의 스포츠는 로마제국이 대중의 정치적 관심을 돌리기 위한 수단으로 관중중심의 스포츠로 설명한다. 그리스시대의 스포츠와 비교할 때면 우리는 로마스포츠를 상대적으로 부정적으로 인식한다.

그러나 로마시대에 있었던 검투사의 결투나 오락 등도 그 당시 스포츠 문화의 하나로 인정해야 한다. 비록 로마시대의 스포츠가 황제나 제국의 정치적 수단으로 이용되었다고 하더라도, 로마시대의 스포츠가 오늘날 관중 스포츠, 프로직업의 스포츠를 탄생하게 하였다. 역사는 단절이 아니라 연속의 결과물이다. 직접 참여하는 관중 중심의 스포츠는 e스포츠와 연결된다. 예컨대 우리는 e스포츠 경기장을 아레나(arena)로 불린다. 아레나(arena)는 콜로세움과 같이 둥근 원과 관람석으로 둘러싸인 장소에서 기인한다. e스포츠 경기장의 기원과 관련하여 박성희, 김혜진(2020)은 고대 그리스 경기장인 스타디온(Stadion)의 근거로 설명한다. 교육기관의 하나인 김나지움의 역할은 체력단련과 정신수행의 역할을 하는 장소였다. 저자들은 김나지움이 오늘날 PC방의 역할과 유사하다고 주장한다. 하지만 e스포츠의 관중 스포츠로서 역할을 고려한다면, 로마시대 원형경기장에서 일어난 경기가 e스포츠의 경기와 밀접한 관계를 갖는다. 아레나에서 이루어진 검투사의 결투와 e스포츠 아레나에서 일어나는 e스포츠 선수들 간의 경쟁은 서로 오버랩 된다. 검투사는 칼과 창 그리고 방패를 가지고 서로 싸우지만, e스포츠 선수는 마우스와 키보드로 싸운다는 점에서 차이를 보인다.

로마시대의 영광을 재현하기 위해 콜로세움에서 해전(海戰)의 시현, 동물과 인간의 결투, 동물과 동물 간의 결투는 오늘날 시뮬레이션 경기의 원형으로 인식이 가능하다. 현실에서 직접적인 맹수들 간의 대결은 잘 이루어지지 않는다. 인간 간의 인위적인 대결도 마찬가지다. 현실에서 일어나지 않는 사건을 콜로세움이라는 가상의 공간에서 인위적으로 만들어 경쟁함으로써 관중들에게 색다른 경험을 가져다주었다. e스포츠도 디지털 플랫폼을 기반으로 하여 가상공간에서 우리가 만든 경기를 진행한다는 점에서 다르지 않다. 이 둘은 실제로 일어나지 않는 사건을 현실의 공간과 가상의 공간에서 실행하였다는 점에서 차이를 보인다. 로마시대의 스포츠 관중은 e스포츠와 마찬가지로 참여자이면서 동시에 관객의 요소를 갖는다.

저자는 로마시대의 스포츠가 e스포츠에 미친 영향력을 세 가지로 설명하고자 한다.

첫째, 아레나로 대표되는 경기장은 경쟁과 욕망 분출의 장소이다.

로마시대의 아레나 경기장은 검투사들 간의 결투뿐만 아니라 검투사와 동물과의 대결도 있었다. 그리고 로마 제국의 영광을 재현하기 위해 실제 바다에서 일어난 해전(海戰)을 시연하기도 하였다. 그 구경거리(spectacle)에 참여한 사람은 귀족뿐만 아니라, 평민인 남자와 여자들이었다. 로마시대의 관점에서 본다면, 경기가 일어나는 장소는 대중이 즐기는 축제의 장이었다. 축제의 장이 일어난 아레나(arena)는 호이징가(Huizinga)가 『호모 루덴스(Homo Ludens)』에서 언급한 놀이하는 인위적인 공간, 즉 매직 서클(magic circle)의 공간이다(이종인 역, 2010: 46). 인간은 놀이를 위한 인위적인 신성한 공간을 만들어내고, 그곳에서 자신의 감정과 욕망을 분출하였다. 스포츠와 e스포츠의 분출 대상이 장소가 일상의 경기장과 가상세계의 공간 차이일 뿐이다.

로마시대의 욕망 분출의 장소는 아레나 경기장이었다. 그 당시의 사람들은 노예의 결투이든지 동물과의 싸움이든지 간에 그 경쟁에서 자신의 욕망과 감정을 대입하고 분출하였다. 더 나아가 아레나 경기에서 보여준 승리자의 영웅적 행위에 대해 관중들은 감정이입을 표현하였다. 로마시대의 시민들은 로마 제국의 정치적 도구로 이용된 허약한 존재로 현실에서 영웅이 될 수도 없었지만, 결투에 살아남은 검투사에 자신이 원하는 영웅 이미지를 투영하였다.

e스포츠는 모니터 화면에 자신의 아바타를 선택한다. 자신이 직접 영웅을 선택하고 경쟁을 통해 자신의 욕망을 분출한다. e스포츠 종목의 하나인 롤(LoL) 경기는 실제 전쟁을 하는 대신에 각국의 챔피언을 소환한 대리전쟁의 세계관과 고대 로마의 아레나에서 일어난 검투사의 결투 형식은 본질적으로 다르지 않다. 로마시대의 경쟁과 승리에 대한 욕망과 분출이 현실의 콜로세움에서 일어났다면, 오늘날 e스포츠는 디지털 화면에서 자신의 분신인 아바타로 직접 참여한다는 점에서 차이가 날 뿐이다.

둘째, 나 자신의 결정이 중요하다.

로마 아레나의 경기장에서 펼쳐진 경기 결과는 검투사의 생과 죽음을 결정한다. 경기 결과에 따라 왕은 승리자에게 패배자의 목숨을 빼앗도록 한다. 우리가 잘 알고 있는 엄지를 하늘과 땅의 방향으로 하느냐에 따라 결투의 패배자도 다시 경기를 할 수 있는 기회를 얻는다. 비록 황제가 검투사의 생명을 결정하였지만, 왕은 거기에 참여한 관중들의 의견을 무시할 수 없었다. 관중들은 Pollice verso(엄지손가락을 아래로 향한 표시)로 경기에서 진 패배자를 살려 다음 경기에 참여하여 새로운 기회를 주었다(Jonasson, 2016: 34). 그 당시에는 엄지를 땅의 방향으로 하는 것이 패배자를 살리는 표시였다. 대중 참여의 스포츠 관점에서 본다면, 고대에 황제가 아닌 평민인 남자와 여자들의 선택으로 검투사의 생명을 바꿀 수 있다는 사실은 대단히 중요한 사건이다. 비록 자신의 결정이 검투사의 생사를 바로 결정하지는 못하지만, 자신의 선택이 생사를 결정하는 황제에게 영향을 미치고 무언가를 바꿀 수 있다는 것이다.

　로마시대 엄지 방향에 따라 검투사의 생사를 결정하듯이, 디지털 플랫폼을 기반으로 작동하는 e스포츠는 자신의 선택으로 적극적으로 경기에 참여한다. 로마스포츠와 같이 결정의 대상이 자신과 떨어진 경기장에서 일어나지만, e스포츠는 모니터 화면에 즉각적인 개입이 가능하다. 로마시대에 엄지손가락의 결정이 경기의 종결과 새로운 기회를 부여하는 것이라면, e스포츠는 양손의 협응 작용으로 경기 진행에 적극적으로 참여한다. 나 스스로 무언가를 바꿀 수 있는 로마시대의 경험은 디지털 시대에서는 반복 플레이의 확장으로 연결된다. 다만, 오늘날 e스포츠 참여에 개인이 결정하는 정도가 훨씬 로마 스포츠보다 크다는 점에서 차이점을 보인다.

고대 로마제국의 콜로세움 경기장과 e스포츠 경기장
출처: commons.wikimedia.org

　셋째, 시뮬레이션(simulation)을 경험한다.

　로마시대의 스포츠는 관전자의 스포츠이다. 로마의 콜로세움에서 펼쳐진 해전(海戰)의 모의전쟁(simulation)은 관중들에게 색다른 경험을 주었다. 로마시대 검투사의 싸움과 마차경기는 영광스러운 로마제국의 정복과 전투를 재현하는 의도에서 시작되었다. 콜로세움에서는 물 위에 수상전과 같은 거대한 전쟁 장면은 오늘날의 관점에서 본다면, 전쟁의 시뮬레이션 형태를 관중에게 보여준 것과 다르지 않다(Jonasson, 2016: 37-39). 즉 로마시대의 스포츠는 시뮬레이션의 기원이다. 당시 검투사의 결투나 잔인한 동물 간의 경기를 오늘날 스포츠의 관점에서 본다면, 긍정보다는 부정적인 측면이 많을 수 있다. 하지만 지금의 관점에서 로마시대의 스포츠가 좋은 것인지 나쁜 것인지 판정해서는 안 된다. 그 당시 로마시대 관전 중심의 스포츠는 그들 자신의 문화임을 인정해야 한다.

로마시대에서는 실제 현실과 유사한 전쟁 장면을 아레나 경기장에서 구현하였다. 특히 모의 해전은 로마시대의 모든 기술력의 결정체이다. 현실과 같은 상황을 만든 시뮬레이션은 기술 발달에 따라 다르게 나타났다. 오늘날에는 비행기 모의 훈련 장치를 위해 디지털 기기를 사용하여, 우리가 원하는 효과를 얻고자 한다. 로마시대에서 그 당시의 기술적 내용을 기반으로 스케일이 큰 경기 장면을 아레나에서 구현하였다면, e스포츠 경기는 디지털 플랫폼을 기반으로 현실이 아닌 화면에서 보여준다. 넓은 경기장에서 일어나는 고대의 시뮬레이션 경험이 자기 바로 앞 모니터에 일어나는 사건에서 경험하는 차이가 날 뿐이다. 즉 고대 로마에는 관중은 시뮬레이션 내용의 소극적 구경꾼이라면, 오늘날 e스포츠의 관중은 시뮬레이션 환경에 적극적 참여자가 된다는 점이다.

포뮬러 e스포츠경기
출처: Photo by Miles Willis/Getty Images

고대의 로마스포츠와 e스포츠 사이에는 약 2천 년의 시간적 차이가 존재한다. 이 차이는 고대 놀이의 장소인 아레나와 인터넷 환경만큼 이질적으로 보인다. 그러나 그 시뮬레이션에서 주는 재미와 즐거움은 크게 다르지 않다. 저자의 어린 시절에는 자신이 나무로 만든 총으로 산에서 친구들과 전쟁놀이를 하며 뛰어놀았다. 반면에 오늘날 친구들의 전쟁놀이는 디지털 플랫폼을 기반으로 화면 속에서 자신의 아바타(avata)로 대신 싸운다. 놀이 장소가 산과 인터넷의 환경만 다를 뿐이다. 산에서 뛰어놀던 전쟁놀이와 FRS(일인칭 슈팅 게임)는 실제 사람을 죽이지 않는다는 것에도 일치한다. 놀이와 게임의 양식은 시대에 따라 변화한다. 고대 스포츠의 전쟁놀이는 창던지기이지만, 무기의 등장은 사격의 경기로 진행되었다. 그리고 현대 디지털 기술의 발달에서는 배틀그라운드(Battlegrounds)나 서든 어택(Sudden attack)의 경기로 진행된다. 놀이와 게임의 종류는 다르지만 우리가 그곳에서의 즐거움과 경쟁의 속성은 다르지 않다. e스포츠의 내용은 과거 스포츠의 경기 형태에서 많은 부분을 디지털 형태로 구현하였다. 로마시대에 보여준 경기의 형태는 e스포츠의 대규모 다중 사용자 온라인 롤플레잉 게임(MMORPG)에서 많은 전투장면을 재현하였다. 이와 같이 e스포츠의 역사도 단절되지 않은 연속성을 바탕으로 발전해왔다. 이러한 점에서 고대의 로마스포츠는 e스포츠 원형의 모습을 보여준다.

　　콜로세움의 경기는 그리스 올림픽경기와 다른 로마시대의 문화적 정치적 상황에 따른 스포츠이다. e스포츠의 경기는 관객이 존재하고 디지털 기기의 발달에 따른 시뮬레이션의 형태로 이루어진다는 점에서 서로 차이점을 보인다. 그러나 그들이 가진 내용의 상징성을 관점에서 본다면, 차이점보다는 유사점이 더 많이 보인다. 로마의 콜로세움에서 보인 시뮬레이션은 단지 보여준 것이 아니라 관객의 참여가 추가되어 나타났다. e스포츠는 디지털 기기의 개입으로 자기 스스로 시뮬레이션이 가능한 직접적 참여가 훨씬 강조된다. 즉 로마시대의 스포츠와 e스포츠는 시대적 시간적 차이에도 불구하고 시뮬레이션이라는 점에서 유사성을 보여준다.

오늘날 e스포츠은 디지털 기기의 발전, 놀이 문화, 경쟁, 규칙, 승리와 패배의 요소가 결합한 상황에서 등장한 것으로 파악해야 한다. 디지털 기기의 발전과 그것을 쉽게 접하고 다룰 수 있는 세대의 등장이 e스포츠 탄생과 성장의 중요한 요인이다. 현대에 가장 적합한 스포츠의 양식이 e스포츠의 형태라고 할 수 있을 것이다. 특히 디지털 기기의 발달은 새로운 스포츠의 체험을 가능하게 하였다. 과거에는 필드에서 스포츠의 체험이 가능하였지만, 디지털 기기의 발달로 가상현실과 증강현실이 포함된 e스포츠의 영역은 스포츠의 체험을 대체할 가능성이 높다. 가상현실과 증강현실이 포함된 e스포츠가 미래의 스포츠를 대체할 수 있는 현실이 될지 아무도 모른다. 조나손과 티보르그(Jonasson & Thiborg, 2010)에 따르면 e스포츠는 기존의 스포츠에 대한 새로운 문화형식으로 스포츠 헤게모니의 일부분을 가지게 될 것이며, 미래에는 더 큰 헤게모니를 갖는다고 하였다.

03 한국 e스포츠의 특징 ✏

전국체전의 관점에서 본다면 한국의 스포츠역사는 1920년 야구대회라는 단일대회, 즉 제1회 전조선 야구대회를 시작으로 축구, 정구, 육상, 빙상 등으로 확대되었다. 근대 개항 이후 서구 스포츠의 유입은 한국의 놀이 문화에 새로운 형식의 스포츠 문화가 도입되었다. 오늘날에서 그 원형이 유지된 스포츠는 그 당시 서구에서 유행하였던 스포츠의 형태가 식민지 시대의 시대적 상황과 새로운 서구의 스포츠를 보급하려는 선수들의 관심이 상호작용하여 전개되었다. 즉 한국스포츠의 역사는 외부 스포츠의 종목이 근대의 시대적 상황과 스포츠를 선택한 사람들의 밀접한 관계에서 발달되었다. 스포츠 종목은 시대의 흐름에 따라 다양한 새로운 종목을 탄생시켰다. e스포츠도 그러한 시대적 흐름의 산물이다. 한국e스포츠는 1990년대 말 IMF의 시대적 상황과 국가의 디지털 기술 지원을 근거로 등장하였다.

100년의 한국 스포츠 역사에서 한국e스포츠의 역사는 25년에 지나지 않는다. 전자는 외국의 스포츠 형태가 한국에 유입되어 발달한 역사라면, 역으로 e스포츠는 한국적 사회적 문화적 배경으로 성장하여 전세계로 확산하였다는 점에서 서로 구분이 된다. e스포츠는 스포츠가 외부에서 수입되어 이용한 것과 다른 길을 보여주었다. 한국 e스포츠의 성장은 1997년 경제위기(IMF) 이후 초고속 인터넷망의 보급과 당시의 게임 산업의 국가적 지원이 맞물려 PC방을 근거로 크게 확산하였다. 그 속에서 디지털 기기를 기반으로 경쟁의 속성과 젊은 세대의 열광으로 인한 관중에 근거한 e스포츠가 등장하였다. 인터넷망과 디지털 기술은 국내의 영역을 넘어 전세계인들과 경쟁이 가능하였고, 오늘날 다양한 e스포츠 경기가 형성되는 토대를 구축하였다. 물론 e스포츠가 스포츠의 영역확장으로 보아야 한다는 긍정적인 관점과 전혀 다른 영역으로 인정해야 한다는 부정적인 관점이 존재하는 것 또한 사실이다. 이러한 관점의 논란은 차치하더라도 e스포츠가 한국에서 꽃피웠다는 사실은 변함이 없다.10

한국은 e스포츠의 문화적 토대와 그 속에서 뛰어난 e스포츠 선수들을 보유하였고, 이들이 세계적으로 진출하여 그 영향력을 확대하고

---

10 광안리 현상의 전개과정과 학문적 의미와 관련된 논의는 이상호, 황옥철(2023)을 참조.

있다. 이를 통해 한국은 서구로부터 e스포츠의 제왕으로 인정받게 되었다. 비록 세계 e스포츠 경기에서 과거와 다르게 모든 경기에서 우승하지 못하고 있지만, 현재에도 그 영향력이 줄어들지 않고 활동 중이다. PC방이라는 공간과 뛰어난 선수들의 실력, 지방 도시의 경기장 설립 등은 한국을 e스포츠 선진국으로의 위상을 갖추고 있다. 외형적인 e스포츠 성장에 따라 고등학교뿐만 아니라 대학에서도 e스포츠 관련 내용을 가르치고 있다. 하지만 한국에서 발전한 e스포츠의 전망이 밝기만 하는 것은 아니다. 성장하는 e스포츠에 비해 상대적으로 e스포츠와 관련된 학문적 토양은 빈약하다. 그리고 e스포츠문화는 한국에서 시작하였지만, 다른 나라가 그것을 꽃피우고 열매 맺어 성장의 주도권을 가져가고자 노력한다. 이렇게 되면 한국은 선수를 수급하는 농장의 역할에 머물게 된다. 이를 극복하기 위해서 우리는 e스포츠의 질적인 토대와 선수들의 기량을 성장시켜줄 수 있는 e스포츠의 학문적 근거를 제시해야 한다. 한국은 e스포츠를 성장, 발전시킨 충분한 물리적 토대를 갖추고 있기 때문이다.

2장 토론 내용

- e스포츠 발전에서 디지털 플랫폼과 디지털 기기의 역할은 무엇인가?
- 한국이 e스포츠 종주국이라 불리는 이유는?
- 광안리 현상이 e스포츠문화 형성에 어떠한 역할을 하였는가?
- e스포츠와 비디오 게임과의 관계에서 그들은 어떻게 상호 영향을 주고 발전해 왔는가?
- e스포츠 종목 분류의 기준과 타당성은 무엇인가?

더 읽어야 할 책

디지털 게임의 신체적, 사회적, 심리적 효과와 관련해서는 Kowert 등(2015; 2020)을 보라. 게임의 역사에서 어떻게 e스포츠로 전환되었는지는 Kent(이무연 역, 2002; 심백선 역, 2023)를 보라. 스포츠와 관련된 문화와 역사와 관련해서는 Wolfgang(강영옥, 역, 2021)과 근대 스포츠의 본질을 이해하기 위해서는 Guttmann(송형석, 역, 2008)를 보라.

e스포츠 현상과 본질

PART

03

PART 03.
e스포츠 현상과 본질

한국의 e스포츠 현상을 어떻게 볼 것인가? 먼저 한국 선수들의 위상에서 본다면 전통 스포츠에서 보인 위상보다 한국 선수들은 국제 e스포츠의 영역에서 훨씬 더 높은 관심과 대우를 받고 있다. 예를 들어 T1 소속 프로e스포츠선수인 페이커(Faker) 이상혁의 생일을 기념하여 그의 팬들이 뉴욕 타임 스퀘어에 그의 축하 생일 광고사진을 걸었다 (이시훈, 2019. 5. 10). 2023년 그는 더 타임지에서 세계적으로 영향력 있는 10인의 스포츠인으로 선정되었다. 그리고 2019년 타임지는 차세 대 10대 리더(Times Next Generation Leader 10)에 게구리(Geguri) 김세연

게구리(Geguri)김세연 선수
출처: Times

뉴욕 타임 스퀘어 페이커(Faker)
이상혁 선수 2019년 5월 7일 생일 사진
출처: ran-lil 트위트

선수를 선정하였다(박광성, 2019. 5. 17). BTS가 2018년 수상자임을 고려한다면, 그녀의 국제적인 위상을 잘 보여준다. 그녀는 e스포츠 세계에서 성별의 차이를 극복하고 남성과 동등하게 자신만의 영역 개척으로 인정을 받았다.

e스포츠 경기력의 관점에서 본다면 비록 한국이 e스포츠 종목인 오버워치 월드컵 4연패에 실패하고 롤(LoL)월드컵에 2년 연속 결승전에 진출하지 못하였지만, 2020년 중국에서 열린 결승전에서 한국의 담원 게이밍이 우승하였다. 우리 선수들은 다른 나라 우승팀의 구성원뿐만 아니라 각국의 중요한 선수들 사이에서 중심역할을 담당하고 있다. 국제e스포츠 경쟁에서 한국이 아직 e스포츠를 주도적으로 이끌어 가는 힘을 보여준다. e스포츠의 역사에서 위대한 선수 10명에 한국 선수가 4명(이상혁, 장재호, 임요한, 이용호)이 포진하고 있다.[1] 그러나 현재 다른 나라 선수들의 피지컬 능력도 한국 선수와 못지않은 기량을 발휘하고 있다. 하지만 현재는 중국뿐만 아니라 미국 그리고 유럽의 선수들의 기량은 이제 한국과 동등하거나 그 이상의 능력을 발휘하고 있다. 특히 중국 선수들의 기량은 국가 지원으로 급성장하고 있다. 중국에서는 프로e스포츠선수들을 하나의 직업군으로 그리고 그들을 영화나 드라마의 주인공으로 생각하고 있다(한국콘텐츠진흥원, 2020). 미국에서는 e스포츠 팀을 보유한 대학은 80개에 이르고 22개 대학이 장학금을 제공하고 있다. 그리고 심지어 고등학교도 매년 더 많은 팀이 추가되고 있다(Keyi Yin et al., 2020).

e스포츠에 대한 젊은이들의 관심과 열정은 아시안게임과 올림픽 게임의 진입에 많은 영향력을 미쳤고, IOC도 e스포츠는 신체적 활동이 포함된 운동으로 여기게 되었다. 2018년 팔렘방 아시안게임에서는 시

---

1 https://www.listal.com/list/10-greatest-players-esports-history

범종목으로, 2022년 항저우 아시안게임에서는 정식종목으로 채택하였다. 2024년 파리올림픽에서도 시범종목으로 고려 중이다. 그리고 4년마다 유럽에서 열리는 2019년 유럽 게임즈(European Games)에서는 문화 올림픽의 일원으로 e스포츠 종목을 선택하였다. 2021년 아시안 실내 무도 아시안 게임대회에서 정식종목으로 채택되었다.

젊은이들이 열광하고 관심을 두는 다양한 종목들, 즉 스케이트보드, 서핑, 스포츠클라이밍 등이 2020년 도교올림픽의 정식종목으로 채택되었다. 그리고 2024년 파리 올림픽에 젊은이 춤의 일종인 브레이크댄싱(breakdancing)이 정식 메달종목으로 선정되었다. 오늘날 젊은이들의 올림픽에 대한 무관심의 증대와 새로운 경제적 수익을 찾기 위한 IOC(국제올림픽위원회)의 관심은 e스포츠를 올림픽게임의 종목으로 받아들일 가능성을 높게 만들어가고 있다. 물론 IOC는 e스포츠가 갖는 폭력성의 부정적인 요소를 스포츠의 영역으로 유입하지 못하는 가장 중요한 요소라고 지적한다.

이처럼 e스포츠의 현상은 다양한 영역에서 관심을 받고 있다. 예컨대 프로e스포츠선수에 대한 관심, e스포츠의 수익성을 지향하는 마케팅의 관점, e스포츠를 직접적으로 즐기는 참여자와 관전자의 관점, e스포츠와 관련된 다양한 직업(감독, 코치, e스포츠 기자, e스포츠구단, e스포츠 스트리머, e스포츠중계진 등) 그리고 부정적인 관점으로 중독, 과몰입, 폭력성의 문제 등을 언급한다. 우리가 e스포츠에 직간접으로 연결되지 않더라도 e스포츠 용어는 이제 일상적인 단어로 사용된다. 우리는 일상적으로 e스포츠를 놀이로, 게임으로, 스포츠로 서로 변용하여 사용하고 있다는 점이다. 그렇지만 일상적으로 e스포츠가 게임, 놀이, 스포츠의 단어로 사용되는 것이 왜 당연한 것으로 받아들이는가? 엄밀한 의미에서 e스포츠, 놀이, 게임, 스포츠 그들이 보여주는 각각의 개념적 지향성은 다르다. 그럼에도 불구하고 우리가 e스포츠를 놀이, 게임, 스포츠로 변용 가능한 단어로 전환하여 사용한다는 사실은 e스포츠가 일정 부분 놀이, 게임, 스포츠의 본질을 갖고 있기 때문이다. 여기에서 우리는 e스포츠의 본질이 무엇인지 파악해야 한다.

e스포츠의 본질은 e스포츠라고 말할 수 있는 사실이나 현상을 가능케 하는 근본적인 것을 설명한다. 우리가 e스포츠의 본질이 무엇인지 질문하는 이유는 e스포츠 학문의 출발점이기 때문이다. 이를 기반으로 e스포츠가 추구하는 가치가 무엇인지 제시하고, e스포츠의 지속가능성 확보에 도움이 된다. 학문적인 관점에서 본다면, e스포츠의 본질 파악은 e스포츠의 학문적 방향을 설정하는 데 중요하다. 구체적으로 e스포츠의 본질 파악은 스포츠의 영역과 관련된 e스포츠의 긍정과 부정의 이해, 현실에서 e스포츠가 대한체육회 산하단체로의 인정여부, 아시안게임과 올림픽에 참가여부 등에 대한 이론적 근거를 제공한다.

본 장에서는 e스포츠가 놀이, 게임, 스포츠로 언급되는 상황에서 e스포츠라고 말할 수 있는, 즉 e스포츠의 본질이 무엇인지 설명하고자 한다. e스포츠와 스포츠의 영역과 관련된 다양한 논란이 있겠지만, 저자는 e스포츠를 스포츠 영역의 확장으로 파악해야 한다. 따라서 저자는 본 장에서 e스포츠를 기존의 놀이, 게임, 스포츠의 개념과 비교함으로써 그들과 유사한 본질을 갖고 있음을 제시하고자 한다. e스포츠의 본질은 놀이, 게임, 스포츠의 본질이 시간의 흐름과 디지털의 사회문화적 환경 그리고 인간의 움직임과 연관되어 나타났다. 저자는 e스포츠 본질의 이론적 근거로 시간의 흐름에 따른 연결론, 사회문화적 만남에 따른 창발론, 인간움직임에 따른 행위창출의 세 가지 관점에서 설명하고자 한다. 이를 통해 저자가 생각하는 e스포츠의 본질이 무엇인지를 드러내고자 한다.

01 e스포츠와 놀이, 게임, 스포츠와의 관계 ✎

e스포츠의 본질은 놀이, 게임, 스포츠와의 개념적 관계에서 파악해야 한다. 이들 간의 관계에서 우리는 그들 간의 공통점과 유사점을 파악함으로써 e스포츠의 본질이 무엇인지에 대한 개략적인 답을 얻을 수 있다.

1) 놀이와 e스포츠

놀이와 관련된 내용은 고대 그리스시대부터 근대에 하나의 문화 현상으로 설명한 호이징가(Huizinga)의 놀이이론까지 등 다양하게 전개되어 왔다. 고대에서 놀이는 긍정적, 부정적 관점에서 설명하였다. 이데아(idea)와 같이 본질적인 가치에 우선을 둔 플라톤이나 아리스토텔레스 등 고대의 철학자에게 놀이는 시간 낭비나 유치한 어린아이들의 움직임으로 생각하였다. 이성 우위의 가치관의 입장에서 본다면, 놀이는 시간 낭비의 관점은 당연하다. 비록 고대 올림픽에서 경쟁과 관련하여 탁월성을 강조하였지만, 그 당시 놀이를 유치한 행동이라고 생각하는 것에는 변함이 없었다. 단지 공동체의 유지나 교육적 가치의 입장에서 본다면, 놀이가 긍정적인 측면을 갖는다고 생각하였다. 즉 놀이를 통해 자신의 건강이나 사회 통합과 유지를 위한 중요한 수단으로 인식될 때 긍정적으로 판단하였다.

역사적인 관점에서 놀이에 대한 학자들의 입장은 다음과 같다. 고대 그리스의 헤라클레이토스(Heraclitus, BC 540? - BC 480?)는 놀이가 세계를 변화시킬 수 있는 인간의 움직임으로 파악하였다. 그는 놀이가 세계와 자연의 변화, 생성으로 접근하여 사유하기 위한 중요한 기반으로 생각하였다(김겸섭, 2018). 이는 기존의 놀이가 단지 시간의 낭비로 파악하지 않았다는 점에서 중요하다. 그가 주장한 만물은 유전하다(Panta Rhei)의 관점에서 본다면, 놀이 자체가 새로운 변화와 생성을 위한 움직임으로 인식한 것은 논리적으로 타당하다. 인간의 움직임은 끊임없이 무언가를 찾아 움직인다. 생존의 과정은 인간 움직임의 과정과 다르지 않다. 특히 놀이의 그리스 어원인 paizos는 '어린아이처럼 놀다'에서 보여주듯이 어린아이와 같이 노는 것이 새로운 변화의 출발점이라는 것이다(정낙림, 2017). 초기 고대시대에 생동적인 놀이의 관점은 오늘날 우리가 놀이에 대해 갖는 긍정적인 측면과 연결된다. 즉 놀이가 창의력을 만들어내는 중요한 움직임으로 연결되기 때문이다.

하지만 도시국가 그리스시대에 들어오면, 놀이의 긍정적인 측면 이외에도 사회적, 문화적 환경에 따라 놀이의 다양한 해석을 보여주었다. 예를 들어 플라톤에 따르면 놀이는 교육적인 가치를 갖지 못한다고 하였다. 다만, 예비교육 단계에서만 놀이 활용을 주장하였다. 왜냐하면 본격적인 교육단계에서 시간 낭비라는 측면에서 놀이는 장점보다는 이성적 사고를 하는 데 매우 큰 피해를 주기 때문이다(정낙림, 2017). 전체적으로 그리스시대의 사회적 분위기는 얕은 지식을 배경으로 하는 놀이가 높은 가치를 추구하는 이성적 작용보다 더 큰 의미를 부여하지 않았다는 사실이다. 이는 고대 사상가인 플라톤이 지향하는 이데아의 관점에서 본다면, 놀이에 대한 부정적 관점은 논리적으로 타당하다.

아리스토텔레스의 놀이관도 플라톤과 유사하다. 아리스토텔레스의 이성 우위의 태도는 정신적인 놀이가 중심이며, 신체적 놀이에 대한 부정적인 태도를 유지한다. 그는 놀이를 휴식 또는 여가를 보내는 하나의 수단으로 긍정적인 측면을 강조하지만, 놀이 그 자체가 목적론적 의미를 갖기 위해 교육적 수단과 관련되는 한에서 놀이의 정당성을 주장한다(김재홍 역, 2018). 그리고 놀이가 수단적인 관점에서, 즉 올림픽이나 전쟁과 관련될 경우와 신체적 건강유지에 도움이 되는 경우에 긍정적으로 인정하였다(김겸섭, 2018). 따라서 고대에서 놀이에서 보인 신체 탁월성(aretē, excellence)의 추구는 일상적인 놀이와는 차이 나는 것으로 설명한다. 고대 그리스시대의 신체의 탁월성은 오늘날 스포츠의 중요한 핵심개념으로 등장한다. 스포츠에서 보인 신체의 탁월성은 놀이의 지향점과 다를 수밖에 없다.

　　로마의 관전자 중심의 향락적 오락문화는 중세시대의 놀이 개념을 부정적으로 만들어 놓았다. 로마시대에는 개인적인 관점에서 놀이의 중요성을 강조하였지만, 전반적인 사회분위기는 인문학적인 소양교육의 강조에 따라 놀이를 부정적으로 인식하게 되었다. 그러나 놀이의 순수함은 기독교의 사상과 연결된다는 점에서 긍정적인 요소를 부인할 수는 없다. 이처럼 중세시대에서도 놀이는 이중적인 의미를 갖는다. 이러한 이중적인 관점은 오늘날에도 그대로 적용된다. 유아기에는 놀이가 창의력의 원천이라고 생각해서 잘 놀아야 한다고 말하지만, 일정 시간이 되어 학교에 들어가면 놀이를 시간 낭비로 인식한다. e스포츠도 마찬가지다. e스포츠 산업이나 선수의 기량에는 박수를 보내지만, 과몰입, 중독, 시간낭비, 학습방해의 대상으로 생각한다.

　　근대에 들어오면 놀이는 부정적인 요소보다 긍정적 태도를 갖는다. 놀이 자체에 참여한다는 사실은 특정한 관점 없는 행동으로 인식한다. 이러한 무관심적인 참여의 놀이는 인간에게 상상력을 증진하는 역할을 한다고 하였다. 특히 칸트(Kant, 1724–1804)는 놀이에서 상상력을 강조하였다. 놀이를 통해 지성과 상상력이 만나 아름다움을 맛보게 된다는 것이다. 물론 상상력도 무한대의 임의적인 상황을 만드는 것이기보다는 인간이 가지고 있는 지성의 한계에 영향을 받는다(백종현 역, 2009). 사심 없이 인간의 놀이 참여는 상상력을 키우는 데 도움이 된다는 사실은 오늘날에도 적용이 된다.

그리고 쉴러(Schiller, 1759-1805)는 놀이가 인간다움으로 가는 필수적인 것으로 판단하였다. 놀이는 인간 존재의 아름다움을 얻기 위해 중요한 역할을 담당한다(김겸섭, 2018). 그는 『미학편지』에서 인간인 경우에만 놀이를 하며, 놀이를 하는 한에서만 온전한 인간임을 보여준다고 하였다(안인희 역, 2012). 즉 쉴러는 놀이가 인간존재의 아름다움을 드러내는 가장 중요한 도구임을 설명한다. 우리가 즐겁게 놀고 있는 아이들을 보면 자신도 행복함을 느낀다. 이는 즐겁게 놀고 있는 모습이 아름답기 때문이다.

오늘날에 놀이를 언급할 때 가장 많이 언급되는 것이 호이징가(Huizinga, 1872-1945)의 놀이하는 인간, 즉 『호모 루덴스(Homo Ludens)』이다. 그는 특정한 문화와 환경이 놀이를 만들기보다 놀이 그 자체가 문화를 형성한다는 새로운 관점을 제시하였다(이종인 역, 2010). 그는 문화가 놀이를 만드는 것이 아니라 놀이 그 자체가 문화를 만들어가는 능력을 갖추고 있음을 설명하였다. 우리들이 e스포츠에 참여한 사실이 e스포츠문화를 만드는 것과 다르지 않다.

호이징가는 놀이의 특징을 다섯 가지로 설명한다. 첫째, 놀이는 일상생활과 벗어난 자발적인 행위이며, 잉여의 자유이다. 둘째, 놀이는 일상생활과 다른 것이다. 셋째, 놀이는 어떤 고정된 시간과 공간의 한계 안에서 수행된다. 넷째, 놀이는 질서를 창조한다. 잘 만들어진 놀이의 형태는 아름다움을 만들어낸다. 다섯째, 놀이에는 물질적인 이익과 관련이 없다. 그러나 놀이에는 어떤 긴장감과 즐거움이 따른다(이종인 역, 2010).

이처럼 인간의 놀이는 오랜 역사 때문에 많은 철학자가 놀이의 정의에 관심을 두는 것은 당연하다. 물론 헤라클레이토스, 플라톤, 아리스토텔레스, 호이징가, 카이와, 칸트 등 많은 철학자가 놀이를 설명하고는 있지만, 그들의 정의가 모든 사람에게 타당성을 확보한 것은 아니다. 그래서 놀이의 본질이 무엇인가에 대한 합의를 이루기 어렵다. 이러한 사실에 근거해서 본다면, 놀이의 개념과 본질이 원래 모호성을 가진다(Sutton-Smith, 1997). 이러한 놀이 개념의 모호성은 놀이 개념이 다양한 변용 가능한 단어임을 보여준다. 놀이 단어의 변용 가능성은 e스포츠를 놀이의 하나로 설명할 수 있는 이론적 근거로 제시할 수 있다.

놀이 개념의 변용 가능 속에서 우리는 놀이의 공통적인 특성을 파악할 수 있다. 우리는 놀이가 자발적인 행위와 무목적성의 행위임을 공통으로 인정한다. 이는 e스포츠에도 적용이 가능하다. e스포츠도 일상적인 생활을 벗어난 자발적인 행위이다. 놀이가 일상생활과 다르다는 측면에서 그리고 특정한 시간과 공간, 즉 매직 서클(magic circle)에서 작동한다는 점을 고려한다면, 이는 e스포츠가 일어나는 공간과 차이는 없다. 단지 현실과 가상세계에서 일어난다는 점에서 다를 뿐이다. 문제는 오늘날의 일상생활에서 현실세계와 가상세계를 엄밀하게 구분할 수 없다는 사실이다.

놀이의 형태가 하나의 상상의 영역에서 만들어진 것이라면, e스포츠는 디지털 기술 하에서 나타난 가상세계라는 점에서 다를 뿐이다. 놀이의 존재 이유는 가상공간과 시간의 비현실성을 배제할 수 없다. 마찬가지로 e스포츠의 디지털 가상공간은 놀이와 마찬가지로 현실에서 벗어나 새로운 놀이 공간을 만들어내고 그 속에서 자신의 욕망을 추구한다는 점에서 유사하다. 결국 e스포츠는 자발적인 행위와 무목적성이라는 놀이의 본질을 일정 정도 갖고 있음을 보여준다.

2) 게임과 e스포츠

게임의 어원은 gamen로 즐거움, 재미, 환희의 의미를 갖지만, 같은 어원인 gammy은 부정적으로 나쁜 의미인 겜블(gambol)과 연관된다.[2] 즉 게임은 긍정과 부정적 의미를 갖는다. 여기에 경쟁의 요소가 개입되어, 게임의 사전적 의미는 "규칙을 정해 놓고 승부를 겨루는 놀이로 설명한다"(국립국어원 표준국어대사전). 앞에서 언급한 호이징가가 언급한 놀이의 특징은 사회적, 문화적 상황의 변화에 따른 경쟁의 요소가 개입되어 나타난 놀이의 양상을 설명하는 데 한계를 보인다. 이를 극복하기 위해 카이와(Caillois)는 놀이와 다른 개념인 게임으로 설명하였다. 호이징가는 우연이나 현기증을 비교육적이라고 배제하였지만, 반면에 카이와는 이는 놀이에서 중요한 요소로 인정하여 호이징가의 놀이 개념을 새롭게 정의하였다. 즉 카이와는 놀이의 특징을 다음과 같이 정의한다. 첫째, 자유로운 활동이다. 둘째, 명확한 공간과 정해진 시간의 범위 내에서 일어나는 분리된 활동이다. 셋째, 결과가 미리 확정되지 않는 활동이다. 넷째, 비생산적인 활동이다. 다섯째, 규칙을 받아들이는 활동이다. 여섯째, 허구적인 활동이다. 요약하면 카이와는 호이징가와 다르게 놀이를 일종의 시간 낭비이며, 일상의 삶과 유리된 것으로 부정적인 요소를 인정하였다(Caillois, 2001).

카이와는 놀이가 가진 경쟁성과 게임의 우선성을 고려하지 않았다고 호이징가를 비판하면서 카이와는 위에서 언급한 놀이가 갖는 6가지 속성을 바탕으로 자신만의 네 가지 게임의 특징을 분류하였다. 아곤(agon, 경쟁), 알레아(alea, 운), 미미크리(mimicry, 모방) 일링크스(illinx, 현기증)로 구분하였다. 각각의 특징도 자연스러운 놀이의 특징(paidia)에

---

2 https://www.etymonline.com

서 경쟁의 요소(ludus)의 개입 정도에 따라 경기종목을 구분하여 게임의 범주를 설정하였다. 하지만 카이와도 놀이와 게임의 영역을 명확하게 구분한 것은 아니다. 카이와는 규칙성과 의지를 개입시켜 게임의 분류를 세부적으로 설명하였다. 즉 아곤에는 규칙과 의지가 동시에 작동하고, 알레아는 우리의 의지보다는 운에 맡긴다. 미미크리는 주관적인 의지를 보여주지만, 운과는 멀다. 일링크스는 운과 의지와 다르게 단지 즐거움을 추구하는 상태이다(최유찬, 2002). 이러한 게임의 복잡한 영역을 명확하게 하기 위해, 카스(Carse, 1986)는 게임을 한정된 게임(finite game)과 무한정한 게임(infinite game)으로 구분하였다. 전자는 규칙에 기반으로 승리를 지향하는 것이라면, 후자는 놀이 그 자체에 의미와 가치를 갖는 것으로 서로 구분하였다.

카이와의 카스의 분류에 따라 e스포츠의 형태도 설명이 가능하다. 다양한 프로e스포츠 경기가 경쟁의 속성을 전제로 작동되고 있으며, e스포츠 선수들의 복장은 고대 로마시대 전투사의 복장을 모방한 형태로 진화한 것으로 보아야 한다. 알레아, 즉 운은 시간경과에 따른 e스포츠인 배틀그라운드(Battlegrounds)의 전장의 장소에 보인다. 운에 따르는 인위적인 장소는 e스포츠 경기에서 성공과 실패에 영향을 미친다. 일링크스는 현실세계에서 경험과 다르지 않게 디지털 가상세계에 몰입하게 된다. 구체적인 내용은 5장에서 설명하였다.

놀이와 게임이 갖는 영역의 불확실성은 오늘날 스포츠의 단어가 일상적으로 놀이, 게임으로 상호 교환되어 불리는 이유가 된다. e스포츠도 마찬가지다. e스포츠도 게임으로 언급된다. 물론 이때의 게임은 관점에 따라 스포츠에서 말하는 긍정적인 의미보다는 부정적인 의미로 사용된다. 슈츠(Suits, 2014)는 게임을 한다는 것은 다음과 같이 설명한다. 원래 게임은 그 자체로 목적을 가지고 있고, 우리가 게임이 갖는 규칙에 참여하여 그 규칙을 받아들이는 태도를 전제로 게임이 작동한다고 하였다. 이러한 주장을 근거로 슈츠는 "게임을 하는 것은 불필요한 장애물을 극복하고자 하는 자발적인 노력"이라고 정의한다. e스포츠의 정의도 슈츠의 게임 정의와 크게 다르지 않다. e스포츠 선수들은 주어진 e스포츠 경기의 규칙을 받아들이는 태도를 갖고 경기에 참여한다. 규칙을 받아들이지 않는 경기는 지속할 수 없기 때문이다. 일반적으로 우리가 게임으로 언급하는 것이 일상적인 장애물을 극복하는 것이라면, e스포츠는 모니터 화면 속에서 주어진 장애물의 차이밖에 없다. 하지만 그러한 장애물을 극복하려는 자발적인 노력을 한다는 점에서 전통적인 게임과 다르지 않다.

게임학자인 주울(Juul)에 따르면 비디오 게임은 가상세계와 현실세계의 규칙 사이에 존재하는 것으로 설명한다(장성진 역, 2014). 비디오 게임은 현실과 가상의 세계를 상호 연결된 상황에서 이루어진다. 비디오 게임의 상황에서 나타난 승리와 패배는 실제 상황과 다르지만, 규칙의 준수라는 측면에서 본다면 스포츠와 다르지 않다. 또한 e스포츠도 모니터에 보인 가상세계에서 작동하였지만, 스포츠라 불리는 게임도 일종의 가상세계에서 만들어진 요소를 전혀 배제할 수 없다. 따라서 e스포츠는 규칙과 가상세계를 기반으로 하는 게임의 요소를 포함한다.

3) 스포츠와 e스포츠

스포츠란 무엇인가? 스포츠의 개념 정의는 학자마다 다르게 설명한다. 하지만 일반적으로 스포츠의 개념 정의는 제도화된 규칙과 경쟁을 전제로 몸의 움직임으로 승부를 낸다. 그리고 자신의 즐거움이나 동기 등 내적 가치와 직업과 스트레스 감소 등 외적 가치를 갖는다(안용규 외4, 2018). 이러한 스포츠의 개념적 정의가 바로 스포츠의 본질이라고는 할 수 없다. 스포츠의 본질이 무엇인가는 학자들의 관점과 주장에 따라 다양하게 설명한다. 명확한 개념적 본질의 답을 비켜가기 위해 많은 사람은 비트켄슈타인(Wittegenstein)의 가족유사성(resemblance)을 언급한다. 가족이란 무엇인가를 질문을 하면 혈연, 성격, 외모, 피부 등이 유사하다고 말할 수 있지만, 그것이 가족의 본질이라고는 명확하게 답을 제시해주는 것은 아니기 때문이다.

이러한 스포츠의 개념적 설명이 어려움에도 불구하고 스포츠의 정의에서 보인 sport의 단어 기원에서 우리는 그 단어가 갖는 공통된 의미를 찾을 수 있다. 스포츠 단어의 기원은 기분전환의 의미를 갖는다고 2장에서 지적하였다. 기분전환의 인간움직임이 시대적, 사회문화적 변화에 따라 경쟁과 제도가 개입되어 인간의 움직임을 통한 승부를 강조하게 되었다. 물론 스포츠의 본질이 단지 경쟁만이 아니다. 오늘날에는 스포츠활동이 인성형성에 중요한 역할을 담당하는 긍정적인 측면도 무시할 수 없다.

스포츠의 본질 파악은 주어진 문화와 사회의 영향력 속에 스포츠의 현상분석에서 시작해야 한다. 그 예의 하나가 거트만(Guttmann)이 언급한 근대스포츠의 본질과 관련된 설명이다. 그는 근대스포츠의 본질을 설명하기 이전에 스포츠가 갖는 특징을 먼저 정의한다(송형석 역, 2008). 여기에서 거트만은 스포츠의 가장 중요한 특징을 두 가지로 설명한다. 첫째, 놀이적 성격을 언급한다. 놀이는 특정한 목적을 지향하는 것이 아니라 인간의 자연스러운 활동 그 자체를 목적으로 한다. 놀이는 대가를 바라고 하는 노동과 다르기 때문이다. 둘째, 규칙성을 전제한다. 아무런 규칙이 없이 진행되는 것이 아니라 규칙에 의해 경쟁적인 활동이 일어난다. 물론 스포츠는 지적인 능력보다 신체적 능력이 중요하다. 거트만은 놀이적 성격과 규칙성이라는 스포츠의 특징을 토대로 근대스포츠의 본질을 7가지로 언급한다. 즉 세속성, 평등성, 전문화, 합리화, 관료화, 계량화, 기록추구로 설명한다(송형석 역, 2008).

근대적인 스포츠의 단어는 고대나 중세에는 없지만, 근대스포츠 본질의 가장 중요한 특징이 놀이나 게임이 제례의식의 일종에서 기록추구로의 과정이라는 것이다. 세속성의 추구가 기록의 강조로 이어졌고, 기록추구의 경기는 인종이나 정치적 차별이 아닌 평등성을 전제로 한다. 거트만은 공평한 경기를 지속하기 위해서라도 경기는 수치로 보여주는 계량화와 전문화되고 합리화된 훈련 그리고 표준화된 기록을 담당하기 위한 관료화가 필요하다는 관점에서 근대스포츠의 본질을 설명하였다.

거트만의 근대스포츠의 본질설명에 있어 가장 중요한 요소는 사회적, 경제적, 문화적 요소의 개입이다. 고대나 로마 그리고 중세에는 스포츠의 개념이 없는 상황에서 지금 우리가 스포츠라고 불리는 현상을 찾아 설명한 것이다. 스포츠의 개념이 근대의 중요한 문화적 현상이라는 점에서 과거와 유사점을 찾을 수 없는 것은 당연하다. 현대의 관점에서 스포츠의 본질을 단지 지금의 관점에서 거트만은 간략하게 요약해서 '제의에서 기록이다'으로 근대스포츠의 본질을 설명한다. 고대, 로마, 중세, 근대시대에 보인 스포츠의 유사점은 세속성에 근거한 것을 빼면 거트만의 근대스포츠의 본질 주장은 근대스포츠의 특징에 가깝다.

이러한 특징은 e스포츠에서 보인다. 예컨대 평등성과 관련하여 e스포츠는 인종, 나이, 성별의 차이가 없는 평등성을 강조한다. 디지털 특성상 e스포츠의 평등성이 훨씬 더 잘 보여준다. 전문화도 마찬가지다. 프로e선수들도 경기에서 자신의 역할이 명확하게 부여되고 있다. e스포츠의 규칙은 더욱더 경기를 공정하게 진행하고자 합리화에 근거한다. e스포츠 경기를 진행하기 위해 관료화는 비록 e스포츠 경기를 주관하는 당사자와 그 경기를 만든 회사라는 한계점을 갖지만, e스포츠 경기를 관장하는 국제기구의 등장은 피할 수 없다. e스포츠는 자신의 경기가 데이터화된 수량화와 기록추구의 성향도 보여준다. 이처럼 근대

스포츠의 본질이 e스포츠에서 드러난다.

그러나 근대스포츠의 본질이 e스포츠의 본질이라고 말할 수는 없다. 근대스포츠의 본질이 제의 의식에서 세속화로의 진행이라면, e스포츠의 본질은 세속화를 넘어 디지털 세계에서의 경험이다. 외형적으로 보면 기존의 근대스포츠의 본질적 속성을 보여주고 있지만, e스포츠는 디지털 기술의 발달과 영향력을 무시할 수 없기 때문이다. 우리는 작은 모니터 속에 들어가 무한한 확장에 따른 경험을 한다. 따라서 e스포츠의 본질은 디지털 세계를 기반으로 세속화된 경기 이외에도 디지털 경험의 확대도 고려해야 한다. 모니터 속에 주어진 문제해결을 위한 자신의 선택에 따라 우리는 새로운 경험을 한다. 디지털 가상세계 안에서 경험이 어떻게 작동되고, 우리에게 어떠한 영향을 미치는지 더 많은 논의가 필요한 부분이다. 디지털 기기의 영향력은 일반 스포츠 선수들에게 영향을 준다. 그리고 증강현실의 개입은 전문선수가 아닌 보통 운동선수들이 직접적인 개입으로 자신의 경험 확대로 이어질 가능성을 높인다(Miah, 2017). 또 다른 e스포츠 본질은 e스포츠 플레이어들이 관전자이며, 집적적인 참가자로서의 이중적인 특성을 보인다.

02 e스포츠 본질의 이론적 근거 ✎

e스포츠의 본질은 놀이, 게임, 스포츠, e스포츠 등장의 시간적 흐름과 시대적 사회적 경제적 문화적 상황과의 만남을 고려해야 한다. e스포츠 본질은 그들 간의 관계 속에서 나타난 핵심요소를 찾아 설명하는 것이다. 저자는 e스포츠의 본질을 세 가지 관점에서 설명하고자 한다. 첫째는 시간적 흐름의 관점에서 본 연결론(connection)으로, 둘째는

주어진 사회적, 경제적 문화적 만남에서 일어나는 창발론(emergence)으로, 마지막으로는 인간움직임을 통한 행위창출(enaction)의 관점에서 설명하고자 한다.

1) 연결론(connection)

연결론의 명사인 connection은 라틴어 어원인 conectere에 기원하다. 이는 함께(com)와 nectere의 묶다(tie), 연결하다(bind)가 결합되어 서로 밀접한 관계를 맺는다[3]는 의미를 보여준다. e스포츠 본질과 관련하여 연결론은 두 가지 의미가 있다. 첫째는 직선적인 시간적 흐름에 따른 놀이, 게임, 스포츠, e스포츠의 확장이다. 둘째는 각각의 단어 간에 연결된 의미 전개로 설명이 가능하다. 전자의 연결론은 시간적 흐름에 따라 시대적 상황과 문화적 환경적 관계 속에서 나타난 현상을 설명한다. 즉 시간적 순차적으로 자발적인 놀이가 게임으로 발전하였고, 게임에서 경쟁, 제도, 규칙의 요소가 첨가되어 스포츠로 연결된다. 그리고 디지털 기기를 매개로 스포츠가 갖는 특성과 결합하여 e스포츠가 나타난 것으로 본다. 후자의 연결론은 서로 유사한 의미가 중첩된다. 사실 놀이, 게임, 스포츠, e스포츠 간의 개념이 명확하게 나눌 수 없고 서로 상호교환 가능한 단어로 사용된다. 이에 따라 e스포츠는 놀이, 게임, 스포츠의 다양한 이름으로 불린다는 사실이다. e스포츠도 시간을 보내는 놀이의 일종이며, 친구들 간의 우정이나 즐거움을 갖기 위한 게임으로 인식된다. 그리고 관객과 경쟁이라는 프로e스포츠 경기로 언급된다. 따라서 e스포츠의 본질에는 놀이, 게임, 스포츠의 개

---

3 https://www.etymonline.com

념과 의미가 포함된 것으로 파악해야 한다.

　이처럼 연결론의 관점에서 e스포츠의 본질은 자발적인 놀이의 형태가 경쟁의 요소를 갖춘 게임의 형태로 그리고 제도화된 규칙의 형태인 스포츠로 발달하였고, 오늘날 디지털 기술의 환경은 새로운 e스포츠로 설명이 가능하다. 따라서 그들의 연결점을 명확하게 나눌 수는 없다. e스포츠도 자발적인 놀이의 영역과 게임의 속성 그리고 규칙과 경쟁을 지향하는 스포츠의 속성을 가지고 있기 때문이다.

2) 창발론(emergence)

　e스포츠의 본질은 창발론(emergence)의 관점으로 설명할 수 있다. 창발론은 전체의 합은 부분의 합보다 크다는 입장이다. 창발의 현상은 기존의 개념에서 보이지 못한 특징이 현재의 전체구조 속에서 새로운 현상으로 나타나는 것이다(김한영 역, 2004). 창발적 현상은 수많은 구성요소로 이루어져 있으며, 그 구성요소들이 상호작용의 과정 속에서 각각의 특성과 전혀 다른 새로운 질서와 현상이 나타나는 것을 말한다. 이 새로운 현상의 출현을 창발론(emergence)으로 설명한다(윤병수, 채승병, 2005). 기존의 놀이, 게임, 스포츠의 대두도 그 당시의 시대적 상황과 문화와의 관계에서 나타난 것으로 보아야 한다. 특히 디지털 기술의 발달이 새로운 형태인 e스포츠를 탄생하게 되는 토대가 되었다. 스포츠 현장에서도 비디오 판독을 위한 디지털 기기의 접목은 이제 피할 수 없는 현상이다. 디지털 세계에서 태어나서 디지털 환경에 익숙한 젊은 세대와 디지털 기기의 만남에서 e스포츠의 탄생은 필연적이다.

　창발적 현상에서 가장 중요한 요소는 군중이다(한국복잡계학회 역, 2015). 군중과 관련된 스포츠에서 창발적 현상은 2002년 월드컵에서 한국의 붉은 악마 응원이다. 이전에 한국에서 빨간색은 부정의 상징이었다. 하지만 빨간 색의 옷을 입고 야외에서 월드컵을 응원함으로써 빨간 색의 부정적 생각의 극복과 새로운 야외 응원문화를 만들게 되었다. 이러한 새로운 질서가 창발적 현상이다. 그들의 응원문화는 누군가의 계획보다는 자발적인 응원으로 나타난 현상이다. e스포츠에도 붉은 악마와 같은 유사한 사례가 존재한다. 2004년에 부산 광안리에 스카이프로 리그의 결승에 10만 관중이 참여하였다. 일명 '광안리 대첩'이라고 일컫는 이 현상을 그 당시에 예측한 사람은 없었다. 디지털 환경에 따라 젊은이의 놀이 형태와 색다른 스포츠의 현상이 전혀 우리가 예상하지 못한 새로운 e스포츠문화를 만들게 되었다. 따라서 e스포츠의 본질은 디지털 환경과 새로운 세대의 참여로 나타난 창발적 현상으로 보아야 한다.

3) 행위창출(enaction)

e스포츠의 본질은 행위창출(enaction)의 관점에서도 설명이 가능하다. 행위창출(enaction)은 자신의 행위를 통해서 결과물이 만들어지기보다는 자신의 행위가 개입됨으로써 행위자와 행위의 결과물이 나타나는 것이다. 그러한 행위의 움직임은 주어진 환경과 문화적 요소에 영향을 받는다(이상호, 2017). 우리는 일반적으로 자신과 대상과의 관계 속에서 행위가 나타나는 것으로 파악한다. 하지만 행위창출은 우리 스스로 무언가를 할 수 있는 자율성과 그 움직임 속에서 새로운 문화가 만들어질 수 있음을 보여준다.

행위창출의 관점에서 본다면 놀이, 게임, 스포츠, e스포츠라는 형태가 미리 존재한 것이 아니라 자신의 움직임이 주어진 문화와 환경과의 상호 구성과정 속에서 놀이, 게임, 스포츠, e스포츠가 형성된 것으

126

로 파악한다. 놀이, 게임, 스포츠, e스포츠에서 공통적인 것은 주어진 사회적 문화적 환경과 인간움직임 간의 결과라는 사실이다. 인간의 움직임이 시대마다 주어진 시대적 상황과 문화적 배경에 따라 놀이, 게임, 스포츠, e스포츠의 특징을 보여주고, 드러난 하나의 사건이라는 점이다. 예컨대 인터넷 게임 속에서 길드와 같은 협력의 움직임과 이를 기반으로 현실에서 지역별의 경기로 연결되었다. 그들 간의 모임과 움직임이 없었다면 오늘날 e스포츠가 탄생하지 못하였다.

놀이, 게임, 스포츠는 인간의 움직임과 주어진 환경 속에서 자기 스스로 선택한 결과물이 놀이 문화, 게임 문화, 스포츠 문화를 만들어 낸다. 인간의 자율적인 움직임과 디지털 기기와의 만남 속에서 플레이어의 행위가 e스포츠를 만들었다는 사실이다. 디지털 기기의 환경과 우리 자신의 자율적인 움직임이 없다면, e스포츠 현상은 나타나지 않았다. 자신의 자율적인 움직임을 통해 e스포츠를 만들었고, 그렇게 형성된 e스포츠의 현상이 다시금 우리의 삶에 영향을 주거나 거대한 e스포츠비지니스 산업으로 등장하였다. 단지 e스포츠는 놀이, 게임, 스포츠가 그 자체가 주는 영향력보다 디지털 속성이 갖는 접근성, 반복가능성, 직접성이 더 클 뿐이다.

인간이 디지털 기기를 다룬다고 하자. 마우스의 움직임에 따라 화면 속에서 자신이 선택한 아바타의 움직임이 자신에게 지각된다. 자신의 마우스와 키보드의 움직임에 따른 나타난 화면 속 움직임의 느낌이 무엇인지 우리는 파악한다. e스포츠를 하는 플레이어는 디지털 기기와의 관계 속에서 행위를 한다. 자신의 행위와 느낌이 반복적인 순환과정이 이루어진다. 그 순환과정에서 주어진 문제를 어떻게 풀어야 하는지 자신의 운동감각 패턴이 만들어진다. 부모가 e스포츠에 너무 몰입하지 말라고 하지만, 쉽게 빠져나오지 못하는 이유가 운동감각의 패턴이 하나의 경험으로 각인되어 만들어지기 때문이다. 모니터 속에서 플레이어의 자율적인 감각 운동능력의 행위가 플레이하는 행위자와 행동의 결과로 나타나기 때문에 그 몰입상태에서 벗어나기 힘들다. 이처럼 행위창출의 e스포츠의 본질은 왜 우리가 e스포츠에 재미와 몰입을 하는지 중요한 이유를 제공한다. 다른 관점이지만, 많은 사람이 e스포츠 경기를 보고 즐기는 이유가 보는 것과 참여하는 것과 다르지 않다. 예컨대 거울뉴런에 따르면, 상대의 움직임을 보는 것만으로 자신도 같이 따라 한다는 것을 느낀다.[4]

03 놀이의 도구와 게임의 사회적 영향력

e스포츠의 본질에는 놀이, 게임, 스포츠가 갖는 각각의 본질적 내용을 포함한다. e스포츠는 개인적인 놀이의 수단에서 친구, 동료와 함께하는 게임의 일종으로 결국 올림픽경기의 규모로 e스포츠 세계대회로 발전되었다. 현재에도 자신이 속한 팀이나 국가를 대표하여 전세계에서 e스포츠 경기가 진행 중이다. 위에서 언급한 e스포츠의 본질을 시간적 흐름의 관점에서 본 연결론, 주어진 사회문화적 환경과의 만남에서 일어난 창발론, 인간의 행위에 근거한 행위창출의 관점으로 설명하였지만, 이것이 e스포츠의 본질을 명확하게 드러내었다고 말할 수는 없다.

e스포츠의 본질은 놀이도구가 갖는 의미와 게임의 사회적 영향력도 고려해야 한다.

---

4 거울뉴런은 자코모 리졸라티(Giacomo Rizzolatti)의 연구진이 발견하였다. 그들은 처음에는 원숭이가 특정한 운동을 할 때 신경세포가 얼마나 활성화하는지 연구하였다. 이 연구 과정에서 그들은 원숭이가 다른 원숭이의 행동을 보기만 해도 자신이 행동할 때와 같은 신경세포가 작동한다는 사실을 발견하였다(Rizzolatti et al., 1996).

출처: Brooklin Museum

위 놀이도구는 윷놀이와 다소 비슷한 약 5000년 전 고대 이집트 전통 보드 게임인 세네트(Senet)이다. 그리고 약 4300년 고대 이집트 무덤의 벽화에서는 무덤 속의 주인인 살아있는 친인척이나 지인을 상대로 세네트를 하는 모습이 묘사되기 시작했다. 당시 문헌에 따르면 이 체스 게임을 죽은 자가 살아 있는 사람과 소통하는 통로의 도구로 생각하였다는 점이다. 즉 죽음의 보드게임(board game of death)이라는 것이다. 이와 같이 보드 게임은 죽은 자와 소통하는 도구로 쓰였다는 연구 결과를 발표한 미국 캘리포니아대의 고고학자 젤머 어켄스 박사는 "게임이 세속적인 것에서 종교적인 것으로 변하는 것은 일반적인 게임의 발전하는 방식과 관련이 있다"고 하였다(윤태희, 2020.02.10.). 놀이도구가 세속적 즐기는 수단에서 보이지 않은 세계와의 소통의 도구는 e스포츠의 가상세계 존재를 쉽게 받아들이는 것과 유사하다.

우리가 하는 모든 놀이는 일상의 삶과 연관된다. 예컨대 체스를 예를 들어보자. 체스는 인도의 차투랑가(Chaturanga)에서 유래하여 페르시아의 차트랑(Chatrang)에 기원을 한다. 차트랑은 오늘날 현대의 체스와 같이 64개의 정사각형으로 구성된 판 위에 32개의 말로 전쟁을 한다. 체스는 전쟁과 같은 시뮬레이션의 하나로 오늘날 컴퓨터 게임과 다르지 않다. 체스는 정사각형에서 일정한 배열과 경기 규칙에 의해 작동된다.

출처: William Caxton C1483

위 그림은 체스를 하는 야코부스 체솔리스(Jacobus de Cescolis, 1250-1322)가 체스를 두고 있는 모습이다. 그는 체스의 게임(the book of chess)[5]이라는 책을 저술하였다. 이 책은 체스를 하는 방법 이외에도 체스에서 왕, 기사, 졸을 비유적으로 각자가 지켜야 할 역할을 중세의 생활양식과 연결하여 설명하였다. 이 책은 체솔리스의 설교집으로 영어로 성경 다음으로 두 번째로 인쇄되었다. 단순히 체스를 잘 하는 방법을 설명하고 있지만 체스를 사회의 움직임에 적용하여 설명하고 있다. 이 책에서는 체스 각자의 역할이 비록 하찮게 보이는 역할이라고 할지라도, 게임을 지배하는 세계관은 현실에서 법률, 사회적 관계, 지배관계로 현실세계에 영향을 미친다는 점을 강조하였다. 즉 그는 경기에

---

5 원래 이 책의 제목은 두 가지이다. 격식을 갖춘 제목은 평민의 관습과 귀족의 책무에 관한 책이었고, 다른 제목은 체스 게임이다(홍지수 역, 2017: 280-281).

서 체스의 각 역할을 사회관계로 확장하여 설명하였다(홍지수 역, 2017: 285-286).

체스 게임과 디지털 게임이 프로그램화된 내용에 따라, 즉 규칙 하에서 플레이어가 한다는 점에서 유사성이 있다. 극단적인 주장이라고 할 수 있겠지만, 오늘날의 많은 e스포츠 경기의 내용은 동서양의 스포츠 경기 내용을 차용하여 모니터의 화면에 구현한 것에 지나지 않는다. 비록 e스포츠의 경기가 기존의 신체적 움직임을 통한 경쟁이라는 스포츠의 요소와는 일부 차이는 있겠지만, e스포츠가 갖는 놀이의 도구와 e스포츠가 보여주는 자신의 경기력에 따른 순위는 사회현상을 반영한다. 명확한 경기력에 따른 등급이나 순위(티어)와 최고의 수준까지 도달하기 어려움은 현대사회의 일면을 보여준다.

e스포츠의 본질은 도구와 사회적 영향력 이외에도 가상세계에서 보여준 내러티브(narrative)와 리터러시(literacy)의 내용도 고려해야 한다. 인간의 상상력은 현실의 공간보다는 디지털을 통한 가상의 세계에 확대하는 것이 훨씬 더 쉽다. 따라서 e스포츠의 본질을 간략하게 설명하기란 쉽지 않다. 단지 본 장에서는 e스포츠의 본질에 대해 다양한 논제를 제시하였다는 점에서 의미가 있다.

3장 토론 내용

- e스포츠 경기에서 보인 뛰어난 한국 선수의 DNA는 무엇인가?
- e스포츠와 놀이, 게임, 스포츠와의 관계는 어떻게 설정할 수 있는가?
- e스포츠 본질은 어떻게 이론적으로 파악이 가능한가?
- 놀이, 게임, 스포츠, e스포츠에서 도구는 인간의 연장인가, 창작물인가?

더 읽어야 할 책

게임이 풍요로운 경험을 제공한다는 것은 김겸섭(2012)과 비디오 게임은 가상세계와 실제 규칙 사이에 존재한다는 Juul(장성진 역, 2014)을 보라. 게임과 놀이의 숨은 아름다움에 대해서는 Upton(김동훈 역, 2019)과 비디오 게임에서 상관관계 시스템과 놀이의 아름다움은 Lantz(2023)를 보라. 게임 디자인의 관점에서 놀이 의미는 Salen & Zimmerman(윤형섭 등 역, 2011; 2012; 2013)을 보라.

호이징가 놀이이론과
e스포츠

호이징가 놀이이론과
e스포츠

어릴 때 우리가 놀이에 빠져 있다 보면 때를 놓치는 경우도 있고, 부모님의 외침에도 그냥 무관심하게 대답하기도 한다. 자기 자신이 만들어 낸 놀이 영역에서 시간의 흐름을 경험하기란 쉽지 않기 때문이다. e스포츠도 마찬가지다. e스포츠를 하는 동안 우리는 시간 가는 줄 모르고 재미에 빠진다. 재미의 관점에서 본다면, 놀이와 e스포츠는 공통적인 속성을 갖는다. 하지만 구체적으로 e스포츠에 나타난 놀이의 속성이 무엇인가? 의 질문에는 답하기란 쉽지 않다. 앞 장에서 담론적 입장에서 e스포츠의 본질에는 놀이, 게임, 스포츠의 속성을 가지고 있다고 하였지만, e스포츠에서 나타난 놀이 본질이 무엇인지 명확하게 제시하지 못했다.

외형적으로 보면 우리에게 보인 디지털 플랫폼의 매개체로 작동하는 e스포츠와 전통적인 놀이의 지향성은 다를 수 있다. 그러나 e스포츠에도 놀이가 갖는 시원적 속성, 즉 기분 전환과 자발적 행위 그리고 재미의 속성이 존재한다. 놀이의 속성이 e스포츠의 근원적인 역할을 담당하고 있지만, 학문적 영역에서 e스포츠와 관련된 놀이연구는 상대적으로 부족하다. 물론 놀이이론의 관심도 유아기의 인지 발달이나 성장에 도움이 되는 것으로 한정하여 설명한다. 그리고 때때로 놀이를 언급할 때도 우리는 놀이에 대해 이중적인 태도를 보인다. 즉 유아기 놀이는 창의성을 만들어 내는 긍정적인 측면으로, 청소년기에는 학습방해와 시간낭비라는 부정적인 측면으로 인식한다. 이러한 긍정과 부정의 이중적인 태도는 e스포츠에서도 보인다. e스포츠는 4차 산업시대에 산업과 경제를 견인한다는 긍정적인 측면과 시간 낭비, 과몰입, 중독이라는 부정적인 측면을 언급한다.

저자는 외형적으로 전통적인 놀이와 디지털 플랫폼의 매개체로 한 e스포츠는 다르다는 일각의 지적에 동의한다. 덧붙여 놀이의 자유로운 속성과 소유권 인정이라는 자본의 속성이 뒷받침된 e스포츠가 서로 다른 지향점을 가지고 있음도 부인하지 않는다. 하지만 놀이와 e스포츠는 자발적인 행위의 움직임에서 출발하였다는 점에서 공동의 본질적인 속성을 공유한다. 주어진 환경과 문화와의 관계에서 놀이의 형태와 e스포츠의 발달이 다르다고 말할 수 있지만, e스포츠에는 놀이의 속성을 포함한다. 스포츠가 놀이, 게임의 속성을 포함하고 있듯이, e스포츠에도 놀이, 게임, 스포츠의 속성과 본질을 일부 포함하고 있다고 앞장에서 지적하였다.

e스포츠는 어느 날 하늘에서 뚝 떨어진 것은 아니다. 놀이와 e스포츠 간에는 공통점과 차이점을 보여줄 뿐이다. 놀이의 관점에서 e스포츠를 해명하는 작업은 그동안 e스포츠의 연구에서 외면해 왔던 e스포츠에서 보인 놀이의 본질적 속성이 무엇인지를 명확하게 드러낼 수 있을 것이다. 놀이가 교육적 가치를 가지고 있듯이, e스포츠도 그 자체로 충분히 교육적 요소를 가지고 있다(Consalvo, 2016; Ishak, 2017; Tran-Duy, Smerdon & Clarke, 2018). 따라서 e스포츠가 갖는 놀이 특성의 파악은 교육적 요소뿐만 아니라 e스포츠의 본질 파악을 위해서라도 필요하다. e스포츠가 놀이의 속성을 갖는다는 사실은 e스포츠의 부정적인 측면을 넘어 긍정적인 측면에서 e스포츠를 새롭게 파악하는 기회

를 제공한다. 또한 e스포츠의 학문적 방향을 새롭게 설정하는 데 도움이 된다.

일반적으로 우리는 e스포츠를 많은 상금을 놓고 경쟁하는 프로 e스포츠 선수의 영역으로 한정한다. 그러나 놀이의 측면에서 본다면, e스포츠의 영역은 상금을 놓고 경쟁하는 프로e스포츠만 존재하는 것은 아니다. 개개인이 e스포츠에 참여하고 즐기며 궁극적인 자신의 행복을 추구하는 영역도 존재한다. 이는 e스포츠가 생활스포츠로서의 가능성을 보여준다.

e스포츠가 갖는 놀이의 속성과 본질 파악을 이해하기 위한 첫 단계로 우리는 놀이의 특징에 대한 선이해가 필요하다. 이를 위해 저자는 먼저 호이징가의 『호모 루덴스(Homo Ludens)』에서 보인 놀이(Spiel)[1]이론을 간략하게 설명하고자 한다. 놀이에 대한 명확한 이해가 전제되어야 e스포츠가 갖는 놀이 본질을 명확하게 드러낼 수 있기 때문이다. 여기에서 우리가 고려해야 할 문제는 독일어인 Spiel 단어가 오늘날 놀이(play), 게임(game), 경기(athlete) 등으로 변용이 가용한 의미로 사용된다는 점이다. 이는 놀이의 속성과 본질이 다르게 해석할 수 있는 여지를 보여주며, e스포츠의 본질 설명에도 영향력을 미친다.

저자는 e스포츠에서 보인 놀이의 속성과 e스포츠의 본질을 드러내기 위한 이론적 방법으로 공시적(synchronic)과 통시적(diachronic)[2] 관점을 채택하였다. 공시적 관점은 시간적 흐름을 벗어난 횡적인 관점에서 놀이와 e스포츠 간의 유사점을 찾을 수 있다. 여기에서 우리는 e스

---

1 das Spiel은 놀이, 게임, 경기 등 다양한 의미로 사용되지만, 본 논문에서는 놀이로 사용하기로 한다.

2 공시적이란 시간의 흐름과 관계없이 중요한 내용의 분석을 "어떤 시기를 횡적으로 바라보는 것"이며, 통시적이란 반대로 시간의 흐름에 따라 내용을 "어떤 시기를 종적으로 바라보는 것"(국립국어원 표준국어대사전)이다.

포츠가 놀이의 속성과 본질을 포함하고 있음을 보여주고자 한다. 반면에 통시적 관점은 놀이와 e스포츠의 탄생이 시간적 차이가 있다는 점에서 놀이와 e스포츠 간의 차이점을 논하고자 한다. 즉 고대에서 출발한 놀이의 형태와 디지털 기기의 발달이 뒷받침된 e스포츠와는 근본적으로 다른 속성과 본질을 지향하고 있음을 보여준다.

공시적, 통시적 관점은 e스포츠의 놀이 속성과 e스포츠의 본질이 매우 복잡하게 연결되어 있음을 쉽게 구분하여 이해하기 위한 인위적인 분석이다. 즉 전자는 시간의 개입 없이 e스포츠에 보인 놀이의 공통적인 속성을 해명하는 것이고, 후자는 시대적 차이에서 보인 e스포츠의 본질을 명확하게 드러내고자 한다. 물론 각각의 공시적 관점과 통시적 관점 그 자체에서도 놀이와 e스포츠는 공통점과 차이점이 존재한다.

01 호이징가의 놀이이론

네덜란드 문화사회학자인 호이징가(Huizinga)는 그의 저서 『호모루덴스(Home Ludens: A Study in Play Element in Culture)』에서 인류문화의 기원을 놀이(Spiel, play, game, athlete)로 설명한다. 호이징가는 '문화에서 놀이가 발생하였다'는 것을 주장하기보다는 놀이가 새로운 문화나 가치를 만드는 출발점이라고 하였다. 이러한 저자의 판단은 책의 부제목에서 잘 보여준다. 호이징가는 『호모루덴스』의 부제목으로 A Study of The Play in Culture가 아닌, of Culture로 책 제목이나 강의 때 제목으로 하고자 하였다(이종인 역, 2010: 21). 그는 문화에서(in Culture) 놀이가 나온 것이 아니라 최소한 놀이가 문화와 동등한(of) 위치를 점유하거나, 놀이에서 문화가 나왔다는 사실을 강조하기 위해 부제목에 of 를 강조하였다. 물론 그 당시 출판된 그 책의 부제목에는 in 으로 사용되었다. 이는 그 당시 사회적 분위기가 놀이보다는 문화의 요소가 훨씬 더 중요했다는 사실을 잘 보여준다.

인간본성의 움직임에 근거로 한 호이징가의 놀이이론은 19세기 말과 20세기 초에 보인 사회적 노동의 강조에 따른 반발의 시각을 보여준다. 호이징가에 따르면 문화의 원동력은 노동이기보다는 놀이하는 과정 자체라는 것이다. 호이징가가 언급한 놀이의 특징은 한 문장으로 요약이 된다. "놀이는 문화보다 더 오래된 것이다"(이종인 역, 2010: 29). 놀이가 없으면, 문화를 언급할 수 없다는 것이다. 이러한 입장을 기반으로 호이징가는 놀이의 특징을 5가지로 설명한다(Huizinga, 1949).

첫째, 무엇보다도 모든 놀이는 자발적인 행위(activity)이며, 잉여의 자유이다. 누군가에 의해 지시받는 것은 놀이가 아니다. 놀이는 자발적 행위와 연결되며, 진정한 놀이는 놀이의 자연스러운 과정에서 나오는 것이다. 동물이나 아이들이 자유스럽게 놀이한다는 것은 그 속에 자발적인 태도를 전제로 한다. 물론 자발적인 행위가 자신의 생존본능을 완전히 배제할 수는 없다. 그리고 놀이가 잉여적 자유라는 것은 육체적 필요와 강요에 따른 노동과 다름을 강조한다. 즉 잉여의 자유는 오늘날 자유로운 시간에 레저를 즐기는 것과도 다르다. 놀이는 시간이 남아서 놀기보다는 자유로움 그 자체에 기인한다는 것이 호이징가가 주장하는 놀이의 가장 중요한 특징이다.

둘째, 놀이는 일상생활과는 다른 것이다. 놀이를 통해 우리가 일상적으로 살아가기 위한 삶의 방법을 배운다. 놀이과정에서 주어진 위치와 역할을 통해 공동체에서 자신의 역할과 인간관계를 배운다. 그리고 다양한 놀이의 과정을 통해 각자 나름의 문화를 만들어간다. 놀이문화는 개개인의 욕구나 사회적 기대치를 만족시키기 위해 항상 새로운 문화를 만들어낸다는 점에서 일반적인 삶과는 다름을 호이징가는 주장한다.

셋째, 놀이는 고정된 시간과 한정된 공간에서 수행된다. 놀이는 무한대의 시간 속에서 지속할 수 있는 것도 아니고, 한정된 공간에서 일어난다. 즉 놀이는 주어진 시간과 공간의 한계를 벗어날 수 없다는 사실이다. 시간과 공간 제약은 놀이가 시작과 끝이 있음을 보여준다. 따라서 놀이의 특징은 주어진 시간과 공간의 조건을 고려하여 진행될 수밖에 없다.

넷째, 질서를 포함한 잘 만들어진 놀이 형태는 미학(아름다움)을 만들어낸다. 즉 놀이 과정 자체에서 보인 하나의 질서는 미적인 요소와 그 영향력을 자연스럽게 만들어낸다. 놀이란 이익 없는 행위이기 때문에 그 자체가 아름다움을 가지고 있다는 것이다. 특히 어린이의 놀이는 그 자체가 하나의 질서를 만들어내고, 그것을 보고 우리는 아름다움을 느끼지 않을 수 없다. 사실 우리가 놀이에 참여하지 않으면 놀이는 만들어지지 않는다는 사실이다. 즉 놀이하는 주체의 문제이기보다는 놀이하는 과정의 움직임 속에서 놀이는 완성된다는 점이다. 결국 놀이의 조건은 무언가가 존재하는 형이상학적인 형태이기보다는 우연적이며, 불안전한 상태에서 새로운 상상력을 기반으로 만들어진 하나의 결과물로 이해해야 한다.

다섯째, 놀이에는 물질적인 이익과 관련이 없으며, 놀이에는 어떤 긴장감과 즐거움이 따른다. 여기에서는 놀이가 갖는 긍정과 부정의 양 측면이 혼재되고 있음을 보여준다. 계산하지 않는 놀이가 긍정적인 부분을 보이기도 하지만, 긴장과 불확실성 그리고 경쟁의 강조에 따라 놀이과정에서 크고 많은 문제점을 드러내기 때문이다. 그렇기 때문에 놀이에서도 공정성의 개념이 필요하고, 그것을 담보할 수 있는 규칙이 개입된다. 결국 놀이에 규칙이 첨가됨으로써 놀이는 새로운 생명력을 갖는다. 규칙의 생명력은 그들만의 공동체를 유지하는 기능을 담당한다. 여기에 호이징가는 놀이가 경쟁이나 제도에 의해 진행될 가능성을 언급한다. 그럼에도 불구하고 호이징가는 놀이 그 자체의 속성을 거듭 강조한다. 즉 진정한 놀이의 탐구자는 경쟁자를 이기는 문제를 대수롭지 않게 여긴다. 더 나아가 호이징가는 승부를 넘어서는 것이 놀이의 본질임을 주장한다(이종인 역, 2010: 385).

결론적으로 호이징가는 놀이의 형식적인 특성을 다음과 같이 설명한다. 심각하지 않는 인간의 존재가 의식적으로 표현하는 자유로운 행위이며, 동시에 놀이하는 행위자는 완전히 놀이에 푹 빠진다. 놀이는 물질적인 이익과 관계가 없고 그 행위를 함으로써 어떠한 이득도 취하지 않는다. 그리고 놀이는 올바른 태도와 지정된 규칙 속에서 시간과 공간의 한계를 가지고 진행된다. 또한 놀이는 사회적 집단을 형성하는 데 일조하며, 놀이를 통해 그들 자신만의 비밀스러운 영역을 구축하고 속임수와 다른 수단을 보여 주는 일반세계와는 다른 그들만의 차별성을 강조한다(이종인 역, 2010: 52).

호이징가가 위에서 언급한 놀이의 특성을 완벽하게 이해하기란 쉽지 않다. 왜냐하면 호이징가는 놀이의 광범위한 내용과 놀이의 자유로운 속성 그리고 이와 반대되는 규칙의 내용을 함께 설명하고 있기 때문에, 이분법적인 사고에 익숙한 우리의 사고체계에서 호이징가의 놀이 특성을 분석하고 논리적으로 이해하기란 쉽지 않다. 이러한 호이징가의 놀이 개념이 다양한 해석을 담고 있기 때문에 유아놀이, 게임학, 스포츠의 영역 등에서 학자마다 놀이를 각자의 관점으로 주장한다. 이러한 놀이가 갖는 해석의 변용은 e스포츠에서도 적용이 가능하다. 따라서 저자도 e스포츠에서 보인 놀이 속성의 유사점과 차이점을 공시적 관점과 통시적 관점으로 설명하고자 한다.

02 놀이와 e스포츠의 공시적 관점 🖉

놀이와 e스포츠는 다른 시대적 환경에서 나타났다. 그러나 그들이 지향하는 내용을 공시적 관점에서 비교 분석한다면, 놀이와 e스포츠는 세 가지 유사점을 도출할 수 있다.

1) 놀이와 e스포츠는 중간태의 의미를 갖는다.

호이징가의 『호모루덴스』의 1장 '놀이는 문화적 현상이다'를 읽다 보면, 놀이 대신에 e스포츠의 단어를 넣어 'e스포츠는 문화적 현상이다'라고 읽어도 전혀 어색하지 않다. 호이징가는 우리가 문화를 언급할 때 놀이를 말하지 않을 수 없다고 하였다. 이는 e스포츠문화에도 적용이 가능하다. 왜냐하면 우리는 e스포츠문화를 언급할 때, e스포츠의 자발적인 놀이의 본질을 외면할 수 없기 때문이다. 호이징가는 놀이의 특성을 다음과 같이 설명한다.

> 놀이는 생리적 현상 혹은 심리적 반사 운동 이상의 의미를 갖는다는 것이다. 놀이는 순수한 신체적 생물적 활동의 영역을 훌쩍 벗어나는 것이다. ... 우리가 놀이의 본질이 본능에서 나온다고 말한다면 그것은 아무 것도 설명하지 못한다. 반면에 놀이를 가리켜 의지 또는 의도라고 말한다면, 그건 너무 많이 말해 버린 것이 된다. 우리가 놀이를 어떻게 보든 간에, 놀이에 의미가 깃들어 있다는 사실은 놀이의 본질 속에 비(非)물질적 특징이 있음을 보여주는 것이다(이종인 역, 2010: 30).

호이징가의 설명에 따르면 놀이는 생리적과 심리적 현상으로 분리해서 설명할 수 없는 중간태의 의미로 설명한다. 즉 놀이는 생리적 움직임과 마음이나 의지가 개입된 행위의 결과이기보다는 놀이 그 자체가 그 나름의 방향과 의미를 갖고 있다는 것이다. 호이징가는 그러한 상태를 놀이는 "놀아진다(played out)"로 표현한다(이종인 역, 2010: 45). 놀이는 놀이에 참여하는 것으로 나타나는 것이지, 놀이하는 자와 놀이의 대상으로 분리한 이분법적인 관점으로 설명할 수 없다는 것이다. 이는 해석학자인 가다머(Gadamer, 1900-2002)가 언급한 놀이의 의미를 중간태3의 개념으로 지칭하는 것과 다르지 않다. 가다머에 따르면 놀이의 중간태 의미를 '놀이가 놀이한다'라는 것으로 설명한다(이길우, 외3, 2000: 193). 즉 놀이는 자신이 놀이에 참여함으로서 이루어진다는 것이지, 놀이 참여가 없으면 놀이라고 할 수 없다는 점이다. 이러한 놀이의 속성은 e스포츠도 적용이 가능하다.

e스포츠는 프로e스포츠 경기와 관련된 행위만을 의미하기 보다는 많은 사람이 e스포츠에 참여함으로써 나타난 현상이다. 프로e스포츠만이 e스포츠가 아니라 많은 사람이 e스포츠에 참여하여 즐김으로써 하나의 경기종목으로 나타난 것으로 보아야 한다. 외형적으로 e스포츠는 디지털 기기의 플랫폼이라는 매개체로 이루어진다는 측면에서 기존의 전통적인 놀이 형태와는 전혀 다른 형태라고 말할 수 있다. 하지만 오늘날 디지털 기기는 우리의 일상생활과는 전혀 무관하지 않다. 오늘날 컴퓨터는 벌써 우리의 일상에서 익숙한 매체이며, 노동의 중요한 수단이 되었다. 더 나아가 컴퓨터라는 매체는 스트레스를 푸는 디지털의

---

3 능동과 피동의 중간에 위치하는 태를 말한다. 예컨대 "This cup sells well(이 컵은 잘 팔린다)"에서 동사 sell은 능동사이나 의미적으로는 피동으로 해석된다. 한국어에서도 대체적으로 중간태를 인정한다. "영희의 차가 시동이 잘 걸린다."에서 '걸리다'는 형태상은 피동사이나 의미는 능동적인 의미를 포함한다(https://opendic.korean.go.kr/dictionary/view?sense_no=1321480&vi ewType=confirm).

놀이도구가 되어 기존의 전통놀이를 대체하고 있는 실정이다.

오늘날 e스포츠, e게임, e놀이를 작동케 하는 디지털 기기의 플랫폼이 없는 놀이를 상상하기란 힘들다. 주위를 둘러보면 우리는 디지털 기기로 놀이를 즐기는 현상을 마주한다. 우리는 디지털 기기와 디지털 플랫폼을 매개로 놀이에 참여함으로써 e스포츠가 형성된다. 『놀이하는 인간』의 저자인 볼츠(Bolz)에 따르면, "컴퓨터는 모든 놀이를 위한 보편적 장난감"이 되었다(윤종석, 나유신, 이진 역, 2017: 209). 또한 "컴퓨터는 '물리적인 것'과 '심리적인 것' 중간, 그리고 '무생물적인 것'과 '살아 있는 것' 중간 그 어디에 존재한다. 이러한 중간 대상은 사용자 자신과 외부 세계 모두에 그 기원이 있다"(윤종석, 나유신, 이진 역, 2017: 209). 이는 놀이의 본질을 설명하기 위해 언급한 본능이나 의지 또는 의도로 설명할 수 없다(이종인 역, 2010: 36)는 호이징가의 주장과 유사하다. 여기에서 우리는 자신의 놀이 문화가 주어진 사회적 환경, 기술, 문화와 분리될 수 없음을 볼 수 있다. 과거에는 인형을 가지고 놀았지만, 현대에는 컴퓨터로 대변되는 디지털 기기를 통해 인형 대신에 아바타(avata)를 이용해서 놀이에 참여하고 즐긴다. 따라서 디지털 기기는 인형과 마찬가지로 놀이의 대상이기보다는 같이 놀이를 즐기는 살아있는 존재로 인식하고 받아들인다.

앞의 인용문에서 호이징가는 놀이의 본질을 본능(instinct)에서 나온다고 말한다면 그것은 아무것도 설명하지 못하고, 반면에 놀이를 가리켜 마음(mind) 혹은 의지(will)라고 말한다면 그건 너무 많이 말해 버린 것이 된다고 하였다. 본능적 감정 발산은 e스포츠를 시간 낭비와 중독이라는 부정적 요소의 주장과 연결된다. 하지만 게임중독의 근본적인 원인이 개인적 측면인지 아니면 과열된 교육과 경쟁의 사회적 분위기인지는 아직 정확하지 않다는 점이다(이학준, 김영선, 2020). 호이징가의 말대로 놀이 그게 무슨 소리인지는 알겠지만, 왜 많은 사람이 놀이에 열광, 광분, 몰두하는지 설명하지 못하고 있다는 점이다(이종인 역, 2010: 32). e스포츠도 마찬가지다. e스포츠의 열광, 재미, 중독 등의 의미와 원인을 본능적 관점으로 답하기란 쉽지 않다. 그리고 e스포츠의 열광, 중독 등을 이성적 판단으로 설명하기도 힘들다. 비록 e스포츠를 하는 이유의 많은 부분은 재미가 있다(이상호, 2020b)고 하지만, 우리는 e스포츠의 재미를 마음이나 의지로만 설명할 수 없는 한계에 부딪힌다. 따라서 e스포츠와 관련된 열광, 중독, 재미의 해명은 자신의 마음이나 의지가 개입되어 놀아지는 중간태로 파악해야 그 해답에 가까이 다가갈 수 있다.

누구나 놀이를 하지만 놀이의 방식, 내용, 형태는 각 나라에 따라 다를 수밖에 없다. 그리고 주어진 환경과 문화와의 관계에서 다양한 놀이 형태를 만들어 왔다. 그러나 놀이의 종류와 형태가 인간의 자발적인 움직임과 상상력에서 만들어졌다는 사실이다. 단순한 공놀이에서 제도나 규칙이 더해져 축구게임이나 FIFA 월드컵으로 나타났다. 이는 e스포츠의 탄생과 다르지 않다. 최초의 e스포츠는 1958년 테니스 포투(Tennis for Two)이다. 이는 테니스 경기를 모니터에 시뮬레이션 한 상상력의 결합에서 나왔다. 1972년 스페이스워(Spacewar)의 탄생도 전쟁 게임과 같은 재미를 불러일으키기 위해 디지털 기기를 이용한 상상력의 결합이다. 기술의 진보에 따른 다양한 디지털 기기의 발달은 비디오 게임, 컴퓨터 게임, 콘솔 게임, 인터넷 게임으로 불리게 되었고, 이것을 바탕으로 경쟁, 관중의 환호, 디지털 기술과 산업의 발달이 뒷받침되어 e스포츠가 탄생하였다.

이러한 e스포츠에 대한 총체적 현상의 이해는 『호모 루덴스』에서도 지적과 내용과 다르지 않다.

현대적인 의미에서 놀이는 하나의 총체적인 현상으로 접근해서 이해하고 평가해야 한다. 놀이의 실재는 인간 생활의 영역을 넘어서기 때문에 합리성에서 그 근거를 찾을 수 없다. 그렇게 하면 놀이는 인간의 영역에 한정되기 때문이다(Huizinga, 1949: 3).4

이 문장에 놀이 대신에 e스포츠를 대체해서 설명해도 전혀 문제가 없다. 현대적인 의미에서 e스포츠는 하나의 총체적인 현상으로 접근해서 이해해야 한다. 놀이와 마찬가지로 e스포츠는 젊은이들의 e스포츠로 놀아지는(played out) 상황으로 이해하고 파악해야만, e스포츠의 본질 파악에 더 가까이 다가갈 수 있다. 따라서 e스포츠 이해의 출발점은 디지털 기기와 놀이하는 자와의 이분법적인 관계가 아니라 놀이와 마찬가지로 디지털 기기와 디지털 플랫폼의 매개체를 가지고 놀아지는 중간태의 의미로 분석해야 한다.

2) 놀이와 e스포츠가 문화를 만들어낸다.

문화란 "자연 상태에서 벗어나 일정한 목적 또는 생활 이상을 실현하고자 사회 구성원에 의하여 습득, 공유, 전달되는 행동 양식이나 생활양식의 과정 및 그 과정에서 이룩하여낸 물질적·정신적 소득을 통틀어 이르는 말"이다.5 하지만 여기에서 언급된 문화의 의미는 놀이와 e스포츠 활동의 총체적인 결과물이기보다는 놀이와 e스포츠에서 참

---

4 "We may well call play a 'totality' in the modern sense of the word, and it is as a totality that we must try to understand and evaluate it. Since the reality of play extends beyond the sphere of human life it cannot have its foundations in any rational nexus, because this would limit it to mankind"(Huizinga, 1949: 3).

5 국립국어원 표준국어대사전.

여한 사람들의 움직임이 놀이 문화나 e스포츠문화를 만드는 것으로 파악해야 한다. 호이징가는 특정한 문화가 먼저 존재하고, 그 영향력 아래 놀이의 형태가 성립한 것이 아니라고 앞에서 지적하였다. 역으로 놀이가 문화를 만들어내는 원동력으로 파악하였다. 호이징가는 문화와 놀이와의 관계를 다음과 같이 설명한다.

> 문화는 놀이의 형태로 발생했고, 문화는 아주 태초부터 놀이되었다. 생활의 필수적 요구를 충족시키기 위한 활동들, 가령 사냥도 원시 사회에서는 놀이 형태를 취했다. 사회생활에는 생물학적 형태를 벗어나는 놀이 형태가 스며들어가 있었고, 이것이 사회의 가치를 높였다. 사회는 놀이하기를 통하여 생활과 세상을 해석했다(이종인 역, 2010: 107).

놀이는 자신의 생존을 충족시키기 위해 그리고 사회관계를 유지하는 방법으로 이용되었다. 호이징가는 극단적으로 놀이가 문화의 출발점이라고 생각하였다. 이러한 입장에서 호이징가는 문화와의 비교에서 놀이 자체에 신성한 의미를 강조하였다. 놀이 문화의 근저에는 놀이가 개입되었다는 호이징가의 지적은 e스포츠문화에도 적용이 가능하다. e스포츠문화가 먼저 만들어진 것이 아니라 많은 사람이 디지털 플랫폼의 매개체로 새로운 놀아지는 현상을 통해 오늘날 세계의 젊은이들이 열광하는 e스포츠문화가 형성된 것이다.

하지만 호이징가의 놀이의 강조는 오늘날 사회적, 경제적, 문화적 환경의 영향력이 놀이의 형태나 성장에 커다란 영향력을 가질 수 있음을 간과하였다. 호이징가가 언급했던 시대와 지금의 환경은 다르다. 호이징가는 디지털 기기를 근거로 비디오 게임, 디지털 게임 등 경쟁, 경제적, 산업적 측면이 결합된 프로e스포츠의 등장을 예측하지 못하였다. 시대적 환경, 디지털 기술의 발달은 새롭게 우리의 놀이 양상과 삶의 형태를 놓았고 새로운 e스포츠문화를 만들었다. 예컨대 우리가 예상하지 못한 코로나 상황(COVIC-19)은 바깥 놀이 보다는 실내의 움직임을 강조하였다. 여기에 VR(virtual reality) 기계를 통한 신체적 활동 강조는 전통적인 놀이의 방법까지도 바꾸게 되었다. IOC도 신체적 활동을 포함한 e스포츠는 스포츠의 영역으로 받아들일 수 있다고 하였다.[6]

3) 놀이와 e스포츠는 가상세계와 현실세계의 결합

인간의 놀이나 게임이 일어나는 영역은 현실의 장(field)이다. 그 현실의 장소도 자세히 살펴보면, 인간의 상상력에 의해서 만들어진 현실세계에서 펼쳐진 하나의 사건(event)이다. 놀이가 이루어지는 영역은 현실에서 작동하지만, 그 놀이의 형태와 종목은 인간의 상상에서 나온 결과물이다. 그 영역이 현실의 공간이라는 점에서 우리에게 현실적으로 보일 뿐이다. 엄밀하게 본다면, 놀이나 스포츠를 하는 공간은 우리가 일상적으로 살아가는 공간이 아닌 비현실적인 공간이다. 그 속에서 규칙이나 경쟁이 존재함으로써 놀이의 공간으로 인정받는 것에 불과하다. 놀이가 갖는 본질적 가치인 상상력은 e스포츠의 출범에도 적용된다. 우리 자신의 디지털 기기를 통한 상상의 자유로운 놀이의 태도가 e스포츠를 탄생하게 되었다.

우리 인간은 일상적인 삶의 영역에서 비현실적인 공간의 확장을 위해 끊임없이 노력한다. 놀이가 일어나는 공간이 상상에 의해 만들어졌다는 의미에서 호이징가는 이를 '마술의 영역(magic circle)'으로 설명한다(이종인 역, 2010: 46). 예를 들어 야구경기도 인간이 상상력을 발휘

---

6 https://www.olympic.org/news/declaration-of-the-8th-olym pic-summit(2019.12.07).

하여 다이아몬드라는 형태의 공간의 영역과 공격과 수비선수, 글러브와 방망이, 그리고 점수로 승패를 가르는 경기형태로 만들어졌다. 현실에서 야구장은 그 형태와 기능 면에서 선수들의 경쟁하는 놀이터에 불과하다. 결국 야구경기도 우리의 상상의 영역에서 만들어졌다는 사실은 부인할 수 없다.

　마술의 영역은 디지털 공간과도 연결된다. e스포츠가 작동하는 디지털 공간은 일상의 공간과 격리된다. 물론 그 속에서도 특정한 규칙이 지배한다. 상상의 영역으로 만들어진 것을 호이징가가 매직 서클이라고 한 이유는 경기가 한정된 시간과 일정한 공간에서 진행되는 신성한 장소의 결과물로 파악하였기 때문이다. 문제는 놀이가 발생하는 현실적인 영역과 매직 서클의 영역이 명확하게 구분되지 않는다는 사실이다. 이러한 상호 연관된 공간은 e스포츠에도 어느 정도 적용이 가능하다. 비록 e스포츠가 작동하는 공간이 가상공간이라고 할지라도, 그 공간도 우리가 경험하고 살아가는 일상의 공간에 포함된다. 코로나19(COVID-19) 때 저자의 학교 강의도 모니터 속의 가상공간에서 이루어졌다. 그 공간도 우리가 경험하고 살아가는 일상의 공간으로 다가오며, 이제는 훨씬 익숙한 공간으로 다가온 것이 사실이다.

　e스포츠의 경기가 진행되는 장소가 컴퓨터 모니터 속의 가상공간이라도 할지라도, 그 공간은 우리가 살아가는 삶과 떨어질 수 없다. 왜냐하면 모니터에서 보인 가상의 공간도 우리가 살아가는 공간의 연장이기 때문이다. e스포츠의 경기가 진행되는 모니터 속에서 공간은 머릿속에서 나온 상상의 공간, 즉 가상공간(假想空間)이라고 칭하지만, 가상(假想)의 단어를 단지 머리에서 나온 상상에 머물러 있는 것으로 해석해서는 안 된다. 가상은 언젠가 현실로 실현 가능한 내용을 포함한다. 따라서 상상으로만 끝나기보다는 하나의 형태가 아직 만들어지지 않은 충분히 현실적인 모습으로 드러내고, 만들어질 수 있는 가상(可

象)으로 번역해야 한다(여명숙, 2006).

　e스포츠의 가상공간은 현실과 전혀 관계가 없는 영역이 아니다. 가상공간에서 보인 현실은 실제 현실과는 다르지만, 전자공학의 발달함에 따라 가상현실에서도 생리적, 감정적, 지능적 측면이 실제와 같이 똑같이 반응한다는 점에서 현실의 공간과 다르지 않다. 예컨대 가상현실에서 감정과 행동 경험이 현실의 경험과 행동에 영향을 미친다(박지선 역, 2017: 322). 그리고 우리는 가상공간의 활동을 우리의 행동과 전혀 관계없는 행위로 파악해서는 안 된다. 가상공간의 디지털 기술은 인간이 완벽한 몰입을 욕구하고, 그 몰입에 우리는 참여하여 즐거움과 운동수행 능력에 영향력을 미친다. 예컨대 미식축구의 쿼터백에서 VR의 경험은 스포츠 경기력을 증대시키는 최고의 훈련으로 인정받고 있다(백우진, 역: 2019).

　오늘날 디지털 기기의 발달은 몸과 가상현실과의 연결은 가속화될 수밖에 없다. 특히 e스포츠에서 조이스틱이 몸의 연장으로서 역할을 담당한다. 더 나아가 e스포츠는 다양한 디지털 플랫폼의 매개체로 가상현실(VR)게임, 증강현실(AR)게임, 혼합현실(MR)게임 등의 장르를 탄생시켰고, 앞으로의 활용범위도 확대될 수밖에 없다. e스포츠는 현실의 장에서 펼쳐진 스포츠라고 할 수 없지만, 인간의 움직임을 기반으로 경쟁에 참여하여 즐긴다는 스포츠의 측면과 다르지 않다. 그 예의 하나로 우리는 VR/AR의 기능을 바탕으로 e스포츠의 하나인 포켓몬 고(Pokemon Go)의 경우를 들 수 있다. 포켓몬 고는 일반인의 놀이를 넘어 장애인들의 스포츠 활동을 증대시키는 데 도움을 준다는 것이다(주동진, 이창수, 김성일, 2017).

　경험이라는 측면에서 본다면, 주로 일상생활에서 일어나는 놀이와 가상세계에서 일어나는 경험의 내용과 정도는 크게 차이가 없다. 물론 엄밀하게 놀이와 e스포츠의 경험 정도는 차이가 나겠지만, 두 가지 모두 경험을 통해 무언가를 얻게 된다는 사실은 부인할 수 없다. 현실공간에서 놀이와 스포츠의 경험이 교육적 가치를 갖는 반면에, 가상세계에서 이루어진 e스포츠의 교육적 효과는 없다는 일각의 주장은 있을 수 있다. 하지만 e스포츠에서도 운동량, 상호존중, 규칙의 준수 등에서 충분히 교육적 가치를 갖는다. 가상공간에서 운동을 배우는 것 또한 처음에는 익숙하지 않지만, 시간이 지날수록 현실과 같이 느끼게 된다. 우리는 가상세계의 경험을 통해서 현실에서 적절한 행동을 하는 데 많은 도움을 받는다.7 우리의 뇌는 경험을 하는 동안에는 그것이 현실인지 상상인지 판단하지 못하기 때문이다. 물론 현실에서 우리가 e스포츠를 통해 어떻게 도전적인 자세와 바람직한 사회적 관계를 형성하고, 다른 사람에게 도움을 줄 수 있는지에 대해서는 더 많은 연구가 필요하다.

03 놀이와 e스포츠의 통시적 관점 ✎

시간적 차이에 따라 놀이와 e스포츠는 각각의 지향점과 내용은 다르다. 그 속에서 우리는 놀이와 e스포츠에서 세 가지 차이점을 발견할 수 있다. 이는 e스포츠의 본질을 파악하고 설명하는 데 도움이 된다.

1) 도구와 매체의 개입

놀이는 도구를 사용한다. 축구, 배구, 야구는 공으로 사격은 총으

---

7 디지털 게임의 교육적 가치와 관련된 내용은 Whitton(2014)을 참조.

로 양궁은 활의 도구로 이용한다. 소꿉놀이도 예외는 아니다. 도구를 사용하지 않는 달리기에도 최첨단 신발이라는 도구를 사용하여 시간을 단축한다. 놀이에서 확장된 스포츠의 세계도 도구가 개입되지 않는 것이 없다. 예컨대 IOC의 동계올림픽 15개 종목 중 도구를 사용하지 않는 경기는 없다. 하계 올림픽종목은 육상, 레슬링 종목으로 제외하고는 스포츠 경기에 아이콘 이미지로 표현된 도구를 사용하고 있다.8 e스포츠도 도구를 사용한다는 점에서 차이는 없다. 다만 그 도구가 디지털 플랫폼의 매개체로 비디오 기기나 컴퓨터, 그리고 모바일 기기 등을 작동한다는 점에서 차이가 날 뿐이다. 이처럼 놀이를 구성하는 요소가 도구라면, e스포츠의 도구는 디지털 플랫폼과 디지털 기기라는 매체(medium)9로 설명이 가능하다.

　　매체 개념은 e스포츠의 특성을 가장 잘 보여준다. 직접적으로 인간의 앞에 놓인 그 매체는 디지털10 플랫폼을 기반으로 자신의 바로 앞

8　https://www.olympic.org/sports

9　매체의 사전적 정의는 "어떤 작용을 한 쪽에서 다른 쪽으로 전달하는 물체. 또는 그런 수단"(국립국어원 표준국어대사전https://stdict.korean.go.kr/search/searchView.do)이다. 본 연구에서 언급한 매체(medium) 개념은 매체를 인간 몸의 확장 개념으로 설명하는 『미디어의 이해』의 저자인 맥루한(McLuhan)의 저서에서 인용하였다. 본 연구자가 매체(medium)라고 사용한 이유는 두 가지이다. 첫째, 매체는 인간에게 직접적인 영향력을 발휘하는 존재이기 때문이다. 맥루한(McLuhan, 2017: 17)도 1장에서 매체는 우리에게 영향을 주는 하나의 메시지로 표현한다. 번역본에는 '미디어는 메시지다'라고 하였지만, 원본에서는 매체는 메시지이다(medium is message)로 설명한다. 물론 매체(medium)의 복수형이 미디어(media)라는 점에서 번역자는 그 책에서 '미디어는 메시지이다'라고 번역하였다. 둘째, 인간의 관점에서 본다면, 매체는 인간도구의 확장이기 때문이다. 예컨대 디지털 기기라는 매체를 갖고 경기에 참여하는 것은 스포츠에서 야구방망이와 글러브를 가지고 야구에 참여하는 것과 다르지 않다. 그는 매체를 자신의 발의 확장과 같은 자동차 휠로 설명하였다. 그리고 신경체계의 확장으로 컴퓨터로 설명하였다(김성기, 이한우 역, 2002).

10　디지털(Digital)의 용어의 어원은 라틴어 디기투스(digitus), 즉 숫자를 세는 손가락을 의미한다. 그리고 이는 그리스어인 dicere 말하다. 이야기하다는 것과 연관된다. 즉 디

에 놓인 디지털 기기로 e스포츠의 경기가 진행된다. 디지털 기기에서 보여주는 모니터의 메시지가 직접적으로 자신에게 주어지기 때문에 e스포츠에서 보인 매체와 플레이어 간의 인터페이스 작동은 기존의 스포츠가 주는 메시지보다 훨씬 더 많은 직접적인 영향력을 우리에게 준다.

우리가 축구경기장에 직접 참여하여 선수들의 숨소리, 관중들의 함성, 경기장의 분위기 등을 경험하는 것과 TV 모니터로 보는 것에 차이는 난다. 마찬가지로 e스포츠의 디지털 기기가 주는 영상, 사운드, 화면 등의 영향력 정도는 기존의 놀이와 스포츠의 시청보다 훨씬 더 직접적이다. e스포츠는 영상, 사운드, 즉각적 대응이라는 측면에서 경험의 강도는 놀이보다 훨씬 더 크기 때문이다. 예컨대 인지 심리학자인 베일렌슨(Bailenson)의 연구에 따르면 태극권을 배우는 데 비디오로 배우는 것과, 머리 착용 디스플레이(HMD, Head Mounted Display)를 통해 가상현실에서 배우는 것을 비교할 때 후자가 전자보다 약 25% 더 정확한 자세를 배우는 것으로 나타났다. 덧붙여 미식축구의 쿼터백의 가상현실에서의 반복훈련이 실제 경기에서 공격성공의 확률을 향상시키는데 도움이 된다고 하였다(백우진 역, 2019). 우리는 놀이나 스포츠의 경험을 통해 일상의 삶이나 사회생활에 도움이 될 수 있는 의미나 가치를 배우지만, 가상현실(VR)이라는 매체를 통한 경험이 훨씬 더 교육적 질을 높일 수 있는 기회를 제공한다.11

그리고 디지털 기술의 능력은 우리가 상상력으로 꿈꾸는 놀이의

지털은 숫자로 상대와 이야기한다. 물론 디지털 무엇인가의 주체는 광범위한 주제로 간략하게 설명하기는 힘들다. 하지만 디지털의 특성은 디지털 플랫폼을 기반으로 즉각적인 인터페이스의 참여, 경쟁, 협력의 과정에서 발생한다. 인터페이스(interface)는 이용자와 미디어 사이의 상호작용 방식을 규정한다(이재현, 2013: 5).

11 가상경험과 관련된 교육은 2016년 옥수초등학교의 4개월 간의 수업에서 보인다. 경험의 확대라는 측면에서 가상현실은 현실에서 스포츠를 즐기는 중요한 도구임을 보여준다(이시후, 중앙일보, 2016. 10. 16).

영역을 새롭게 만들었다. 현대의 디지털 기술은 그들의 사고 놀이를 그래픽으로 재현하는, 즉 애니메이팅하는 데 어려움이 없다(서송석, 2019: 190). 도구를 가지고 논다는 측면에서 본다면, 놀이와 e스포츠는 별 차이가 없다. 놀이의 확장이 도구라는 것을 강조한다면, e스포츠는 디지털 기기를 대표하는 매체가 훨씬 더 우리에게 직접적으로 영향력을 미친다고 할 수 있다.

2) 몸의 움직임과 몸의 감각

인간은 생존하기 위해 끊임없이 움직인다. 생존을 위해 자신이 가지고 있는 모든 수단을 이용한다. 그중에서 놀이는 긴장해소와 자기표현 이외에도 행동발달에 도움이 된다. 특히 유아학자인 피아제(Piaget, 1954)에 따르면 놀이는 유아의 인지발달에 도움이 되고, 놀이가 인지발달에 따라 연습놀이, 상징놀이, 규칙 있는 게임으로 발달한다고 하였다. 그리고 비고츠키(Vygotsky, 1978)는 놀이가 아이들에게 주어진 문제를 해결하기 위한 노력과 추상적 사고력을 발달시키는 데 도움이 된다고 하였다. 이 모든 주장은 인간 몸의 움직임을 전제로 하지 않고서는 설명이 불가능하다. 피아제와 비고츠키 주장의 공통점은 놀이를 통한 자신의 잉여 에너지의 활용과 사회생활을 위한 반복 훈련이 인간의 창의력 발휘와 자기표현에 도움이 된다는 점이다. 물론 놀이의 종류에 따라 인지부분이나 소근육, 대근육의 강조부분은 다를 수 있다. 하지만 놀이의 모든 이익의 출발점은 몸의 움직임에서 나오는 것은 부인할 수 없다. 몸의 움직임에 더해 경쟁과 규칙이 개입되어 오늘날 다양한 스포츠의 경기 형태를 만들었다.

반면에 e스포츠는 모니터의 영역에서 나오는 자극에 손목이나 키보드 위의 손의 움직임을 강조한다. 이러한 점이 e스포츠를 스포츠로 인정하지 않은 근거로 많이 언급한다. 대근육의 움직임을 강조하는 스포츠의 입장에서 본다면, e스포츠는 스포츠가 아니라는 비판은 가능하다. 그러나 e스포츠는 단지 소근육만이 아니라 대근육도 필요하다. 소근육도 대근육의 전제조건이며, 운동의 발휘에 두 근육이 엄밀히 구분되어 작동되지 않는다는 점이다. 따라서 e스포츠는 소근육만이 승부를 결정짓는 요소로만 파악해서는 안 된다. 소근육의 움직임은 특정한 부분의 움직임에 한정되기 보다는 몸 전제의 반응과 연결되어 있다. 그리고 e스포츠의 단체전은 무엇보다도 그들 간의 소통과 전략 전술의 인지적 노력이 필요하다는 것을 말할 필요가 없다(이상호, 2021).

놀이와 e스포츠는 재미와 즐거움을 가져다준다는 점에서는 공통점이 존재한다. 놀이와 e스포츠를 통한 즐거움과 실패의 경험은 각각 사람마다 다르게 나타난다고 할지라도, 일반적인 놀이보다 e스포츠 디지털 기기의 특성상 훨씬 더 재미와 즐거움을 주며, 실패의 경험을 직접적으로 경험하게 된다. 인간은 디지털 기기의 사운드, 시각, 지각, 감각의 반응에 즉각적으로 반응한다. 이러한 즉각적인 경험은 몸의 감각에서 기인한다. 인간의 본성은 자신에게 이익이 되는 것은 받아들이고, 고통은 회피하고자 한다. 놀이나 게임에서 실패도 마찬가지다. 잘 되면 즐겁게 계속하지만, 실패하면 회피하게 된다. 그러나 놀이와 다르게 e스포츠는 디지털 속성상 실패를 즉각적으로 회복시켜준다. e스포츠는 쉽게 다시금 도전 의욕을 불러일으키게 구비된 프로그램의 특성을 보여주고 있기 때문이다.[12] 이것은 e스포츠만이 갖는 특성이다.

---

12 이와 관련하여 게임학자인 제스퍼 주울(Jesper Juul, 2013)은 게임에서 실패의 경험에도 다시금 하는 이유는 실패를 회피하고자 하는 것으로 설명한다. 일반적으로 실패하면 회피하고 잘하면 더 하고 싶은 것이 일반적인 현상이다. 하지만 디지털 게임에서 인간은 자신의 현재 위치를 파악하고, 역량 부족의 상태를 벗어나려고 도전 의식을 갖게 된

이 모든 것은 몸의 움직임보다는 몸의 감각에 기인한다.

e스포츠는 화면, 사운드, 배경이 실제 있는 그대로와 같이 느끼는 직접적인 반응 등에서 나오는 영향력 때문에 현전감(presence)은 더 뛰어나다. 현전감은 원래 주관적으로 느끼는 경험의 내용이다. 놀이와 스포츠에서도 현전감을 느끼지만, e스포츠와는 비교가 되지 않는다. 결국 e스포츠는 즉각적인 반응과 현전감을 파악하기 위해서라도 스포츠에서 강조하는 몸의 움직임 이전에 지각, 감각, 인지 등 몸의 감각에 초점을 맞추어 연구해야 한다.

3) 노동의 대립과 신뢰의 개입

호이징가의 놀이 강조는 19세기 말과 20세기 초 산업혁명이라는 기존 사회문화의 반성에서 나왔다. 호이징가가 보기에 인류의 문화발전은 인간의 놀이 속성을 전제로 하지 않고서는 설명할 수 없다고 생각하였다. 하지만 19세기 말과 20세기 초 그 당시 노동의 강조는 문명에서 놀이의 역할을 과소평가하였다. 근대시대에 노동의 강조는 놀이가 갖는 인간의 자율성을 해치는 방향으로 전개됨에 따라 진정한 놀이의 의미를 설명할 필요가 있었고, 이를 위해 호이징가는『호모 루덴스』를 저술하였다.

물론 근면한 경제적 활동을 강조하는 청교도적인 관점에서 본다면, 호이징가의 자유로운 놀이의 강조에 대한 그들이 갖는 부정적인 요소는 당연하다. 즉 청교도들이 보기에는 놀이 그 자체는 성과물을 만들어내지 못하고, 무비판적이고, 피상적인 강조에 근거한다는 점이

다는 것이다. 이를 주울은 실패의 패러독스(paradox)라 하였다.

다. 이에 따라 그 당시의 사람들이 놀이에 대해 비판적 관점을 갖는 것은 타당하다(유종석, 나유신, 이진 역, 2017: 69-70).

호이징가에게 인간의 삶과 문화는 그 시대를 살아가는 사람들의 열정적이고 치열한 아름다움의 결과물로 인식하였다. 그는 비록 놀이가 외형적으로 시간 낭비이며 의미 없는 행위로 보인다고 할지라도, 놀이 그 자체는 인간본연의 가치를 발휘하는 중요한 요소로 파악하였다. 따라서 놀이 자체의 강조점은 호이징가가 몸, 정치, 경제에 관심이 없는 반자본주의적 성격에서 나온 것으로 파악해야 한다(김겸섭, 2008: 160). 어떻게 보면 『호모루덴스』의 존재는 노래하고 춤을 추며 예술을 탐닉하고 지혜를 사랑하는 사람이었고, 전쟁하면서도 결코 귀족적 품위를 잃지 않은 사람으로 파악하였다는 점이다(노명우, 2011: 165).

노동이 생존의 수단으로 작동하는 반면에, 놀이는 특정 목적을 지향하지 않는다. 노동과 달리 놀이는 그 자체를 목적으로 하기 때문이다. 노동과 자본은 그 결과물에 관심을 두지만, 놀이의 본질은 그 결과물에 대한 관심은 상대적으로 적다. 호이징가가 보기에는 놀이가 문화의 뿌리로서 역할을 한 것은 18세기까지며, 19세기 산업자본주의의 도래는 놀이의 가치를 떨어지게 하는 요소로 파악하였다. 이를 강조하기 위해 호이징가는 19세기는 사회적 삶 속의 놀이 요소를 적대시하고 배제했으며, 자유주의나 사회주의가 놀이 요소에 어떠한 양분도 제공하지 않았다고 기존의 사회문화를 비판하였다(이종인, 역 2010: 364).

오늘날 e스포츠는 시간낭비가 아니라 현대인이 치열하게 살아가는 삶의 단면으로 접근해서 이해해야 한다. 왜냐하면 e스포츠는 가상공간에서 플레이어들이 기존의 놀이에서 느끼지 못한 다양한 경험을 가져다주기 때문이다. 그 경험이 과하면 중독이나 과몰입 등 사회적 비난의 대상이 되곤 하지만, e스포츠는 규칙 속에서 경쟁을 전제로 작동한다. 그 경쟁이 기계를 대상으로 하는 나혼자만의 놀이일 수도 있고, 디지털 공간을 통한 온라인과 네트워크를 기반으로 보이지 않는 사람과의 경쟁일 수도 있다. 전통적인 놀이가 대면적으로 자신이 잘 알고 있는 것과 관계를 맺지만, e스포츠는 상대적으로 보이지 않는 타인에 가깝다.

그러나 e스포츠를 통해 타인과 경쟁을 한다는 것은 주어진 규칙에서 상대를 인정한다는 신뢰를 바탕으로 하지 않으면 e스포츠 경기는 형성되지 않는다. e스포츠는 디지털이라는 공간적 특성으로 멀리 떨어져 경쟁하므로 역설적으로 주어진 규칙은 따라야 한다는 것을 암묵적으로 전제한다. 이러한 관점은 철학자인 슈츠(Suits, 2014)가 게임 속성의 하나로 게임의 규칙을 받아들이는 태도(lusory attitude)의 주장과 다르지 않다. 게임이 존속하기 위해서는 우리가 그 게임이 주는 규칙이나 방법을 받아들인다는 전제가 있어야 한다. e스포츠에 참여하여 경쟁한다는 것은 보이지 않는 상대 선수들에게 대한 신뢰를 전제로 한다. 우리가 e스포츠에 참여한다는 사실 그 자체가 자신의 놀이 행위에 대한 디지털 기기의 시스템 작동을 받아들인다는 뜻이다. 예컨대 롤(LoL) 경기에 초보자들이 쉽게 참여하는 이유는 자신의 수준에 맞게 경기를 진행할 수 있고, 그 자신의 경기 움직임에 대한 시스템이 반응한다는 신뢰가 전제되었기 때문에 경기에 참여한다. e스포츠의 개인적 참여의 신뢰와 보이지 않는 타자에 대한 신뢰는 결국 세상에 대한 신뢰로 연결되어 확장이 가능하게 된다. 이를 통해 우리는 알게 모르게 e스포츠 경기를 통해 공정과 신뢰를 배우게 된다. 어떻게 보면 e스포츠는 종교, 인종, 성차별하지 않는다는 관점에서 스포츠보다 훨씬 더 평등성을 갖는다.

04 e스포츠 놀이를 넘어 ✏️

　놀이는 게임과 스포츠에서 시원적인 역할을 담당하지만, 스포츠나 체육의 영역에서 놀이의 연구는 상대적으로 부족하다. 이러한 놀이연구의 어려움은 호이징가의 놀이이론이 갖는 복잡성에 기인한다. 사실 호이징가의 놀이이론의 함의와 지향성을 이해하기란 쉽지 않다. 이러한 상황에서 호이징가의 놀이이론을 가지고 e스포츠의 본질을 설명하는 것에도 일정 부분을 한계를 갖는다. 하지만 e스포츠가 하나의 놀이 수단으로 인정받고 있다는 점에서 학문적 논의는 피할 수 없다. e스포츠에 대한 이해가 아직 부족한 현실에서 호이징가의 놀이이론으로 e스포츠의 본질 파악은 학문적으로 의미가 있다. 현실적으로 e스포츠는 과몰입, 중독, 시간 낭비 등 부정적인 요소를 주장하지만 저자가 보기에는 그것만이 e스포츠의 전부가 아니다.

　시대적 흐름에 따라 놀이와 e스포츠의 지향점과 내용에서는 차이가 나겠지만, 재미와 즐거움의 측면에서 본다면 놀이와 e스포츠는 시원적으로 연결된다. 물론 놀이나 e스포츠에서 재미와 즐거움이 각각 어떻게 구성되고 있는지에 대한 더 많은 구체적인 해명이 필요한 것 또한 사실이다. 이와 관련해서는 6장과 7장에서 상세하게 언급하였다.

　다만 본 장에서 언급하였듯 놀이와 e스포츠 단어의 탄생은 시대적으로 차이가 나지만, 그 속에서 우리는 본질적으로 유사한 점을 발견할 수 있었다. 호이징가는 놀이본질을 본능이나 마음이 개입된 의지로서는 설명할 수 없다고 하였다. 이는 e스포츠의 본질 이해에도 도움이 된다. e스포츠의 본질 파악도 본능이나 의지라는 개념만으로 접근할 수 없다는 것이다. 이는 e스포츠가 경제적 이익의 관점, 과몰입, 중독만이 e스포츠의 본질의 전부가 아님을 보여준다. e스포츠의 긍정과 부정의 양 측면을 분석하고 이해하기 위해서 우리는 호이징가의 놀이 개념인 중간태의 의미를 e스포츠 이해에도 적용해야 한다. 이때 우리는 e스포츠의 본질 파악에 한 발 더 가까이 다가갈 수 있다.

놀이에 참여하여 문화를 만들었듯이, 우리는 디지털 기기와 떨어져 살 수 없는 상황에서 e스포츠에 참여함으로써 e스포츠문화가 형성되었음을 인정해야 한다. 그리고 e스포츠가 작동하는 디지털 속의 공간이 상상의 공간이라고 할지라도 이는 우리가 살아가는 경험의 연장으로 접근해야 한다.

물론 전통적인 놀이의 재미와 디지털 기기의 매개체가 주는 재미의 정도는 차이가 난다. 놀이가 인간움직임의 경험에 따라 느끼는 감정과 즐거움이라면, 이와 달리 e스포츠는 음향, 화면, 사실성, 즉각적인 반응, 그리고 감각적인 요소가 훨씬 더 중요하게 작동한다. 여기에 놀이와 다른 e스포츠가 갖는 디지털 플랫폼의 매체라는 특성이 보인다. 즉 예컨대 롤(LoL) 경기는 초보자도 쉽게 할 수 있게 수준별로 e스포츠 경험을 지속시킨다. 그리고 전통적인 놀이와 다르게 디지털 매체가 갖는 e스포츠 플레이의 즉각적이고 반복적인 감각 패턴의 제시는 플레이어들에게 재미의 요소를 증대시킨다.

e스포츠가 갖는 가장 부정적인 요소는 과몰입과 중독이라고 한다. 하지만 과몰입과 중독의 근저에는 상호 간의 신뢰를 전제로 한다는 점이다. e스포츠는 인터넷상에서 보이지 않는 선수, 규칙, 시스템에 대한 인정 없이는 진행되지 않는다. 그리고 e스포츠는 인종, 성별, 나이를 차별하지 않는다. 그럼에도 e스포츠에서 보인 대리 게임, 핵(hack), 약물 등 비윤리적 행위, 게임의 이해관계자(stakeholder)의 대립 등 신뢰를 깨는 행위가 존재한다. 하지만 신뢰를 깨는 e스포츠의 부정적인 요소가 e스포츠의 모든 것을 부정하는 근거가 될 수 없다. 신뢰를 깨는 행위는 우리가 앞으로 해결해야 할 문제로 접근해야지, 그 자체가 e스

포츠를 부인하는 요소로 설명할 수 없기 때문이다.

호이징가의 놀이의 원칙은 자신의 명예와 그 명예를 지키기 위한 행위로 설명한다. 그 속에 자발성과 경쟁이 개입된다(이종인 역, 2010: 282). 이러한 놀의 원칙은 우리에게 오늘날 e스포츠의 원칙을 규정하는 데 있어 많은 시사점을 준다. 우리가 디지털 기기와 분리되지 않고 살아가는 이상, 그 도구는 우리가 이용해야 할 대상이지 수동적으로 끌려가서는 안 된다. 따라서 e스포츠는 단순히 시간을 빼앗는 무의미한 행동이 아니며, 프로e스포츠 경기에서 승리하여 자신의 명예를 높이는 것을 넘어서야 한다. 놀이가 놀아지는 것에 의미가 있다면, 우리는 e스포츠에 참여하여 우리 자신이 무엇을 만들어낼 수 있는가에도 관심을 가져야 한다.

4장 토론 내용

- 놀이와 문화의 관계는 어떻게 설명할 수 있는가?
- 호이징가의 '놀이가 문화를 만들어 낸다'는 주장이 오늘날에도 타당하다고 할 수 있는가?
- 놀이가 아름다움(the aesthetic)을 만들어 낸다면 e스포츠의 미학도 가능한가?
- 놀이에서 창의력(creativity)과 과몰입(immersion)은 서로 상생할 수 있는 방법은 없는가?

더 읽어야 할 책

Huizinga(이종인 역, 2018)을 보라. 쉽지 않은 책이다. 그러나 완독할 가치는 있다. 고대부터 근대 사상가들의 놀이에 대한 철학적 내용은 정낙림(2017)을 보라. 현대에 디지털 도구가 놀이의 중요한 수단이라는 사실은 Bolz(윤종석, 나유진, 이진 역, 2017)을 보라.

카이와의 게임이론과 e스포츠

PART 05.
카이와의 게임이론과
e스포츠

　　e스포츠가 스포츠인가 아닌가의 논쟁과 관계없이 현대사회에서 e스포츠는 이제 일상화되었다. 한국에서 열린 2023년 롤(LoL) 월드컵에서 한국 팀과 중국 팀이 결승전에 진출하였다. 한국 팀이 우승한 이 경기는 팀 간의 경쟁을 넘어 국가 간의 대결로 인식되었다. 전세계 1억 명의 관객들이 그 결승전을 시청하였다. 그 경기를 본 관객들은 e스포츠 경기 결과에 환호하고 패배의 눈물을 흘렸다. 이러한 e스포츠의 현상은 이제 우리 삶에 일상화되었다. 그럼에도 일상에서 e스포츠는 e스포츠보다 게임이라고 불린다. 문제는 여기에 언급된 게임의 단어가 스포츠의 관점에서 본다면, e스포츠를 스포츠가 아닌 오락성이 포함된 게임을 강조하기 위한 부정적 시선이 포함되어 있다는 점이다. 이를 가장 잘 보여주는 사건은 2018년 국회에서 한 국회의원의 질문과 대한체육회장의 답변이다. "e스포츠는 게임인가 스포츠인가"라는 국회의원의 질문에 체육회장의 대답은 "e스포츠는 스포츠가 아닌 게임이라고 생각한다"라고 하였다.1 비록 스포츠와 다른 것을 강조하기 위해 대한체육회

1　이다니엘(2018.10.23.). 하지만 그는 2021년에는 "세계적인 흐름이 e스포츠를 체육으로 본다"고 하였다(이두현, 2021.10.12.).

장이 게임이라는 단어를 사용하였지만, 이는 스포츠 영역에서도 게임이 사용된다는 점을 고려한다면, 적절하지 못한 질문과 답변이었다. 게임은 스포츠와 분리하여 설명할 수 있는 단어는 아니기 때문이다.

예컨대 누군가 게임이라고 말할 때 그 게임이 올림픽게임에서 말하는 게임을 의미하는지, 아니면 비디오 게임과 같은 전자기기의 게임이라고 하는지 명확하지 않다. 우리는 일상적으로 스포츠를 게임으로 부른다. 따라서 정확하게 게임이 지칭하는 것이 무엇인지 파악하기 위해서는 대화의 상황과 맥락 속에서 그 단어의 의미를 파악해야 한다. 왜냐하면 같은 게임이라는 단어를 사용하더라도 그것을 받아들이는 것은 각자의 상황에 따라 다르게 해석할 가능성이 크기 때문이다.

물론 외형적으로 보면, 일반적으로 스포츠의 영역에서 사용되는 게임과 비디오 게임을 통칭하는 게임의 의미와 지향점은 서로 다를 수 있다. 신체적 탁월성을 근저로 하는 축구, 야구, 배구 등의 게임의 형태와 좌식성의 손과 손목 그리고 시각의 협응성을 강조하는 e스포츠와는 다르다고 말할 수 있다. 이를 근거로 IOC는 전신적인 신체적 움직임과 관련된 경쟁의 부족과 폭력성 등으로 e스포츠를 올림픽게임의 종목으로 인정하지 않고, 비디오 게임의 일종으로 깎아내린다(IOC. 2019.12.07.).

하지만 올림픽에서 보여준 게임종목의 선택은 신체적 탁월성 이외에도 사회적 경제적 분위기와 문화양식과 결합한 스포츠의 종목들을 선정해왔다는 점이다. 예컨대 예술 올림픽경기종목이지만, 1950년 이전에는 조각, 건축, 그림 등도 올림픽 종목에 포함되었다. 1936년 베를린 올림픽에는 항공기술도 전시 종목으로 채택되었다. 그다음에 1940년 일본 올림픽게임에서는 항공기술이 정식종목으로 채택되었지만, 2차 대전으로 올림픽 정식종목으로 실행되지 못했다. 2022년 파리올림픽은 과거 뒷골목의 춤이라고 인식되는 브레이크댄싱(breakdancing)을 정식종목으로 선정되었다. 이처럼 올림픽게임의 종목선정은 주어진 문화적 환경과 사회적 요구사항을 고려한 결정을 해왔다는 사실이다. 전세계 다른 어떤 지역보다 아시안 국가들의 e스포츠 관심은 2018년 팔렘방 아시안게임에서 시범종목으로, 2022년 항저우 아시안게임과 2026년 아이치－나고야 아시안게임에서 정식종목으로 인정하게 되었다. 그리고 2024년 파리올림픽에서도 e스포츠 종목을 시범종목으로 고려 중이다.

저자는 스포츠의 영역에서 사용되는 게임과 디지털 기기를 이용한 e스포츠 대신 언급된 게임의 지향점은 크게 보면 둘 다 다르지 않다고 생각한다. 스포츠 영역과 관련된 게임이 놀이에서 경쟁과 제도화된 영역의 개입으로 나타난 것이라면, e스포츠도 디지털 기기를 갖고 노는 놀이의 양태에 경쟁의 요소와 제도화가 개입된 형태를 띤 게임이기 때문이다. 놀이의 제도화된 형태의 도구가 야구방망이거나 디지털 기기와의 차이밖에 없다. 전자는 야구게임이 되고 후자는 e스포츠가 된다.

근본적으로 게임이 갖는 본질, 즉 놀이의 제도화된 형태를 게임이라는 관점에서 본다면, 그 둘은 다르지 않다. 여기에 e스포츠가 게임으로 불리는데 부정적으로 인식할 필요가 없고, e스포츠가 스포츠와 관련된 게임으로 불릴 수 있는 충분한 이유가 존재한다. 이러한 태도는 e스포츠가 올림픽 경기나 아시안게임의 종목으로 선정될 수 있는 이론적 근거가 된다. 우리가 e스포츠와 관련된 게임 용어에 대한 부정적 인식은 게임이 가진 정확한 이해 부족에 기인한다. e스포츠를 포함한 디지털 게임이 부정적으로 파악된다면, 스포츠와 관련된 게임도 마찬가지다. 예컨대 디지털 게임과 관련된 중독, 과몰입, 시간 낭비, 신체성 결여 등 부정적인 관점이 존재하듯이 스포츠와 관련된 게임을 언급할 때에도 승부 지상주의, 상업성, 심각한 부상 등 부정적인 요소를 부인할 수 없다. 게임을 통해 나타난 결과가 부정적 요소를 얼마나 많이 포함하느냐의 차이는 있을 수 있지만, 게임 단어 그 자체가 부정적 요소를 원천적으로 갖지 않는다.

본 연구는 이러한 e스포츠를 설명하는 게임과 스포츠에서 언급된 게임의 지향점이 다르지 않음을 카이와(Caillois)의 『Les Jeux et Les Hommes』에서 그 논거를 제시하고자 한다. 우리는 게임이론을 새롭게 제시한 카이와의 저서에서 게임이 스포츠와 e스포츠에서 동시에 적용 가능한 단어임을 살펴볼 것이다. 이를 위해 먼저 jeux의 해석을 기반으로 카이와(Caillois)의 게임이론과 호이징가(Huizinga)의 놀이이론 간의 차이점을 간략하게 설명하고자 한다. 카이와의 게임이론은 호이징가의 놀이이론을 발전시켰고, 그것을 근거로 카이와는 게임의 특징과 게임의 범주를 분류하였다. 이러한 게임의 특징이 e스포츠에 어떻게 적용되는지 검토하고자 한다. 그리고 e스포츠가 갖는 부정적인 측면 또한 게임에서 유래되고 있음을 그의 저서에서 검토할 것이다. 이를 통해 우리는 e스포츠를 대신하여 사용된 게임이나 스포츠에서 언급한 게임은 전혀 다른 것이 아니라, 시대적 상황에 따라 나타난 게임의 특징과 관련된 강조점이 다를 뿐임을 설명하고자 한다. 이러한 논의 속에서 e스포츠만이 가진 특성과 지향점이 무엇인지 드러낼 수 있을 것이다.

01 카이와(Caillois)의 게임이론

1) 카이와의 jeux의 해석

카이와의 게임[2] 이론을 설명할 때 가장 중요한 것은 프랑스 단어

---

2 게임(game)의 어원인 gamen은 즐거움, 재미, 환희의 긍정적 의미가 있지만, 같은 어원인 gammy는 부정적 나쁜 의미인 겜블(gambol)과 연관된다(https://www.etymonline.com).

인 jeux를 어떻게 번역할 것인가이다. 카이와의 불어책의 제목은 『Les Jeux et Les Hommes』3이다. 한국어 번역은 『놀이와 인간』으로 출간 되었다. 이를 토대로 카이와와 관련된 한국어의 해석은 대부분 놀이로 번역하고 있다. 하지만 이러한 해석은 카이와의 게임이론을 이해하는 데 장애요인이 된다. 올림픽게임의 프랑스 단어는 Jeux olympiques이 다. 여기에서 jeux는 단지 놀이로만 번역되지 않고, 하나의 제도화된 놀이, 즉 올림픽 놀이가 아닌 올림픽 게임으로 번역된다. 호이징가의 놀이(das Spiel) 단어가 다양한 의미(놀이, 게임, 경기)를 갖고 있듯이, jeux 의 단어도 다양하게 해석된다. 즉 jeux는 유희나 놀이 그리고 게임으로 변경 가능한 용어로 받아들여야 한다. 카이와 시대에는 놀이와 비교하 여 게임이나 스포츠의 단어가 대중화되지 않았지만, 그는 자기 책에서 게임이라는 단어에 새로운 의미를 부여하였다.

우리는 『Les Jeux et Les Hommes』의 저서에서 보인 jeux를 이중 적 의미로 이해하고 해석해야 한다. 우리가 일반적으로 자유로움, 휴 식, 현실을 벗어난 즐거움으로 해석될 때는 놀이로 해석이 가능하다. 카이와에 따르면 이러한 놀이의 특징은 이익을 바라지 않는 것으로 설 명한다. 그는 이러한 예로 도박이나 제비뽑기의 형태를 게임이 아니라

즉 게임은 긍정과 부정적 의미에 경쟁의 요소가 개입되어 "규칙을 정해 놓고 승부를 겨 루는 놀이로 설명한다."(국립국어원 표준국어대사전).

3 카이와(Caillois)의 불어책 저서인 『Les Jeux et Les Hommes』 영어번역은 『man, play and games』이다. 영어번역의 제목과 한국어 번역인 『놀이와 인간』(이상률 역, 1994) 사이에는 상당한 차이를 보인다. 영어번역자는 jeu가 놀이만이 아니라 카이와가 주장하 고자 하는 게임의 특징을 가지고 있음을 잘 알고 있었다. 영어 번역본에서도 1장 놀이 의 정의에는 play로 2장 이후는 놀이(play)가 아닌 게임(game)으로 번역하였다(Barash, 2001). 따라서 한국어 제목도 수정되어야 한다. 놀이와 인간의 번역은 카이와의 주장 하는 게임이론의 내용을 이해하는 데 도움이 되지 않기 때문이다. 본 연구자도 한국어 번역 책(이상률 역, 1994)에서 보인 놀이의 번역은 상황에 맞게 게임으로 바꾸어 설명 하였다.

놀이로 설명한다. 그 이유는 그것이 부를 생산하는 것이 아니라 부의 위치만 바꾼다고 생각하였기 때문이다(이상률 역, 1994: 10). 놀이가 새로운 영역을 만들어내는 것이 아닌, 자유로운 놀이의 본질적 활동의 측면을 설명할 때, 우리는 jeux를 놀이로 해석해야 한다.

하지만 jeux가 비유적으로 아래와 같이 사용될 때 게임으로 해석해야 한다.4

첫째, 놀이가 특정 활동뿐만 아니라 그 기능과 연관되어 설명할 때에는 게임으로 해석해야 한다. 즉 게임이라는 말은 그 이름으로 불리는 특정한 활동에 필요하거나, 하나의 복잡한 전체 기능에 필요한 도형, 상징물, 도구 등이 포함된 전체를 가리킨다(이상률 역, 1994: 11). 예컨대 야구라는 게임을 설명해보자. 게임이라고 불리는 야구는 야구 선수들이 공을 던지고 치는 모든 활동이라고 할 수 있으며, 거기에 덧붙여 야구장, 글러브, 배트, 홈, 타점 등 야구를 구성하는 내용물로 설명이 가능해야 게임이라고 말할 수 있다. 여기에 e스포츠는 선수들의 활동에 컴퓨터, 마우스, 키보드 등 디지털 플랫폼이 필요한 게임이라고 불릴 수 있다.

둘째, 게임하는 사람들은 자신만의 운동 스타일을 갖는다. 물론 운동 종목에 따라 그 스타일은 다를 수밖에 없다. 게임에는 자신만의 스타일이 있기 때문에 자신이 가진 신체적, 정신적 능력에 따라 제약되는 조건에서 스스로 창의력을 발휘하고자 노력한다. 물론 운도 개입된다. 따라서 게임은 주어진 환경에서 매우 복잡하게 전개된다. 각자에게 주어진 게임의 상황이 긍정적일 수도 부정적일 수 있기 때문에 이것을 헤쳐나가기 위해 노력하는 과정에서 게임의 성격이 규정된다. e스포츠

---

4 이 내용은 프랑스 2판(67년, 초판은 1958)에서 카이와가 추가한 내용을 한국어 번역판 서문에 있는 내용이며 이 책에서는 jeu를 놀이로 번역하고 있다(이상률 역, 1994).

선수들도 자신만의 경기스타일과 탁월한 기술을 발휘하기 위해 최선을 다한다. e스포츠는 자신의 포지션에 따라 경기 스타일을 보여준다. 사실 프로e스포츠선수가 되기는 일반 프로스포츠선수들보다 더 힘들다 (이상호, 2020b).

셋째, 게임은 규칙을 전제로 한다. 규칙을 받아들이지 않으면, 게임은 전개되지 않는다. 우리가 게임을 한다는 것은 규칙을 지키겠다는 의지를 전제로 한다. 규칙과 관련해서 e스포츠는 디지털 속성상 기존의 스포츠보다 훨씬 더 엄격한 규칙이 적용된다. 스포츠에서는 반칙도 게임의 일부분이지만 e스포츠는 인위적인 개입이 아니라면 사실상 반칙이 허용되지 않는다. 우리가 e스포츠 경기에 참여한다는 것 자체가 암묵적으로 e스포츠의 규칙을 받아들인다는 것을 전제로 한다.

넷째, 게임을 둘러싼 관계에서 우리는 과도하지 않고 유익한 자유로움의 관념을 만들어낸다. 과도한 게임은 우리를 힘들게 만들고, 게임 자체를 망치게 된다. 게임은 타자와의 부드러운 관계 속에서 그 의미를 갖는다. 이는 게임이 중용의 의미를 지녀야 하는 것과 다르지 않다. 우리는 디지털 게임이 약간의 기분전환이나 스트레스 해소의 장점을 갖고 있는 것을 부인하지는 않을 것이다. 그러나 많은 시간을 투자한 활동은 스포츠와 관련된 게임의 영역이나 e스포츠에도 동시에 적용된다. 여기에 부정적인 요소가 나타난다.

이러한 게임의 중용적 강조는 jeux의 사전적 의미에 내재되어 있다. jeux의 단어는 배합이나 조합이 잘되어 있는 것으로 설명한다.5 기계가 잘 돌아가기 위해서는 각각의 역할이 다른 부분과 조화를 이루고, 일치하도록 만들어져야 한다. 생명력을 가진 인간도 기계와 같이 잘 돌아 가야한다. 따라서 게임은 자신에게 생명력을 불어넣어 인간의

---

5 https://fr.wikipedia.org/wiki/Jeu.

삶을 유지해야 한다. 이러한 게임의 생명력이 필요한 이유는 인간이 갖는 유연성과 운동성을 고려해야 하기 때문이다. 따라서 적절한 신체적 움직임은 중요하다. 반면에 e스포츠는 대근육을 사용하지 않는 신체성으로 비판받을 여지는 존재한다. 하지만 오늘날 e스포츠 선수들도 신체훈련에 많은 관심을 보여준다. 특히 VR/AR/MR 기반의 e스포츠는 인간의 유연성과 운동성을 보장한다.

카이와에 따르면 게임은 하나의 문화를 만들어 가는데 긍정적인 측면도 설명하지만, 부정적인 측면도 지적한다(이상률 역, 1994: 21−22). 그는 자유로운 활동이라는 호이징가의 놀이 특성을 비난하면서, 놀이는 사치스러운 행위이며, 기분에 의해 바뀔 수 있고, 생산적이지 않다는 사실을 지적하였다. 이러한 카이와의 지적은 자신의 게임이론을 전개시키기 위한 이론적 근거로 삼았다. 그는 놀이가 확실히 장애물의 극복이라는 즐거움을 주지만, 그 장애물이라는 것도 게임하는 자신의 역량에 맞추어 만들어진다는 사실이다. 사실 게임에서 우리가 받아들인 장애물은 자의적(恣意的)이고 거의 허구적인 것이다. 현실에서 그러한 배려가 없다는 점에서 게임은 중요한 결함을 가지고 있다. 그러나 그것도 게임의 본성에 근거하며, 많이 그러한 결함이 없다면, 게임은 풍부한 창조력도 동시에 잃어버린다고 하였다(이상률 역, 1994: 22).

e스포츠 경기는 현실이 아닌 가상세계에서 경기가 진행된다. e스포츠는 가상세계에서 게임개발자가 설정한 장애물을 극복하고자 한다. e스포츠는 가상세계에서 플레이어가 무언가를 극복하고 답을 찾아가려고 하지만, 카이와가 지적하였듯이 생산적이지 않다는 부정적인 지적은 오늘날에도 타당성을 갖는다. 그러나 게임이 자의적이고 허구적이며, 원천적으로 결함을 갖는다는 사실은 e스포츠에도 적용이 가능하다.

2) 카이와의 게임의 특징과 e스포츠

문화는 놀이에서 나왔다고 주장하는 호이징가의 입장(이종인 역, 2010)과 반대로 카이와는 놀이가 문화에 종속되는 것이 아니라고 설명한다. 즉 놀이가 문화를 만들어내는 것이 아니라, 문화와 놀이는 서로 영향을 주는 상호연관된 것으로 설명한다(이상률 역, 1996). 카이와에 따르면 호이징가 놀이이론의 한계는 과거의 놀이 설명에 한정하여 설명함으로써 호이징가 사후에 나타난 다양한 게임의 특징을 설명하지 못한 점을 지적하였다. 이에 따라 카이와의 네 가지 게임의 특징, 즉 아곤(agon, 경쟁), 알레아(alea, 운), 미미크리(mimicry, 모방), 일링크스(ilinx, 현기증)를 자발적인 놀이의 수준인 파이디아(paidia)의 정도와 경쟁이라는 루두스(ludus)의 정도에 따라 게임 범주를 분류하였다.6 카이와는 게임의 특징을 4가지(경쟁, 모방, 운, 현기증)로 다음과 같이 설명하였다.

> (경쟁의) 원동력은 어떠한 경쟁자에게 있어서도 그 주어진 분야에서 자신의 우수성을 인정받고 싶어 하는 욕망이다. (운은) 경쟁의 본질과 대비된다. (모방은) 적어도 약속에 의해 정해지고 몇 가지 점에서는 허구적인 닫혀진 세계를 일시적으로 받아들이는 것을 전제로 하고 있다(이상률 역, 1996: 47). ...(운은) 의지를 표기하고 운명에 몸을 맡기는 것이다(이상률 역, 1996: 44). ...(현기증은) 일시적으로 지각의 안정을 파괴하고 맑은 의식에 일종의 기분 좋은 공포상태를 일으키려는 시도로 이루어져 있다(이상률 역, 1996: 52).

카이와는 이 네 가지 특징 중에서 경쟁과 운을 가장 일반적인 게임의 요소로 설명한다. 또한 카이와는 자유로운 활동이라는 호이징가

---

6 구체적인 게임의 분류와 그 범주는 이상률 역(1996: 70)을 참조.

의 놀이 특성 대신에 현기증과 모방으로 설명한다. 카이와는 6가지 놀이의 본질, 즉 자유로운 활동, 분리된 활동, 확정되지 않는 활동, 비생산적인 활동, 규칙이 있는 활동, 허구적인 활동(이상률 역, 1996: 34)으로 설명한다. 앞의 다섯 가지는 호이징가의 놀이의 특징을 요약(이종인 역, 2011:42-47)한 것이라면, 허구적인 활동은 카이와 자신의 게임이론 전개를 위해 좀 더 세부적으로 설명하였다. 카이와는 게임 대상을 현실이 아닌 허구적인 장애물로 설명한다(이상률 역, 1994: 22). 오늘날 디지털 매체의 영향력을 예측한다면, 카이와의 가상세계 장애물의 극복을 가장 잘 보여주는 게임의 형태가 다름아닌 e스포츠이다.

카이와가 주장한 네 가지 게임의 특징은 e스포츠에서도 적용이 된다.

첫째, e스포츠와 관련된 경쟁의 요소이다.

e스포츠를 게임이라고 말하는 것에는 단순히 비디오 게임의 놀이만을 언급하지 않는다. 그 속에는 경쟁의 요소가 개입된다. 게임은 불필요한 장애물을 극복하고자 하는 자발적인 시도이다(Suits, 2014). 기존의 스포츠와 관련된 게임과 마찬가지로 e스포츠도 비록 가상세계에서 주어진 장애물이지만, 그것을 극복하고자 하는 선수들의 경쟁과 노력이 없이는 설명할 수 없다. e스포츠 세계에서 최고의 e스포츠 선수로 인정받고자 하는 인간의 욕망은 스포츠와 다르지 않다. 다만 e스포츠가 게임하는 플레이어들의 역량에 맞추어서 만들어진다는 점에서 스포츠와 관련된 게임의 차이점은 존재한다. 하지만 스포츠와 관련된 게임의 규칙도 게임하는 역량에 맞추어 점진적인 변화를 보여준다. 스포츠에서도 학년과 연령에 따라 경기시간과 장소를 축소한다. 게임과 e스포츠 사이에는 정도의 차이만 존재할 뿐이다.

둘째, e스포츠와 관련된 모방의 요소이다.

카이와에 따르면 인간의 속성은 다른 세계를 만들어 지금의 세계를 벗어나려고 노력한다. 이를 위해 인간은 경쟁을 위해 허구적인 세계도 받아들이는 모방의 태도를 갖는다. 모방은 가상세계를 만들어 그것을 우리가 현실적인 것으로 받아들이고, 그 속에서 우리는 즐거움을 느낀다. 우리가 어른 흉내나 가면놀이와 같은 행동을 e스포츠에서도 한다. 즉 e스포츠는 자신을 대신하는 아바타의 존재를 만들었다. 현실에서 가면을 쓰는 것은 인간의 생존에 도움이 된다. 이것이 가상세계에서는 아바타를 통해 경쟁에 참여하게 된다. 가상세계에서 자신의 아바타로 e스포츠로 진행되는 이유는 인간의 생존에 유리한 인간본성이 개입되기 때문이다. 현재에는 모니터 중심의 e스포츠에서 아바타가 자신을 대신하겠지만, 미래에는 직접적인 신체의 개입으로 자신의 활동성을 강조하는 VR/MR/AR 기반의 e스포츠로 발달할 것이다. 이 모든 발달의 전제는 인간 생존을 위한 모방의 속성이 개입되기 때문이다.

셋째, e스포츠와 관련된 운의 요소이다.

운과 관련해서 스포츠와 관련된 게임과 e스포츠로 대신하는 게임 간에는 큰 차이점을 보여준다. 사실 e스포츠는 경기에 운의 요소가 많이 개입되지 않는다. 진정한 선수들의 기술과 실력으로 승패가 결정된다. 이러한 승부를 결정하는 요소가 상대의 움직임에 대한 즉각적인 반응속도이다. 여기에 운의 요소가 개입되기란 디지털 속성상 힘들다. 따라서 e스포츠는 운의 요소가 배제된 진정한 경기력으로 승부를 내는 경기이기 때문에 관객들에게 환호를 받는다. 물론 e스포츠의 종목에 따라 운이 중요한 요소로 작동하는 게임도 존재한다.

넷째, e스포츠와 관련된 현기증의 요소이다.

현기증은 지각적 판단과 기분 좋은 공포상태를 만들어낸다. 게임보다는 e스포츠가 훨씬 지각적 판단과 기분에 직접적으로 영향을 준다. 스포츠와 관련된 게임보다 e스포츠는 한눈에 들어오는 화면 속에서 보여준 시각의 움직임, 사운드 즉각적인 감각의 반응에 따른 현전감(presence)은 일반 스포츠보다 훨씬 크기 때문이다. 화면 속에서 전개되는 속도감 있는 경기는 또 다른 e스포츠의 장점이다.

위와 같이 카이와 게임의 네 가지 특징은 스포츠와 관련된 게임의 영역에서 뿐만아니라 e스포츠에서도 나타난다. 다만, e스포츠의 특성상 강조점이 다르게 나타날 뿐이다. 이러한 이유는 e스포츠의 등장과 발달이 디지털 기기의 발달, 인간의 사회문화적 환경, 감각적 반응이 복합적으로 개입되어 나타났기 때문이다.

02 게임과 e스포츠의 사회성과 타락

게임은 인간의 본성과 시대적, 문화적 환경과의 관계 속에서 게임의 사회성을 보여준다. 그 속에서 게임은 긍정의 사회성과 타락의 속성을 보여준다.

1) 게임과 e스포츠의 사회성

카이와가 주장하는 게임은 인간의 본성 뿐만 아니라 사회적 문화적 환경 간의 상관관계에서 성장과 쇠퇴의 과정을 보여준다고 하였다(이상률, 역, 1996). 이러한 사회문화적 환경과의 상관관계 속에서 게임의 성장과 쇠퇴는 e스포츠에도 적용할 수 있다. 게임이 자유로운 놀이의 본성과 주어진 사회문화적 환경 속에서 제도화된 형태로 탄생한 것과 마찬가지로 e스포츠도 디지털 기술이라는 사회문화적 배경에서 탄생하였다. e스포츠는 원래 놀이, 게임이라는 인간의 본성과 사회적 문화적 환경의 속성을 포함한다. 즉 상상의 영역에서 자유로운 놀이의 활동과 규칙에 따라 승부를 내는 경기로 새롭게 등장하였다. 다만 그 경기의 영역이 디지털 기기의 발달에 따른 시스템에서 작동한다는 점이다.

카이와에 따르면 게임이란 그 이름으로 불리는 특정한 활동뿐만 아니라, 복잡한 전체의 기능에 필요한 도형과 상징물 그리고 도구 등의 전체를 포함한다고 앞에서 지적하였다. 이처럼 게임은 그것이 실제 행해지는 문화에 크게 의존하여 나타날 수밖에 없다. 예컨대 e스포츠는 특정한 디지털 기기를 기반으로 경쟁에 참여하는 선수들은 그들 나름대로 팀 상징을 표현하기 위해 팀명과 팀 로그가 적힌 경기복을 입고 경쟁에 참여한다.

카이와는 게임에 경쟁자나 관객이 없으면 그 게임은 싫증을 내게 된다고 하였다(이상률 역, 1996: 71). 즉 게임은 경쟁자나 관객이 중요한 요소임을 주장한다. 관객이 없이 혼자 하는 디지털 게임은 놀이에 불과하다. 우리가 게임이라고 불리는 것은 혼자 하는 것이 아닌 사회적 관계를 형성하는 데 도움이 된다. 게임에 참여하여 주위의 사람들을 끌어드리는 반향을 일으킬 때야 비로소 그 게임은 절정의 의미를 갖는다(이상률 역, 1996: 74). 게임의 사회적 역할이 참여를 전제로 한다면, e스포츠는 훨씬 더 종교, 인종, 나이와 관계없이 사회적 참여가 가능하게 하는 평등적 요소를 갖는다. 수많은 사람이 쉽게 언제 어디에서나 즉각적인 참여가 가능하다는 점이 e스포츠의 특징이다. 어떤 점에서 e스포츠는 특정 참여의 기준, 즉 성별이나 나이 신체적 조건을 배제하는 훨씬 더 평등한 스포츠이다. 디지털 속성상 지역과 거리와 상관없이 언제나 누구든지 경기에 참여하여 자신의 기량을 발휘할 수 있기 때문이다.

사실 게임이라는 것 자체가 게임에 대한 신뢰, 보이지 않는 타자에 대한 신뢰, 인간과 세상에 대한 신뢰를 전제로 작동한다. 전통적인 스포츠에서도 직접적인 관객의 참여뿐만 아니라, 매체를 통한 관객의 참가도 포함된다. 오늘날 e스포츠는 자신이 참여하여 경기를 진행하는 것 이외에도 유튜브, 트위치(twitch) 같은 스트리밍을 통해 관객으로 참여한다.

코로나 19시대 이후 비대면 경기에서 e스포츠 경기의 역할은 더욱더 중요할 수밖에 없다. 그러나 세상에는 긍정과 부정의 양면이 존재한다. 비록 코로나 시대에 e스포츠가 현실적으로 주목을 받는다고 하더라도 e스포츠의 부정적인 측면이 존재하는 것 또한 사실이다. 그렇다면 e스포츠의 사회성은 어떻게 형성할 수 있을까? 디지털 플랫폼의 매체로 통한 게임에 참여하는 e스포츠의 사회성은 긍정적인 것보다 부정적인 측면이 강하지만, 그것을 어떻게 이용하느냐에 따라 충분히 사회적 역할을 담당할 수 있다. e스포츠는 친구들과의 소통의 도구로서, 학업 스트레스 해소의 수단으로, 새로운 영역의 직업 선택의 기회를 제공한다. 또한 e스포츠에서 보여준 즉각적인 판단의 경험은 우리의 일상의 사고형성까지 영향력을 미친다. 과거의 어떠한 게임의 수단보다 e스포츠는 현대사회에 더 큰 영향력을 미친다. 직접적인 신체적 대면에서 가져다주는 게임의 장점을 무시하는 것은 아니다. 다만, e스포츠를 일상적으로 접하는 젊은이들은 훨씬 더 비신체적 활동에 강조점을 둔다는 사실이다.

2) 게임과 e스포츠의 타락

카이와에 따르면 게임이 일상생활에 오염되면, 게임의 본성은 타락하고 손상될 위험이 크다고 하였다(이상률 역, 1996: 77). 그는 일상생활의 오염을 자연적인 상태의 왜곡으로 설명한다. 자연 상태의 왜곡은 앞에서 언급한 네 가지 속성이 자신의 과도한 본능에 의지하거나 그 의지를 통제하지 않으면 언제든지 게임의 타락은 발생한다(이상률 역, 1996: 78-79). 이러한 타락을 막기 위한 수단으로 그는 규율과 같은 제도가 개입된 게임을 주장한다. 이러한 주장은 카이와가 몽테스키외의 사상을 계승하였다는 점에서 잘 알 수 있다.7 카이와의 주장에서 우리가 알 수 있는 사실은 게임 자체에서는 타락이 일어나지 않는다는 점이다.

예를 들어 경쟁에서 게임하는 자신만의 의지로 승리만을 추구한다면 경쟁의 타락은 불가피하다. 운이라는 것도 자신의 노력이 완전히 배제된 자신이 통제하지 못하는 힘에 몸을 맡긴다면, 우리는 굳이 게임을 할 필요가 없다. 모방에서는 자신을 다른 존재라고 상상하며 허구의 세계에만 매몰된다면 자신의 독자적 활동의 영역을 축소시킨다. 그리고 현기증에만 몰입한다면, 자신 몸의 안정과 균형이 일시적으로 파괴한다. 또 의식의 혼란을 일으키고 싶은 욕망에만 관심을 둔다면 오늘날의 관점에서 중독, 과몰입의 원인이 된다.

카이와가 설명한 게임의 범주들에는 인간의 본능과 의지에 따라 타락할 위험성을 가지고 있다고 보았다. 이는 카이와가 언급한 놀이의 속성, 즉 자유로운 활동, 일상생활과 분리된 활동, 영역이 확정되지 않는 활동, 비생산적 활동, 규칙이 있는 활동, 허구적인 활동이 단지 본능에 따르면 사회문화로서 인정받지 못한다고 주장한다. 따라서 인간의 본능은 사회와의 규율 속에서 통제되고 다루어져야 한다. 오늘날 스포츠와 관련된 게임이 사회적 규율 속에서 본능 발휘를 강조하였기 때문에 스포츠와 관련된 게임을 긍정적으로 바라본다. 하지만 카이와에 따르면 인간의 본능 그 자체는 근본적으로 제거할 수 없기 때문에

---

7 카이와는 몽테스키외의 전집을 편찬하였고, 그의 사상을 계승하였다고 그의 책 서문에 적고 있다(이상률 역, 1996: 6). 몽테스키외는 법의 본성을 설명하고자 하면서 '자연적'인 기초 위에서 사회개혁을 주장하였다. 이는 자연과 사회를 동일시했던 것은 중세적인 신의 섭리로 사회를 설명하는 것과는 완전히 대립하고 있음을 보여준다(이정우, 2009).

게임의 타락은 피할 수 없다고 주장한다.

　이러한 게임의 타락은 e스포츠에서도 그대로 적용이 된다. e스포츠는 디지털 속성상 더 인간의 본능을 자극하고 인위적으로 개입할 여지가 훨씬 더 크다. 이러한 그러한 내용을 가장 잘 보여주는 단어가 e스포츠와 관련된 게임중독이라는 단어이다. 인터넷 게임중독을 포함한 넓은 의미의 게임중독은 스포츠에서 일어난 중독과 다르다. WHO는 게임중독을 국제질병코드(ICD-11, International Classification of Diseases)로 분류하였지만,[8] 비디오 게임이 질병을 일으키는 주요 원인이라는 동의도 아직 부족한 현실이다(Ferguson & Colwell, 2020). 현실적으로 e스포츠는 의지보다는 본능이 직접적으로 개입될 여지가 높다. 직접적인 접촉과 경기가 작동되는 모니터 화면에서 우리가 직접적으로 느끼는 현전감(presence)은 기존의 스포츠와 관련된 게임과 다를 수밖에 없기 때문이다. 물론 그 타락이 어디에서 오는지 그 해결방안은 어디에서 찾을 수 있는지는 학자들마다 다를 수밖에 없다.

　하지만 앞에서 언급하였듯이 게임 자체가 타락을 가져오는 것이 아닌 것과 마찬가지로 e스포츠 그 자체의 잘못은 없다. 청소년의 과도한 학습의 경쟁에 따른 부담감과 이를 회피하기 위한 방안으로 e스포츠에 열광한다. 친구들과 같이 즐기는 놀이 문화의 상당수가 PC방으로 대표되는 디지털 게임이라는 점에서 e스포츠의 역할을 무시할 수 없다. e스포츠에 많은 시간을 보내는 사회 환경이 카이와가 이야기한 일상생활의 주요한 오염이다. 따라서 e스포츠의 부정적 해결은 e스포츠가 아닌 일상생활에서 그 해답을 찾아야 한다. e스포츠 그 자체가 문

8　2022년 1월에 WHO의 권고안에 대해 각국의 보건당국이 승인하도록 강제하였다. 물론 미국의 정신질환학회(American Psychiatric Association, APA)에서는 더 많은 연구가 필요한 것으로 게임몰입을 중독으로 인정하고 있지 않다(https://en.wikipedia.org/wiki/Video_game_addiction).

제 해결의 출발점은 아니라는 사실이다.

03   모방과 시뮬레이션 ✎

모방은 인간의 본성이며, 모방은 다양한 형태의 게임을 만들었다. 모방은 단순히 개인이 따라하는 것을 넘어 관객들의 호기심과 새로운 게임을 만들어내는 원동력으로 작동한다.

1) 가면과 아바타

다양한 게임의 종류는 인간의 소꿉놀이와 같은 역할놀이에서 시작하였다. 적과의 싸움에서 이기기 위해 레슬링과 창던지기의 경기를 만들었다. 이 모든 것은 카이와(Caillois)가 게임의 특성으로 언급한 모방에서 기원한다. 모방이 작동하는 이유는 "자신이 아닌 다른 존재라고 믿거나, 자기나 타인에게 믿게 하면서 논다는 사실이다. 놀이하는 자가 자신의 인격을 일시적으로 잊고 바꾸며 버리고서는 다른 인격을 가장"하기 때문이다. 이러한 모방의 현상은 인간의 충동적인 본성이며, 체질이다(이상률 역, 1996: 47).

부모의 역할 놀이와 모형 장난감의 놀이는 성인들의 행위모방에 기인한다. 이러한 모방놀이는 어린이에게만 적용되지 않는다. 성인들에게도 나타난다. 특히 성인들의 모방놀이로 가면놀이가 대표적이다. 과거 민속놀이에서 가면 사용은 일반적이었다. 가면은 기존의 가치질서에 새로운 활력을 불어넣는다. 자신이 일상에서 하지 못하는 것을 가면을 쓰고 흉내 내면서 자신이 힘을 발휘하는 유능한 연예인으로 생각한다. "가면은 그것을 쓰는 자에게 일시적인 흥분을 일으키며, 아울러 그에게 자신이 뭔가 결정적인 변신을 했다고 믿게 한다. 어쨌든 가면은 본능의 폭발, 어찌할 수 없는 무서운 힘의 침입을 조장한다"(이상률 역, 1996: 143). 이처럼 가면의 놀이는 국경과 관계없이 민속지학(Ethnography)의 주요한 놀이 형태의 하나였다. 우리나라 텔레비전 쇼인 복면가왕이 전세계로 확산되어 인기를 얻는 이유가 여기에 있다. 복면가왕에 다들 흥분하는 것은 가면 속에서 보이지 않는 가수들의 힘을 다 함께 느끼기 때문이다. 이와 같이 가면은 초자연적인 능력을 발휘하는 촉매제의 역할을 담당한다(이상률 역, 1996). 오늘날 e스포츠 선수들이 입는 유니폼은 가면의 확장으로 그들의 자부심과 능력을 대외적으로 표현하는 기호이다. 우리가 선택하는 아바타도 넓게 보면 가면의 확장이다.

인간은 자기 나름의 역할을 현실사회에서 구현하려고 노력한다. 그 속에서 인간은 자신의 인격을 드러내고자 한다. 그러나 현실에서는 자신이 원하는 모든 것을 채울 수는 없다. 이에 따라 가상세계의 게임에 참여하여 자신이 가진 능력을 발휘하여, 다른 사람들에게 인정받기 위해 노력한다.9 e스포츠는 직접 사람과 사람 간의 경기이기 보다는 화면 속의 가면인 아바타를 움직여 승부를 낸다. 물론 e스포츠에서 아바타를 통해 보여준 능력발휘는 아무런 규칙 없이 진행되지는 않는다. 규칙이 지배되지 않는 가면을 통한 경기는 e스포츠이기보다는 놀이에 지나지 않는다.

아바타는 원래 컴퓨터 게임, 인터넷 상에서 자신을 나타내기 위해 창조한 캐릭터나 생물체의 이미지를 말한다(국립국어원 표준국어대사전). 아바타(avatar)란 화신, 분신을 뜻한다. 내려오다, 통과하다의 Ava와 땅,

---

9 인격(personality)의 어원은 persona, 즉 연극 때 쓰는 가면에서 유래하였다(https://www.etymonline.com/search? q=person).

아래의 뜻의 Terr가 합성된 산스크리트 언어이다.[10] 아바타는 인터넷 공간에서 자신을 대신한 완전한 가면의 형태이다. 일상적인 공간에서는 누군가를 만나면 악수하거나 껴안고 싸우기도 하지만, 사이버 공간에서는 아바타가 자신을 대신하여 자신의 행위나 욕구를 표출한다. 디지털 매개체는 e스포츠 플레이어에게 하나의 가면의 장치를 부여하여 직접경기에 참여하도록 만들어졌다. 화면 속에서 움직이는 주체, 즉 아바타는 나의 움직임과 동일시되는 연장된 몸이다. 아바타는 직접적인 플레이어 시각의 차원에서 움직임을 보여주거나, 제3자적 관점에서 자신의 움직임을 동일시하여 움직인다. 어떻게 움직이던지 간에 e스포츠에서 아바타는 나의 상상의 세계로 인도해서 나 자신과 전혀 다르지 않는 같은 주체로 생각하게 된다.

사람들은 상상의 세계가 존재하지 않는다고 생각하지만, 경기가 이루어진 세계에 자신이 참여할 때에는 그것이 현실과 전혀 다르지 않다고 믿는다. 디지털 기술의 완벽한 사운드와 화면이 우리를 믿지 않을 수 없게 만들지만, 그것이 상상의 세계에 들어가는 이유는 아니다. 우리는 상상의 세계가 현실적인 상황이 아니라는 사실을 알지만, 가상 공간의 행동은 현실의 행동과 같게 행동한다는 점이다(백우진 역, 2019). 물론 현실의 세계와 가상의 세계는 원칙적으로 다르다. 그러나 그 세계도 우리가 살아가는 세계의 일부분을 구성한다. 오늘날 가상세계와 연결된 세계를 부정하고 살아갈 수 없음을 가장 잘 보여주는 것이 메타버스(Metaverse)이다.[11]

모방게임은 주어진 도구와 문화적 환경에 따라 다르게 나타난다.

---

10 https://www.etymonline.com/word/avatar#etymonline_v_18992

11 http://www.metaverseroadmap.org/overview/. 기술연구재단인 ASF(Acceleration studies Foundation)은 메타버스의 영역을 증강현실, 라이프로깅, 거울세계, 가상세계로 분류하였다. 이와 관련된 내용은 김상균(2020)을 참조.

과거에는 인간의 생존과 신체적 경쟁의 게임 형태가 많았다면, 오늘날 디지털 기기의 발달은 e스포츠의 경기를 만들어 내었다. 과거의 모방은 우리의 일상과 관계없지만, 오늘날 e스포츠의 도구인 디지털 플랫폼은 그 영역을 구분하지 않는다. 특히 AR/MR/VR 디지털 기기의 발달과 코로나 19(COVID-19)에 따른 비대면 환경은 모니터를 대표하는 e스포츠를 넘어 전신의 움직임을 강조한 AR/MR/VR e스포츠가 등장하게 만들었다.

2) 시뮬레이션(Simulation)

모방이란 "복잡한 문제나 사회 현상 따위를 해석하고 해결하기 위하여 실제와 비슷한 모형을 만들어 모의적으로 실험하여 그 특성을 파악하는 일"이다(국립국어원 표준국어대사전). 모방은 인간의 본성을 근거로 더 나은 삶을 위해 무언가 만들어 내었다. 스포츠에서 모방은 생존의 방법으로 활쏘기가 양궁의 게임으로, 총의 발달은 사격의 게임 형태로 나타났다. 오늘날 모방은 과학의 발달로 시뮬레이션의 방법을 새롭게 적용하여 우리의 삶에 영향력을 미친다. 특히 컴퓨터의 발달은 실제 상황과 유사한 환경을 조성하여 모의실험을 가능하게 하였다. 이를 통해 적은 비용으로 우리가 필요로 하는 결과를 쉽게 얻게 되었다. 이러한 모방의 형태인 시뮬레이션은 일상생활을 넘어 스포츠에도 적용이 되어 VR/AR/MR e스포츠가 등장하였다.

현실에서 전쟁에 참여하여 사람을 죽이거나 하기는 사실상 힘들다. 전쟁의 모의실험, 즉 시뮬레이션은 인간의 생존 본능에서 시작되었다고 말할 수 있다. 자신의 생존 본성과 더 나은 삶을 제공하는 시뮬레이션의 역사는 고대 로마시대까지 거슬러 올라간다. 즉 고대 로마시대의 콜로세움에서 보여준 로마제국 군대의 정복전쟁과 해전의 재현장면

(Naumachia)이 잘 보여준다. 물론 그것이 오늘날의 관점에서 스포츠인지 아닌지의 논란은 차치하고라도, 그 당시 로마시대에 그들 자신의 국가와 시민들의 탁월성과 정의를 보여주고자 하였다. 사람과 사람 간의 결투나 사람과 동물 간의 결투, 그리고 로마시대의 영광을 보여주기 위한 전쟁신은 실제 일어나지 않는 상황을 시뮬레이션으로 대중에게 보여준다. 직접적으로 왕이나 관객들이 경기의 진행 상황을 통제 가능하지만, 현실에서 일어나지 않는 행위를 시뮬레이션으로 보여 주었다(Jonasson, 2017: 35). 존나숀(Jonasson, 2017: 34)은 그것을 대중 게임(public gaming)으로 인식하고 있다. 오늘날 e스포츠 경기장을 아레나로 불리는 이유도 고대 로마의 스포츠와 유사한 점이 존재하기 때문이다. 따라서 고대 로마 관중의 구경거리는 시뮬레이션의 시초이며, 공공의 스포츠로 인식해야 한다. 누구나 똑같은 경험이 가능하다는 점에서 "시뮬레이션은 대중 민주주의적 체험이다"(윤종석, 나유신, 이진 역, 2017: 194).

스포츠의 기원을 그리스올림픽에 기원을 둔다면, e스포츠의 역사적 기원은 로마시대의 관중 중심의 스포츠라고 1장에서 언급하였다. e스포츠의 등장과 로마시대의 시간적 차이는 있지만, 공간적인 측면에서 차이는 있지만, 상상의 세계에 참여할 수 있는 기회를 갖는다는 점은 다르지 않다. 현실에서 얻을 수 없는 것을 시뮬레이션의 방법으로 무언가를 획득하고자 한다는 점에서 고대 스포츠나 e스포츠는 다르지 않다. 물론 이러한 주장에 반대하는 사람들도 있다. 하지만 디지털 기술의 방향은 e스포츠가 완전한 시뮬레이션의 구현의 방향으로 진행되고 있다는 사실은 부인할 수 없다. 시뮬레이션 구현의 내용이나 양상이 문화적 환경과 디지털 기술의 발달에 다르게 나타날 뿐이다. 이는 e스포츠에도 그대로 적용된다. 현재의 e스포츠는 직접적인 모니터의 응시에서의 경험보다, 개인적 시뮬레이션의 영역으로 확대되고 있다. 오늘날 모니터 기반의 e스포츠보다 VR/AR/MR 기반의 시뮬레이션으로 e스포츠 영역으로 확대되고 있다. VR/AR/MR e스포츠가 PC 기반의 e스포츠보다 신체적 활동성과 몰입감이 훨씬 뛰어남을 보여준다(임상국, 2020: 46).

04 e스포츠 게임을 넘어

오늘날 게임이라고 하면 스포츠와 관련된 놀이의 제도화된 경기로 인식되기보다는 디지털 게임으로 여긴다. 여기에는 스포츠와 다른 영역이라는 부정적인 관점이 포함되어 있다. 이는 아직 e스포츠가 스포츠의 영역으로 대중적으로 받아들이지 못한 현실을 보여준다. 그러나 게임은 스포츠와 디지털의 영역과 관계없이 그 자체로서의 의미를 갖는다. 본질적으로 스포츠와 디지털에서 언급된 게임의 특징은 다르지 않다. 이것을 가장 잘 보여주는 것이 카이와의 게임이론이다. 그는 호이징가의 자유로운 활동이라는 놀이의 특성을 넘어, 인간의 본성과 사회 문화적 관계에서 형성된 네 가지 게임의 특징(경쟁, 모방, 운, 현기증)으로 설명하였다. 이를 기준으로 경쟁(ludus)과 놀이(paidia)의 수준과 양상에 따라 다양한 게임의 종류를 분류하였다.

카이와에 따르면 게임은 인간의 본성과 의지에서 출발하고, 사회적 문화적 환경과의 관계 속에서 새로운 게임의 형태를 만들었다고 하였다. 이러한 게임의 특징은 스포츠에서 언급된 제도화된 게임뿐만 아니라, e스포츠를 설명하는 데도 유용하게 적용이 된다. 물론 e스포츠의 분류를 어떻게 할 것이며, e스포츠의 사회적 역할과 인간의 본성과의 관련된 근본적인 질문은 가능할지 모르지만, 카이와가 지적한 인간의 본성과 관련된 게임의 본질은 e스포츠에서도 변함이 없다. 예컨대 스포츠와 e스포츠가 현실과 가상이라는 영역의 차이에도 불구하고, 게임이 갖는 중용의 본성을 찾아야 한다는 카이와의 지적은 지금에도 유용하다.

카이와는 그의 저서에 모방에서 보인 허구의 세계는 고도의 문화가 발전함으로써 허약한 역할을 할 것이라는 예측을 하였다(이상률 역, 1996: 147). 하지만 오늘날 디지털 문화가 가져다주는 새로운 재미와 욕망을 카이와는 생각하지 못했다고 생각한다. 사실 어느 누구도 e스포츠의 등장을 정확하게 예측한 사람은 없다. 우리가 살아가는 디지털 환경이 사람들로 하여금 끊임없는 디지털 욕망의 소비를 요구한다. 그 소비의 한 형태가 e스포츠 경기로 나타났다. 물론 그 경기의 양상도 주어진 시대적, 환경적, 문화적 영향력을 받는다. 디지털 게임의 환경과 스포츠 영역의 간의 만남에서 탄생한 e스포츠는 코로나 상황(COVIC-19)에 따라 더 많은 관심을 두게 되었다. 현실적인 환경과 관계없이 진행 가능한 e스포츠의 관심은 지속적인 경기가 가능한 e스포츠에 관심을 갖게 되었고, 이것이 전 세계적인 경기종목으로 나타났다.

게임은 본래 인간의 본성과 의지가 관련되어 있기 때문에 긍정적인 사회적 역할과 그리고 이와 다른 타락의 부정적 측면을 갖는다. 스포츠와 관련된 게임도 폭력과 같은 비윤리적 행위가 나타난다. 이는 e스포츠도 마찬가지다. 우리는 e스포츠의 부정적인 측면으로 과몰입, 중독, 시간 낭비, 폭력성을 언급한다. 그러나 e스포츠의 부정적 요소는 인간과 사회문화적 관계 속에서 나타나는 것이지, e스포츠 그 자체가 부정적인 요소를 만들어내지 않는다. 스포츠와 관련된 제도화된 게임이 죄가 없듯이 e스포츠도 죄가 없다.

카이와는 게임의 특징이 주어진 인간의 본성과 사회적 관계 속에서 네 가지 특징(경쟁, 모방, 운, 현기증)을 주장하였다. 이 네 가지 게임의 특성은 e스포츠에서도 나타난다. 다만 인간의 본성과 주어진 사회

문화적 환경과의 변화에 따라 그 강조점과 내용이 다르게 나타날 뿐이다. 카이와가 언급하였듯이 게임이 죄가 없듯이, e스포츠를 게임이라고 부르는 상황에서 그 게임도 부정적으로 인식할 필요는 없다. 한마디로 e스포츠 그 자체는 죄가 없다는 것이다.

5장 토론 내용

- 카이와가 언급한 jeux가 놀이, 비디오 게임, 스포츠 게임에서 어떻게 변용되어 적용되는가?
- 카이와의 게임에서 중용은 무엇이고 의미는 어떻게 적용이 가능한가?
- 카이와의 놀이가 갖는 불확실성(uncertainty)이 e스포츠에도 적용이 되는가?

더 읽어야 할 책

Caillois(이상률 역, 2018)와 Caillois(2001)의 영어 번역을 비교해서 보라. 플라톤식의 대화를 통해 게임이 무엇이고 왜 좋아하는지는 Suits(2014)와 게임이 갖는 불확실성의 의미는 Costikyan(2015)을 보라.

e스포츠와 재미

PART
06

PART 06.
e스포츠와 재미

저자는 2019년 국제 게임전시회인 부산 지스타(G–Star)에서 e스포츠 관련 설문조사를 하였다. 왜 e스포츠를 좋아하느냐의 주관적인 질문에 참여한 대부분의 답변은 '재미가 있다'고 하였다. 그 이외의 소수의 답으로 즐거움, 기쁨, 스트레스 해소 등으로 설명하였다. 하지만 이러한 소수의 답변도 재미가 갖는 단어의 동의 반복과 다르지 않다. 설문과 상관없이 개인적인 질문으로 재미의 이유가 무엇이냐고 다시금 질문하면, 응답자는 재미에 이유가 있느냐고 반문하였다. 성별과 관계없이 왜 그들은 e스포츠가 재미가 있다고 말했을까? 이 의문은 오랫동안 저자

출처: news.appstory.co.kr/column12332

의 머리에서 떠나지 않았다. 우리가 e스포츠를 통해 재미를 갖는다면, 재미의 이유를 찾아 설명하는 것도 학문적으로 의미가 있다.

공부가 재미있다고 이야기하는 아이의 모습을 볼 때 부모는 행복한 미소를 짓겠지만, e스포츠가 재미있다고 하면, 부모의 한숨짓는 모습이 떠오른다. 똑같은 재미인데 우리는 자신의 태도에 따라 재미에 전혀 다른 태도를 갖는다. 이러한 이중적인 관점은 e스포츠에도 적용된다. 긍정적인 측면에서 e스포츠는 경제적 매출이나 이익 그리고 4차 산업의 새로운 고용 창출의 기회를 주장한다. 예컨대 통계업체인 뉴주(Newzoo)에 따르면, e스포츠의 경제 규모는 2021년에 약 10억 불이 넘어 2023년에는 약 15억 불로 예상한다.[1] 이러한 e스포츠의 경제적 영향력과 시청자의 관심은 일부 동남아시아에서 e스포츠를 스포츠 경기로 동등하게 인정하였다. 2018년 인도네시아 팔렘방 아시안게임에서 시범종목으로, 2022년 항저우 아시안게임에서는 정식종목으로 채택하였다. 한국에서도 e스포츠 단체를 시·도 체육회의 산하 단체로 인정하였다. 이러한 e스포츠에 대한 경제적인 측면과 아울러 청소년들의 열광은 IOC로 하여금 e스포츠에 관심을 갖게 되었다. 이에 따라 2019년 IOC 정상회의에서 e스포츠를 스포츠 영역으로, 특히 VR의 영역이 고려될 수 있으리라 전망하였다.[2] 물론 IOC는 e스포츠에 대한 부정적 태도를 견지한다. 즉 e스포츠가 갖는 중독, 과몰입, 시간 낭비, 공공재의 문제, 종목의 비연속성, FIFA와 같은 하나의 통일된 조직 체계의 허약성, 지나친 상업성 등으로 정식종목의 인정에 주저한다.

e스포츠가 갖는 긍정적 또는 부정적 문제는 다른 관점에서 다루

---

1 https://newzoo.com/insights/articles/newzoo-coronavirus-impact-on-the-esports-market-business-

2 https://www.olympic.org/news/declaration-of-the-8th-olympic-summit(2019. 12.04).

어야 하겠지만, e스포츠에 대한 긍정과 부정은 e스포츠현상에 대한 차후의 평가이다. e스포츠가 하나의 거대한 현상의 출발점에서는 e스포츠에 대한 긍정과 부정의 요소가 개입되지 않았다. e스포츠가 재미가 있으니까 젊은이들이 열광하고, 그것이 하나의 문화현상으로 나타났다. 이러한 열광적인 현상에 기업들은 외면하지 않는다. 기업들은 e스포츠경기를 후원하고 그들의 상품에 e스포츠 선수들을 활용한다. 많은 국가도 문화 산업의 관점에서 e스포츠에 관심을 갖게 되었다. 이 모든 관심의 출발은 e스포츠에 열광하고 재미를 느끼는 사람이 있기 때문이다. e스포츠를 하는 것이 재미가 없다면, 그냥 시대적 유행에 따라 사라질 것이다. 따라서 오늘날 e스포츠의 현상을 이해하기 위한 출발은 왜 e스포츠가 재미가 있는지에 답을 해야 한다. 즉 e스포츠 재미의 해명은 e스포츠 현상 이해의 출발점이다.

　　사실 어떻게 보면 재미는 인간의 지속적인 움직임을 가능케 하는 원동력이다. 재미의 요소가 개입되어야 그 일의 지속성이 가능하다. 그리고 지속적 재미의 유지는 몰입과도 연결된다. 몰입되어야 시간 가는 줄 모르고 참여가 가능하기 때문이다. 몰입의 또 다른 측면은 창의력 발휘와도 연결된다. 이러한 재미와 몰입의 중요성은 e스포츠를 이해하는 중요한 주제이다. 우리가 온종일 지겹지 않고 e스포츠로 시간을 보내는 것도 재미가 있기 때문이다. 재미에서 시작하였지만, 어떤 청소년들은 많은 시간을 e스포츠에 투자함으로써 e스포츠 선수를 꿈꾸기도 한다. 어쨌든 e스포츠가 청소년들이 즐기는 일상적인 문화가 되었다는 사실은 부인할 수 없다. 특히 코로나 19(COVID-19) 시대의 비대면 상황에서 e스포츠의 활동은 청소년들의 활동과 움직임뿐만 아니라 그들 간의 소통에 중요한 역할을 담당하였다. 물론 e스포츠의 디지털 속성상 과몰입, 중독, 시간 낭비의 부정적인 요소를 배제할 수는 없다. 하지만 우리는 e스포츠에 대한 긍정과 부정의 관점을 설명하면서도 그 이전에 왜 e스포츠가 재미가 있는지 진지한 질문은 하지 않는다. 이중적 관점의 근본적인 출발이 e스포츠의 재미에서 출발함에도 말이다. e스포츠가 오감을 자극하여 우리의 마음을 사로잡는다면, e스포츠의 재미가 갖는 작동원리에 대한 근본적인 질문을 던져야 한다. 우리가 e스포츠의 긍정과 부정의 관점을 설명하기 이전에 그 근저에 작동하는 재미를 설명해야만, 긍정적인 이유에 대한 정확한 이해가 가능하다. 그것을 통해 우리는 e스포츠의 부정적인 측면의 작동원리를 파악해서 그 속에서 유용한 해결방안도 찾을 수 있을 것이다.

짧은 e스포츠의 역사에서 e스포츠의 현상과 관련된 학문적 관점은 상당한 연구가 진행되고 있다(이상호, 황옥철, 2018, 2019a, 2019b, 2019c, 2020). 그리고 국내 e스포츠와 관련된 연구동향 분석(오세숙, 김대훈, 2012; 이승훈, 2019; 이학준, 김영선, 2019)과, e스포츠는 스포츠라는 관점의 논문들이 꾸준히 등장하고 있다(이상호, 2020; 이상호, 황옥철, 2018; 이학준, 김영선, 2019; 김정효, 2020; 박성주, 2020). 반면에 비판적인 입장도 있다(임재구, 2020; Parry, 2018). 서구에서는 비디오 게임, 컴퓨터 게임, 온라인 게임, 디지털 게임 등과의 연관성을 중심으로 e스포츠의 연구가 진행되고 있다(Jenny et al., 2016; Silcox & Cocburn, 2009; Conway, 2016). 물론 e스포츠 비즈니스 측면에서 논의(Scholz, 2019; Hedlund, D., Fried, & Smith, 2020), e스포츠는 스포츠가 아니다(Kang, 2009; Parry, 2018). 프로 e스포츠선수들의 기술향상과 관련된 논의(Eunji Park et al., 2021)도 있다. 이외에도 많은 e스포츠의 연구가 국내외에서 진행되고 있다. 이와 같이 e스포츠의 연구는 다양한 학문적 분야에서 학자의 연구 관심과 학계의 관점에 따라 산발적으로 논의3되고 있지만, e스포츠가 갖는

---

3 한국에서 e스포츠의 관련연구들은 다양한 학문적 분야에서 연구되고 있다. 2021년 5월 현재, 학술연구정보서비스 RISS를 검색해보면 총 7,050건으로 나타나고 있으며, 체육학

재미의 관점과 관련된 학문적 연구는 상대적으로 부족하다.

현재 한국에서는 전남과학대학, 오산대, 국제대의 e스포츠과와 호남대 e스포츠산업학과가 e스포츠관련 학과로 개설되어 있다. 그리고 적지 않은 국내·외 대학에서 e스포츠관련 학과 개설의 움직임을 보여주고 있다. 그러나 학과 개설의 내용은 프로e스포츠선수들의 기량발휘와 관련된 내용이거나 e스포츠 비즈니스, e스포츠와 관련된 미디어의 활용, e스포츠 심리학, e스포츠와 중국어, e스포츠와 영어 등의 내용에 한정되고 있다. 물론 이러한 e스포츠 내용의 학과 커리큘럼의 내용도 중요하지만 이러한 학과 개설의 내용은 e스포츠의 학문적 영역을 기존의 학문적 관점에서 서술하여 나열될 가능성이 높다.

e스포츠의 근본적인 이해없는 기존의 학문적 관점을 적용해서 e스포츠학과의 커리큘럼을 만드는 것은 e스포츠가 가져야 할 고유의 학문적 본질과 영역을 외면하는 결과를 초래할 가능성이 높다. 이는 e스포츠 학문 형성에 방해요인으로 작동할 가능성이 높다. 개인적 견해이지만 e스포츠는 미디어, 빅 데이터, 영상, 음향, VR/AR/MR 등 공학과 놀이, 디자인, 스토리텔링 등 인문학이 만나 나타난 현상으로 접근한 통

분야(한국체육학회지, 한국체육철학회지, 한국체육정책학회지, 한국초등체육학회지, 한국체육과학회지, 한국스포츠학회지, 한국스포츠산업경영학회지, 한국사회체육학회지, 한국여성체육학회지, 스포츠와 법 등) 외에도 한국게임학회논문지, 인문사회21, e비즈니스연구, 커뮤니케이션디자인학연구, 민족문화논총, 웰리스 학회, 소비자학연구, 한국융합학회논문지, IT와 법 연구, 디지털 예술공학 멀티미디어논문지, 방송공학회논문지, 한국IT정책경영학회논문지, 한국콘텐츠학회논문지, 한국컴퓨터게임학회논문지, 통합교육연구, 한국언론정보학보, 정보법학, 과학기술법연구 등으로 게임학, 미디어학, 산업경영학, 법학, 방송학 등의 분야에서 활발히 연구들이 전개되고 있다. 이것은 e스포츠 분야의 연구 폭이 절대 좁지 않음을 의미한다(이승훈, 2019: 31). 한국에서는 2019년부터 한국 e스포츠학회지가 발행되고 있다. 서구에서는 International Journal of Esports와 International Journal of eSports Research가 있다. 한국의 e스포츠와 관련된 2004년부터 2020년 사이의 논문이나 학위논문의 요약은 이학준 편저(2020)를 참조.

합적인 이해가 필요하다. 즉 e스포츠 커리큘럼은 기존의 학과 내용과는 전혀 다른 방향을 설계할 필요가 있다.

여기에서 저자는 e스포츠의 학문적 커리큘럼은 e스포츠의 재미 분석에서 출발해야 한다고 생각한다. 앞에서 언급한 e스포츠의 커리큘럼이 의미가 없다고 하는 것이 아니다. e스포츠의 학문적 커리큘럼 방향의 그 밑바탕에는 e스포츠의 재미에 대한 이해가 깔려있어야 한다는 점이다. e스포츠가 디지털을 대표하는 매체(medium)와 인간 간의 관계에서 나오는 것이라고 본다면, 그 속에서 나타난 e스포츠의 재미 이해와 해석은 학문적으로 대단히 중요한 문제이다. 즉 e스포츠 재미의 연구는 디지털 기술과 인간움직임이 서로 만나 나타난 현상을 이해하는 데 초점을 맞추어야 한다. 왜냐하면 e스포츠 재미의 연구는 e스포츠의 본질과 연관되어 있고, e스포츠 재미의 내용은 e스포츠의 학문적 내용의 구성요소와 연결되기 때문이다. 여기에 e스포츠만의 독자적인 학문의 영역이 구축될 수 있을 것이다. 물론 저자는 하나의 e스포츠의 학문적 영역을 제시할 능력은 없다. 다만 e스포츠의 재미를 학문적으로 분석함으로써 더 많은 e스포츠의 커리큘럼과 e스포츠 연구의 촉매 역할을 기대한다.

이를 위해 저자는 담론적 관점에서 e스포츠의 재미를 설명하고자 한다. 먼저 저자는 재미가 갖는 단어의 개략적 정의에서 시작하고자 한다. 그리고 e스포츠 재미의 본질적 근원이 어디에 있는지를 설명하고자 한다. 구체적인 내용 전개는 'e스포츠의 재미는 죄가 없다'를 진화 심리학적 관점과 인지 과학적 관점에서 검토하고자 한다. 여기에서는 긍정과 부정의 관점 이전에 객관적으로 e스포츠의 재미가 어떻게 일어나고 작동하는지를 제시하고자 한다. 그리고 저자는 'e스포츠의 재미는 수단에서 나온다'는 사실을 경쟁과 매체가 갖는 특성을 중심으로 설명하고자 한다. 여기에서는 e스포츠 경기의 복잡성과 실패의 패러독스(paradox)

의 관점에서 설명하고자 한다. 마지막 결론을 대신하여 e스포츠 재미의 분석은 e스포츠 학문적 연구의 출발점임을 재확인하고자 한다.

01 재미란? ✏️

아이가 공부가 재미있다고 이야기하면 부모는 행복한 미소를 짓겠지만, e스포츠가 재미있어 몰입한다면 우리는 부모의 한숨짓는 모습이 떠오를 것이다. 기성세대들은 청소년들이 e스포츠에 몰입하면 우리는 학생의 학습에 방해가 되거나 시간 낭비로 생각한다. 같은 몰입 행위인데 나오는 결과물에 대한 학부모의 기대치가 반영되어 한쪽에는 미소를 다른 한쪽에서는 찡그리는 표정을 한다. 똑같은 재미인데 우리는 자신의 입장에 따라 재미를 다르게 해석한다.

재미란 무엇인가? 우리가 재미라고 말하지만, 한국어인 재미와 서구의 fun(재미)가 갖는 의미는 약간 다르다. 국립국어원 표준국어대사전에서 재미란 "아기자기하게 즐거운 기분이나 느낌"으로 설명한다. 하지만 재미를 이해하기 위해서 우리는 즐거운 기분이나 느낌이 무엇인지 알고 있어야 재미의 해석이 가능하다. 하지만 재미의 한국어 사전적 해석은 우리가 재미를 이해하는 데 더욱더 어렵게 만든다. 이러한 해석의 어려움이 우리가 재미가 무엇인지를 질문을 받을 때 즉각적으로 대답하기 어려운 이유이기도 하다.

원래 재미의 어원은 한자인 자미(滋味)에 출발한다. 자미란 "자양분이 많고 맛도 좋음. 또는 그런 음식"을 말한다.[4] 즉 재미는 맛이 좋

---

4 https://stdict.korean.go.kr/search/searchResult.do(국립국어원 표준국어대사전)

은 음식과 관련된다. 맛은 개인적인 상황에 따라 다르게 느끼기 때문에 재미란 주관적인 느낌이 강할 수밖에 없다. 사실 맛있는 음식을 과학적으로 설명하기란 쉽지 않다. 따라서 동양적인 관점에서 재미는 개인의 취향에 따른 맛과 같은 뜻으로 생각하기 때문에 객관적인 설명에 일정 정도 한계를 갖는다.

반면에 서구의 fun(재미)과 관련된 설명은 한국과 다르다. fun(재미) 단어의 어원은 fonnen(바보가 되다)의 의미와 fonn(즐거움을 갖는다)의 이중적 내용을 갖는다. 17세기에서는 중세 영어인 fonnen에 근거한 '바보로 만들다', '속임수를 쓰다'의 의미로 사용되었다. 그리고 fonnen의 어원인 fon이 갖는 의미에 따라 '애정을 갖는다'로도 사용되었다. 즉 fun(재미)은 '속임수의 행위'와 '애정을 갖는다'는 이중적 의미로 사용되었다. 오늘날 우리가 알고 있는 기분전환과 오락, 장난 등의 해석은 18세기 이후로 사용되었다.[5] 따라서 재미는 상층계급을 놀린다는 계급적인 면이 있으며, 어리석음, 무책임함과도 관련된다. 여기에 오늘날에는 중요한 일을 하지 않는 시간낭비의 의미가 추가되었다. 결국 재미는 반항적 측면과 우리가 갈망하고 관계하기를 원하는 복합적인 의미 내용으로 사용된다(김기홍, 심선향 역, 2020: 23).

서구의 단어 어원에서 살펴보았듯이, 우리가 재미(fun)라고 할 때 그 재미를 이해하고 설명하는 것은 쉬운 일이 아님을 알 수 있다. 또한 재미가 주는 의미가 동서양의 다른 주어진 문화적 사회적 환경을 고려한다면, 어떻게 보면 재미의 정확한 개념 정의가 불가능할지 모른다. 하지만 재미가 존재한다면, 학문하는 사람은 그와 관련된 재미의 이유를 찾아 설명해야 한다. 그 재미가 동양의 맛에서 나오는 느낌이라면, 생리학적인 관점과 인지작용의 작동과정으로 일정 부분 해명은 가능하

---

5 https://www.etymonline.com/search?q=funny

다. 서구의 재미가 속임수와 애정에서 나온 것이라면, 어떠한 매개체가 재미를 만들었는지에 대한 해명도 해야 한다.

e스포츠 재미의 해석은 e스포츠의 본질 이해와 연결되어 있다. 우리가 e스포츠 재미의 분석에 관심을 기울이지 못한 것은 역으로 e스포츠 본질의 학문적 이해에 대한 관심 부족에 기인한다. 물론 e스포츠 재미의 분석은 쉽지 않은 작업이다. 재미는 원래 이중적 의미가 있다고 앞에서 언급하였다. 재미의 해석에 개인적 관점이 개입될 수도 있고, 재미가 갖는 원래 반항의 의미와 새로운 갈망이라는 이중적 의미가 작동되기 때문이다. 이러한 이중적 의미는 e스포츠에서도 나타난다. e스포츠의 재미가 바보가 되는 부정적인 측면으로 나타나기도 하고 즐거움과 열광의 새로운 경험으로 나타날 수 있다. e스포츠 재미가 맛있는 음식을 섭취하는 것과 같이 기분이 좋아지고, 자신의 즐거움으로 표현된다면, 저자는 e스포츠 재미의 본질은 호이징가(Huizinga)의 『호모루덴스』에서 언급한 자발적인 놀이(이종인 역, 2010)와 마찬가지 승부를 떠나 즐겁게 즐기는 것으로 파악해야 한다. e스포츠에 참여하는 것은 시간낭비나 중요한 일을 하지 않는 것이 아니다. 현대에서 디지털과의 놀이는 새로운 가치를 만드는 원동력으로 작동한다. 놀이의 수단인 컴퓨터는 인공지능, 빅 데이터 연구를 넘어 기분전환의 도구 역할도 한다. 물론 e스포츠 재미에서도 과몰입, 중독, 게임개발사 소유권의 문제 등 부정적인 측면을 외면하는 것은 아니다. 그러나 이러한 부정적인 요소가 e스포츠 재미의 요소를 설명하는 데 근본적인 장애물은 아니다.

e스포츠의 재미를 설명하는 데 장애물의 하나는 e스포츠의 개념적 정의이다. e스포츠가 무엇인지 개념적 정의가 일치되어야 우리는 e스포츠의 재미가 무엇인지 정확한 설명이 가능하다. e스포츠의 개념적 정의가 선결되지 않는 상황에서 e스포츠의 재미를 논하는 것은 목

적 없이 길을 걸어가는 것과 같다. 예컨대 e스포츠가 게임과 같은지, 게임과 다르다면 e스포츠만이 갖는 특징이 무엇인지 설명되어야 한다. 그렇지 않으면 게임 재미의 설명과 다르지 않기 때문이다. 이에 따라 기존의 게임 분류와 다른 e스포츠의 분류는 대단히 중요한 문제이다. 기존의 e스포츠를 FTS, MOA, MMORPG 등으로 분류하는 것이 옳은 지도 학문적으로 검토해야 한다. 그리고 e스포츠를 디지털 미디어의 영역으로 접근해야 하는지, 아니면 스포츠 영역으로 해석해야 하는지 아직 해결해야 할 문제이다. e스포츠의 개념적 정의는 1장에서 설명하였다. 본 장에서는 디지털 기기 하에서 인간의 움직임으로 승부를 내는 경기이다6로 한정한다.

e스포츠는 디지털 기기 속에서 보이는 자신의 몸의 확장(extension of my body)과 연결된 아바타를 통해 경쟁, 협력, 상호소통을 한다. 모니터에 보인 캐릭터는 자신의 몸의 움직임과 같이 움직인다. 이 속에서 재미는 자연스럽게 우리들에게 나타난다. 물론 현실에서 이루지 못한 욕망을 모니터 속의 가상세계에서 이루면 그 즐거움은 배가 되겠지만, 현실로 되돌아오면 그 허망함도 존재한다. 이처럼 e스포츠의 재미는 자신의 느낌(feeling)7과 밀접한 관계를 갖는다. 이는 재미에 대한 생리학적, 심리학적, 인지적 이해가 필요함을 보여준다. 여기에 덧붙여

---

6 본 장에서 e스포츠의 개념적 정의와 관련해서는 이상호, 황옥철(2019)을 참조. 다만 디지털 기기와 디지털 플랫폼을 기반으로 작동하는 e스포츠의 영역은 e놀이, e게임, e스포츠를 포함한다. 후자의 e스포츠는 기존 우리가 언급하는 롤(LoL), 오버워치(Overwatch), 도타 2(DOTA 2), 배틀그라운드(Battlegrounds) 등을 말한다. 저자는 e스포츠가 디지털 기기를 기반으로 한다면, VR/AR/MR 기반의 e스포츠도 e스포츠 영역에 포함되어 한다고 생각한다.

7 여기에서 느낌(feeling)은 우리가 일반적으로 이야기하는 감정(emotion)을 포함한다. 외부 자극에 대해 자신이 생리적 심리적 변화의 결과물이 감정이라면, 그러한 감정을 자신이 판단하여 나타난 것이 느낌이다.

재미는 사회적 관계와도 연결이 된다. 재미의 요소는 개인적 인지적 영역에서 일어나지만, 사회적 환경 속에서 무언가를 극복하기 위한 누군가의 사회적 수단으로 이용되기도 한다.

수단으로 재미의 요소가 중요한 역할을 한다는 사실은 헤로도토스(Herodotus)의 『역사』에 보인다(천병희 역, 2009). 이 책 내용의 일부를 소개하면 다음과 같다. 아티스 왕이 리디아 왕국을 다스릴 때 기근이 왔다. 굶주림을 견디기 위한 방편으로 리디아 사람들은 놀이를 통해 식욕에서 벗어나고자 하였다. 리디아 사람들은 18년 동안 놀이를 통해 배고픔을 벗어나기 위해 주사위 놀이, 공놀이 등을 만들었다. 게임이 재미가 있었고 자발적인 행위였기 때문에 오랫동안 배고픔을 참을 수 있었다. 그 당시의 놀이가 단순한 현실도피이기보다는 생존의 유익한 도구였다는 사실이다. 이처럼 재미는 단순하게 개인적 즐거움의 분석에 한정해서는 안 된다. 누군가 의해 재미를 이용한 측면도 존재한다.

오늘날 디지털 기기는 일과 여가의 수단으로 동시에 사용된다. 과거의 놀이가 장난감을 대표로 하여 가지고 놀았다면, 오늘날에는 디지털 기기가 그 장난감을 대체하여 놀고 있다. 오늘날 디지털 기기로 우리는 많은 일을 한다. 코로나 시대에 자택에서 근무가 가능한 이유가 디지털 기기 덕분이다. 디지털 시대에 재미는 노는 것과 일이 복합적으로 연결된다. 따라서 '재미는 여가가 아니다', '재미는 일회용이 아니다', '재미는 선택, 변화, 과정, 일상이다'의 김선진(2013)의 지적은 타당하다. 이러한 재미의 속성은 e스포츠의 재미에도 적용이 가능하다.

저자는 e스포츠의 재미 그 자체는 죄가 없다고 생각한다. e스포츠의 재미는 매체(medium)와의 관계에서 나오기 때문이다. 매체는 미디어로 대체가능하다. 오늘날 인간의 삶은 매체와 분리될 수 없다. 미디어와 분리될 수 없다는 사실은 e스포츠의 재미 분석에도 적용이 된다. 저자가 생각하기에 매체가 개입된 e스포츠의 재미는 생리학적 본능으로 설명할 수 없고, 이성적 판단으로 설명하기 어렵다. e스포츠는 e스포츠를 함으로써 느끼는 것이며, 내가 디지털 매체에 개입하는 과정에서 일어나는 현상을 파악해야 한다. 호이징가(Huizinga)는 놀이의 본질을 재미의 요소로 설명하면서(이종인 역, 2010: 33), 재미를 시간과 공간에서 '놀아지는(played out)' 것에서 나오는 것으로 설명한다(이종인 역, 2010: 45). e스포츠도 마찬가지다. e스포츠의 재미도 e스포츠에 참여하여 놀아질 때 얻는 것이다. e스포츠의 재미는 직접적으로 e스포츠의 경기를 하거나 관객으로 참여할 때 발생하는 것이다.

따라서 e스포츠의 재미 본질은 e스포츠에 참여함으로써 나타난 다양한 문제에 초점을 맞추어 해석해야 한다. 디지털 기기의 발달이 e스포츠의 전제라면, 디지털 기기가 갖는 매체와 인간 간의 관계에서 e스포츠의 재미를 분석해야 한다.

02 e스포츠의 재미는 죄가 없다.

e스포츠의 재미는 어느 날 하늘에서 떨어진 것은 아니다. e스포츠의 재미는 인간 진화의 역사 속에서 형성된 것이며, 그 속에서 인간의 의식작용과 밀접하게 연결되어 있다.

1) 진화심리학

인간의 디지털 기기 선택은 자연선택의 결과물이다(저자생각).

e스포츠의 재미를 이야기하는 데 진화심리학이 무슨 관계가 있느냐고 의문을 가질 것이다. 진화심리학에서 재미를 찾는 이유는 재미가 인간생존의 진화과정과 밀접한 연관이 있기 때문이다. 진화심리학이란 "자연 선택에 의해 오랜 시간에 걸쳐 보존되어 온 마음과 행동이 적응적 가치라는 관점에서 설명한다"(민경환, 외8 역, 2015: 20). 즉 진화심리학은 자연 선택이라는 진화의 역사에서 인간의 마음과 행동이 어떻게 작동하는지를 연구하는 학문이다. 이러한 진화의 역사과정에서 인간의 마음과 행동을 결정하는 데 중요한 역할을 하는 것이 다름 아닌 재미이다. 인간은 자연환경에서 자신의 생존본능과 종족번식을 위해서 상대와의 싸움에서 이기거나 장애물을 극복하고자 한다. 인간의 생존방법이 힘들기보다는 재미가 있으면, 훨씬 더 생존에 유리하다. 우리가 생존을 위해 무언가를 배우는 과정에 재미의 요소가 개입되면, 재미는 배움의 과정이나 속도를 빠르게 진척시키는 윤활유의 역할을 담당하기 때문이다. 재미가 우리 삶의 활력소로 작동한다는 것이다. 예컨대 사자나 호랑이와 같은 육식동물이 서로에게 상처를 주지 않고 놀이를 하는 것은 재미를 통한 생존 방식을 배우는 것과 유사하다. 생존 방식에 재미의 요소가 추가되는 이유가 여기에 있다. 따라서 인간 생존을 위한 재미의 추구는 자연선택을 위한 본능에 가깝다고 말할 수 있다.

　인간이 주어진 장애물을 극복하는 상황에서 생존 움직임의 결과에 보상이 없다면, 인간의 삶은 무미건조할 것이다. 생리학적 관점에서 본다면, 자신의 생존 방식에 필요한 재미의 보상작용은 뇌의 호르몬 작용과 연관된다. 즉 재미란 새로운 경험과 학습에 따른 뇌가 주는 심리적 보상작용이다. 인간의 사고와 감정의 표현은 뇌 속의 화학물질인 신경전달물질의 전달에서 나온다. 특히 재미와 관련해서는 도파민(dopamine)과 아드레날린(epinephrine)이 작동한다. 도파민은 뇌 신경세계의 즐거움과 흥분을 전달하는 신경전달물질 중 하나이며, 즐거움,

행복, 공감을 만들어낸다. 도파민의 분출은 재미나 즐거움을 만들어 자신이 살아가는 데 도움이 된다(민경환, 외8 역, 2015: 70-71). 주어진 목표나 대상을 극복했을 때 재미의 도파민이 분출하지 않으면, 우리가 무언가를 쟁취하는 데 참여하기를 주저할 것이다. 도파민의 보상작용이 작동하여 인간 생존의 기대치를 증대시키고 이것이 재미의 형태로 우리가 느끼는 것이다. 그리고 또 다른 신경전달물질인 아드레날린은 뇌가 특정 자극의 위협에 자신의 몸이 대항하거나 도망칠 수 있도록 준비시키는 역할을 담당한다. 아드레날린은 외부 자극의 위험에 대응하기 위해 자신이 가진 에너지를 이용할 때 분비된다. 이 속에서도 재미는 유발된다. 긴장도가 높은 e스포츠 경기에 재미와 스릴을 느끼는 이유가 여기에 있다.

신경전달물질인 도파민과 관련된 재미있는 실험이 있다. 불을 끄고 원숭이의 입에 설탕을 입에 떨어뜨리면 맛있는 즐거움의 도파민이 분출되지만, 그 이후로 먹는다는 생각만으로도 도파민이 분출된다는 사실이다. 그리고 불을 켠 후 원숭이에게 설탕을 주는 실험을 더 진행하였다. 불을 켤 때 원숭이에게 나타난 도파민의 분출은 설탕을 먹을 때보다 더 높다는 사실이다. 이는 원숭이가 시간이 지나감에 따라 설탕을 먹는 것보다 먹는다는 기대감에 더 많은 관심을 보여준다. 즉 환경적 자극이 실제로 먹는 것보다 훨씬 더 중요한 요소로 작동한다는 사실이다(Schultz, 2001). 또한 더 나아가 도파민 자체가 새로운 것에 더 긍정적인 반응을 보여준다(Schultz, 2010). 이는 e스포츠의 참여 경험에도 적용이 가능하다. 즉 e스포츠를 직접 하는 것보다 e스포츠를 하고 싶다는 욕망이 더 클 수 있음을 보여준다. 예컨대 e스포츠에서 보여준 새로운 캐릭터 출현에 재미를 느끼는 것은 도파민의 역할과 연결로 설명이 가능하다. 일반적인 스포츠가 보여주는 집중의 영역보다 자신의 시각장(the field of visual sensation) 안에서 전체를 조망할 수 있는 모니터 화면의 영역이라는 점에서, e스포츠의 집중이나 몰입의 정도는 클 수밖에 없다. 따라서 e스포츠에서 보여준 화면의 시각적, 강력한 사운드에 우리는 재미를 느끼지 않을 수 없다.

인간은 살아남기 위해 노력한다. 살아남기 위해 우리는 상대의 움직임에 대한 즉각적인 반응과 더 빠른 움직임이 있어야 한다. e스포츠 경기에서 상대 움직임에 대한 즉각적인 반응 시스템은 다른 스포츠보다 훨씬 빨라야 하고 확실해야 한다. 자신의 행위에 대한 즉각적인 반응의 결과는 재미의 정도를 확대할 수밖에 없다. 남들보다 e스포츠를 잘한다는 사실은 다른 사람과 진화적 우위에 있는 권력 표시이다. 정확한 목표물을 조준하여 타격할 수 있는 능력은 생존에서 다른 사람들보다 뛰어남을 보여준다. 적을 사냥하기 위해 우리는 전략적 포위계획이 필요하고, 적절한 타이밍에 적을 잡을 수 있는 위험한 순간으로 상대를 몰아야 한다. 이는 진화론적 인간의 생존과정과 모니터 화면에서 구현되는 재미의 본질과 차이가 없다. 인간의 목표달성에 보상이 없다면, 우리의 행동은 지금과 다르게 전개될 것이다. 우리는 목표달성을 위해 대상의 움직임, 의도, 방향에 대한 정확한 판단이 필요하다. 우리는 자신에게 유리한 판단을 위해 적의 움직임 속에서 정형화된 패턴을 만들고자 노력한다. 패턴의 발견에 따른 재미라는 보상은 뇌가 우리에게 준 선물이 재미이다.

인간이 생존하기 위해서는 주어진 환경에서 적과 아군을 구별하고 상대의 움직임에 정확한 예측과 판단이 필요하다. 정확한 예측과 판단은 인간의 생존 확률을 높인다. 비록 그 예측이 맞고 틀릴 수 있지만, 그 판단을 하기 위해서는 우리는 상대의 움직임에 대한 특정한 패턴(pattern)의 발견해야 한다. 즉 상대 움직임의 패턴의 발견은 인간 생존에 필수적이다. 이는 e스포츠 경기에서도 적용된다. 모든 디지털 플랫폼으로 작동하는 e스포츠의 능력은 얼마나 빨리 패턴을 발견하느냐에 따라 승부가 결정된다. e스포츠 경기에서 패턴 발견은 재미뿐만 아니라 승부를 결정하는 중요한 요소이다. 우리는 e스포츠에서 상대의 움직임을 파악하고, 승리하기 위해 경기의 패턴을 찾고자 한다. 그 속에서 재미를 갖는 것은 당연하다.

뇌의 입장에서 본다면, 뇌가 효율적으로 운용되어야 하는 것은 당연하다. 이를 위해 뇌는 스스로 이기적 존재가 된다. 뇌가 이기적 존재라는 것은 뇌의 작동을 위해 뇌가 스스로 에너지를 만들어내지 못한다는 사실이다. 뇌는 인간의 몸무게의 2-3%이지만, 인간이 사용하는 에너지의 20-30%를 뇌의 다른 곳에서 가져다 쓴다. 뇌 자체는 스스로 에너지를 만들어내지 못하기 때문에 나의 몸에서 에너지를 가져다 쓴다. 뇌는 뇌 이외의 다른 곳에서 에너지를 빼앗아 쓰는 이기적인 존재라는 것이다. 이러한 측면에서 진화심리학자인 라이트(Wright)는 진화심리학을 다음과 같이 설명한다. 진화심리학은 인간의 뇌가 인간을 잘못 이끌고 심지어 노예 상태에 빠지도록 자연선택에 의해 만들어진 방식을 탐구하는 학문으로 설명한다(박영준 역, 2003). 라이트(Wright)가 지적한 뇌의 부정적인 역할의 이해는 중독이나 과몰입에 대한 해결책의 색다른 실마리를 제공한다. 자신이 재미를 느끼는 것이 진정으로 나 자신이 아니라 뇌의 요구에 따른 것이라 생각해보자. 우리는 뇌의 요구에 종속되지 않는 자율성을 가진 존재이다. 비록 뇌가 이기적 존재라 하였지만, 자신이 주도적으로 무언가를 선택하고 만들어가는 존재이다. 인간은 자율성에서도 재미를 발견할 수 있는 존재이다. 진정한 재미는 자신의 주도적인 선택에서 자신이 경험하고, 그 경험을 통해 자신의 변화 과정을 끌어내는 것이다. e스포츠에서 재미를 느끼는 것도 우리 자신이며, 그 재미가 자신의 뇌작동의 결과물이라는 사실도 안다면, e스포츠 재미의 또 다른 본질 파악이 가능하다.

진화심리학에서 인간의 생존에서 가장 중요한 것은 도구의 활용이다. 과거에는 사냥을 위해 돌도끼를 사용하였고, 시간이 지나감에 따라 화살, 근대에는 총을 만들었다. 도구의 활용은 시대적 환경과 과학의 진보에 따라 비례하여 발달해왔다. 오늘날 도구의 활용은 외형적인 모습에서 보이지 않은 정보(information)의 활용에 초점을 맞춘다. 4차 산업혁명 시대에 디지털 기기의 활용은 생존 경쟁에서 가장 중요한 부분을 차지하고 있다. 디지털 기기를 통한 인간 생존의 방법으로 요즘 빅 데이터의 활용을 강조한다. 스포츠에서 빅 데이터의 활용과 응용은 이제 피할 수 없다. 스포츠에서 승리는 어떠한 전략을 세우고 구현하느냐에 좌우된다. 이를 위해서는 스포츠에서 사용된 데이터의 이용은 자신의 게임 플레이를 최적화하는 방법을 찾아 이해하는 데 필수적이다. 예컨대 프로야구에서 공격선수의 타격 방향의 데이터에 따라 수비의 위치를 바꾸는 것도 데이터의 분석에 기인한다. 스포츠에서 데이터를 분석하여 최적의 결과를 도출하여 전략기술에 적용한다면 승리의 확률은 증가할 것이다.

e스포츠의 빅 데이터의 활용은 더욱더 중요시된다. e스포츠는 컴퓨터 속성상 경기의 리플레이(replay)나 과정이 데이터로 축적되어 있다. 예컨대 롤(LoL)의 경기는 다시 볼 수 있고 그 내용의 과정과 결과는 데이터베이스로 보내져서, 우리가 더 상세히 연구할 수 있게 되었다. 예컨대 모발리틱스(Mobalytics)는 라이엇 게임즈(Riot Games)가 개발한 게임전용 데이터베이스로 매 경기 후 데이터가 수집되고 축적된다. 우리는 이를 분석하고 단계별로 세분화하여 롤 경기의 전략분석에 활용한다. 이 데이터베이스에는 경기 시작에 대한 다양한 초보 안내서, 상위 팀 구성, 최고 승률을 기록한 문자 등이 포함하고 있다.[8]

여기에서 우리는 e스포츠가 빅 데이터를 활용할 수 있는 학문적

---

8 https://towardsdatascience.com/the-data-science-boom-in-esports-8cf9a59fd573.

기회로 삼아야 한다. 디지털 속성상 수치화된 데이터를 통해 승리 예측을 넘어, 빅 데이터를 활용하고 통계를 처리하는 과정을 습득하는 학습의 기회로 삼아야 한다. e스포츠의 빅 데이터를 강조하는 이유는 충분한 검증 가능한 살아있는 데이터를 활용할 수 있다는 점이다. e스포츠 경기에서 보여준 데이터는 오염되지 않는 생생한 데이터의 활용이라는 측면에서 빅 데이터 연구의 기초가 된다. 한국에서도 스타크래프트2의 리플레이(replay) 데이터를 활용하여 승패 예측을 하였다(백인성, 외7, 2020). 이 연구는 약 70% 경기 진행만 보아도 승리를 예측하여, 시청자나 감독에게 중요한 정보를 제공한다는 점에서 의미 있는 연구이다. 하지만 1대1의 경기가 아니라 롤 경기에서 5대5의 움직이는 상황을 고려한 빅 데이터의 연구는 더 복잡할 것이다. 빅 데이터의 활용은 프로e스포츠의 경기분석을 넘어 학교에서 빅 데이터의 활용이라는 학습적 도구의 역할도 가능하다.

진화심리학의 관점에서 본다면, 인간은 스스로 무언가를 할 수 있는 존재라는 것을 보여준다. 인간은 생존을 위한 보상조건으로 뇌에서 도파민을 분출하여 즐거움을 만들어내지만, 도파민이 인간 즐거움의 모든 행위를 결정하는 요소는 아니라는 것도 알아야 한다. 인간 자신이 무언가를 주도적으로 생각하고 목표를 달성할 때 그 재미는 훨씬 더 클 수도 있다. 뇌도 인간의 일부분이고, 뇌의 재미에 우리가 종속될 필요가 없다는 것을 우리 스스로 자각해야 한다. 이는 자신이 재미를 한 발짝 떨어져 볼 수 있는 기회를 만들 수 있으며, 여기에서는 게임중독의 단어는 탄생하지 않을 것이다. 진화심리학의 관점에서 디지털 기기의 종속은 자연 상태의 순응 속에서 재미를 추구한다고 말할 수 있지만, 인간은 자기 스스로 자연 상태를 극복하여 새로운 것을 찾아 나가는 존재임을 잊지 말아야 한다. 그 속에서 주어진 것을 어떻게 활용하느냐에 따라 인류의 진화는 다르게 전개될 것이다.

2) 인지 과학적 관점

e스포츠 경기에서 승패는 패턴의 발견에 좌우된다.

e스포츠는 즉각적인 반응이 필요하다. 프로e스포츠선수들의 손과 눈의 움직임은 분당 400개가 넘는 신체 움직임의 결과이다. 외형적으로 보면 e스포츠의 반응 과정은 무의식적으로 이루어진다. 그러나 무의식적 과정이라고 할지라도 엄밀하게 말하자면, 우리의 인지과정 속에서 일어난다. "인지란 감각정보가 변형되고, 축소되고, 정교해지고, 저장되고, 인출되고, 활용되는 모든 정신활동을 일컫는 말이다"(Neisser, 2014: 4). 여기에서 인지란 단순히 지식의 습득과 활용을 의미하는 것은 아니다. e스포츠에서 우리의 인식은 자극에 대한 단순한 반응이 아님을 잘 안다. e스포츠 선수들의 반응에는 자신이 움직여야 할 최적의 방향을 설정하기 위한 의지와 노력이 포함된다. 예컨대 e스포츠 선수들은 화면 속에서 적의 패턴을 미리 파악하면 이는 승리와 직결된다. 자극에 대한 수동적 반응이 아니라 자신의 경험이 뒷받침된 승리를 위한 적극적인 움직임이 승리를 보장한다.

여기에 우리는 우리 자신이 직접 보지 못하는 뇌의 역할에 대한 이해가 필요하다. 하버드의 인지심리학 교수인 스티브 핑커(Steve Pinker)는 뇌의 특성을 다음의 문장으로 강조한다. 그에 따르면 "뇌세포는 패턴에 가장 잘 반응한다(Brain cell fires in the pattern)"것이다. e스포츠 경기에서 적으로부터 도망가거나 먼저 적을 발견하여 공격하기 위해서는 패턴의 발견이 중요하다. 패턴의 발견은 e스포츠 경기의 승리와 직결된다. 승리의 패턴을 찾으려는 노력과 그 패턴을 발견했을 때 우리에게 주는 것이 재미이다.

유명한 게임 디자인인 라프 코스트(Raph Koster)는 인간은 "패턴을 알아채고 난 뒤에는 패턴을 추적하고 패턴이 발생하는 것을 보면서 큰 즐거움을 얻는다"고 하였다(유창석, 전유택 역, 2017: 47). e스포츠의 많은 경우 모니터 화면 속에서 작동하는 패턴의 발견이 승부를 결정하는 중요한 요소임을 누구나 인정할 것이다. 모니터 화면 속에 평면적인 움직임일지라도 보이지 않는 화면 저편에 상대의 움직임의 예측하고 움직임을 결정하는 것도 패턴과 연결된다. 이는 e스포츠 경기의 하나인 배틀그라운드의 실험에서도 잘 보여준다(김대우, 2018). 이 실험에 따르면 배틀그라운드에서 뛰어난 선수와 일반 선수들의 차이는 화면 넘어 존재하는 패턴을 읽는 능력과 비례적으로 연결된다고 주장하였다.

뇌의 패턴 발견은 인간의 예측(prediction)과 연관된다. 뇌 운영에 있어 효율적인 에너지 사용을 위해서는 예측은 필수적이다. 자신에게 일어나는 모든 상황을 보고 뇌가 판단한다면, 뇌는 폭파 직전에 도달하게 될 것이다. 뇌는 스스로 에너지를 만들어내지 못하기 때문이다. 따라서 생존에 가장 적합하기 위해 뇌 스스로가 예측 능력을 만들었다. 뇌 신경과학자인 이나스(LInas)에 따르면, 예측은 반사와 전혀 다르게 본질적으로 목표 지향적인 뇌의 핵심적 작용이다(김미선 역, 2007: 22). 뇌가 예측하고 맞추면, 우리의 뇌에서 재미는 자동으로 생성된다. 이는 e스포츠에도 그대로 적용된다. 우리가 예측하지 못한 기술을 선수들이 사용하여 경기의 승리로 이어졌을 때 선수들의 뛰어난 기술발휘에 찬사를 보낸다. 그리고 우리가 예측한 방향으로 e스포츠 경기의 결과가 나타나도 재미를 갖지만, 기대하지 않는 상황에서 자신의 마음속으로 원하던 결과가 나타날 때의 재미는 배가 된다. 이 모든 것이 뇌의 예측에 따른 재미를 만들어내는 것에 기인한다.

패턴의 발견은 인간의 인지 능력과 연결된다. 패턴의 발견은 '전체는 부분의 합보다 크다'는 게슈탈트(Gestalt, 형태) 심리학과 연결된다. 게슈탈트 심리학은 자신의 인식체계 아래에서 자신의 관점에서 대상을 조직화하려고 한다(민경환, 외8 역, 2015). 여기에는 유사성, 근접성, 연속성, 공동운명, 폐쇄성, 전경/배경의 원리가 적용된다. 유사성의 원리란 색깔, 모양, 크기가 동일한 요소들을 하나의 관계로 묶으려는 경향이다. 근접성의 원리란 서로 이웃해 있는 요소들과 그렇지 않은 요소들을 구분하려는 경향을 나타낸다. 연속성의 원리란 대상에서 보인 어떤 선이나 운동 방향을 인지하면 그것을 하나로 인식하는 경향을 말한다. 공통운명의 원리란 보이는 대상들이 개별 요소들이 동일한 방향으로 움직이면 그것을 하나로 인식하는 경향을 말한다. 폐쇄성의 원리란 여러 요소가 단일한 패턴을 보일 경우, 그것을 하나의 개체로 인식하는 경향을 말한다. 전경/배경의 원리란 전면에 드러난 개체와 후면에 깔린 배경에 동시에 주목하는 경향으로 파악한다.9 게슈탈트의 원리는 일반 스포츠와 다르게 한눈에 모니터 화면에 보인 e스포츠의 패턴발견의 원리가 더 많이 적용된다. e스포츠경기는 모니터에 보이는 전체적인 게임의 흐름, 공간적 관계, 시간적 예측, 자신의 움직임에 대한 상대의 상관관계들에 의해 승패가 좌우된다. 뛰어난 e스포츠 선수의 능력은 적 움직임의 패턴을 미리 발견하여 적절한 타이밍에서 목표물을 파괴하는 피지컬 능력이다. 문제는 이러한 패턴 작용을 이해하기 위해서는 인지과정이 어떻게 작동되는지를 학문적으로 검토하고 이해해야 한다.

다른 관점에서 재미의 요소는 e스포츠의 경기를 설계한 개발자의 관점을 고려한다. 예컨대 e스포츠 경기의 디지털 화면은 관전자로 하여금 재미를 끌어내기 위한 수단으로 적절한 패턴의 파악을 위해 프로그래밍으로 설계되어 있다. 문제는 그 패턴의 발견이 쉬우면, 플레이어는 그 게임을 지루하게 느낀다. 반면에 패턴의 발견이 너무 어려우면

---

9 https://blog.naver.com/kdmusic(이박사와 e스포츠 같이 놀기)

사람들은 게임을 회피하게 된다. e스포츠 경기를 설계한 디자인의 입장에서 본다면, e스포츠 경기는 플레이어에게 쉽지도 어렵지도 않는 재미의 길을 제시해야 한다. 따라서 e스포츠의 개발자는 우리의 능력이 최대한으로 발휘되는 상황에서 도전하고 승리를 쟁취하는 순간 재미를 부여하고자 프로그래밍하려고 노력한다.

재미와 관련하여 e스포츠는 다른 매개물보다 디지털 기기가 주는 영향력을 크다. 우리는 e스포츠의 그래픽, 음향, 사운드, 디지털 작동의 알고리즘에 영향을 받는다. e스포츠가 보여주는 현전감(presence)10은 다른 스포츠 종목의 재미보다 훨씬 뛰어나다. e스포츠의 현전감은 가상 환경과 몰입의 상관관계에서 느끼는 것이며, 실제 세계과 떨어진 대상을 멀리서 통제 가능한 경험으로 나타난다(Lombard, Biocca, Freeman, Ijsselsteijn, & Schaevitz, 2015; Calleja, 2011). 이 모든 작용의 원리를 파악하기 위해서는 자신의 시각, 청각, 인지, 감정이 어떻게 작동하는지 알고 있어야 한다. 디지털 기기가 주는 현전감은 영국의 심리학자인 수전 블래모어(Susan Blackmore)가 언급하였듯이, 디지털 기기가 스스로 복제하여 그 자체가 커다란 영향력에서 나온다(김명남 역, 2011). 디지털 기기를 대표하는 "컴퓨터는 '물리적인 것'과 '심리적인 것' 사이의 중간, 그리고 '무생물적인 것'과 '살아있는 것' 사이의 중간 그 어디에 존재한다"(윤종석, 나유신, 이진 역, 2017: 209). 이러한 중간 영역의 해명작업은 컴퓨터와 관련된 e스포츠의 재미를 해명하기 위해서라도 필요하다.

e스포츠의 인지적 관점은 디지털 기기와 그것을 운영하는 사람들 사이의 근본적인 움직임을 해명한다. 즉 인지적 관점은 선수들의 즉각적 움직임, 과몰입, 중독, 즐거움 등 근원적인 내용의 본질 설명을 위한 이론적 근거를 제공한다. 그리고 재미와 관련된 e스포츠의 논의는

---

10 e스포츠의 현전감(presence)과 관련해서는 이상호, 황옥철(2020b)을 참조.

디지털 기기가 우리에게 영향력을 발휘하여 재미를 끌어내지만, 게슈탈트의 심리학에서 살펴보았듯이 인간의 주도적 능력도 있음을 확인해야 한다.

03 e스포츠의 재미는 수단에서 나온다. 🖊

1) 경쟁의 관점

게임에는 중독이 있지만, e스포츠는 중독이 없다(저자생각).

경쟁을 통해 다른 사람을 이기거나 앞서기 위한 다툼은 인간의 본성이다. 자신의 탁월성 발휘의 경쟁은 고대 그리스의 올림픽경기에서도 보인다. 스포츠에서 경쟁은 제도화된 조건에서 자신이 가진 기량을 발휘하여 승리를 쟁취하려고 노력한다. 현실에서의 경쟁도 마찬가지다. 모두가 경쟁에 참여하지만, 현실에서 최후의 승자가 되기란 쉽지 않다. 현실에서 쉽게 채울 수 없는 결핍된 많은 부분은 가상세계가 충족시켜 준다(김고명, 역, 2011: 29). 하지만 그 가상세계에서도 경쟁의 요소는 존재한다. e스포츠에 경쟁의 요소가 없다면, e스포츠라고 말할 수 없다. e스포츠는 개인 간의 경쟁을 넘어 상호협력이 필요한 단체전의 경쟁도 보여준다. 개인과 컴퓨터와의 경쟁에도 경기 안에서 운영되는 다른 요소와의 협력은 필수적이다.

우리가 e스포츠의 경쟁에 참여한다는 사실은 그 이전에 우리가 경쟁의 규칙을 받아들이는 태도를 전제로 한다. 예컨대 롤(LoL) 경기이든지, 오버워치(Overwatch)의 경기든지 간에 우리가 그 경기에 참여한다는 것은 경기의 규칙을 받아들인다는 사실을 전제로 한다. 그렇지 않으면, 그 경기는 이루어질 수 없다. e스포츠는 승부의 결과를 명확하게 드러내기 위해 스포츠의 경기규칙과 절차보다 더 엄격하다.

가벼운 놀이에도 이기고 지는 경쟁의 요소가 없다면 재미는 떨어질 수밖에 없다. 스포츠에서 경쟁은 필수적이며, e스포츠도 다르지 않다. 아니 e스포츠의 경쟁은 우리의 상상을 초월한다. 개인적인 역량의 발휘가 팀의 승리로 이어지고, 나아가 국가 간의 대결로 인식된다. 모든 e스포츠 선수들이 e스포츠의 경기에서 승리자가 되지 못하기 때문에 최후의 승리에 열광하고, 패자는 눈물을 흘린다. 그 경기에서 관객들은 승자뿐만 아니라 패자에게도 박수를 보낸다. 선수들이 경기에서 최고의 경기력을 보여주는 것이 얼마나 힘든지는 e스포츠 관객들은 알기 때문이다. 예를 들어 2017년 자신의 팀이 롤 월드컵 3회 연속 우승에 실패한 페이커(Faker) 이상혁의 눈물에 관객들은 그의 이름을 환호하고, 패자에게 박수를 보낸다(김현유, 2019. 09. 16). 관객들이 승자와 패자에게 박수를 보내는 것은 '선수들이 경쟁에서 최선을 다했다'는 찬사의 또 다른 표현이다. 이 모든 행위는 경쟁을 전제로 발생한다.

경쟁은 선천적 본능이라는 관점은 토머스 홉스(T. Hobbes, 1588－1679) 『리바이어던(Leviathan)』의 저서에 보인다. 그는 자연상태에서의 인간은 "만인 대(對) 만인의 투쟁"이라고 한다. 경쟁은 인간생존에 필수적이고, 경쟁을 통해 개인과 사회가 발전해 나간다. 인간은 호랑이와 사자에게서 홀로 맞서 이길 수 없는 연약한 존재이다. 따라서 인간이 사회에서 홀로 살아가지 못한다면 타인과 협력은 필수적이다. 자연상태의 싸움이 아니라 자신의 생존을 위해 사람들과 협력을 모색하는 존재이기 때문이다. e스포츠는 특히 자신의 동료와의 협력이 중요하다. 개인전이라고 할지라도 다른 조합과의 협력은 승리에 필수적이다.

e스포츠 경기에서 상대는 경쟁에서 이겨야 할 상대이지만, 승패를

내기 이전에 상대는 함께 경기를 진행하는 협력의 대상자이다. 상대가 없다면 그 경기는 진행되지 않는다. 비록 e스포츠의 특성상 그 대상이 디지털 기기라고 할지라도 우리가 인정해야 할 대상이다. 이러한 경쟁이 갖는 투쟁과 협력은 경쟁의 어원에 보인다. 경쟁하다(compete)의 고대 라틴어인 competere는 공동으로 무언가를 찾으려 노력한다(strive in common, strive after something in company with or together)의 의미를 보여준다. 여기에 중세시대에 들어와 다른 사람과 경쟁한다는 의미가 추가되었다.[11] 진정한 경쟁의 의미는 단지 경쟁에서 승리만을 쟁취하는 것이 아니라 상대와의 협력 속에서 무언가를 찾는 노력으로 해석해야 한다. 협력과 경쟁에서 관객은 재미를 느끼고 그들의 노력에 찬사를 보낸다.

저자는 경쟁과 관련하여 e스포츠의 재미 이유를 세 가지로 생각한다.

첫째, e스포츠가 재미있는 이유는 경쟁에 내재한 규칙과 관객의 존재이다. 인류학자인 카이와(Caillois)는 게임의 범주로 네 가지 요소(경쟁, 모방, 현기증, 운)를 언급하였다(이상률 역, 1994). 그중에서 경쟁은 가장 중요한 요소이다. 경쟁이 없는 e스포츠를 상상하기 힘들다. e스포츠의 경쟁은 놀이하는 것과 다르다. 그러나 그 경쟁에는 일정한 규칙이 필요하다. 스포츠 종목에 따라 경쟁을 위한 규칙은 느슨함과 엄격함의 정도 차이는 있다. 이에 반해 e스포츠는 경쟁을 위한 디지털 특성상 규칙이 명확하게 정해진다. e스포츠의 경기는 디지털 특성상 무승부 경기 없이 승자와 패자로 나누어진다. e스포츠의 경기는 모든 참여 선수들에게 자신들의 기량을 발휘할 수 있는 똑같은 경쟁 조건을 제공한다. e스포츠는 성별, 나이, 국적을 고려하지 않는다. 다른 스포

---

11 https://www.etymonline.com/search?q=compete

츠 종목은 체급별, 성별로도 나눈다. 디지털 플랫폼의 특성상 경쟁 조건은 매우 공정하게 주어진다. 공정한 경쟁에서 e스포츠 선수는 자신의 기량을 겨루고 그 결과에 관객들은 재미를 느낀다. 잠재적인 경쟁자나 관객이 없다면, e스포츠는 재미도 없고 금방 e스포츠에 싫증을 낸다. 관객이 없는 e스포츠는 존재한다.

하지만 e스포츠 재미의 관객은 기존의 스포츠 관객과는 다르다. 스포츠의 현장에 직접 참가하지 못한 일반 스포츠의 관객은 TV 모니터를 통해 참여한다. 직접 경기를 참여하는 것과 TV 모니터로 보는 것은 느낌이 다르다. 직접적 참여가 훨씬 더 많은 재미를 부여한다. 경기장의 분위기 등 생생한 참여의 경험은 화면에서 느낄 수 없다. 반면에 e스포츠의 참여 관객은 현장과 모니터 상에서 느끼는 재미는 큰 차이가 없다. 디지털 화면에서 벌어지는 경기가 실제 경기와 다르지 않고, e스포츠의 경기 화면에서 더 많은 게임의 진행 상황과 정보를 제공하기 때문이다. 즉 e스포츠 경기가 모니터 화면에서 보여주는 경기 내용의 사실감은 다른 스포츠 경기와 비교가 되지 않는 재미를 가져다준다. 디지털 기기에서 보여주는 사실감과 현전감(presence)이 e스포츠의 관객을 유도한다는 것이다. 이것이 e스포츠의 특징 중 하나이다. 피파 월드컵의 결승전에 약 6억 명이 챔피언스리그는 1억 6천 명이 동시에 시청하였다. 2020년 중국에서 열린 롤 결승전에서 최고 동시 시청자 수는 1억 6천 명을 기록했다(남윤성, 2020.11.1.).[12] 이는 2019년 11월 10일 프랑스 랑스의 '아코르 호텔 아레나(Accor Hotels Arena)'에서 진행된 LoL 월드 챔피언십(이하 롤드컵) 결승전의 시청자 수인 4,400만 명의 3배가 된다. 이 모든 것은 경쟁에서 보여준 재미에 기인한다.

둘째, 우리는 경쟁에서 보여준 플레이어(player)의 능력 발휘에 찬

---

12 http://www.dailyesports.com/view.php?ud=2020110106571168353cf949c6b9_27

사를 보내고, 재미를 느낀다. e스포츠의 플레이어들은 자신이 가진 기량을 발휘하려고 한다. 개인적 능력을 다른 사람들에게 보여주고자 하는 것이 인간이 갖는 본성의 하나이다. e스포츠의 경기는 인간의 디지털 능력이 발휘되는 경쟁의 장(field)이다. 그 속에서 자신이 가진 전략과 전술의 능력이 잘 발휘되어 드러날 때 관객은 박수를 보낸다. 스포츠에서는 자신이 가진 능력을 가장 잘 발휘하는 것을 탁월성(aretē, excellence)이라고 한다. 예컨대 롤(LoL) 경기에서는 원거리 딜러의 역할에 따라 역전의 승부가 나기도 한다. 자신의 생각하지 못한 뛰어난 기술을 경기에 발휘할 때 관객은 그 경기에 찬사를 보낸다.

　　게임을 한다는 것은 누구나 주어진 장애물을 극복하고자 하는 자발적인 노력이다(Suits, 2014). 이 말은 e스포츠에도 적용이 가능하다. 자신의 아바타로 상대와의 경쟁을 통해 무언가를 극복하려고 하며, 경쟁을 통해 자신의 행복을 추구한다. 각고의 노력으로 우승한 것에 우리가 모두 환호를 보내는 것도 선수들의 노력을 안다는 것이다. 2020년 롤 월드컵에 우승한 담원 게이밍이 2부 리그에서 출발하여 1부리그 우승을 하였고, 이어 롤 월드컵에서 우승하였다. 프로e스포츠선수들은 하루에 10시간 넘게 훈련을 한다. 최고의 e스포츠 경기는 수준이 비슷한 선수들끼리 경쟁하고, 여기에는 승부를 예측하기 힘들기 때문에 관객은 경쟁의 결과에 재미를 느낀다. 물론 경쟁에서 자신의 능력 발휘에 긍정적인 측면만 있는 것은 아니다. 다른 사람보다 더 잘하고자 하는 욕망은 부정적 행위로 나타난다. 이는 e스포츠에서 보인 비윤리적 행위로 나타난다. 비윤리적 행위는 승부 조작이 대표적이다. 예컨대 대리랭(대리로 뛰어 특정인의 랭킹을 높이는 행위), 패착(고의로 경기에서 져주는 경우), 버스(높은 레벨의 선수가 낮은 선수와 함께 경기를 진행해서 자신의 레벨을 높이는 경우)이다. 그리고 자신의 능력을 극대화하기 위한 인위적인 외부 프로그램(핵)의 사용문제도 나타난다. 이외에도 부정행위를 한 사람이 제재를 받지 않고 다른 e스포츠 경기에 참여하거나 어린 나이의 경기 참여의 윤리적 문제 등이 있다. 이 모든 것은 e스포츠에서 자신의 능력 발휘에 따른 공정한 경쟁에 반하는 행위이며, e스포츠를 부정적으로 만드는 요소이다.

셋째, e스포츠에 참여하는 사람은 규칙에 대한 신뢰를 전제로 한다. e스포츠에 참여하여 주어진 규칙을 받아들인다는 자세는 그 규칙에 참여하는 상대 경쟁자를 신뢰한다는 것이다. 기존의 스포츠와 다르게 e스포츠는 많은 부분 보이지 않는 타자와의 경기를 진행한다는 점에서 상대에 대한 신뢰는 대단히 중요하다. e스포츠에서 상대의 인정은 새로운 e스포츠문화를 만들어낸다. 보이지 않는 대상과 경쟁에서 승패 여부에 따라 나타난 욕설과 비방은 e스포츠가 지향하는 가치는 아니다. 일상생활에서는 규칙을 어기면서도 성공은 가능하다. 하지만 e스포츠에서 규칙을 지키지 않는 자는 e스포츠에 참여하거나 경기에서 이길수 없다. e스포츠는 주어진 규칙 하에서 일대일 대결일 수도 다자간의 경쟁일 수도 있지만, e스포츠 경기에 참여하는 플레이어는 그 규칙하에서 자신의 능력을 최대한으로 발휘하고자 한다. 자신이 선택하였기 때문에 그 경기에서 자유를 만끽할 수 있다. e스포츠는 다른 사람들의 간섭이 없이 자신의 아바타를 통해 스스로의 자유를 찾으려고 한다. 일상에서 느끼지 못한 자유를 e스포츠가 마음껏 느낄 수 있는 장을 제공한다. 물론 가상공간에서 승리가 현실에서의 삶에 어떠한 도움이 되는가를 비꼬는 사람이 있을 수 있다. 하지만 그 속에 들어가서 자유를 느끼지 못한 사람은 e스포츠에 대한 비난의 자격은 없다고 생각한다.

우리는 경쟁의 관점에서 e스포츠를 어떻게 이해해야 하는가? e스포츠는 경쟁에서 긍정적인 것과 부정적인 측면을 동시에 갖는다고 앞에서 지적하였다. 경쟁적인 측면은 자신의 능력을 발휘함으로써 감정을 분출하여, 카타르시스를 느낀다. 그 속에서 e스포츠에서 빠른 판단과 결정의 경험은 일상적인 삶에서도 긍정적인 영향을 미친다. 반면에 e스포츠에 대해 긍정보다는 부정의 목소리가 아직 큰 것이 또한 사실이다. 기성세대들은 e스포츠가 학습에 방해되는 적으로 생각하고, 과몰입과 폭력성의 비윤리적 행위를 걱정한다. 이 모든 문제는 e스포츠와 관련된 경쟁과 윤리적인 학문적 설명이 필요하다.

e스포츠의 경쟁에서 플레이어들은 경기에서 이기는 것이 목적이 아니라 경기에서 자기 자신을 발견할 수 있는 계기를 만들어야 한다(이상호 역, 2021). 모든 사람이 경기에서 승리를 쟁취할 수도 없고 그것은 불가능하다. 스포츠에서 영원한 승자는 없다. 그렇다면, e스포츠의 경쟁 의미는 경쟁에서 자신을 발견하는 것이 진정으로 e스포츠의 경쟁을 즐기는 사람이 아닌가 생각해 보아야 한다. 많은 사람이 e스포츠 선수를 꿈꾼다. 2019년 e스포츠 실태조사(한국문화콘텐츠진흥원, 2019)에 따르면, 한국에서 프로 e스포츠 평균연령은 약 20세이며, 연봉은 1억 7천 558만 원이다. 그러나 연봉의 35%가 2천만 원 이하이다. 한국에는 80개 팀에 프로 e스포츠 선수는 481명이다. 수많은 사람이 프로 e스포츠 선수를 꿈꾸지만, 프로e스포츠선수로 살아남기는 프로축구의 손흥민 선수되기 만큼 힘들다.

2) 복잡성의 탐색과 실패의 패러독스(paradox)

e스포츠는 배우기는 쉽다. 그러나 마스터하기 어렵다(Scholz, 2019).

e스포츠는 기존의 스포츠와 배우는 방식이 다르다. 스포츠는 주어진 규칙 내에서 자신의 기량을 발휘한다. 예컨대 축구에서는 공으로 상대의 골대에 넣으면 되고, 야구는 공을 치고 달리며 점수를 획득하기만

하면 된다. 축구는 골로 야구는 득점으로 진행한다는 명확한 정보를 우리에게 제공한다. 반면에 e스포츠의 경기는 완전한 정보를 제공해 주지 않는다. e스포츠의 종목마다 준수해야 할 규칙과 방법을 알기 이전에 그 경기에 대한 사전 정보의 이해가 부족하다. e스포츠를 진행하는 경기 규칙을 배운다는 것이 아니라 e스포츠의 경기 세계에 대한 사전 탐색이 필요하다. 예컨대 롤(LoL) 경기를 진행하기 위해서는 140명이 넘는 영웅들의 탄생과 경기에서 보여줄 수 있는 장단점을 파악해야 한다. 이는 경기진행이나 승리뿐만 아니라 플레어들의 참가 동기를 높이게 만든다. 기존의 스포츠는 바로 경기를 진행할 수 있지만, e스포츠는 내러티브(narrative)의 전개와 작동과정에 대한 이해가 필수적이다. 중요한 것은 e스포츠의 스토리 전개와 역할 파악 속에서 우리는 새로운 재미를 얻는다. 반면에 e스포츠경기의 복잡성과 이해는 기성세대들이 e스포츠에 쉽게 접근하지 못하는 이유가 되기도 한다. 디지털 기기에 대한 젊은 세대의 익숙함과 기성세대가 갖는 약간의 불편함의 차이는 각자 자신의 경험에 기인한다고 생각한다.

사회학자인 벤 핀첨(Ben Fincham)이 지적하였듯이, 나이가 들면 재미를 느끼도록 허용되는 장소와 공간이 축소된다(김기홍, 심선향 역, 2020: 81)면, 기성세대가 e스포츠와 같은 새로운 영역에서 재미를 찾기란 쉽지 않다. 운동장에서 축구를 하는 경험과 TV나 인터넷으로 축구경기를 보면서 성장하는 세대 간의 경험은 다를 수밖에 없다. 오늘날 젊은 세대는 익숙한 디지털 기기의 접촉과 탐색의 경험 속에서 성장해 왔다. 디지털 기기를 통한 가상의 공간에서 경험 확대는 과거와 다른 재미를 선사한다. 디지털 기기의 익숙함은 젊은 세대가 쉽게 e스포츠의 세계에 뛰어들게 만든다. 디지털의 가상세계는 젊은 세대의 놀이터이다. 따라서 그들은 기꺼이 그 세계에 참여하여 탐색하고자 한다.

컴퓨터가 작업의 도구이면서, 소통과 재미를 주는 놀이터의 역할을 함으로써 그 속에서 우리는 시간 가는 줄 모른다. 키보드가 자신의 카페의 역할을 한다는 윌리엄 미첼(William Mitchell)의 지적에서 보이듯이, 오늘날의 젊은이는 키보드를 어떻게 움직이느냐에 따라 일터이거나 재미의 놀이터가 된다(이희재 역, 1999: 15). 재미의 공간이 인터넷 공간 속에서 키보드와 마우스를 통해 스스로 확대 재생산한다. 주어진 가상세계의 참여와 탐색은 '양심의 가책을 받지 말고 화면 속에 빠져들어 즐기라'는 볼츠(Bolz)의 주장에 관심을 둘 필요가 있다. 그는 화면 속에 우리가 추구하는 놀이 복잡성을 탐색해야 한다고 주장한다(윤종석, 나유신, 이진 역, 2017: 203). 주어진 화면 속의 복잡성을 하나하나 이해하고 정복할 때 재미는 따라올 수밖에 없다. e스포츠는 복잡성 탐색의 재미와 경기 승리의 즐거움 둘 다 제공한다. 이는 기존의 스포츠와 다른 점이다.

기성세대가 e스포츠를 외면하는 주요 이유는 디지털 세대와 다르게 e스포츠 경기의 복잡성을 배우기 힘들기 때문이다. 그러나 사실 알고 보면 e스포츠는 그렇게 복잡한 것도 아니다. e스포츠의 어려움은 익숙하지 않음이라고 생각한다. e스포츠의 재미를 즐기기 위해서는 적지 않는 시간과 노력이 투입되어야 한다는 사실을 생각해보면, 기성세대가 처음부터 e스포츠를 외면하는 것인지 모른다. 기성세대는 e스포츠의 경기에서 즐거움을 얻기 위해 많은 시간을 투자해서 얻는 재미가 없다고 생각하기 때문에 e스포츠에 참여하여 놀지 못한다. 따라서 자신의 적극적으로 e스포츠에 참여하지 못한다 하더라도, 우리는 e스포츠를 세대 이해의 수단으로 접근해야 한다.

사실 기성세대와 디지털 세대는 e스포츠에 대한 출발점이 다르다. 젊은 세대는 디지털 기기의 도전을 두렵지 않고 친숙한 도구로 생각한다. 즉 멀티태스킹(multitasking)이 가능한 세대이다. 디지털 세계는 자신의 마우스와 키보드만 있으면, 무궁한 재미를 제공해준다. 자신이 주도

적으로 무언가를 찾고자 하는 시도가 있으면 무엇이든지 가능하다는 것
이다. 현실에서 찾고 싶은 것은 즉각적으로 답을 주지 않지만, 디지털
세계는 정반대다. 자신이 선택하면 반응은 즉각적으로 보여준다. 더 나
아가 디지털 기기는 쉽게 도전을 가능하게 한다. 디지털 기기의 속성상
플레이어 자신의 수준에 맞는 도전의 기회를 제공한다. 여기에 참여하
는 플레이어는 디지털 세계에서 자신의 역량 부족을 극복하고자 노력한
다. 현실에서 실패와 다르게 디지털 속성은 우리가 쉽게 참여할 수 있
는 많은 도전의 기회를 제공한다. 우리의 삶은 불완전하고 자신의 선택
에 따른 즉각적인 결과를 기대하기는 힘들다. 물론 완벽한 삶이란 원래
존재하지 않는다. 그러나 인간은 자신 나름대로 불완전 삶을 극복하기
위해 노력하지만, 상대적으로 위험 부담감이 없는 e스포츠의 세계에 더
많은 시간을 투자하는 것은 당연하다. 따라서 e스포츠의 경험은 불완전
한 삶을 극복하기 위한 노력의 연장으로 이해해야 한다.

　　『놀이와 인간(Les Jeux et Les Hommes)』의 저자인 카이와(Caillois)에
따르면 기술이 포함된 게임은 실패했을 때 위험 또는 공격을 받아 궁
지에 몰리는 위험이 포함된다고 하였다. 그런 것이 없다면 게임은 재
미가 없고, 자신의 노력없이 승리를 가져다주는 게임은 더 이상 재미
가 없다고 하였다(이상률 역, 1996: 31). 어떻게 보면 우리가 하는 게임
그 자체가 실패를 전제로 한다. 일반적으로 우리가 실패하면 실망하고
도전을 회피하는 것이 정석이지만, 디지털 플랫폼을 기반으로 하는
e스포츠는 다르다. 디지털 기기는 실패를 극복할 기회를 제공해준다.
특히 e스포츠 경기를 만든 디자인의 관점에서 본다면, 디자이너들은
플레이어들에게 실패와 도전의 기회를 주기 위해 적절한 재미를 기반
으로 디자인을 구상한다. 게임에서 실패를 극복하고 자신의 목적을 달
성할 주는 적절한 보상의 디자인은 재미와 연결되어 있다.

　　게임은 누구에게나 공정한 기회를 제공한다. 하지만 그 게임은 실

패를 전제로 하다. 그럼에도 불구하고 실패는 다시금 도전의 기회를 쉽게 제공한다. 『하프 리어(Half-Real)』의 저자인 게임학자인 제스퍼 주울(Jesper Juul)은 디지털 경기에서 실패를 극복하고자 하는 인간의 도전 그 자체가 즐거움을 가져다준다고 하였다(Juul, 2013: 33). 물론 일상적인 실패의 경험과 가상세계에서 주어진 도전 기회의 실패 경험은 다르다(Juul, 2013: 25). 우리는 도전과 실패의 경험에서 우리는 많은 것을 배운다. 사실 e스포츠에서는 승리보다 실패가 훨씬 더 많이 작동한다. 실패가 많으면 우리는 그것을 회피하는 것이 인간의 속성이다. 디지털 경기에서 실패는 그 경기를 회피하는 것이 논리적이지만, 우리는 디지털 세계에서 다시금 도전하여 재미를 즐긴다. 이를 게임학자인 제스퍼 주울(Jesper Juul)은 실패의 패러독스(paradox)로 설명한다.

우리는 e스포츠를 하면서 그 경기의 진행방법을 배운다. 처음 시작하면 어쩌면 실패는 당연하다. 어쩌면 우리는 실패를 모르고 e스포츠 세계에 참여한다고 말할 수 있다. e스포츠에 참여한다는 사실이 실패를 당연한 사실로 받아들인다. 비록 현실에서 실패는 성공과 반대의 단어이지만, e스포츠 경기에서 실패는 가능성으로 인식해야 한다. 인간은 무언가를 할 수 있는 존재이다. 그것이 현실 세계일 수도 가상세계일 수도 있지만, 무언가를 할 수 있는 기회가 가상세계의 e스포츠가 일상보다는 훨씬 더 많은 경험을 가져다준다. 비록 e스포츠 경기의 재미가 디자이너가 설계하고 제시하였지만, 우리가 그것을 해결하고자 하는 욕망이 있는 한 e스포츠는 지속될 것이다.

04 e스포츠 재미를 넘어 🖊

　　e스포츠 현상을 가장 잘 설명할 수 있는 단어가 티핑 포인트(tipping point)이다. 영어단어 그대로 풀이하면 '갑자기 뒤집히는 점'이다(이동귀, 2016: 288). 즉 티핑 포인트란 어떠한 현상이 서서히 진행되다가 어느 특정 시점에 한순간 폭발하는 것을 말한다. 오늘날 e스포츠에 대한 관심은 경제적, 사회적, 문화적 분야에서 갑자기 폭발적으로 증대되었다는 점에서 티핑 포인트이다. e스포츠는 2000년 초에서 신문이나 방송에서 간헐적으로 언급되어 왔다가 본격적으로 일반인에게 각인된 것은 2018년 팔렘방 아시안게임에서 시범종목으로서의 등장과 방송중계였다. 그리고 2022년 항저우 아시안 정식종목의 채택과 메달 획득은 e스포츠를 하나의 스포츠 현상으로 받아들이게 되었다. 특히 e스포츠 종목의 하나인 롤드컵, 오버워치 월드컵 등이 진행돼가며 e스포츠는 하나의 메가 스포츠로서의 영향력을 가지고 있음을 보여주고 있다. 그들의 경기에서 프로e스포츠선수들의 활약은 팀 간의 경기를 넘어 국가 간의 대결로 인식되었다. 이러한 e스포츠에 대한 관심은 프로e스포츠선수들의 위상을 넘어, e스포츠의 경제적 규모와 산업에도 관심을 두게 되었다. 이에 따라 젊은이들이 왜 e스포츠에 열광하는지 e스포츠를 어떻게 보고 해석해야 하는지에 대한 학문적 요구로 이어지게 되었다. 구체적으로 e스포츠 연구는 스포츠와 e스포츠와의 관계, e스포츠의 본질과 현상 파악, e스포츠의 경제적 해석, e스포츠의 엔터테인먼트와 문화, 프로e스포츠선수들의 기량 발휘 등 다양한 분야에서 진행되고 있다.

　　하지만 새롭게 등장한 e스포츠 현상을 해석하고 학문적으로 규정하기란 쉽지 않다. 왜냐하면 e스포츠의 학문 정립과 관련해서 많은 학자나 관계자 그리고 관련 학회의 논의와 토론이 전제되어야 하기 때문이다. 다른 학문 분야와 마찬가지로 e스포츠가 하나의 학문적 영역으로 인정받기 위해서는 많은 시간이 필요하다. 그러나 e스포츠의 학문적 위상과 상관없이 e스포츠 연구는 어디에서 출발해야 하는가의 질문은 가능하다고 생각한다. e스포츠의 학문적 영역과 본질에 대한 설명 이전에 e스포츠의 재미 연구는 학문적으로 의미가 있다. 우리가 e스포츠의 재미에 관심을 가지고 그 이유를 제시해야 하는 것은 e스포츠의 본질 파악과 연결되어 있기 때문이다. e스포츠에 재미가 있으니까 젊은 세대가 관심을 가지게 되었고, e스포츠가 보여주는 경제적 부가가치나 문화적 영향 그리고 아시안 정식종목으로서 e스포츠 경기의 인정 등은 e스포츠에 대한 선순환적 관심을 증대시켰다. 이 속에서 많은 청소년은 하나의 직업군으로 프로e스포츠선수들이 되기를 원한다. 비록 그 속에서 과몰입, 중독, 시간 낭비 등의 부정적인 측면이 존재한다고 하더라도 그 이유의 출발점은 e스포츠 재미에서 시작하기 때문이다.

저자는 본 장에서 진화심리학, 인지과학, 경쟁, 복잡성의 탐색과 실패의 패러독스(paradox)가 e스포츠의 재미를 구성한다고 주장하였지만, 각각의 내용에 대한 충분한 이해도 사실 쉬운 주제는 아니다. e스포츠의 재미 분석과 관련하여 각각의 주제를 완전하게 설명하기보다는 담론적 내용으로 언급하였다. 그리고 e스포츠 재미의 요소는 이것만이 전부는 아니다. 이것이 본 장이 갖는 한계이다. 저자를 포함하여 e스포츠 연구자들에게 e스포츠와 관련된 각각의 연구주제와 e스포츠 재미 간의 깊이 있는 연구숙제가 우리 앞에 놓여 있다. e스포츠 재미는 과학적인 연구와 자신의 경험 그리고 경쟁의 본질이라는 인문학적 이해가 필요한 학제적 연구이기 때문에 더 많은 연구가 필요하다. 예를 들어 e스포츠는 재미가 있다는 사실이 자신의 경험에서 나온다면 경험의 본질에 대한 이론적 연구가 필요하고, 그것을 뒷받침할 수 있는 이론적 근거로 인지 과정에 대한 해석도 필요하다. 또한 e스포츠는 디지털 기기의 발달과 스포츠적 요소가 개입되어 나타난 하나의 현상이라는 점에서도 디지털 기술과 스포츠의 인문학을 결합한 학문적 해석도 필요하다.

　e스포츠 학문을 설명하기 위한 방안의 하나로 우리는 e스포츠 커리큘럼을 구성할 수 있다. 그러나 e스포츠의 학문적 커리큘럼의 내용을 설명하기란 쉽지 않다. 다만 e스포츠 연구가 프로e스포츠선수를 중심으로 경제적 위상이나 선수의 기량 발휘나 e스포츠 비지니스에만 관심을 두고 연구에 집중한다면, 어느 순간에 개별적 e스포츠 종목이 사라지듯이 e스포츠 현상의 연구도 한순간에 사라질 가능성이 높다. e스포츠 연구자로서 e스포츠에 대한 심층적인 연구에 대한 더 많은 학자의 관심을 기대한다.

　e스포츠는 e스포츠 경기를 통해 기분전환, 경쟁, 친구들과 협력을 배울 수 있고, 친구들 간의 사회적 소통의 중요한 수단이다. 그리고 e스포츠는 문제해결의 능력과 더불어 빠른 의사결정을 하는 데 도움이 된다(Canning & Betrus, 2017). 이외에도 e스포츠의 참여는 우리가 수동적으로 e스포츠를 받아들이는 것이 아니라, 우리 자신이 주도적으로 e스포츠를 즐기고 참여하는 과정에 대한 학문적 해석도 필요하다. e스포츠가 보여주는 영상, 사운드, 음악, 내러티브의 영향력 속에서 자기 주도적 행동이 어떻게 작동하는지도 파악해야 한다. 비록 그것이 e스포츠 경기에서 승리를 위한 것일 수도 있고 다같이 즐거움을 공유하는 행위일 수도 있겠지만, 이 모든 내용은 e스포츠의 연구대상이다. 이를 통해 e스포츠를 만든 주체가 다름 아닌 우리라는 사실을 다시금 확인해야 한다. 드러난 외형적인 e스포츠의 연구도 중요하지만, e스포츠 학문적 이해의 출발은 e스포츠가 일어나는 현상 그 자체에 관심을 가지고 연구해야 한다. 즉 디지털 기기라는 매개체와 e스포츠를 하는 주체와의 관계 분석을 해명하는 것이 e스포츠 연구의 출발점이다. 물론 이 둘 관

계를 풀어나가는 핵심 키워드로 본 연구자는 재미라고 생각한다.

6장 토론 내용

- 인간은 왜 재미를 추구하는가?
- 재미에 대한 동서양의 공통점과 차이점은 무엇인가?
- 뇌 과학과 생리적 작동이 왜 재미를 완전하게 설명하지 못하는가?

더 읽어야 할 책

비디오 게임의 재미와 맛과 관련된 내용은 Sharp와 Thomas(2019)와 디자인의 관점에서 재미는 Koster(유창석, 전유택, 역, 2017)를 보라. 재미의 일반적인 이해는 Fincham(김기홍, 심선향 역, 2020)과 김선진(2018)을 보라. 그리고 스포츠의 매혹과 열광에 대해서는 Gumbrecht(한창호 역, 2018)를 보라.

e스포츠 재미의 현상학

PART

07

PART 07.
e스포츠 재미의 현상학

　　e스포츠의 재미가 보여주는 사회적 양상은 쉽게 설명이 가능하다. 무언가에 몰입해서 행복한 표정을 하거나 웃는 모습에서 재미를 판단한다. 그러나 재미가 어떤 느낌을 주는지 질문을 던지면 즉각적으로 대답하기 어렵다. 재미를 굳이 말로 표현해야 하는가의 반문이 뒤섞인 표정이 뒤따른다. 재미의 느낌을 언어로 표현하기란 쉽지 않다. 그런데도 우리가 e스포츠의 재미를 찾는 이유는 e스포츠 이해에 한 발짝 다가가기 위함이다. 청소년들이 e스포츠에 재미를 갖고 열광한다면 무엇이 그들에게 재미를 갖게 하는가의 질문은 던져야 한다. 이러한 질문과 해답을 통해 e스포츠의 실체와 e스포츠가 갖는 부정적 요소의 해결책의 실마리를 찾을 수 있기 때문이다.

　　e스포츠 재미의 과학적인 연구와 해답과 관련된 내용은 앞장에서 살펴보았다. 예컨대 자연과학적 방법에 따르면 재미는 신경전달물질인 도파민이나 아드레날린의 작동 등으로 설명한다. 하지만 도파민의 신경전달물질이 재미를 만들어낸다고 확인할 방법은 없다. 재미가 어떻게 일어나고 우리 삶에 어떠한 영향을 주는지 파악할 수 있지만, 자신이 느끼는 e스포츠 재미를 과학적 방법으로 전부 해명할 수는 없다. 우리가 e스포츠에서 어떠한 재미를 느끼는지, 그 느낌을 밝히지 못한

다면, e스포츠가 재미있다는 사실을 이해할 수 없으면, 이를 근거로 상대방과 진지한 재미의 대화를 나눌 수 없다. 물론 e스포츠 재미는 자신의 개인적인 경험의 영역이기 때문에 언어로 완벽하게 설명이 불가능하다는 지적이 있을 수 있다. 하지만 개인적인 경험의 영역도 과학적 연구와 마찬가지로 엄밀한 설명이 가능하다. 여기에 경험의 본질 파악을 위한 현상학적 방법이 필요하다. 현상학은 일인칭의 경험이 갖는 본질 탐구를 연구한다. e스포츠 재미의 현상학은 e스포츠에서 경험한 재미의 본질 파악에 유용한 이론적 근거와 실천적 방법을 제공한다.

e스포츠 현상학은 객관적인 숫자에 근거한 과학적 연구와 다르다. e스포츠의 재미 연구가 많은 부분은 과학적 실험에 초점을 맞춘다. 질문지를 선택하더라도 선택지를 통한 객관적 수치의 지표로 제시하고 그 내용을 분석한다. 중독과 과몰입 등을 해명하기 위한 과학적 수치는 우리에게 설득력을 갖는다. 하지만 e스포츠의 열광과 경제적 가치, 사회적 영향력의 근본적인 출발점은 자신의 경험이다. e스포츠의 경험을 통해 재미가 있고, 재미가 있으니까 열광하고, 열광에 경제적 관점이 개입된다. 처음부터 e스포츠의 사회적 경제적 관점이 개입되지는 않는다. 개인적인 관점에서 본다면 시간 낭비, 중독, 과몰입의 문제의 근본적인 출발도 경험에서 시작한다. 이와 같이 e스포츠에 대한 긍정과 부정은 많은 부분 e스포츠에 대한 경험에 근거하며, e스포츠가 재미를 갖는다는 사실은 부인할 수 없다. 따라서 경험을 통한 재미의 본질 파악은 e스포츠를 새롭게 볼 수 있는 기회를 제공한다.

본 장에서 저자는 경험의 본질을 파악하기보다는 e스포츠의 재미에 관한 담론적 수준에서 현상학적 연구에 한정하고자 한다. 예컨대 재미가 자신의 의식에서 어떻게 작동하는지, 우리가 재미를 어떻게 파악하고 이해하는지, e스포츠의 재미가 우리의 일상의 삶에 어떠한 영향력을 미치는지 등을 현상학적 이론으로 해명하고자 한다. 이를 위해 먼저 현상학이 무엇인지를 간략하게 설명하고자 한다. 그리고 현상학적 이론을 근거로 e스포츠의 재미가 주는 경험의 의미를 분석하고자 한다.

01 재미의 현상학에 대한 이해 ✏️

현상학의 대두는 객관주의, 과학주의에 기반을 둔 실증주의에 반하여 후설(Husserl)에 의해 시작되었다. 후설 사후 많은 학자의 관점에 따라 현상학의 내용은 조금씩 다르게 전개된다. 하지만 현상학이 가지고 있는 경험의 본질 탐구 지향점은 변하지 않는다. 현상학은 우리 자신의 의식에 보여진 "사태 그 자체로(To the things themselves)"를 탐구하고자 한다. 이는 과학으로 설명할 수 없는 근원적인 삶을 파악하고자 한다. 현상학에서 현상은 우리에게 명백하게 주어진 것으로 나타난다. 보이는 대상은 정확하게 보여주고 있는데, 그 현상의 파악은 나의 위치나 상황, 환경, 문화에 따라 다르게 나타난다는 것이다. 즉 우리의 의식이 갖는 특성이나 몸의 조건에 따라 대상을 다르게 볼 가능성이 크다. 일상적인 관점으로 본다면, 우리의 의식이 정확하게 파악하지 못한다는 사실을 지적한다.

현상학은 나에게 보인 객관적인 현상이라도 있는 그것이 있는 그대로 나의 의식에 나타나기 보다는 우리가 갖고 있는 의식의 특성과 태도에 따라 대상이 다르게 보인다는 사실을 지적한다. 따라서 대상의 정확한 본질 파악을 위해 나와 대상 간의 인식 체계에서 자신의 경험 내용이 어떻게 작동하는지에 일차적인 초점을 맞춘다. 예컨대 내가 e스포츠에 갖는 관심 정도에 따라 e스포츠 이해의 깊이와 설명은 다를 수밖에 없다. 저자가 젊은 시절 게임회사에 근무한 경험과 e스포츠 연구자로서 태도와 관심이 e스포츠의 연구 내용과 방향에 많은 영향을 미친다. e스포츠에 대한 경험이나 이해의 정도에 따라 e스포츠 이해의 깊이나 정도는 다를 수밖에 없다. 청소년과 기성세대들의 e스포츠에 대한 인식 차이는 크다. 물론 e스포츠에 많이 알고 있다는 것이 e스포츠 현상을 잘 파악한다고 말할 수 없다. 따라서 e스포츠 현상학은 e스포츠가 무엇인지를(what) 알고자 하는 학문이 아니라, 자신에게 e스포츠가 어떻게(how) 나타나는지에 관심을 둔다. 즉 e스포츠가 우리의 의식에 보여지는 방식에 관심을 갖는다. 이를 통해 자신의 왜곡된 관점이 배제된 사태 그 자체로의 파악이 현상학의 궁극적 목적이다.

일반적으로 우리에게 보이는 현상을 객관적인 과학적인 관점으로 파악하고자 노력한다. 철학적인 설명보다 상대적으로 과학적인 관점이 타당성과 상대에 대한 설득력을 갖기 때문이다. 문제는 우리에게 보이는 현상이 객관적인 시각장에서 보인 그대로의 현상은 아니라는 점이다. 대상에 대한 판단에 자기 생각이 첨부된 상황을 배제할 수 없기 때문이다. 객관적으로 대상을 파악한다고 할지라도, 우리는 자신의 생각에 주어진 환경이나 문화적 상황에 일정 부분 영향을 받는다는 사실을 부인할 수 없다.

"현상학은 우리가 어떻게 일상의 상황들과 기획들에 몰입해 있는지, 우리가 세계를 경험하는지, 타자들과의 관계를 맺는지, 우리의 삶을 규정하는 행동과 실천에 어떻게 연관되어 있는지를 연구한다"(Gallagher & Zahavi, 2008: 26). 이는 e스포츠 재미의 현상학에 적용도 가능하다. e스포츠 재미의 현상학은 우리가 e스포츠의 재미에 어떻게 몰입하는지, 어떻게 e스포츠의 재미를 경험하는지, 랜선 너머 보이지 않은 타자와의 관계는 어떻게 설정하고 있는지, e스포츠 재미가 우리의 삶의 행위와 실천에 어떻게 개입하는지를 해명한다.

구체적으로 e스포츠 재미의 현상학은 세 가지로 정리된다.

첫째, 우리의 e스포츠 재미를 파악하기 위해 먼저 자신의 의식과 e스포츠라는 대상 간의 관계를 설명해야 한다. e스포츠 재미의 이유를 e스포츠하는 사람들에게 물어보면 그 내용은 다양하게 설명한다. 예컨대 자신의 좋아하는 선수의 플레이에 매료되거나, 나의 행위에 대한 즉각적인 반응의 결과, 다른 사람들보다 더 잘할 수 있다는 기분, 친구들과 같이 경기에서 승리를 느낄 때, 스트레스의 해소, 선수들의 경기를 보면 자신도 충분히 할 수 있다는 느낌 등이다. 이외에도 다양한 재미 이유의 설명이 가능하다. 이러한 재미의 설명은 재미를 객관적인 자신의 느낌으로 설명한다. 하지만 주관적인 설명 이전에 주관적인 재미가 자신의 의식과정에서 어떻게 작동하는지에 대한 검토가 선행되어야 한다. 왜냐하면 자신의 의식작동 결과가 재미의 내용으로 형성되기 때문이다. 우리는 e스포츠에 대한 재미를 e스포츠의 열광, 몰입에 따른 창의성과 몰입, 중독, 폭력성 등 드러난 현상을 기준으로 설명한다. 이는 e스포츠 재미의 결과에 대한 연구이지, 재미의 근본적인 원인의 연구는 아니다. 따라서 의식과 대상과의 관계에서 재미가 어떻게 자신의 의식에서 나타나는지 파악해야 한다.

둘째, 재미가 어떻게 자신의 의식에서 일어나는지, 이를 통해 다른 사람과 관계가 어떻게 전개되는지도 파악해야 한다. 재미의 정도는 자신의 몸의 조건, 환경, 감각, 감정, 이성에 따라 다르게 나타난다. 재미는 우리의 감각에서 시작한다. 인간의 대상 파악의 주체는 태어나 성장하면서 자신만의 감각을 형성한다. 청소년기에는 감정과 본능적 능력이 자신을 지배한다. 성인이 되어감에 따라 이성적 판단이 우세하게 된다. 이러한 감각과 이성의 강조점에 따라 e스포츠에 대한 열광과 재미 정도는 다르게 나타난다. e스포츠의 재미 정도는 내가 가진 본능적 능력과 이성적 판단에 따라 다르게 다가온다. 누군가에는 e스포츠

는 프로e스포츠선수가 되기 위한 목표로 다가오고, 또 다른 사람에게
는 즐기는 대상으로 생각한다. 그리고 e스포츠의 재미는 감정도 고려
해야 한다. 특히 프로e스포츠선수들에게 감정은 승부를 결정하는 가장
중요한 요소이다.

　e스포츠의 재미와 관련된 감각이나 감정의 문제는 무의식 과정의
이해가 선행되어야 한다. 유의미한 내용을 무의식적으로 느끼는 과정
과 감각이나 감정 이해를 근거로 자신이 느끼는 내용은 구분해야 한
다. 물론 그 둘의 과정은 서로 밀접하게 연결되어 작동한다(임지원 역,
2017: 81). 이성적인 인간의 의사결정도 e스포츠 재미에 영향을 미친다.
의사결정에서도 대상의 움직임에 대해 즉각적 자동 처리과정과 신중한
처리과정이 개입된다(이창신 역, 2018). 빠른 의사 결정은 정확한 판단을
하는 데 장애 요소로 작동할 가능성이 높다. 반면에 신중한 숙고의 과
정은 느리게 진행되지만 이 또한 완벽한 사고과정은 아니다.

　셋째, e스포츠의 재미가 우리의 삶에 어떠한 영향력을 미치는지도
설명해야 한다. e스포츠의 재미가 e스포츠 산업, 비즈니스, 문화를 만
들어낸다. 디지털 세계에 성장한 세대는 디지털로 새로운 부가가치를
생산한다. 플랫폼을 기반으로 e스포츠 경기가 전세계에서 많은 사람이
참여하고, 그들 간의 공동체 문화를 만들어낸다. 각국에서 열리고 있는
e스포츠 대회는 스포츠 중계의 ESPN과 같은 역할을 하는 트위치를 만
들어내었고, 스트리밍을 기반으로 해설자 등 새로운 직업군을 만들어
내었다. e스포츠는 단순히 새로운 산업과 비즈니스의 모델을 만들어내
는 것을 넘어, 개인들의 일상생활에 어떠한 행동에 영향을 주는지도
검토해야 한다. 더 나아가 e스포츠 재미가 새로운 생활방식을 만드는
데 실천적 방법으로서 의미를 갖는지도 생각해보아야 한다.

02 e스포츠의 재미와 현상학의 이론적 토대 ✎

　　e스포츠는 이제 외면할 수 없는 거대한 물결로서 우리 일상적인 삶의 일부분이 되었다. e스포츠는 어느 날 갑자기 우리에게 나타난 것이 아니라 우리가 살아가는 세상에서 놀이의 한 형태로 존재하였다. 과거에는 소꿉 놀이에 인형이나 장난감을 갖고 놀았지만, 지금은 디지털 기기를 가지고 놀이에 참여한다. 물론 각국의 상황에 따라 다양한 놀이 형태가 존재하고, 재미를 느낀다. 코로나 19의 비대면 시대에서는 e스포츠로 여가나 경기를 통해 재미를 즐겼다. 코로나 시대가 종식되고 기존의 스포츠의 활동으로 상당 부분 돌아왔지만, 지금 우리가 살아가는 세계에서 경험한 e스포츠 재미의 영향력은 사라지지 않고 훨씬 강력한 영향력을 미칠 것이다.

　　e스포츠 재미의 본질 파악을 위한 e스포츠 현상학의 이론적 토대는 학자들의 관점에 따라 다르게 설명이 가능하다. 본 연구자는 세 가지 관점, 즉 정적 현상학(static phenomenology), 발생적 현상학(genetic phenomenology), 세대 간적 현상학(generative phenomenology)의 관점으로(박인성 역, 2016) e스포츠 재미의 본질을 설명하고자 한다.

　　첫째는 정적 현상학이다. 정적 현상학의 이론은 대상에 대해 우리의 의식이 어떻게 작동하여, 우리가 재미라는 것을 느끼는지 파악하고자 한다. 여기에서는 대상에 대해 재미를 느끼는 것은 의식의 지향성과 관련한 자신의 의식구성이 어떻게 형성되는지에 초점을 맞추어 설명하고자 한다. 여기에서 "구성이란 주관이 대상 및 세계에 의미를 부여하는 과정을 뜻(한다)"(이남인, 2013: 54). 즉 인간의 의식작용은 기존의 생각에 근거로 더 높은 단계를 지닌 의미대상을 추구하여 세계를 파악하고자 하는 능력이다. 예컨대 메슬로우(Maslow)가 주장하는 욕구

5단계, 즉 생리적 욕구, 안전의 욕구, 사회적 욕구, 자기존중의 욕구, 자아실현의 욕구를 주장하는 것과 다르지 않다. 각 단계에서 우리의 의식은 다음 단계로 넘어가기 위해서라도 더 높은 단계를 파악할 수 있는 능력을 전제로 한다. 의식은 더 많이 생각함으로써 자신의 생각을 형성해 나간다. e스포츠의 경기에서 승리하기 위해 자신의 경기에서 반성을 통해 더 나은 기술 발휘를 위해 생각하는 과정도 일종의 의식의 구성작용이다. e스포츠 경기의 승패여부는 패턴의 인식을 얼마나 빨리 파악하느냐에 달렸다. 그러나 이러한 패턴의 인식과정에는 자신이 어떻게 움직였는지 과거의 경험를 기반으로 상대의 움직임을 파악하여 적 움직임의 패턴을 파악하고자 하는 의식능력이 작동한다.

이는 우리의 의식이 대상에 대해 무언가를 파악할 수 있다는 현상학에 가장 중요한 개념인 지향성(intentionality)과 연결된다. 지향성은 의식의 특성을 말한다. 의식은 대상에 대해(of), 관해서(about) 항상 작동한다. 지향하다(intend)는 대상을 향해 우리의 의식 작동과정을 설명한다. 활로 목표지점을 겨냥해서 쏜다고 생각해 보자. 목표지점에 맞추기 위해 자신의 활을 자기 안쪽으로 당겨야 하고, 내가 생각하는 목표지점은 저멀리 향해야 한다. 맞추어야 할 대상에 향해 자신의 의식이 그쪽으로 향해 있어야 한다. 이는 자신의 의식이 목표를 향해 열려있어야 가능하다. 우리가 e스포츠 경기에서 상대의 움직임을 본다고 하자. 여기에서 우리의 의식은 보이지 않는 적의 움직임에 대해서도 생각하는 의식이 작동한다. 즉 보이는 적의 움직임을 넘어, 화면에 보이지 않은 상대의 움직임을 파악하고자 하는 의식이 작동한다. 단순히 이기기 위해 생각하는 우리의 의식 그 자체에도 항상 대상에 대해 지향성을 가지고 있다는 사실이다.

지향성의 특징은 의식의 통일성, 전체성, 목적성을 구성한다(진성록 역, 2007: 44-45). 의식의 통일성은 우리의 의식이 자기 나름대로 대상을 인식하기 위해서 편리하게 작동한다는 사실이다. e스포츠의 경기는 매우 빠른 속도로 움직이기 때문에 우리의 의식은 그 움직임을 나누어서 인지하지 않는다. 우리는 상대의 움직임이 갖는 의미를 자신의 의식이 순간적으로 통일되게 그 현상을 지각한다. 통일되지 않게 상대의 움직임을 파악하지 못하면, 상대의 움직임에 대해 적절한 대응을 하지 못하는 결과를 초래한다. 의식의 전체성은 상대의 움직임에 대해 자신이 가지고 있는 전체적인 기억이나 경험을 전제로 작동한다. 적의 움직임을 볼 때 그 움직임을 파악하고 나 자신의 적절한 대응은 과거의 경험, 연습해 왔던 패턴 등이 형성되는 것이 의식의 전체성이다. 의식의 목적성은 상대의 움직임에 대해 자신이 승리하기 위해 어떠한 방향으로 가야겠다는 목적성이 포함된다. 예컨대 자신이 경기에 대한 태도, 자세, 의지등이 의식의 작동에 영향을 미친다. 의식의 통일성, 전체성, 목적성은 우리가 상대를 의식하기 이전에 복합적으로 작동한다.

이러한 지향성의 문제는 우리 의식이 대상을 있는 그대로 표상하지 않는다는 사실이다. 대상에 대해 무언가를 덧붙여 생각한다는 점이다. 따라서 덧붙여 생각한다는 우리 의식의 지향성은 자신이 대상을 완벽하게 파악하지 못해 틀릴 수 있다는 사실이다. 이를 극복하기 위해 현상학은 대상에 대해 먼저 판단중지할 것을 주장한다. 예컨대 e스포츠는 긍정적이다. e스포츠는 부정적이라는 선입감을 배제해야 한다. 여기에는 자신의 생각이 개입되어 있기 때문이다. 우리는 e스포츠를 하는 아이를 보면 미리 부정적으로 판단하지 않는지 자신에게 질문을 던져야 한다. 아이들에게 컴퓨터는 경기와 놀이의 수단이지만, 친구와의 소통과 학습의 도구일 수도 있기 때문이다. 우리는 이러한 현실 그 자체를 인정해야 e스포츠가 주는 의미를 정확하게 판단할 수 있다.

지향성과 관련하여 재미를 설명해보자. 우리가 e스포츠에 느끼는 재미는 의식의 주체와 e스포츠라는 대상 간의 관계에서 나온다. 현상학적 관점에서 본다면, 재미의 가장 많은 부분은 자기 스스로 재미를 만든다는 사실이다. 인간은 누구나 재미를 추구하는 본성을 갖는다. 앞 장에서 언급한 재미가 생존의 방법일 수도 있겠지만, 재미의 궁극적 추구는 자신에게 주어진 위치나 상황에 따라 다르게 나타난다. 저자가 많은 시간을 e스포츠 경기에 투자할 수 없는 이유가 논문, 저술, 강의 등 영역에서 무언가를 해야할 있이 있기 때문이다. 재미의 정도는 자신의 즐거움을 위한 움직임과 자신에게 주어진 환경에 따라 재미의 정도는 결정된다. 아무리 재미있는 e스포츠 경기라도 자신이 흥미를 갖지 않거나, 해야 할 것이 있다면, 그 재미는 반감되거나 감소된다. 또한 나이가 변화됨에 따라 e스포츠 경기종목의 선호도 다를 수밖에 없다.

정적 현상학의 관점에서 e스포츠 재미는 자신의 의식작동이 첨부되어 나타난 현상이다. 재미라는 것도 우리의 의식이 작동하는 한에서 나타날 수밖에 없다. 따라서 재미는 의식작동의 부산물에 만족을 주는 결과물이다. 디지털 매체의 특성상 e스포츠의 부정적 측면인 과몰입, 중독, 폭력성을 언급한다. 이러한 문제를 어떻게 해결해야 하는가? 약물치료나 상담으로 어느 정도 치료는 가능할지 모르겠다. 하지만 이것이 근본적인 치료의 방법인지에 대해서는 확신이 서지 않는다. 저자는 부정적 요소의 극복은 자신의 태도 변화에 따른 행동변화에 기인해야 한다고 생각한다. 근본적인 재미에 대한 자신의 태도를 바꾸지 않는 상황에서 결코 바뀌지 않는다. 우리는 스스로 반성과 해석이 가능한 인간 존재이다.[1] 우리는 재미를 느끼는 것이 무엇이고, 이것이 자신에게나 사회에서 어떤 의미를 갖는지 질문을 던지고 답을 찾는 존재이다. 우리가 스스로 이러한 질문을 던지지 않았기 때문에 e스포츠가 갖

---

[1] 지향성에는 우리의 의식이 무언가 생각하는 능력을 전제로 한다. 무언가를 생각할 수 있는 능력은 우리가 반성과 해석의 능력을 갖고 있음을 보여준다(이남인, 2014: 102).

는 반성과 해석의 역할을 파악하지 못했다.

정적 현상학의 관점에서 e스포츠의 재미 탐구는 재미에 대한 태도 변경이 필요하다. 현상학은 본질 파악을 위해 태도 변경을 주장한다. 태도 변경은 기존의 대상에 대한 일상적인 태도에서 새로운 태도 변화를 전제하기 때문에 자신이 경험한 내용은 다르게 다가올 수밖에 없다. 태도란 대상에 대해 우리의 일정한 통일된 관점을 말한다. 누구나 장소나 시간에 따라 특정한 대상에 대해 자신의 관점이나 태도를 갖는다. 일반적으로 우리가 e스포츠에 대한 긍정과 부정의 태도가 e스포츠를 생각하는 데 영향을 미친다. e스포츠에 중립적인 태도를 언급하는 경우에도 중립적 태도는 사라지지 않는다. 예컨대 부모들은 아이들의 e스포츠 재미를 학습에 방해되는 것으로 본다. 반면에 청소년들에게 e스포츠 재미는 기분전환이나 스트레스 해소, 친구 간의 우정으로 본다. 부정적인 관점을 잠시 접어두고 긍정적인 측면에서 e스포츠에 직접 참여하거나 이에 따른 경험은 이전에 보이지 않는 청소년의 e스포츠 재미의 세계를 파악할 수 있을 것이다. 학부모들은 학습의 시기에 e스포츠는 시간낭비라고 판단한다. 다들 자신의 관점에서 e스포츠를 바라본다. 기성세대는 기존 시간낭비라는 e스포츠 재미를 바라보는 관점에서 벗어나는, 자신의 관점을 헐어내는 과정이 필요하다. 이러한 과정에서 우리는 새롭게 청소년들의 움직임에 더 많은 이해가 가능하다.

물론 청소년들도 e스포츠 재미에 대한 태도 변경이 필요하다. 나이에 따라 e스포츠 재미에 대한 견해가 무엇인지 정립되지 않겠지만, 자신의 태도가 무엇인지에 질문을 던지는 연습은 필요하다. e스포츠 재미의 추구가 경기 기술에 맞추어 승리만을 목적으로 하는지, 친구들과 같이 스트레스 해소나 기분전환으로 하는지 질문을 던져야 한다. 이러한 e스포츠 재미에 대한 태도 변경을 통해 얻게된 경험의 정도는

e스포츠 재미를 다시금 생각하는 계기를 만들어준다. 물론 청소년들의 신체적 욕구와 감정의 상태 파악에 근거한 재미의 태도 변경을 경험하기란 쉽지 않다.

둘째, 발생적 현상학이다. 이는 시간적 관점에서 재미의 경험이 어떻게 일어나는지를 설명해준다. e스포츠의 재미와 관련된 정적 현상학은 대상과 의식의 작동과정에 대한 해명을 요구한다고 하였다. 하지만 의식작용은 고정된 것이 아니라, 시간의 흐름에 따라 작동한다는 사실이다. 즉 우리의 경험은 정지된 것이라 보기보다는 시간의 흐름 속에서 경험한 내용으로 이루어진다. 따라서 시간의 흐름 속에서 지향적 경험의 해명을 목적으로 하는 것이 발생적 현상학이다. 우리가 재미를 느낀다는 것은 분절된 형태로 자신의 의식에 주어지지 않는다. 재미의 느낌은 자신이 가진 재미의 경험과 바로 앞의 경험 내용을 바탕으로 이루어진다. 우리가 경험하는 것은 고정되고 주어진 것이 아니라 이전의 경험된 관점에서 파악한 내용이다(박인성 역, 58). 시간의 흐름과 관련된 재미는 분리된 형태에서 나타난 시간의 흐름에서 나타나기보다는 시간이 서로 중복되어 자신의 재미로 나타난다는 점이다. 우리가 지속해서 재미에 빠지는 이유가 경험의 중복에서 나타나기 때문에 재미를 분리하여 설명하기 힘들다. 또한 e스포츠를 만든 개발자도 더 많은 사람이 경기에 참여하도록 재미를 부여하기 위해 시스템을 만든다. 이러한 측면에서 e스포츠의 재미를 분석하고 설명하기란 쉽지 않다.

경기에서 재미의 확대는 시간의 흐름 속에서 주어진 숙제를 하나하나 풀어나가는 의식의 지향적 경험에서 나온다. 문제 해결과정에 감정과 느낌 등이 작동하여 복합적으로 나타나 재미를 강화시킨다. 예컨대 적 움직임과 관련된 의미를 파악한다고 하자. 먼저 적의 움직임이 나의 의식에 영향을 준다. 상대 움직임의 인상(impression)이 나의 의식에 처음 주어진다. 우리의 의식은 그 움직임의 의도를 판단하기 위해 과거의 경험을 생각하게 된다. 그러나 적의 움직임을 파악하고 자신의 움직임을 하기 위한 앞으로의 예측까지도 포함하여 생각한다. 그것이 맞으면 재미를 느낀다. 틀리면 디지털 속성상 다시 할 수 있는 기회를 제공한다. 경기에서 우리의 예측이 빗나가는 경우에 재미의 정도는 상대적으로 커진다. 놀라운 기술에 환호와 재미를 갖는 이유가 우리의 예측 능력에 기인하기 때문이다. 이처럼 상대 움직임의 파악은 시간의 현재, 과거, 미래가 서로 분리되지 않고 밀접하게 결합한다. 각각의 현재에 대한 생각, 과거에 대한 생각, 미래에 대한 생각이 다르게 작동하기도, 함께 작동하여 자신의 의식을 결정하기도 한다.2 재미는 이처럼 시간과 관련된 의식의 흐름에서 나오는 것으로 파악해야 한다.

하지만 상대 움직임에 대한 이해와 예측 능력은 단순히 의식의 작동 결과는 아니다. 우리의 의식작동은 몸에 배인 상태(embodiment)에 따라 다르게 작동한다는 점이다. 예컨대 e스포츠 경기력을 풀어나가는 정도는 집이나 PC방이 다를 수 있고, 자신의 경기력 수준에 따라 다를 수밖에 없다. 그리고 당일의 기분이나 컨디션에 따라 경기력은 차이가 난다. 여기에 덧붙여 선수가 경기에서 잘하기 위해서는 자신의 의지, 관심, 노력, 감정의 통제 등도 고려해야 한다. 자신의 몸에 조건에 따라 의식의 태도는 일정 정도 영향을 준다. 이 모든 것은 몸에 배인 상태를 고려해야 한다.

재미가 시간의 흐름과 자신의 몸에 배인 상태에서 작동하면 자신의 생각이나 행동에 변화를 준다. 우리가 음식을 먹으면 에너지가 되

---

2 후설에 따르면 이러한 시간의 흐름에 따른 의식의 작동과정은 파지(과거 지향의 의식작용, retention), 인상(현재 감각, impression), 예지(미래 지향의 의식작용, protention)의 관계로 설명한다(이남인, 김태희 역, 2020).

어 우리의 생존에 도움이 될 뿐만 아니라 음식은 신경계와 근육에 영향을 주어 신체의 구조적 변화에 영향을 준다. 재미는 단순히 e스포츠의 대상에 대한 표상적 경험에서 나오는 것이 아니다. 재미는 우리가 가진 감각 운동능력을 바탕으로 몸에 배인 경험에서 나온다. 즉 재미는 나의 감각 운동능력의 경험에 의존하여 e스포츠에 대상과의 상관관계에서 나온다. 감각 운동능력에서 시작한 e스포츠의 재미의 내용에서 우리는 e스포츠가 좋고 나쁘다는 것으로 재단할 수 없다. e스포츠의 재미는 감각 운동능력 이외에도 주어진 문화와 사회적 분위를 고려해야 한다. 예컨대 e스포츠에서 뛰어난 감각운동 능력을 가진 사람들이 주위의 환경의 영향력으로 프로e스포츠선수가 될 수 있으며, 반면에 감각운동 능력이 주어진 환경과 상황에서 따라 자신의 욕구와 욕망을 회피하는 수단으로 e스포츠를 생각하는 경우도 존재한다.

한편 e스포츠와 관련된 발생적 현상학은 인간 몸의 움직임에 대한 이해를 요구한다. 자신의 몸이 e스포츠 경기를 풀어나가는 데 이중적인 역할을 담당하기 때문이다. 먼저 몸은 경기를 주도적으로 풀어나가는 능동적인 역할을 담당한다. 예컨대 e스포츠가 상대 움직임에 대한 패턴의 발견에 따라 자신의 손목이나 손의 움직임을 어떻게 움직여야 하는지 결정하고 판단하는 능동적인 역할을 한다. 하지만 그러한 움직임도 적 움직임의 의도를 파악하고 이해할 수 있는 수동적인 내용이 자신의 몸에서 이미 작동하고 있어야 한다. 무언가를 받아들일 수 있는 수동적 종합이 작동해야 능동적인 활동이 가능한 생각이 작동한다. 자신이 상대의 움직임을 파악하기 위해 대상과 나 자신 사이에 끌어당김과 밀어냄의 관계가 작동한다. 물론 그 움직임은 자신의 기억된 습관, 상대의 움직임에 대한 자신의 판단이 결합된 상태, 어떻게 공격해야겠다는 동기, 무의식적 생각 등이 포함되어 작동된다. 여기에 e스포츠 재미의 발생적 현상학은 내가 재미를 찾아가거나 또는 무언가를 할 수 있는 존재임을 확인하는 것이다.

셋째, 세대 간적의 현상학이다. 세대 간적의 현상학은 현재 e스포츠의 문화현상을 이해하는 데 이론적 토대를 제공한다. 여기에서는 디지털의 경험과 미디어의 영향을 파악해야 한다. 세대 간적 현상학은 인간의 경험이 역사적, 사회적, 문화적으로 형성되어 감(being)에 관한 것이다(박인성 역, 2013: 63). 세대 간적 의미는 이중적 의미를 갖는다. 하나는 개인이 무언가가 되어가는 경험의 과정을 말한다. 다음으로 세대 간에 일어나는 경험의 과정을 말한다. 이것은 e스포츠문화로 설명이 가능하다. 예컨대 우리의 일상생활에 e스포츠는 청소년들에 많은 영향력을 미친다. 지속적인 e스포츠 경험을 통해 e스포츠에 대한 자신만의 사회문화적 태도를 갖는다. 이러한 경험을 통해 이전 기성세대와 전혀 다른 e스포츠문화를 만들어낸다.

e스포츠문화는 이미 우리에게 주어진 세계이기도 하지만 자신의 관심분야에 따라 그 세계와 상관관계를 맺고 그 관심 내용을 기반으로 설명하고자 한다. 누군가는 선수로, 해설자로, 비즈니스로, e스포츠개발자로, 연구자로 e스포츠에 참여한다. 하나의 경기종목으로 e스포츠는 새로운 스포츠 형태로 드러났다고 하겠지만, e스포츠는 원래부터 존재한 것으로 파악해야 한다. 축구, 배구가 먼저 있었다는 것이 아니라 도구를 가지고 자연스럽게 하나의 놀이가 제도와 경쟁이 개입되어 축구경기, 배구경기로 나타났다. e스포츠도 놀이의 도구가 디지털 기기라는 점에서 기존의 놀이 형태와 다르지 않다.

우리 역사의 흐름에서 놀이와 게임에 참여함으로써 놀이 문화, 게임 문화를 만들었고, 그 속에서 자신의 재미를 느껴왔다. e스포츠의 재미도 마찬가지다. 따라서 e스포츠의 재미 이해는 개인적인 측면을 넘어 문화적 사회적 환경과의 관계를 고려해서 파악해야 한다. e스포츠의 재미는 디지털 기술의 영향력에 크게 의존한다. 우리는 디지털 기

술에 의해 창조된 세계를 우리의 일상으로 살아가는 세계로 착각하게
된다. 이러한 태도는 인간을 디지털 기술 문명에서 벗어나지 못한 기
계적 부품의 역할로 축소된다. 인간이 직접적으로 경험하는 세계와 가
상공간의 만남은 다를 수밖에 없다. 저자가 생각하는 진정한 재미의
추구는 일상생활에서 우리의 만남에서 재미를 추구하는 것이다. 직접
몸으로 부딪쳐 재미를 느끼는 것과 가상세계에서 재미는 다를 수밖에
없다. 하지만 오늘날 스포츠보다 e스포츠에서 훨씬 더 재미를 추구하
는 상황에서, e스포츠의 재미를 얻은 사람이 스포츠의 재미를 찾아 행
동 변화를 일으키기도 쉽지 않다.

03 e스포츠의 재미와 반성 ✎

　　e스포츠의 재미를 어떻게 설명할 수 있을까? 재미가 주는 느낌을
설명하기란 쉽지 않다. 그럼에도 우리가 e스포츠의 재미가 무엇인지
파악하고자 하는 이유는 e스포츠의 본질 파악을 위한 유용한 방법이기
때문이다. 이를 통해 우리는 재미의 부정적 요소에 대한 해결책도 찾
을 수 있다. 재미의 작동과정과 원인을 알아야 해결책도 보인다. 하지
만 재미의 작동과정과 원인을 파악하기란 쉽지 않다. 재미는 원래 이
중적 의미를 갖기 때문이다. 재미는 인간생존과 삶에 윤활유로서 작동
하고, 몰입에 따른 창의력을 형성하는 역할을 담당한다. 반면에 재미의
추구는 시간낭비, 욕망의 만족, 폭력성, 과몰입의 형태로 나타난다. 이
에 따라 재미를 분석하고 이해하기란 쉽지 않다. 따라서 우리는 e스포
츠의 재미를 시간보내고 노는 것으로 생각해서는 안 된다. 일회적인
재미는 e스포츠의 재미가 아니기 때문이다.

e스포츠의 재미는 경쟁을 통해 자신의 경험에 영향을 주고, 그 경험에서 자기 스스로 변화를 느껴야 한다. e스포츠는 일상과 다르지 않는 가상세계의 경험이 일상생활에 도움이 된다. 예컨대 가상세계에서 경험이 트라우마의 치료에 도움이 되는 경우도 있기 때문이다. 가상세계에서 재미의 경험으로 끝난다고 하더라도 그것은 재미의 일부분이다. e스포츠의 재미는 디지털 세계에서 본다면 당연한 사실이며, 부정적으로 볼 필요가 없다. e스포츠의 재미 현상이 자신의 주어진 디지털 사회에서 형성된 하나의 문화로 받아들여야 한다. 하지만 가상세계는 엄연히 현실세계와 다르고 현실에서 재미도 경험해야 한다. e스포츠가 주는 가상세계의 경험과 현실의 경험이 어떻게 다른지도 e스포츠 플레이어 스스로 확인해야 한다.

e스포츠 재미의 현상학은 재미에 대한 자신의 생각이 틀릴 수 있음의 인정에서 시작해야 한다. e스포츠에 대한 기성세대의 부정적인 견해가 틀릴 수 있다는 것을 인정하자. 자신이 디지털에 익숙하지 않음을 부정적인 생각을 청소년들에 향해 표출한 것에 지나지 않는지 생각해 보아야 한다. 저자의 e스포츠연구소에서 진행한 e스포츠 가족캠프에 참가한 아버님의 소감이 기억난다. 그렇게 시간가는 줄 몰랐다. 아이들이 경기에 몰입하는 이유를 알았다는 것이다. 소통하고 경험하지 않는 상황에서 e스포츠를 판단하지 말아야 한다. 우리는 e스포츠에 대해 가지고 있는 선입감에 대해 판단중지하고 e스포츠를 있는 그 자체로 경험하는 것이 중요하다. 그것이 e스포츠 이해의 출발점이다. e스포츠를 즐기는 청소년도 마찬가지다. 자신이 즐기는 e스포츠가 자신의 생각이 덧붙여진 것에서 놀고 있지 않는지 반성할 필요가 있다. e스포츠가 전부인 양 생각할 필요가 없다는 것이다. 인간의 사고는 반성과 비판의 능력을 갖고 있다. 따라서 e스포츠를 객관적으로 접근해서 이해하고 다른 시각으로 경험할 필요가 있다.

청소년들은 e스포츠를 다르게 볼 수 있는 반성과 비판 능력을 키워야 한다. e스포츠 특성상 모니터 화면에 보여주는 움직임에 우리의 사고와 감각은 즉각적으로 반응한다. 우리의 시각 안에서 보인 화면의 움직임에 우리의 감각과 지각을 충분히 대상을 다룰 수 있다고 생각한다. 격투기와 e스포츠를 비교해서 생각해보자. 우리는 격투기를 보면서 자신이 쉽게 할 수 있다고 생각하지 않는다. 격투기 경기를 진행하기 위해서는 일정한 훈련이 뒷받침되어야 가능하다고 판단한다. 따라서 우리는 격투기를 보면서 모든 사람이 격투기 선수가 되기를 기대하지 않는다. 반면에 e스포츠는 감각과 지각에 근거하기 때문에 누구나 쉽게 할 수 있다는 착각에 빠질 가능성이 높다. 이에 따라 누구나 e스포츠를 잘할 수 있다고 생각하면서, 프로e스포츠선수를 꿈꾼다. 그러나 프로e스포츠선수는 쉽게 되지 않는다. 누군가 서울대학 입학하기보다도 힘들다의 주장은 사실이다. 2021년 재수생 약 13만 명을 합쳐 약 53만 명의 약간 넘는 수험생이 서울대에 입학한다고 하자. 서울대 입학정원인 약 3천 명이라면, 전제 수험생중 0.6% 안에 들어야 한다. 하지만 한국에서 프로e스포츠선수가 되기 위한 조건은 그랜드 마스터(0.01%)와 300백 명 정도인 챌린저(0.005%) 위치를 점유해야 한다(남윤성, 윤아름, 2020: 19–20). 프로e스포츠선수는 서울대학이 아니라 하버드대학교에 가는 실력을 갖추어야 한다. 프로e스포츠선수가 되기를 얼마나 어려운 것인지를 현상학적 관점에서 판단중지가 필요하다.

e스포츠 재미의 현상학은 재미의 과학적 분석이 아니라 재미가 자신의 의식과정에 어떻게 일어나고, 그것을 우리가 어떻게 파악하고 이해해야 하는지에 도움을 준다. 개인의 영역을 넘어 e스포츠를 객관적으로 보는 데 도움이 된다. e스포츠 재미의 현상학은 자신의 의식과 대상 간의 관계에 대한 이해가 필요하고, 자신의 몸과 관련된 본능, 감정, 이성, 무의식 등 모든 것을 고려해야 한다. 여기에 덧붙여 디지털

세계의 환경까지도 생각해야 한다.

7장 토론 내용

- 현상학이란 무엇인가?
- 왜 e스포츠에서 현상학이 필요한가?
- 의식의 지향성이 스포츠 선수나 게임 디자인에게 어떻게 적용이 가능한가?

더 읽어야 할 책

현상학이 무엇인지는 Zahavi(김동규 역, 2022)과 현상학적 마음의 인지 과학적 설명에 대해서는 Gallagher & Zahavi(박인성 역, 2013)을 보라.

e스포츠와 교육

e스포츠와 교육

　e스포츠의 교육이 필요하다는 주장에는 긍정과 부정의 입장이 교차한다. 부정적 관점은 학습에 방해되는 e스포츠가 교육적 가치를 가질 수 있는가의 근본적인 의문을 던진다. 학교 교육이 프로e스포츠선수를 양성하는 기관은 아니지 않는가? 학생들의 관심은 경기력 발휘에만 관심을 두지 않는가? 한마디로 학교 교육에서 학습과 즐기는 e스포츠는 구분해야 한다는 입장이다. e스포츠에 대한 부정적인 인식 전환이 되지 않는 상황에서 e스포츠에 교육을 말하기에는 시기상조라는 입장이다.

　이와 반대로 현실적으로 초등학교, 중학교, 고등학교 학생들이 e스포츠를 하는 상황에서 e스포츠를 교육의 영역에 포함해야 한다는 긍정적인 관점이 존재한다. 이러한 긍정적인 입장도 두 가지 입장으로 나누어진다. 첫째는 과외 활동으로서의 e스포츠 교육이다. 이는 e스포츠를 하나의 교육적 효과를 얻기 위한 수단으로서의 입장이다. 세부적으로 e스포츠의 종목을 통해 학생들에게 학습증진의 유용한 방법을 적용하고자 한다. 이는 스포츠를 통해 경쟁, 협력, 리더십, 팀워크, 스포츠맨십을 배우는 과정으로서 의미가 있다. 물론 e스포츠 특성상 기존의 스포츠와 다른 리터러시의 교육과 디지털 이해라는 새로운 영역이 추가된다. 이와 관련된 e스포츠 프로그램으로 서울시 교육청 학생교육원에서 진행하였던 "지금은 LOL(놀) 시간! LOL(놀)면서 공부하는 온라인 게임학교" 프로그램이 여기에 해당한다. 여기에서는 롤(LOL)을 통해 과몰입 해소나 재능교육을 목표로 영어, 게임 인문학, 게임 토론과 글쓰기, 게임 분석, 전략수립, 자기조절 등 다양한 프로그램을 제공한다. 학생들의 학습증진 수단으로 롤(LOL)이라는 e스포츠의 종목을 선택하여 교육적 효과를 달성하고자 노력하고 있다.[1]

둘째는 정규 과목으로서의 e스포츠 교육이다. 여기에 e스포츠 교육이 추구하는 인성이 무엇이고, 그 내용은 어떻게 구축되어 있는지, 학습증진을 위한 교육의 방법과 평가 방법까지 구비되어야 한다. e스포츠 교육과 관련된 커리큘럼이 구비되어 있어야 하지만, 현실적으로 아직 e스포츠 교육과 관련된 내용은 부족하다. 정규과목으로서 e스포츠 교육은 아직 시기상조이다.

e스포츠에 대한 부정적, 긍정적 관점과 관계없이 e스포츠 교육에 대한 이해는 필요한 시점이라는 모두가 동의할 것이다. e스포츠가 한국에서 시작하였듯이, e스포츠 교육도 마찬가지로 필요하다. 한국은 e스포츠와 관련된 풍부한 인적 자원과 산업이 충분히 교육적 내용을 뒷받침할 수 있는 토대가 준비되어 있다. 하지만 e스포츠 교육을 누가, 어떻게, 무엇을 교육해야 한다는 말인가? 우리의 주위를 돌아보면 e스포츠 교육과 관련된 내용은 빈약하다. 교육이 아닌 e스포츠와 관련된 연구도 프로e스포츠선수들의 기량 발휘와 일반 청소년들의 과몰입 연구, e스포츠의 경제적 현황 등의 분야에 한정되어있다. 반면에 서구에서는 e스포츠를 교육과 연계한 학습의 관점에서 제시하고 추진해나가는 움직임이 있다.

---

1   https://enews.sen.go.kr/news/view.do?bbsSn=169601&step1=3&step2=1

본 장에서 한국의 e스포츠 교육은 어떤 방향을 지향해야 하는지 담론적 입장에서 저자의 생각을 주장하고자 한다. 이를 위해 먼저 한국의 e스포츠 교육과 관련된 내용과 서구에서 진행되고 있는 e스포츠 교육을 간략하게 설명하고자 한다. 마지막으로 e스포츠 교육과 관련된 담론적으로 저자의 방향성을 제시하는 것으로 논의를 마치고자 한다.

01 e스포츠 교육의 내용

e스포츠 선수는 한국표준 직업분류에 직업 운동선수(professional athletes)에 포함되어 하나의 직업군으로 인정받고 있다.2 국가직무능력 표준에서 'e스포츠지도'가 현장에서 수행하기 위해 지식, 기술, 태도가 필요함을 국가가 인정하였다. "e스포츠지도란 e스포츠 경기규정에 따라 컴퓨터통신이나 인터넷을 통해 온라인으로 게임을 진행하는 MOBA형 경기, FPS형 경기 및 RTS형 경기 및 스포츠형 경기에 필요한 기능, 기술, 팀워크 및 전략·전술을 지도하는 능력이다."3 이를 통해 우리는 프로e스포츠와 e스포츠에 대한 지도가 국가에서 공인받은 하나의 직업군임을 확인할 수 있다. 하나의 직업으로 인정은 e스포츠 산업과 교육이 뒷받침되어 하는 당위성을 보여준다.

한국의 e스포츠 교육은 학교교육과 학원의 아카데미교육으로 나누어진다. 고등학교에서 e스포츠와 관련된 교육은 은평메디텍고등학교

---

2 한국표준직업분류에 따라 프로게이머를 인정하고 있다(https://kssc.kostat.go.kr:8443/ksscNew_web/kssc/ccc/forwardPage.do?gubun=002_1#)

3 한국산업인력공단(http://www.hrdkorea.or.kr/search/search.jsp#none)

에서 2021년부터 e스포츠교육과로 운영 중이다. 그 학교에서는 e스포츠실습, e스포츠실습, 빅테이터 분석, e스포츠심리훈련, 영상제작 기초, 방송일반의 교육과정을 갖고 있다.4 대학에서는 전남과학대학의 e스포츠과와 호남대 e스포츠산업학과가 개설하여 학생들의 e스포츠의 전문가를 양성하고 있다. 학원의 아카데미 교육은 젠지 엘리트 e스포츠 아카데미(GEEA)를 들 수 있다. 젠지 아카데미는 학생들이 e스포츠를 체계적으로 공부할 수 있도록 만든 상업교육기관이다. 젠지 아카데미는 e스포츠 선수가 e스포츠를 한다고 학업을 중단할 필요 없이, e스포츠 관련 산업의 인재 형성의 기회를 제공한다. 여기에서는 하루 약 4시간의 공부만 하면 되기 때문에 학생들은 남은 시간을 e스포츠 훈련이나 교육에 투자할 수 있다. 여기에서 학생들은 선수로서의 경력 관리뿐만 아니라 e스포츠 산업에 대해서도 배운다. 차후 미국대학과 연결하여 e스포츠 장학생 및 특기생 선발의 기회를 제공한다. 젠지 아카데미는 학교 방과 후 프로그램을 통해 STEM(Science, Technology, Engineering, Mathematics)과정, 자격증과정을 진행 중이다.5

한국에서 e스포츠의 교육은 전문e스포츠 선수양성과 e스포츠 운영과 관련된 인력형성에 중점둔 교육을 진행 중이다. 하지만 학원, 고등학교, 대학교의 교육 프로그램을 살펴보면 구체적인 e스포츠관련 교육 프로그램의 목적, 방법, 평가의 내용을 명확하게 보여주지 못하고 있다. 다만 앞에서 언급한 서울시 교육청 학생교육원에서 진행했던 프로그램이 e스포츠 경기종목을 통한 e스포츠 교육의 가능성을 보여준다는 점에 의미가 있다.

e스포츠의 교육과 관련하여 미국은 우리보다 한 발짝 앞선 것이

---

4 http://eunpyeong.sen.hs.kr/173108/subMenu.do
5 http://ggacademy.gg/GEEA.

사실이다. 그 중심에 NASEF(North America Scholastic Esports Federation)가 e스포츠 교육의 중심 역할을 하고 있다.6

e스포츠 교육과 관련해서 이 단체는 기존의 학습 프로그램을 기반으로 교육적 방향성을 설정하였다. 그 학습 프로그램은 SEL(Social and Emotional Learning, 사회정서학습) 이론을 기반으로 한다. SEL은 수요자 중심의 교육과정이며, 아동과 청소년들의 정서와 감정의 역량을 증대시키는 데 있다. 이를 통해 학교교육이 학생들로 하여금 자발적 활동을 하는 데 도와주고자 한다. 원래 이 프로그램은 1998년 한 고등학교에서 일어난 미국의 충격 사건으로 정신건강 회복의 관점에서 시작되었다. 학생들의 교육적 요구와 정신건강을 충족시키기 위해 다양한 학문적 틀을 제공한다. 이러한 정서와 감정의 역량발휘는 학교의 영역을 넘어 일상생활에 자연스럽게 연결되어 그들의 삶의 질을 높이는 데 도움이 되고자 한다. 이러한 SEL은 학업 및 사회정서학습 협회(Collaborative for Academic, Social and Emotional Learning)가 주도적으로 운영하고 있다(신현숙 역, 2011).

SEL은 긍정적인 태도, 다른 사람에 대한 감정이입, 긍정적인 태도 유지, 책임있는 결정을 배우고자 한다. SEL의 연구는 e스포츠에서 적용하여 교육과 관련된 내용을 전개하고 있다(Aviles, Isaacs, Lion‒Bailey, & Lubinsky, 2020: 27). 이는 기존의 스포츠에 적용되어 나타난 팀워크, 소통, 개인적 평가가 e스포츠에 적용 가능함을 주장한다. SEL는 인지, 정서, 행동을 통합하여 주어진 일상적인 임무와 도전을 효과적으로 다루고자 한다.

이를 발달시킬 수 있는 역량(competence)을 다섯 가지의 학습프로그램으로 설명한다.

---

6 https://www.nasef.org/about/about‒the‒federation/

첫째는 자기인식(self-awareness)이다. 자기 인식영역의 역량은 한 사람의 감정, 개인적 목표, 그리고 가치를 이해하는 것을 포함한다. 여기에는 자신의 강점과 한계를 정확하게 평가하고, 긍정적인 사고방식으로 자기효능감과 낙천성을 충분히 가지고 있는 것을 포함된다. 높은 수준의 자기 인식을 통해 우리는 생각, 감정, 행동이 어떻게 상호연결되어 있는지 역량을 파악하고 갖추어야 한다. 둘째, 자기 관리(self-management)이다. 이 영역의 역량은 감정과 행동을 조절하는 능력과 그것을 촉진하는 기술과 태도가 필요로 한다. 여기에는 개인적, 교육적 목표를 달성하기 위해 만족을 지연시키고, 스트레스를 관리하고 충동을 조절하며 도전을 통해 인내하는 능력이 포함된다. 셋째, 사회적 인식(social awareness)이다. 이 영역의 역량은 다른 배경이나 문화를 가진 사람들의 관점을 취하고 공감하고 동정심을 느낄 수 있는 능력을 포함한다. 또한 행동에 대한 사회적 규범을 이해하고 가족, 학교, 지역사회 자원과 지원을 인식하는 것도 포함된다. 넷째, 관계 기술(relationship skill)이다. 이 역량은 아이들이 건강하고 보람있는 관계구축을 유지하며, 사회적 규범에 따라 행동하는 데 필요한 도구를 제공한다. 이 영역에서의 역량은 명확하게 의사소통하고, 적극적으로 듣고, 협력하고, 적절한 사회적 압력으로 저항하고, 갈등을 건설적으로 협상하고, 필요할 때 도움을 구하는 것을 포함한다. 다섯째, 책임있는 의사 결정(responsible decision making)이다. 이 역량은 다양한 환경에서 개인적 행동과 사회적 상호작용에 대한 건설적인 선택을 하는 데 필요한 지식, 기술 및 태도를 요구하는 역량 영역이다. 이 영역의 역량은 윤리적 표준, 안전 문제, 위험한 행동에 대한 정확한 행동 규범을 고려하는 능력, 다양한 행동의 결과에 대한 현실적인 평가 및 자신과 타인의 건강과 행복을 고려하는 능력을 필요로 한다(Weissberg, et. al., 2016: 6-7).

이러한 SEL의 효과적인 실행을 위한 행동 실천이론은 다음과 같다.

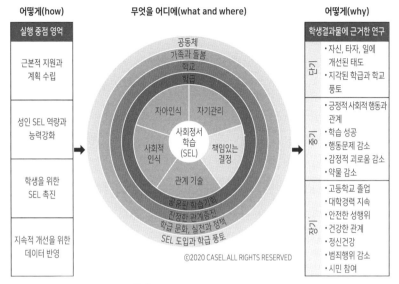

어떻게(how) / 무엇을 어디에(what and where) / 어떻게(why)

출처: casel.org/theory-of-action/

사회적 정서적 역량을 촉진하기 위한 효율적인 SEL의 접근법으로 흔히 SAFE을 적용한다. (1) 연결적(Sequenced): 기술 개발이 되기 위해서는 연결되고 상호 협력이 가능한 일련의 활동이 되어야 한다. (2) 능동적(Active): 학생들이 새로운 기술을 습득할 수 있도록 돕는 능동적 형태의 학습가 되어야 한다. (3) 집중적(Focused): 개인이나 사회적 기술 발달을 강조하는 데 초점을 맞춘다. (4) 명시적(Explicit): 특정한 사회적, 감정적 기술을 대상으로 한다.

이를 기반으로 Aviles, Isaacs, Lion－Bailey, & Lubinsky(2020)는 e스포츠 교육에 적용하였다. 즉 e스포츠 선수들은 자신의 힘과 한계를 여러 사람들과 소통함으로써 자신을 인식해야 한다(자기인식). 효과적인 소통능력을 갖추기 위해 플레이로 하여금 그들의 행동 통제의 능력을 기르게 한다(자기관리). 지도자나 동료로부터 적절한 피드백을 받아 타인의 입장과 차이를 인식한다(사회적 인식). 목적을 갖고 명료하게 소통을 한다(관계 관리). 사이버 폭력 및 욕설에 대해 책임을 가져야 한다(책임 있는 의사결정). 그들은 e스포츠 교육과 관련하여 기술 습득(소통과 목표 설정), 건강과 행복(마음 챙김, 수명과 체중), 디지털 문화의 경험(스포츠맨십, 분노조절)으로 설명하고는 있지만, 구체적인 학습내용과 관련된 내용은 부족하다. 그리고 SEL 프로그램을 학생들에게 적용해서 교육적 효과의 달성여부는 아직 확인되지 않고 있다. 일반학생보다 먼저 e스포츠 선수들에게 적용할 필요가 있다.

기존에 SEL이 어느 정도 학습효과를 근거로 주장하고는 있지만 e스포츠의 지향점과 많은 다른 점을 고려해야 한다. 따라서 물론 SEL을 근거로 한 NASEF의 교육 방향에 대한 평가는 아직 이르다고 생각한다. 그럼에도 불구하고 NASEF(North America Scholastic Esports Federation)는 Anderson et al.(2018)의 연구성과를 바탕으로 아래의 도표에서 보여주듯이 교육방향을 e스포츠 전문가 양성에 맞추어 네 가지로 분류하여 설명하고 있다.

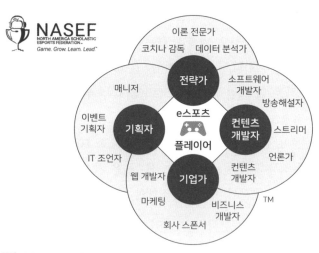

출처: Diagram Citation: Anderson, Tsaasan, Reitman, Lee, Wu, Steele, Turner & Steinkuehler (2018)

위 도표에서 e스포츠 전문가는 첫째는 e스포츠의 전략과 관련된 이론 전문가, 통계분석가의 교육이다. 둘째는 e스포츠와 관련 매니저와 IT 지원분서, 이벤트 기획자의 양성이다. 셋째는 e스포츠의 기업가와 관련된 분야의 양성이다. 여기에는 웹디자인, 마케팅, 스폰스, 비즈니스 계발자 등이 있다. 넷째는 컨텐츠 개발자와 관련된 영역으로 e스포츠 소프트웨어 개발자 저널기자, 스트리머의 양성에 초점을 맞춘다.

NASEF의 교육 목적, 비전 그리고 핵심가치는 다음과 같다.7

NASEF에 따르면 그들의 교육 목적은 모든 학생이 e스포츠를 사용함으로써 STEAM(과학, 기술, 공학, 예술, 수학) 기반의 융합교육을 통해 일과 일상에서 필요한 사회적 감정, 즉 협력과 문제해결 능력을 제공하는 데 있다. 비전으로 모든 학생이 사회의 게임 체인저가 되기 위해 필요한 지식과 기술을 교육받는다. 이를 통해 개인들은 생산적이고 공감능력을 소유하도록 한다. 여기에 핵심가치로 교육을 주장한다. 학생이 가진 관심 주도 학습을 통해 교육의 현실적 가치를 경험할 수 있도록 한다. 이를 위해 교실 안팎에서 학습과 놀이를 연결하고자 한다. 그 속에서 핵심가치는 누구나 참여하여 경험이 가능한 기회를 제공하는 데 있다. 우리는 모든 학생이 연결, 놀이, 학습 및 성장을 할 수 있는 안전하고 매력적인 공간을 제공한다. 그 속에서 핵심가치는 소통이다. 우리는 모범적인 플레이 간에 리더십, 책임감, 헌신, 그리고 강인함을 보여주는 상호 연결된 강한 공동체를 구성한다. 그 속에서 핵심가치는 다양성이다. 모든 참가자는 자신만의 통일성을 갖추어야 한다. 그래서 그곳에 참여한 사람들의 개성과 그들 간의 차이점을 인정해야한다. 차이를 축하할 수 있도록 강한 성격과 자기 정체성을 개발해야한다. 우리는 자신과 타인을 존중할 수 있는 인간의 잠재력에 대해 존

---

7   https://www.nasef.org/about/about-the-federation/

중해야 한다. 그 속에서 핵심가치는 존중이다.

　NASE 프로그램이 e스포츠 교육과 관련하여 어느 정도 타당성을 갖고 있는지 지금의 단계에서는 판단하기 어렵다. 학습과 관련된 프로그램의 주장이 경쟁하는 e스포츠 선수와 연관된 공동체의 역할, 학습의 성과, 이해관계자들과 관련된 상황에서 실제로 어떻게 구현되어야 하는지는 다른 차원에서 검토한 후 타당성을 인정받아야 한다. 또한 이러한 교육프로그램이 한국에 적용되기 위해 한국적 교육상황을 고려해야 한다. 한국의 교육적 상황과 미국의 교육제도는 다를 수밖에 없기 때문이다.

　우리의 교육적 방향은 7차 교육과정에 나타나 있다. 우리의 교육의 기본방향은 21세기의 세계화·정보화 시대를 주도할 자율적이고 창의적인 한국인 육성을 목적으로 한다. 구체적인 목표는 건전한 인성과 창의성을 함양하는 기초·기본 교육에 충실하고, 내용은 세계화·정보화에 적응할 수 있는 자기 주도적 능력을 신장하고, 운영은 학생의 적성, 능력, 진로에 적합한 학습자 중심 교육의 실천으로, 제도는 지역 및 학교의 교육과정 편성·운영의 자율성 확대로 설정하고 있다.

　여기에서 가장 중요한 교육의 목적으로 인성을 강조한다. 저자는 e스포츠 교육에 가장 중요한 문제가 인성이라고 생각한다. 문제는 e스포츠를 통해 인성을 어떻게 키울 것인가이다. 교육기본법 제2조 교육이념에 따르면 우리나라의 교육은 "홍익 인간의 이념 아래 모든 국민으로 하여금 인격을 도야하고, 자주적 생활 능력과 민주 시민으로서 필요한 자질을 갖추게 함으로써 인간다운 삶을 영위하게 하고, 민주 국가의 발전과 인류 공영의 이상을 실현하는 데에 이바지하게 함"을 목적으로 하고 있다.

　e스포츠 교육이 한국적 교육적 방향을 하나인 인성 교육을 어떻게 일치시켜야 하는지는 대단히 중요한 문제이다. 우리의 교육 방향은 인성을 강조하기 때문이다. 한국은 2015년 인성교육진흥법을 통과시켜

세계 최초로 인성교육을 의무로 규정하였다. 인성교육 5개년 종합 계획에 따라 각급 학교의 상황에 따라 인성교육을 실시하고 있다. 인성교육진흥법에 따르면 인성교육이란 자신의 내면을 바르고 건전하게 가꾸고 타인·공동체·자연과 더불어 살아가는 데 필요한 인간다운 성품과 역량을 기르는 것을 목적으로 하는 교육을 말한다. 핵심 가치·덕목으로 예(禮), 효(孝), 정직, 책임, 존중, 배려, 소통, 협동 등의 마음가짐이나 사람됨을 추구한다. 그리고 핵심 가치·덕목을 적극적이고 능동적으로 실천 또는 실행하는 데 필요한 지식과 공감·소통하는 의사소통 능력이나 갈등해결 능력 등이 통합된 인성 역량을 강조한다. 인성교육을 우리가 처한 문제해결을 위한 방안일 뿐만 아니라 성공적인 미래사회 진입을 위한 필요조건으로 설명한다. 인성교육은 개인-대인관계-공동체 차원의 연결선 상에서 자기관리 역량, 심미적/감성 역량, 의사소통역량, 갈등관리 역량, 공동체 역량을 균형있게 학습해서 가정, 학교, 사회에서 실천적 행동이 가능하도록 통합적으로 제공해야 한다(인성교육 5개년 종합 계획).8

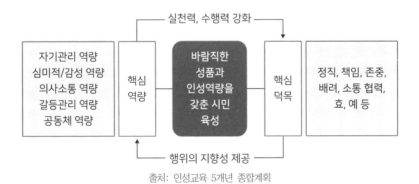

출처: 인성교육 5개년 종합계획

---

8 https://moe.go.kr/boardCnts/view.do?boardID=316&boardSeq=62204&lev=0&search
   Type=null&statusYN=C&page=20&s=moe&m=0302&opType=N

위와 같이 한국은 서구와 다르게 인성교육을 강조한다.

한마디로 e스포츠 교육과 관련된 핵심은 한 문장으로 e스포츠가 인성을 키울 수 있느냐로 요약된다. 인성교육을 법률로 규정한 이유가 과거와 다르게 인성교육이 청소년들에게 잘 적용되지 않기 때문이다. 과거에는 우리가 가야 할 인성의 방향을 우리의 문화적 전통인 충, 효, 예절을 바탕으로 상정하였다. 하지만 신세대들은 디지털 사회에 따른 공정성과 평등성을 기초로 자신의 감정과 욕망에 따라 행동하는 경향이 있다. 수직적인 관계에서 충성이나 예절의 접근은 과거와 다를 수밖에 없다. 현대에서 인간의 욕망과 사회의 발전이 공존하기 위해서는 당위론적 관점에서 가치 중심의 인성교육만으로 성공할 수 없다. 김영래(2017)는 인성교육에 우리가 추구해야 할 가치를 주장하기보다는 가치를 실질로 추구할 수 있는 역량의 관점에서 인성교육을 주장한다. 그는 외형적인 가치 덕목의 주장보다는 인성교육에서 SEL의 역량(competence)으로 인성교육의 필요성을 주장한다. 도덕적 역량을 키우기 위해서는 정체성 유지를 위한 자아 역량, 타인과의 관계 형성을 위해 사회적 역량, 현재의 문화에 참여하고 다룰 수 있는 문화적 역량, 직업에 참여할 수 있는 전문적 기술적 역량이 필요성을 주장하였다.

기존의 한국 교육은 전문적 기술적 역량에 초점을 맞추어 왔다. 하지만 저자가 생각하기에 이러한 모든 역량을 학교 수업에 응용하기란 쉽지 않다. 인성역량 자체를 모든 교육적 내용을 대치할 수도 없다. 교육에는 감정의 표현과 통제도 중요하지만, 정보에 대한 정확한 인지능력도 고려되어야 한다. 윤리적 행동을 잘하는 것이 4차 혁명에서 살아가는 모든 전제 조건은 아니기 때문이다. e스포츠의 인성교육은 긍정적인 측면보다 과몰입, 폭력성, 중독 등의 부정적인 측면의 극복을 강조한다. e스포츠의 부정적인 측면은 자기 스스로 e스포츠를 통제하지 못한 결과이다. 따라서 자기관리 역량, 심미적/감성 역량, 의사 소통 역량, 갈등관리 역량, 공동체 역량은 e스포츠 인성교육에서도 필요하다. 문제는 이러한 역량을 어떻게 e스포츠 교육과 연관해서 교육할 것인가이다. 이는 쉽지 않는 문제이다.

e스포츠 교육과 관련하여 누구나 장애없이 배울 수 있는 보편적 학습설계(Universal Design of Learning, UDL)의 방법도 제기된다. 보편적 학습설계 방법은 "인간이 배우는 방법에 대한 과학적 통찰력을 바탕으로 모든 사람을 위한 교육 및 학습을 개선하고 최적화는 틀"로 정의한다. UDL 원리는 누구나 똑같이 교육을 받기위해 장애를 없애고 모두가 교육을 받을 수 있게 설계하였다. UDL 원리를 구현하기 위해 세 가지 가이드 라인을 제공한다. 즉 학습을 위한 표상 제공, 전략적 학습을 위한 행동과 전략, 감정 학습을 위한 다양한 참여 수단을 제공한다. 이는 학습과 관련하여 뇌 신경과학을 연결하였다(김남진, 김용욱, 2018 역). 보편적 학습설계 기반으로 일반인과 장애인의 통합한 e스포츠의 활동과 관련된 논의도 있다. 여기에서 e스포츠는 모든 학생들이 접근 가능하고, 일반학생과 장애인들이 서로 끊임없는 상호소통하는 환경을 만들 수 있다는 점이다. 모든 사람이 참여 가능한 교육 환경은 e스포츠에서 장애인과 비장애인이 함께 할수 있는 기회를 제공한다. e스포츠를 통해 장애인들은 그들의 장애를 넘어설 수 있다는 자신감과 학습 동기를 강화시켰고, 비장애인들은 장애인들에 대한 인식 전환의 기회를 갖게 된다. 따라서 e스포츠는 모두가 즐길 수 있는 기회를 제공한다(이학준, 김영선, 김용옥, 2020).

UDL 교육의 장점은 아래 그림에서 보여주듯이 신경과학과 연결하고 있다. 인간은 성장하면서 뇌는 파충류의 뇌간을 중심으로 뇌가 성립하고, 감정과 관련된 편도체와 관련된 뇌, 그리고 이성적 판단을 가능하게 하는 전두엽의 뇌가 차례로 형성된다. UDL은 학습과 관련하여 뇌를 세 영역으로 설명한다. 재인적 네트워크(Recognition networks) 영역은

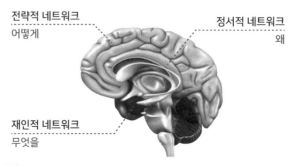

출처: The Universal Design for Learning Guidelines Graphic Organizer

두정엽과 후두엽의 부분으로 설명한다. 여기에서는 자극에 대해 우리의 모든 감각이 작동한다. 여기에 청각과 시각의 정보가 연합하여 대상의 크기나 위치를 파악한다. 전략적 네트워크(strategic networks)는 전두엽의 부분이다. 이 영역에서 우리의 뇌는 이성적 판단을 한다. 이는 어떻게 학습해야 하는지의 문제해결 능력과 연결된다. 마지막 정서적인 네트워크(affective networks) 영역은 편도체의 영역이다. 이 부분은 학습과 관련하여 동기와 관심의 차이를 설명해 준다. 여기에서는 우리가 왜 이렇게 해야 하는지를 설명해 준다.

각각의 네트워크 학습에 대한 구체적인 방법은 다음과 같다.

첫 단계의 재인적 네트워크에는 다양한 지각(perception), 언어 및 상징, 그리고 이해를 위한 다양한 선택 내용이 제공한다. 두 번째의 전략적 네트워크 단계는 신체적 행동, 표현과 소통, 실행적인 기능을 할 수 있는 선택이 제공한다. 세 번째의 정서적 네트워크 단계는 흥미, 지속적인 노력이나 끈기, 자기 조절 능력을 위한 선택이 제공된다. 이와 관련된 구체적인 내용은 아래의 도표에서 잘 보여준다.

e스포츠 교육과 관련하여 보편적 학습설계에 주장한 9개의 단계를 적용하기 위해서는 더 많은 연구가 진행되어야 한다. 아직까지 UDL의 프로그램도 인성을 어떻게 형성할 수 있는가의 근본적인 해답을 제

I. 다양한 방식의 표상을 제공	II. 다양한 방식의 행동과 표현수단을 제공	III. 다양한 방식의 학습 참여 제공
1: 인지 방법의 다양한 선택 제공 1.1 정보의 제시 방식을 학습자에 맞게 설정하는 방법 제공하기 1.2 청각 정보의 대안을 제공하기 1.3 시각 정보의 대안을 제공하기	4: 신체적 표현 방식에 따른 다양한 선택 제공 4.1 응답과 자료 탐색 방식을 다양화하기 4.2 다양한 도구들과 보조공학(AT)기기 이용을 최적화하기	7: 흥미를 돋우는 다양한 선택 제공 7.1 개인의 선택과 자율성을 최적화하기 7.2 학습자와의 관련성, 가치, 현실성 최적화하기 7.3 위협이나 주의를 분산시킬만한 요소들을 최소화하기
2: 언어, 수식, 기호의 다양한 선택 제공 2.1 어휘와 기호의 뜻을 명료하게 하기 2.2 글의 짜임새와 구조를 명료하게 하기 2.3 문자, 수식, 기호의 해독을 지원하기 2.4 범언어적인 이해를 증진시키기 2.5 다양한 매체들을 통해 의미를 보여주기	5: 표현과 의사소통을 위한 다양한 선택 제공 5.1 의사소통을 위한 여러가지 매체 사용하기 5.2 작품의 구성과 제작을 위한 여러가지 도구를 사용하기 5.3 연습의 수행을 위한 지원을 점차 줄이면서 유창성 키우기	8: 지속적인 노력과 끈기를 돕는 선택 제공 8.1 목표나 목적을 뚜렷하게 부각시키기 8.2 난이도를 최적화하기 위한 요구와 자료들을 다양화하기 8.3 협력과 동료 집단을 육성하기 8.4 성취지향적(mastery-oriented) 피드백을 증진시키기
3: 이해를 돕기 위한 다양한 선택 제공 3.1 배경 지식을 제공하거나 활성화시키기 3.2 패턴, 핵심 부분, 주요 아이디어 및 관계 강조하기 3.3 정보 처리, 시각화, 이용의 과정을 안내하기 3.4 정보 이전과 일반화를 극대화하기	6: 자율적 관리기능에 따른 다양한 선택 제공 6.1 적절한 목표 설정에 대한 안내하기 6.2 계획과 전략 개발을 지원하기 6.3 정보와 자료관리를 용이하게 돕기 6.4 학습진행상황을 모니터하는 능력을 증진시키기	9: 자기 조절 능력을 키우기 위한 선택 제공 9.1 학습 동기를 최적화하는 기대와 믿음을 증진시키기 9.2 극복하는 기술과 전략들을 촉진시키기 9.3 자기 평가와 자기 성찰을 발전시키기
학습자원이 풍부하고 지식을 활용할 수 있는 학습자	전략적이고 목표 지향적인 학습자	목적 의식과 학습 동기가 뚜렷한 학습자

Universal Design for Learning 가이드라인

공해 주지 않는다. e스포츠 그 자체에 대한 학문적 토대가 구축되지 않는 상황에서 학습 프로그램의 적용보다는 e스포츠의 학문적 토대 구축이 우선되어야 한다. e스포츠학이라고 불릴 수 있는 하부 영역이 무엇인지 규정되고 설정해야 e스포츠의 교육 내용이나 방향이 정해질 수 있다. e스포츠학이 타당성을 인정받고 있지 않는 상황에서 e스포츠의 교육은 잘못하면 모래 위에 모래성을 짓는 우를 범할 가능성이 높다.

그럼에도 우리는 보편적 학습설계를 통한 e스포츠 교육과 관련해서 적절한 교육방법과 개별적 학습효과를 증진시킬 수 있는 교육 프로그램 개발은 시도되어야 한다.

02 e스포츠 교육: 경험을 통한 창의력 개발과 인성함양

모르는 것을 배울 때 가장 효과적인 방법은 직접적인 경험이다. 직접적인 경험을 할 수 없는 상황에서는 모방의 경험이며, 그 다음으로 시청각 자료의 설명을 통한 경험이다. 학교 교육의 대부분은 설명을 통한 간접 경험이다. 교육에서 직접적인 경험은 한국에서 대학 진학의 특성상 쉽지 않다. 어릴 때는 바깥 놀이를 통한 직접적인 경험을 중요시 하지만, 학년이 올라가면 갈수록 직접적인 경험보다 간접적 경험이 많다. 반면에 e스포츠는 직접적인 경험에 가까운 시뮬레이션 경험을 제공해 준다.

시뮬레이션의 교육은 학습에 도움이 된다. 예컨대 도시를 건설하고 경영해나가는 심시티(SimCity)의 예를 들어보자. 심시티는 빈 땅에 도시건설을 목적으로 한다. 플레이어는 빈 땅에서 시민들이 살아가기 위한 전기, 수도, 주거지역, 도로 등 지형을 고려한 환경을 만들어간다. 건설된 도시에 시민들이 들어와 자신의 삶을 살아간다. 시민들이 세금을 내고 살아가는 과정 속에서 플레이어로 하여금 그들이 더 나은 도시에서 살아가기 위한 다양한 요구를 한다. 플레이어가 도시를 만들어가는 데 있어 자신과 사람들 간의 상호작용뿐만 아니라 시민 간의 견해조정은 새로운 경험을 가져다준다. 도시가 팽창함으로써 나타난 다양한 문제를 풀기 위해 씸즈 간에도 협력도 필요하다. 내가 만든 세계 일지라도 실제로 살아 움직이는 것과 같은 경험이 가능하다. 또한 시민들과의 상호소통의 경험은 일상에서의 생활에서도 많은 도움이 된다. 어릴 때 소꿉 장난의 역할놀이가 사회구성원의 역할을 배우는 것과 다르지 않다. 자신에게 재현된 하나의 경험이 현실과는 다를 수밖에 없지만, 현실과 같은 상황을 완벽하게 재현할 수 있는 플랫폼이 뒷받침된다면 현실에 가까운 유용한 경험을 가능하게 한다.

한정된 공간의 놀이터에서 창작이 자유롭고 특정한 방향을 설정해 가는 샌드박스(Sandbox) 장르의 하나인 마인크래프트(Minecraft)도 있다. 이 게임은 스스로 주어진 콘텐츠와 게임 시스템을 활용하여 자신이 설정한 목표를 달성하고자 한다. 레고(Lego)의 블록과 같은 세계에서 사람들은 농사를 짓거나 사냥을 하거나, 도시에서 집을 짓고 도시를 건설한다. 커다란 건물을 건축하기 위해 코드 빌드를 이용하면 자동적으로 건축이 가능하다. 학습적 관점에서 자동적으로 건축을 하기 위해서는 프로그래밍언어를 배워야 한다. 즉 가상공간에서 놀이가 프로그래밍언어를 배우는 학습의 도구가 된다. 즉 마인크래프트를 이용한 프로그래밍 수업이 가능하다. 자신의 프로그래밍으로 아이템의 능력을 부가하여 실제적으로 그 능력의 결과를 볼 수 있기 때문이다(이명숙, 2019). 즉 학습자들이 배우기 어려워하는 프로그래밍 수업을 흥미와 몰입도를 높이는 데 마인크래프트가 중요한 도구가 된다.

그리고 마인크래프트를 근거로 국어 교과, 스토리텔링, 영어교육 등 교과 학습에 활용되었을 때 창의적 문제해결 능력과 학습 몰입도가 긍정적으로 보인 선행연구가 있다(이명숙, 2019). 또한 여기에 덧붙여 미술관 교육 경험의 활용으로도 가능하다. 마인크래프트의 미술관 경험은 미술 그림에 대한 성찰, 자신만의 작품 재수용의 경험을 통해 미술에 대한 성찰, 확장, 재창조의 경험이 가능하게 된다(송영길, 2020).

마인크래프트는 자신이 스스로 무언가를 선택하여 진행한다는 점에서 창의력의 활용에 도움이 된다(Blanco－Herrera et. al., 2019; Boswinkel & Diepmaat, 2020).

　　이러한 특정한 e스포츠 장르를 e스포츠 교육에 적용했을 때 긍정적인 측면도 있지만(김영선, 2023), 그것만으로 e스포츠의 교육이 적용되어야 한다는 것으로 연결되지 않는다. 앞으로 e스포츠가 학교교육 체계에 어떻게 적용할 수 있는가에 대한 많은 연구와 토론이 필요하다. 저자는 e스포츠 교육의 목표, 방향, 과정이 어떻게 진행되어야 하는지에 관해 명료하게 제시할 수 있는 위치나 역량은 아직 부족하다. 다만 저자는 e스포츠 교육은 경험에 초점을 맞추어 인성발달과 창의력을 어떻게 구현할 수 있는지를 설명해야 한다고 생각한다. 담론적 입장에서 e스포츠 교육을 경험과 관련하여 내용을 아래의 과정으로 설명하고자 한다. 차후에 아래의 구체적인 내용에 대해 따로 기술하고자 한다.

　1) 경험의 출발(교육의 출발)
　　모두가 참여한다. 행동하고 소통하고 경쟁한다. 문제 해결능력을 키운다.
　2) 경험의 동기(교육적 도구)
　　계획된 내용에 대한 참여, 관심, 몰입
　　생태심리학, 사회학, 게임 디자인, 습관, 태도
　3) 경험의 과정(기술적 능숙함)
　　몸에 배인 인지: 인지적, 감각적 경험, 감정적 경험, 디지털 습관
　4) 경험의 영역에 대한 인식과 태도
　　미학, 윤리적 영역, 창조성, 가상세계, 리터러시

e스포츠 교육과 관련한 구체적인 논의가 아직 전개되지 않는 상황에서 e스포츠 교육을 논하는 것이 시기상조일수는 있지만, e스포츠 교육에 대한 필요성은 누구나 인정할 것이다. 교육은 변화하는 환경에 따라 받아들여야 하고 적용되어야 한다. 기존의 학교교육은 교사는 가르치고, 학생들은 받아쓰거나 문제를 풀이한다. 4차 산업혁명의 시대에 창의력 있는 인재를 만들기 위해서 새로운 교육 방법이 필요하다. 하지만 주위를 돌아보면 창의력 교육의 방침은 존재하나 현실에서 적용은 다르게 나타나고 있다. 따라서 우리는 e스포츠가 협력, 문제 해결, 소통의 유용한 교육적 도구로 인정해야 한다.

e스포츠 교육이 e스포츠에 대한 학생들의 관심 증대를 이용해 학습증진의 방법으로 많은 관심은 게임을 응용한 게임화(gamification)의 방법과 다르지 않다. 게임화는 재미나 흥미를 유발하기 위한 방법으로 학습의 효율성을 극대화하기 위한 방법이다(김상균, 2014). 게임화의 학습방법은 게임의 요소를 개입하여 흥미를 유도하여 학습성과의 증진을 목적으로 한다. 게임화는 인간의 욕망과 경쟁을 통해 욕망 획득의 본성이 존재하는 한 피할 수 없다. 이러한 게임화의 학습방법의 중요성에도 불구하고 아직도 하나의 학습방법으로 보편적으로 인정받지는 못하고 있다. 왜냐하면 인간의 본성을 이용한 도구라는 점에서 한계점을 갖고 있기 때문이다. 정교한 게임 디자인이 설계될 때 우리가 원하는 학습의 효과를 얻을 수 있을 것이다. 하지만 자신의 행위에 대한 차별화된 보상에 따른 적극적인 행동의 요구는 스키너(Skinner)의 행동주의 학습이론과 다르지 않다. 보상이라는 것이 항상 더 적극적인 행동을 수반하지 않는 경우도 존재한다. 외적 동기의 강조는 쾌락 적용에 따른 내적 동기를 감소시킬 수 있기 때문이다.

게임화가 원래 비즈니스 마케팅의 일환으로 영국의 IT 컨설턴트 닉 펠링(Nick Pelling)이 제안한 것과 같이 소비자의 관심을 끌 수는 있다. 하지만 교육은 게임이 아니다. 인간은 스스로 반성을 통해 스스로의 판단을 하고 주체적으로 움직이는 동물이다. e스포츠 특성상 디지털의 영향력이 상대적으로 힘이 막강하여 우리의 주도적이고 능동적인 사고를 방해할 부정적인 요소도 존재한다.

그렇다면 e스포츠의 교육은 어디에 초점을 맞추어야 하는가? 한마디로 쉽게 답을 할 수 있는 문제는 아니다. 아직 저자의 학문적 역량 부족으로 e스포츠의 교육을 전체적으로 조명할 수도 없다. 다만, 저자는 e스포츠를 통한(through) 교육보다는 먼저 e스포츠 자체에 대한(in) 교육에 초점을 맞추어야 한다. 기존의 학습이론을 바탕으로 e스포츠에 어떻게 적용하는지도 중요하다. 그리고 학교 내 수업이나 방과 후 활동으로서 e스포츠의 역할도 중요하다. 하지만 e스포츠가 학습의 수단으로 이용된다면, e스포츠가 하나의 학문적 위상을 유지하는 데 힘들 것이라고 생각한다. e스포츠는 자유로운 놀이의 속성 경쟁과 제도라는 게임의 속성, 신체의 움직임을 통한 경쟁과 탁월성, 제도화된 스포츠라면 각각의 속성에 대한 이해가 있어야 한다. 그리고 디지털 매체의 속성에 대한 이해도 필요하다. 왜냐하면 e스포츠는 디지털 기기를 매개로 진행되기 때문이다. 그리고 e스포츠의 속성상 직접적인 접촉이 자신의 감각과 행동에 즉각적인 영향력을 미치기 때문에 e스포츠가 주는 감정, 인지, 행동과 관련된 학습연구도 진행되어야 한다. 여기에서 e스포츠가 우리에게 주는 경험의 문제도 해명해야 한다.

현실적인 e스포츠의 교육과 관련하여 프로e스포츠선수들의 교육이 우선되어야 한다. e스포츠 선수들 중에 억대의 연봉을 받는 수는 적지 않지만, 젊은 나이에 은퇴한 선수들이 갈 수 있는 곳은 감독이나 코치, 매니저, 심판, 방송관련 직업, e스포츠산업과 관련된 직업 등 소수에 지나지 않는다. 많은 프로e스포츠선수들이 e스포츠의 전문적 교육을 받고, e스포츠에 대한 올바른 이해를 가르치는 선생의 역할을 한다면 훨씬 더 학생들에게 설득력을 갖는다. 저자는 가까운 미래에 학교에서도 e스포츠지도자가 필요하고, 이 준비는 지금 해야 한다고 생각한다.

8장 토론 내용

- 학교에서 e스포츠 교육은 가능한가? 가능하다면 그 교육 방안은 무엇인가?
- e스포츠 교육의 의미와 지향성은 어떻게 설명할 수 있을까?
- e스포츠가 STEAM과 어떻게 연결이 가능할 수 있는가?
- e스포츠는 보편적 학습설계에 따른 교육방법이 될 수 있는가?
- e스포츠 교육이 인격을 형성시킬 수 있을까?

더 읽어야 할 책

사회 감정 학습법(SEL)에 따른 e스포츠 교육은 Aviles 등(2020)과 디지털 게임과 학습의 긍정적 측면은 Whitton(2014)을 보라. 그리고 e스포츠 교육과 연관된 문화, 학습, 기술, 프로그램과 관련된 내용은 Harvey 등(2021)과 e스포츠 경기와 관련된 교육적 가치는 Richards(2020)를 보라.

e스포츠와 인지기능

PART 09.
e스포츠와 인지기능

　　e스포츠가 자신의 몸에 도움이 되느냐고 주위에 물어보면 긍정적인 것보다 부정적인 대답이 많다. e스포츠의 특성상 장시간 앉아 허리 불편과 혈관 기능의 저하를 불러일으키기 때문이다(Dunk & Callaghan, 2010; Credeur et al., 2019). 덧붙여 소화기능까지 문제가 제기된다. 게다가 컴퓨터 모니터를 자주 사용하면 일시적으로 눈의 불편과 관련된 "컴퓨터 시력 증후군"을 초래한다(Belhm et al., 2005). e스포츠의 특성상 대부분의 e스포츠 선수들은 조기은퇴 후 제한된 직업의 기회만을 얻는다. 이러한 불안정한 경력의 부정적인 측면에 e스포츠는 몸에도 도움이 되지 않는 것으로 생각한다.

　　그러나 e스포츠의 인지적 효과를 질문하면 다른 대답이 나온다. 게이머들이 비게이머에 비해 인지능력이 향상되고(Kowal et al., 2018; Large et al., 2019), e스포츠는 시각장을 확대시키는 결과를 보여준다(Dale et al., 2019). 특히 액션비디오 게임은 시각 및 청각 정보를 통합할 수 있는 높은 인지능력을 입증한다(Donohue et al., 2010). 이로 인해 e스포츠 운동선수들을 "인지적 운동선수"라고 불린다(Campbell et al., 2018). 이러한 "인지적 운동선수"는 많은 양의 정보를 빠르게 인지하고 처리할 수 있는 주의집중, 소통, 협력의 능력을 보여준다. e스포츠 플레이어는 원활한 경기진행을 위한 서로 의사소통 가능자이며, 디지털 수단인 고성능 컴퓨팅 환경에서 잘 적응한다. 즉 인간과 컴퓨터 인터페이스에 능숙하며, 장시간 앉아서 일하는 경험은 직업에 따라 긍정적인 측면이 존재한다. 이러한 경험은 e스포츠 경력과 관련된 직종인 항공통제 분야, 무인항공 시스템. 군대조종사, 군사드론 분야에 필요한 인력으로 인정한다(Smithies et al., 2020).

이처럼 e스포츠와 관련해서는 긍정과 부정의 입장이 교차한다. 그러나 e스포츠의 인지기능과 몸 기능에 대한 긍정과 부정의 질문에 답하기 전에 우리는 e스포츠에 필요한 인지기능과 몸 기능이 무엇인지 파악하고 있어야 한다. 이는 e스포츠 플레이의 행동이나 인식이 어떻게 작용하는지 파악함으로써 e스포츠의 긍정적인 측면의 강화와 부정적 측면의 극복이 가능하게 된다.

많은 사람은 e스포츠가 멘탈 스포츠라고 생각하지만, e스포츠는 멘탈 스포츠를 넘어선다. 정신적 능력 못지 않는 신체적 조건과 훈련이 뒷받침되어야 한다. e스포츠는 감각, 동기, 가치의 정신적인 준비와 전략과 전술이 작동하기 위해 즉각적인 몸의 훈련이 준비되어 있어야 한다. 경기를 운영하기 위한 집중, 전략, 전술이 원활하게 즉각적으로 작동되기 위해서는 마음의 준비를 뒷받침 할 수 있는 신체적 조건이 구비되어 있어야 한다(이상호 역, 2021). e스포츠는 시각, 손, 손목 간의 협응성 영역을 강조하지만, 이 부분적인 영역의 움직임도 몸 전체의 움직임과 분리될 수 없기 때문이다. 따라서 e스포츠의 기능발휘와 역할 이해는 인지기능과 몸의 상태에 대한 전반적 이해를 요구한다.

본 장에서는 e스포츠의 신체적 조건인 피지컬 기능이 무엇인지와 e스포츠의 인지능력을 인지, 기억, 감정의 관점에서 설명하고자 한다. 그리고 몸의 전체 기능과 관련하여 AR/VR/MR e스포츠의 영향력을 검토할 것이다.

01 e스포츠의 피지컬 🖊

일반 스포츠에서 운동선수의 능력은 피지컬, 기술적, 정신적 능력으로 구분한다. 이와 다르게 e스포츠 선수들의 피지컬 능력은 반응속도, 멀티태스킹, 조준의 정확도, 상황판단 등의 능력을 말한다. 같은 피지컬이라고 하더라도 해석과 설명이 기존의 스포츠와는 다르다. 스포츠가 대근육 기반의 활동이라면, e스포츠는 왼손의 키보드의 조작능력과 오른손 마우스의 협응능력을 강조한다. 그러나 e스포츠 선수들에게 필요한 동체시력, 집중력, 상대의 움직임에 대한 조준실력을 단순히 손목과 지각의 협응능력으로 축소시켜서는 안 된다. 상대의 움직임에 대한 전술파악과 팀 간의 전략수립은 단순히 정신적으로 능력으로만 판단할 수 없기 때문이다. e스포츠는 고도의 집중력을 요구하고, 이 상태를 유지하기 위해서는 신체적 능력이 뒷받침되어야 한다.

e스포츠 선수의 피지컬 능력은 무엇을 해야 하는지 아는(knowing what to do) 전략적 능력과 그 능력을 집중하고 유지할 수 있는 근육이 뒷받침되어야 한다. 자신의 몸이 어떻게 움직일 수 있는(knowing how to do) 신체 근육이 뒷받침되어야 의식의 집중력도 유지가 가능하다. 또한 신체 근육의 움직임에는 이완된 근육의 상태를 유지해야 한다. 근육이 부드럽게 되지 않는 상황에서 상대의 움직임에 즉각적으로 반응하기란 힘들다. 긴장하면 어깨에 힘이 들어가고, 이는 패배로 이어지는 결과를 도출하기 때문이다. e스포츠는 기술적 능력과 집중상태의 유지를 넘어, e스포츠에 가져야 할 목표와 동기도 기술적 능력만큼 중요하다. 하루에 10시간이 넘게 e스포츠를 지속적으로 하기 위해서는 목표와 동기가 수반되어야 한다(이상호 역, 2021). 따라서 e스포츠선수의 피지컬 능력은 경기기술 능력과 그 능력을 뒷받침할 수 있는 신체

적 준비, e스포츠에 대한 목표와 동기가 구비되어야 한다.

최고의 프로e스포츠선수는 많은 훈련을 통해서 만들어진다. e스포츠는 단순히 반사능력이 뛰어난다고 해서 최고의 선수가 될 수 없다. e스포츠는 반사 능력만이 중요하지 않다. 다른 관점에서 반사 능력은 우리의 행동을 선택하는 데 방해가 된다. e스포츠 선수들의 주어진 상황마다 즉각적으로 판단하고 행동해야 한다. 전략적 판단이 개입되는 상황에서 e스포츠에게 반사 능력은 e스포츠 선수들에게 충분조건이지 필요조건은 아니다. 단체전은 반사 능력보다는 전략과 전술 그리고 동료와의 호흡 등을 요구하기 때문이다. 개인전이라고 할지라도 주위의 환경이나 상황을 고려해야 한다.

e스포츠는 짧은 시간에 지각과 행동의 결정이 승부에 영향력을 미친다. 뛰어난 e스포츠 선수는 상대의 움직임에 대한 지각능력과 판단이 즉각적으로 이루어진다. 디지털 속성상 여기에 운의 요소가 개입될 여지는 상대적으로 부족하다. 그 판단에는 시각의 움직임, 지각, 행동, 의사결정 등 복잡한 과정이 작동한다. 이러한 작동의 과정에서 e스포츠 선수들은 자신의 e스포츠에 대한 정신적 태도의 준비와 감정 통제도 가능해야 한다.

e스포츠는 윤리적 태도와 살아가는 삶과는 전혀 상관이 없다고 생각하는 사람들이 존재한다. 이는 틀린 이야기이다. e스포츠 특성상 행동의 반응에 대한 결과는 즉각적으로 이루어진다. 즉각적인 행위에는 자신의 습관이나 행동이 경기력에 영향력을 미칠 수밖에 없다. 따라서 일상에서의 행동이 e스포츠 경기에도 영향을 준다는 사실이다. 진정한 e스포츠 선수가 되기 위해서는 일상에서 윤리적 행위를 해야 하는 이유가 여기에 있다.

저자는 e스포츠 선수들에게 필요한 피지컬 요소를 증대시키기 위해 운동감각, 지각과 행동, 감정의 작동, 이성적 판단, 의식의 지향성,

윤리적 태도 등 다양한 요소를 파악해야 한다. 이는 기존의 스포츠와 다른 e스포츠의 신체적 요소에 대한 이해를 요구한다.

02 e스포츠와 인지능력

뛰어난 e스포츠 선수의 기술능력은 말도 안 되는 경기력, 압도적인 피지컬, 상황판단을 포함한다. 선수가 경기에서 우리가 상상하는 이상의 능력을 발휘해야 기술을 넘어 예술의 경지로 인정받는다. 이러한 기술능력은 어디에서 나오는 것일까? 타고난 것이라고 말하면 더 설명할 필요가 없다. 타고난 것도 노력하지 않으면 최고의 선수가 될 수 없다. e스포츠 선수들은 즉각적인 반응이라고 할지라도 지각, 인지, 행동이 상호 작동하여 자신의 기량을 발휘해야 한다. 이 모든 것이 인지능력과 연관된다.

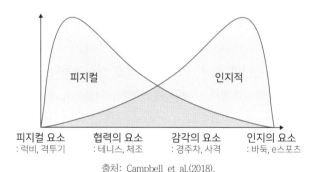

출처: Campbell et al.(2018).

하지만 e스포츠의 인지능력은 위의 그림에서 보여준 기존의 바둑이나 체스 경기와 같은 인지능력을 넘어선다는 점이다. e스포츠의 인지능력은 인지, 기억, 감정, 몸 기능 등이 복잡한 작용능력의 결과이기 때문에 더 많은 연구가 필요하다.

1) 인지능력

인지란 무엇인가? 사전적 의미에서 인지(cognition)[1]는 먼저 "어떤 사실을 인정하여 앎"을 의미한다. 심리학적 용어로 "자극을 받아들이고, 저장하고, 인출하는 일련의 정신 과정"이며, "지각, 기억, 상상, 개념, 판단, 추리를 포함하여 무엇을 안다는 것을 나타내는" 것으로 인식(認識)과 같은 의미로도 사용된다.[2] 즉 "인지는 감각적 정보가 변형되고, 축소되고, 정교해지고, 저장되고, 인출되고, 사용되는 모든 인지적 과정을 일컫는 말이다"(Neisser, 2014: 4).[3] 일반적으로 인지는 지식의 습득 및 활용의 문제이며(박권생 역, 2014: 18), 지식이 마음의 작동에서 시작된다는 점에서 인지는 마음과 상호 구분할 수 없거나 서로 대체 가능한 용어이다.

하지만 e스포츠 인지는 위에서 언급한 기존의 인지적 내용과 다르게 접근해야 한다. 즉 인지란 지식의 습득, 저장, 변용, 사고의 과정이라는 관점을 넘어서야 한다. 인지의 과정을 정신활동의 영역으로 축소하는 것은 정보처리과정으로 보는 초기 계산주의(computationalism)의 관점이다. 내가 대상을 판단하는 인지의 정도는 환경, 나의 의지나 태도,

---

1 cogniti는 라틴어인 cognoscere(to get to know), 즉 무언가를 알게 되다에서 유래되었다 (http://etymonline.com /index.php?term=cognizance&allowed_in_frame=0.)

2 국립국어원 표준대사전

3 "cognition" refers to all the processes by which the sensory input is transformed, reduced, elaborated, stored, recovered, and used"(Neisser, 2015).

그리고 몸의 조건에 따라 다르게 나타날 가능성이 높다(이상호, 2016a: 205). 예컨대 e스포츠의 인지는 대상의 움직임에 대한 추상화된 상징의 움직임이 자신의 의식에 들어오는 것이 아니다. 우리의 의식은 상대의 움직임을 있는 그대로 파악하기보다는 보이지 않는 움직임을 파악하는 내용까지 포함된다. 거기에 자신의 위치나 동료의 상황까지 고려한 판단과 행동이 개입된다. 즉 상대의 움직임에 대해 자신의 관점이 추가되어서 판단한다. 즉 우리가 경기에서 적의 움직임을 판단한다고 생각해보자. 거기에는 단순히 적 움직임의 정보만을 파악하는 것이 아니라 자신이 지금 처한 위치나 상황 그리고 자신의 의도까지 포함해서 판단이 이루어진다.

상대의 움직임에 자기 생각이 추가해서 판단하는 이론적 근거는 '전체는 부분의 합 이상이다'는 게슈탈트 법칙(Gestalt Laws)이 적용된다. 즉 자기 나름대로 상대 움직임의 패턴을 자신의 방식으로 해석한다. 그리고 상대 움직임의 의도를 파악하고 거기에 자기의 생각을 첨부하기 위해서 '우리의 의식은 항상 무언가에 대한(about) 의식이거나 무엇에 관한(of) 의식이다'라는 지향성(intentionality)이라는 의식의 특징이 작동한다고 7장에서 설명하였다. 지향성의 작동은 우리의 의식이 대상을 있는 그대로 판단하지 않는다. 상대 움직임의 판단은 자신의 e스포츠에 대한 경험과 환경이 자신의 몸에 배인(embodied)4 행위에서 나온다.

상대 움직임의 판단은 단순히 몸과 분리된 이성적 판단과 뇌의 영

---

4 몸에 배인(embodied) 의미는 다양한 감각운동(sensorimotor)능력을 지닌 몸을 통해 나타나는 축적된 경험에 의존하고, 이러한 감각운동 능력은 그 자체가 생물학적, 심리학적, 문화적 맥락 속에서 형성되어진다(석봉래 역, 2013: 279). 이 역서에서 embodied는 체화된으로 embodiment는 체화로 번역하였다. 저자는 몸에 배인과 몸에 배인 상태로 번역하였다. 단어의 한국어 번역과 관련된 내용은 이상호(2017a)를 참조.

역만으로 이루어지지 않는다. 상대의 움직임을 판단하고 적절한 움직임을 가능케 하는 인지적 능력은 인간의 몸에 축적된 기술능력과 주어진 환경이나 문화와의 관계 속에서 결정된다. 여기에서 자신의 경험에서 축적된 능동적인 행위 가능성까지 포함한다. 상대의 움직임에 대한 자신의 대응과 움직임은 자신이 몸으로 배워 왔던 몸의 기술(bodily skills)과 윤리적 태도까지도 경기에 영향을 미친다. 따라서 e스포츠는 단지 멘탈의 스포츠를 넘어선다.

상대 움직임에 대한 인지의 대상도 단순히 객관적으로 주어진 것을 넘어 자신의 어떤 행동을 유도하고 가능하게 하는 하나의 힘을 보여준다. 인지는 자신의 주관연관성을 가지고 자신이 어떻게 할 수 있는 대상으로 다가온다. 이는 생태 심리학자인 깁슨(Gibson, 1979)의 Affordance[5]으로 설명이 가능하다. 상대에 대해 내가 가지고 있는 힘은 나의 특정한 행동을 유도한다. 물론 상대의 힘도 자신의 능력에 따라 적의 움직임을 쉽게 파악하거나 전혀 상대의 의도를 파악할 수 없는 경우도 발생한다. 예컨대 하나의 의자가 있다고 하자. 그 의자는 나에게 앉을 수 있는지 없는지의 의미로 우리 자신의 행동을 유도한다. 만약 나의 앞에 놓여 있는 의자가 작거나 나의 몸무게를 지탱하지 못하면 그 의자는 앉을 수 없다는 판단이 개입된다. 이와 같이 e스포츠 선수들의 인지능력은 지각, 감각, 무의식, 경험, 환경, 윤리 등 매우 복잡하게 작동한다. 따라서 e스포츠의 인지는 몸에 배인 인지(embodied cognition)에 대한 이해를 요구한다.

---

5 깁슨(Gibson)은 Affordance를 환경이 인간이나 동물에게 어떤 움직임을 유도한다는 의미로 행동유도성의 의미가 있다. 환경이나 대상을 보는 인간의 움직임이 가능하다는 측면에서 본다면 행동가능성로 번역이 가능하다. 이와 관련해서는 이상호(2017b)를 참조.

2) 기억

e스포츠 경기는 화면에서 보여준 패턴을 얼마나 빨리 판단하느냐에 승부가 결정된다. 여기에 기억의 능력은 중요한 부분을 차지한다. 상대 움직임의 패턴을 즉각적으로 읽을 수 있는 단기기억의 능력과 이것을 바탕으로 상대의 전체적인 패턴과정의 인식을 위해서는 장기기억이 필요하다. 장기기억은 정확한 적의 움직임을 판단하고 공격하기 위해서는 필수적이다. 노벨 생리학상을 받은 에릭 칸델(Eric Kandel)에 따르면 단기기억에는 뇌세포와 세포 사이에 많은 신경전달물질이 분비되어 자신의 기억에 일시적인 잔상이 나오지만, 장기기억은 새로운 신경회로망을 만든다(전대호 역, 2014). e스포츠 경기에서 승리하기 위해 장기기억의 활용을 해야 한다. 이를 위해서는 인위적인 노력과 훈련이 뒤따라야 한다.

Hartshorne & Laura(2015)의 연구에 따르면 정보처리 속도는 18-19세에 가장 빠르다. 단기기억은 25세가 가장 뛰어나고 35세부터 감소하기 시작한다. 타인의 감정을 정확하게 인식하는 능력은 40대부터 50대 사이에 절정을 맞는다. 어휘력의 발달은 60대부터 70대 초반까지 가장 높다. e스포츠 경기에서 보여준 정보 해석능력은 즉각적인 반응과 기억력에 근거하여 연습할 수밖에 없다. 여기에 단기기억과 장기기억의 활용능력은 중요하다. 컴퓨터로 작업을 한다고 하자. 화면 속에 작업을 하는 것이 단기기억이며, 이를 USB나 하드디스크에 저장하는 것이 장기기억이다. 작업을 잘하기 위해서는 화면에서 작업한 내용을 하드에 잘 저장해야 한다. e스포츠 경기에서는 승부 결정에 영향력을 미치는 즉각적인 반응을 위해서는 단기기억이 필요하겠지만, 전략과 전술의 활용이라는 측면에서 본다면 장기기억은 필수적이다.

e스포츠 경기 운영에 필요한 단기기억과 장기기억의 역할은 우리의

인지능력의 발휘에 도움이 된다. 장기기억은 서술기억(declarative memory)과 절차기억(procedural memory)으로 나눈다. 서술기억은 어떤 사실이 무엇인지(what)에 관한 의미 기억(sematic)과 특정 시간(when)이나 장소(where)에서 일어난 일(what)에 대한 일화 기억(episodic)으로 구성된다. 절차기억은 e스포츠 경기를 아는 것이 아니라 e스포츠의 진행과정을 할 수 있는 기억이다. 인간의 기억은 감각기억, 단기기억, 장기기억으로 이루어진다. 먼저 수많은 정보가 감각기억(sensory memory)에 들어오고, 그중에 주의를 받은 일부 정보만 단기기억으로 넘어가 처리된다. 단기기억은 시각에서는 0.25초, 청각에서는 1−3초면 사라진다. 즉 즉각적인 행동으로 출력하거나 망각한다. 물론 이런 망각을 방지하기 위해 되뇌기도 한다. 단기기억의 내용이 부호화나 정교화를 거쳐 장기기억에 저장된다(박지영, 2020: 42−43).

　e스포츠 선수들의 움직임과 관련해서는 단기기억을 확장한 작업기억(working memory)의 역할에 대한 이해가 중요하다. 작업기억을 제시한 앨런 배들리(A, Baddeley)에 따르면, "작업기억이란 여러 조각의 정보들을 마음속에 동시에 담고 연관 짓도록 해주는 체계이다"(진우기역, 2009: 72). 상대 움직임의 파악을 위해서는 시공간의 정보처리와 경기에서 사운드에 따른 움직임의 파악 그리고 그들 간의 관계를 통제하는 중앙 집행기의 역할에 대한 연구도 필요하다.6

6　배들리의 연구(진우기 역, 2009)에 따르면 뇌 속의 메모지의 별명을 갖는 작업기억을 그는 세 가지 요소로 주장한다. 시공간의 정보를 처리하는 시공간 스케치 메모장(Visuo-Spatial Sketchpad, VSS)에서 시공간정보처리 작업기억과 청각에서 들리는 음운고리(articulatory loop)를 통한 언어정보처리 작업기억이 있다. 그리고 이들을 통제하는 중앙 집행기가 존재한다. 여기에 그는 작업기억과 장기기억 간의 의사소통을 위해 저장된 일시적 완중기억창치(episodic buffer)를 추가하였다.

3) 감정

감정은 외부 자극에 대한 인간의 반응이다. 이 반응에 따라 나타난 분노, 두려움, 즐거움, 만족 등의 감정은 인간의 행동에 영향력을 미친다. 생존을 위해 자기 자신의 욕구나 욕망의 감정표출은 인간의 근본적 속성이다. 이것이 충족되면 행복하고 반대로 미흡하면 화나 분노를 나타내기도 한다. 감정이 어떻게 일어나는지 관련한 대표적인 이론을 인간이 곰을 보았을 경우로 설명해보자. 먼저 곰을 보고 심장이 뛰니 두려운 감정이 생긴다. 곰을 볼 때 두려움의 각성이 심장을 뛰게 한다. 곰을 볼 때 두려움의 인지와 심장이 같이 뛴다. 마지막으로 곰을 보고 각성하고 인지해서 두려움이 생긴다. 이러한 감정의 네 가지 발생 중 어느 하나가 옳고 틀리다고 말할 수 없다. 경기장에 입장할 때 e스포츠의 경기 상황에서도 감정의 양태는 다양하게 나타난다.7 즉 상대를 볼 때 심장이 뛰거나, 상대의 압도적인 실력에 각성과 두려움이 일어나는 등 다양한 감정이 일어난다. 따라서 e스포츠 선수에게 평점심의 유지는 대단히 중요하다(이상호 역, 2021).

경기에서 선수가 이성적 판단을 내린다고 하더라도 이는 감정과 밀접한 관계를 갖는다. 이성적 판단에는 감정과 밀접한 관계를 보여주는 실험연구의 예가 있다. 1800년대 중반 미국의 철도건설현장 간부로 일하는 피니지 케이지(Phineas Gage, 1832-1860)는 폭약의 폭발사고로 쇠막대가 자신의 왼쪽 뺨으로 들어와 오른쪽 머리를 관통하였다. 전두엽 앞머리를 관통하였지만, 언어장애와 계산능력, 기억력 상실 등 없이 정상적인 생활을 하였다. 하지만 감정의 조절에 실패하여 동료와 원만한 사회관계를 유지하지 못했다. 피니지의 사후, 그의 뇌 분석을 통해

---

7 프로e스포츠선수의 감정상태와 조절에 관해서는 이상호 역(2021)을 참조.

뇌과학자인 다마지오(Damasio)는 이성적인 판단에도 감정이 깊숙이 연결되어 있음을 파악하였다(김린 역, 2017). 이는 경기에서 이성적 판단이 자신의 감정을 얼마나 잘 통제하고 있느냐와 연결된다.

저자는 감정의 문제는 내가 가진 몸의 능력에 따라 다르게 나타난다고 생각한다. 똑같은 자극이 자신에게 주어지더라도 자신의 몸의 조건과 상황에 따라 느끼는 각각의 감정과 행동 분출이 다르기 때문이다. 자신이 받아들일 수 있으면 행복으로 나타나겠지만, 그렇지 않으면 화가 분출한다. 경기에서 내가 상대를 감당할 수 있으면 입가에 미소를 띠겠지만, 반대의 상황에서는 불안을 느끼게 된다.

경기력 발휘에 가장 장애적인 요소가 초조, 불안, 두려움, 흥분 등 감정 요소이다. 따라서 선수들이 최고의 경기력 유지는 즉각적인 반응이나 손과 시각움직임의 협응능력이 가장 중요한 요소는 아니다. e스포츠는 즉각적인 판단이 개입되는 상황에서 의지와 경기진행에 따른 감정에서 벗어날 수 없다. 의지와 감정은 자신이 가진 몸의 상태와 밀접한 연관성을 갖는다. 이성적 판단을 주로 하는 피질의 영역과 시상하부와 편도체로 연결된 감정의 영역을 비교한다면, 감정과 연결된 판단이 더 빨리 작동한다(LeDoux, 1998). 결국 감정이 선수들의 경기력을 유지하고 경기에서 행동판단에 있어 중요한 영향력을 미친다. 불안해서 몸이 경직되면 자연스러운 손목의 움직임은 이루어지지 않기 때문이다. 이는 경기의 승부에 영향력을 미친다. 경기에서 창의력을 발휘하기 위한 전제조건은 감정의 흔들림 없는 자연스러운 상황에서 자신이 가진 경기력을 경기에서 최대한으로 발휘하는 것이다.

우리가 생각하지 못한 기술을 보인 선수들은 기술을 넘어 예술이라고 칭한다. 이러한 우리가 생각하지 못한 창의적인 기술은 어디에서 나오는가? 상대의 움직임에 대한 통합적 사고를 바탕으로 할 때 창의성이 나타난다고 한다. 하지만 상대의 움직임을 보고 그 속에 반응하기 위해 자신의 움직임을 생각하는 것만으로 창의성이 만들어지지 않는다. 창의성을 만들어내기 위해서는 무언가에 몰입된 상태가 되어야 한다. 몰입된 상태에서 무언가를 다룰 수 있는 상황 능력이 자연스럽게 발휘될 때 경기에서 창의성이 발휘된다. 여기에 상대의 움직임에 대한 인위적이지 않은, 즉 생각 없는 행위가 전제되어야 한다.[8]

4) 몸 기능향상

e스포츠의 참여에 따른 몸 기능은 양면적으로 접근해야 한다. 프로e스포츠선수들이나 프로축구, 야구, 농구선수들의 선수 수명은 다를 수밖에 없다. 프로e스포츠선수들의 선수수명은 다른 프로선수들과 비교한다면 상대적으로 짧다. 빠른 반응속도와 움직임을 전제로 하는 경기종목 특성상 어린 나이에 은퇴할 수밖에 없다. 이러한 조기은퇴도 자신의 신체적 능력을 어떻게 훈련하느냐에 따라 달라질 수밖에 없다. 다만 우리가 몸 기능과 관련된 e스포츠의 부정적인 측면은 프로선수들이 아니라 일반적인 청소년학생 등의 몸과 정신건강과 관련되어 있다. e스포츠를 기분전환의 수준으로 하면 건강상 문제가 없는데 그렇게 되지 않는다는 것 또한 현실이다. 그렇다고 청소년들이 즐기는 e스포츠를 없앤다고 문제가 해결되지도 않는다. 디지털 기기의 환경 속에서 살아왔던 청소년들의 e스포츠 참여는 자연스러운 현상으로 인정해야 한다.

e스포츠는 신체적 활용보다는 인지적 측면을 많이 사용한다. 신체적 강조를 하는 스포츠와 다르게 e스포츠는 화면이 자신의 시각 영역

---

8 이와 관련하여 동양의 인위적이지 않은 행동, 즉 자연스러운 행동과 관련된 무위(無為)가 필요하다. 이와 관련해서는 김동환 역(2018)을 참조.

안에 직접적으로 강한 영향을 주기 때문이다. 예컨대 사운드, 화면 그래픽, 음향 등이 직접적으로 우리 자신의 의식에 영향력을 미친다. e스포츠의 경기 내용이 한눈에 자신에게 강한 집중력과 영향력을 미치기 때문에 여기에서 나오는 부정적인 요소를 부인할 수 없다. e스포츠는 일반 스포츠 경기보다 생생하게 살아있는 것처럼 느끼는 현전감(presence)을 가져다준다. 하지만 이러한 직접적인 시각과 청각의 부정적인 요소에 대한 대안으로 VR/MR/AR9 기반의 e스포츠는 신체적 활용을 강조한다.

A: 에코 아레나(Echo Arena), B: 비트세이브(Beat Saver),
C: 하도(HADD AR), D: 르카레이셔, E: 엑스쿠브(ExerCube).
출처: Martin-Niedecken & Schättin(2020).

위의 VR/MR/AR e스포츠는 특정 디자인과 트레이닝 원칙을 따라 전신 움직임을 요구한다. 기존 모니터를 위주로 하는 e스포츠가 주로 좌식성의 활동에서 시각장애, 불면증, 관절문제, 수면장애 등의 부정적

---

9 가상현실은 특정한 환경과 상황을 컴퓨터로 만들어 현실과 같은 경험을 하게 한다. 인간과 컴퓨터의 인터페이스를 말한다. 증강현실은 현실에 기반하여 정보를 추가함으로써 나타난 가상현실이다. 혼합현실은 가상현실은 몰입감, 증강현실은 현실감을 강조한다. 혼합현실은 현실 공간에 가상의 물체를 배치하거나 현실을 토대로 가상의 공간을 구성하는 기술이다. 혼합현실은 대상을 다양한 관점에서 볼 수 있다는 장점이 있다.

요소를 언급한다면 VR/MR/AR 기반의 e스포츠는 근력 훈련에 중점을 둔 전신 기능성 운동을 특징으로 한다. VR/MR/AR 기반의 e스포츠 미래는 어떻게 진행될지는 모르지만, VR/MR/AR e스포츠가 몸의 기능이라는 측면에서 긍정적으로 작동할 것이다. VR/MR/AR e스포츠는 기존의 스포츠에서 선수기량 향상에도 사용된다. 예를 들어 미식축구 쿼드백의 실제 현실 훈련에도 도움이 된다. 미식축구는 신체적 부상의 위험도를 높이기 때문에 VR 기기를 통해 자신의 기량 증대는 중요하다(백우진 역, 2019).[10] IOC도 신체적 활동을 포함한 VR 기반의 e스포츠나 시뮬레이션 경기를 스포츠 영역으로 받아들일 수 있다고 하였다(IOC, 2019.12.07). 미래의 올림픽 경기는 특정한 공간에 전부 모여 기량을 겨루기보다는 각자의 나라에서 랜선을 통해 승부를 내는 경기가 될지도 모른다.

물론 VR/MR/AR 기반의 e스포츠도 해결해야 할 문제도 존재한다. 현실과 같은 현존감을 느끼기 위한 도구, 즉 헤드셋(HMD, Head Mounted Display)과 관련된 기능의 문제이다. 현실과 같은 상황을 느끼기 위해서는 기술적 요소, 즉 트래킹(tracking), 랜더링(rendering), 디스플레이(display)가 완벽하게 해결되어야 한다. 트래킹은 신체움직임을 측정하는 과정이다. 가상세계에서 살아있는 움직임을 느끼기 위해서는 자신의 움직임에 따른 기술적 정보가 완벽하게 전달되어야 한다. 트래킹 기술은 자신의 몸과 머리의 움직임을 추적해서 그 시선에 맞는 영상을 제공한다. 렌더링은 자신의 움직임에 따른 시각정보나 환경정보를 제공해준다. 가상의 움직임에 따른 주변의 색상, 소리, 촉감, 냄새 등을 제공해서 실제와 같은 입체감과 생동감을 구현해준다. 디스플레이는

---

10 이 책에서는 VR기기를 통한 심리적 치료나 선수의 기량증대에 대한 많은 실험결과를 설명하고 있다.

물리적 감각을 디지털 정보로 대신하는 현실과 같이 동일하게 느끼게한다. 디스플레이는 나의 움직임을 트레킹해서 소리와 광경을 렌더링한 다음에 시각정보를 헤드셋에서 작동한 입체정보를 본다. 여기에 덧붙여 가상세계의 모형물을 만들고 유지하는 데이터베이스(database)의기능도 필요하다(이종관, 2017: 179). 이러한 기술적 요소가 해결되지 않으면, 눈에 들어오는 정보의 시차가 발생함으로써 시뮬레이션의 혼란을 경험한다(백우진 역, 2019).

가상현실의 기술이 완벽하게 구현된 VR/MR/AR 기반의 e스포츠가 기존의 모니터 중심의 e스포츠보다 훨씬 더 전신운동의 효과를 가져다준다. 하지만 VR/MR/AR 기반의 e스포츠와 직접 몸으로 부딪히는스포츠 행위와는 차이점이 존재한다. 가상세계의 구현에서 가장 중요한 요소는 트레킹 기술이다. 그 기술은 자신의 움직임에 따른 데이터를 축적해서 나의 움직임과 관련된 시각, 방향, 크기 및 깊이를 계산하여 우리에게 적절한 행동을 가능하게 하는 정보를 가져다 준다. 하지만 자신의 움직임에 따른 정보가 역으로 우리의 과거의 행동 경험을근거로 한 움직임을 하는 데 방해요소로 작동한다. 우리의 행동은 과거의 경험을 토대로 움직임이 가능한데 그 부분에서는 VR/MR/AR e스포츠는 장애 요소로 작동한다.

9장 토론 내용

- 인지란 무엇인가?
- e스포츠가 인지 기능을 향상시킬 수 있다면 그 근거는 무엇인가?
- e스포츠의 경험에서 기억과 감정이 어떻게 작동하는가?

더 읽어야 할 책

게임이 뇌의 인지발달에 도움이 된다는 것은 이경진 외5(2021)을 보라, 인간의 감정과 이성의 작동이 명확하게 구분되지 않는다는 것은 Damasio(김린 역, 2017)을 보라. 인지과학으로 보는 몸의 감각과 뇌의 작용에 대해서는 Platoni(박지선 역, 2017)을 보라. 특히 지각 심리학의 이론적 내용과 관련해서는 오성주(2019)를 보라.

e스포츠의 재미와
열광의 인지적 특성

e스포츠의 재미와
열광의 인지적 특성

　　25년이라는 e스포츠의 짧은 역사 속에서 e스포츠는 전 세계로부터 폭발적인 관심을 갖게 되었고, e스포츠 종목을 만든 회사는 그들의 수익성을 극대화하기 위해 자신만의 리그를 만들어 운영하고 있다. 물론 이러한 폭발적인 e스포츠 성장의 이면에는 e스포츠의 부정적인 측면도 있음을 무시할 수 없다. 누군가에는 청소년 놀이 문화로 인식되고 있지만, 또 다른 사람에게는 중독, 폭력성, 과몰입, 시간 낭비로 인식되고 있다. 일반적으로 우리는 신체 움직임을 강조하는 스포츠를 인간의 건강한 삶에 도움을 주는 것으로 인식하고 있으며, 반면에 e스포츠는 좌식성의 경기 특성에 따른 비만, 안구 건조증 등이 유발된다는 이유로 긍정적으로 받아들이지 않는다.

　　이러한 e스포츠와 관련된 긍정과 부정의 출발점은 어디에서 기인하는가? 저자는 e스포츠에 대한 긍정과 부정의 내용은 디지털 기술에 근거한 매체에 대한 재미와 열광에 기인한다고 생각한다. e스포츠가 재미가 있으니까 많은 사람들이 하게 되고, 이는 열성적인 팬덤을 형성한다. 많은 사람들이 즐기기 때문에 기업들의 비즈니스 관점이 개입된다. 게임 회사는 더 많은 수익을 얻기 위해 마케팅을 개입시켜 그들 나름의 세계 대회를 개최하여, 관객이나 플레이어로 하여금 e스포츠에 더 많은 열광과 재미를 경험하도록 노력한다. 여기에 디지털 기술의 발달에 따라 나타난 스트리밍, 즉 트위치, 유튜브 등의 디지털 매체의 개입은 젊은 관객들로 하여금 e스포츠에 더 많은 관심을 갖게 하였다. 디지털 세계에 태어난 젊은이들은 PC나 모바일로 전 세계에서 일어나고 있는 프로e스포츠 경기를 실시간으로 시청한다. 하지만 오랜 e스포츠 시청에는 시간 낭비, 과몰입, 중독 등의 현상이 뒤따를 수밖에 없다.

그렇다면 근본적인 e스포츠의 재미와 열광의 이유는 무엇일까? 그 질문의 해답은 디지털 기술의 영향력, 그 속에서 태어나고 경험한 디지털 기술세대, e스포츠의 경쟁에서 보여준 선수들의 기술 능력에 대한 환호 등 다양한 설명이 가능하다. 하지만 이러한 재미와 열광은 거시적인 차원의 답이다. 물론 이러한 차원에서 e스포츠 재미와 열광의 연구도 중요하다. 하지만 저자는 이를 넘어 미시적 차원에서 e스포츠 재미와 열광의 이유가 무엇인지 찾아 설명하고자 한다. e스포츠는 디지털 매체라는 도구의 특징과 플레이어 간의 인지적 설명이 연결되기 때문이다. 앞의 6장에서 저자는 거시적인 측면에서 e스포츠 재미와 열광을 진화 심리학, 인지의 관점, 경쟁의 요소로 설명하였지만, 좀 더 세부적으로 설명을 하지 못했다. 더 나아가 인지적 관점에서의 설명도 화면 속에서 보인 패턴의 발견에 한정하여 설명하였다. 따라서 미시적인 차원에서 인지적인 측면을 좀 더 세밀하게 설명할 필요가 있다. 이는 e스포츠의 본질 파악에 이론적으로 도움이 된다.

e스포츠 재미와 열광의 근본적인 작동 원리는 디지털 기기로 대표되는 매체와 그것을 직접 대면하고 운영하는 사람들의 인지에 대한 근본적인 해명을 요구한다. 특히 e스포츠의 작동이 상당 부분 자신의 시각장(the field of visual sensation)에서 이루어지기 때문에 자신을 둘러싼 환경과 자신의 인지 과정 간의 해명은 대단히 중요하다. 우리는

e스포츠의 부정적인 관점을 해소하기 위해서라도 자신의 인지 과정에서 일어나는 e스포츠 재미나 열광의 현상을 분석해야 한다. 인지 과정에 대한 이해가 전제로 될 때 우리는 그 속에서 e스포츠의 낙인 효과(stigma effect)의 극복 방안을 찾을 수 있다. 다른 관점이지만, 인지 과정의 이해는 프로e스포츠선수의 움직임을 이해하고 파악하는 데도 필요하다. 예컨대 e스포츠 플레이어는 경기에서 승리하기 위해서 디지털 정보를 다루는 능력과 팀 소통이나 전략 분석 등에 대한 이해가 뛰어나야 한다. 한 마디로 e스포츠 선수는 인지적 기술이 뒷받침되어야 하기 때문에 인지적 선수라 불린다고 앞에서 언급하였다. 우리는 e스포츠의 긍정과 부정의 원인과 해결책을 찾기 위해서라도 디지털 매체와 e스포츠 플레이어 사이에서 일어나는 인지적 작용의 과정에 대한 근본적인 해명과 이해가 뒤따라야 한다. 이는 e스포츠의 본질이나 e스포츠 선수들의 움직임을 설명하는 데 유용한 이론적 근거를 제시한다.

이를 위해 저자는 먼저 인지가 무엇인지에 대해 설명하고자 한다. 그 다음으로 디지털 매체와 플레이어 사이에 일어나는 인지적 특징을 저자는 3가지, 즉 가상성(virtuality), 피지컬의 능력(physicality), 몸에 배인 인지(embodied cognition)로 설명하고자 한다. 이는 e스포츠 재미와 열광의 근본적인 이유를 이해하는 핵심 개념이다. e스포츠의 인지적 특징은 e스포츠의 본질 이해와 더 나아가 e스포츠의 지향점이 무엇인지 설명하는 데 유용한 이론적 근거를 제공한다.

01 인지적 의미

    일반적으로 인지란 신경계와 뇌의 작동에 근거한 지식의 습득 및 활용의 문제에 초점을 맞추어 설명한다(박권생 역, 2014). 하지만 본 연구에서 저자는 인지의 의미를 단지 신경 작동의 결과와 뇌의 움직임만으로 설명하지 않는다. 인지적 행위는 환경 및 문화의 맥락 속에서 이미 작동하고 있다. 그 과정 속에서 인식과 행동이 형성된다. 즉 인지는 자신이 가지고 있는 심리적 조건뿐만 아니라, 몸의 생리적 조건에 따라 작동하고 영향을 주고받는다. 결국 인지는 시간의 제약을 받으며, 자신의 움직임이 생존의 경쟁에서 어떻게 움직이려고 하는 과정에서 이미 작동하고 있는 것으로 파악해야 한다.

    인지는 대상을 보고 판단하는 수동적인 역할만을 하지 않는다. 여기에서 인지는 객관적인 판단을 넘어 자신의 관점에서 해석하고자 한다. 즉 인지 작동에는 주어진 환경을 자신의 유리한 관점에서 접근해서 조작하거나 확대한다. 그리고 대상 파악의 이해를 넘어 자신의 행동을 위해 어떻게 해야 하는지를 포함한다(Wilson, 2002). 이와 같이 우리는 인지의 이해를 신경 체계의 작동 이전에 유기체로서 움직임을 할 수 있는 능력을 고려해야 한다. 여기에는 생물학적인 인간 몸의 근저에 작동하고 있는 비신경적인 활동과 주어진 환경과의 관계를 무시할 수 없다. 즉 우리의 인지적 활동은 자신의 신경계, 몸, 환경과의 연속성과 상호 상관관계의 결과물에서 나오는 것으로 파악해야 한다.

    인지는 단순히 뇌의 작동이나 신경계 작동의 결과물이 아니기 때문에 저자는 네 가지 관점으로 인지적 의미를 설명하고자 한다.

    첫째, 인지는 뇌 중심의 신경계(neuron system)의 작동 과정만을 의미하지 않는다. 인지 과정에 있어 신경계의 역할을 부인하는 것이 아니다. 단지 신경계만을 인간의 인지 과정으로 보는 것은 문제가 있다는 것이다. 인지는 정신 과정으로서 지식을 습득, 저장, 변용하는 정보처리 과정 자체만이 아니기 때문이다. 신경 체계의 관점에서 본다면, 인지는 대상에 대한 단순한 표상으로 설명한다. 하지만 우리의 인지는 단순한 표상의 능력을 넘어 거기에 자신의 감정, 의지, 태도를 개입한다. 신경계는 우리 생명의 역사에서 본다면, 가장 늦게 완성되었고, 그 이전에 우리의 감각운동과 감정 및 느낌이 개입되어 있다는 사실을 외면해서는 안 된다(고현석 역, 2021). 결국 인지란 추상화된 상징의 형태로 자신의 의식이 대상에 투영되기보다는 자신의 의도와 감정이 개입된 상황과 대상 파악을 위한 과정 속에서 인지가 이루어진다. 즉 인지는 대상을 있는 그대로 받아들이는 표상의 역할을 넘어선다.

둘째, 인지는 대상을 지각하는 행위에서 형성된다. 여기에서 행위는 인간의 전체적인 움직임을 의미하기보다는 감각운동에 기반을 둔 움직임의 결과로 파악한다. 대상 움직임의 파악과 이에 따른 행동의 출발은 이성적 판단 이전에 자신이 가진 감각운동의 영역에서 출발한다. 이는 이성적 판단의 우선적이며 독자적인 역할을 부인한다. 이성적 판단의 출발이 뇌의 결정이라고 할지라도 그 출발이 감각운동에 기인하기 때문이다.

셋째, 인지는 자신의 능동적인 행위가능성을 포함한다. 우리가 대상을 파악하고자 하는 이유는 자신에게 유리한 움직임을 파악하고자 하는 의도가 개입되기 때문이다. 상대에 대해 자신이 가지고 있는 능력, 생각, 태도, 의도가 대상 파악의 능력을 결정한다. 즉 주어진 대상의 크기와 힘은 똑같은 것이라고 할지라도 자신이 상대를 다룰 수 있는 능력에 따라 인지의 정도는 달라질 수 있다. 예컨대 젊은 세대가 e스포츠를 훨씬 잘하는 이유가 그들이 e스포츠를 다루는 능동적 능력에 기인하기 때문이다.

넷째, 인지는 주어진 사회의 문화적 환경과의 상호작용 속에서 축적된 경험의 정도에 따라 다르게 작동한다. 상대 움직임의 파악 정도는 자신이 가지고 있는 정보나 지식으로 전제될 수밖에 없다. 이는 자신에게 축적된 경험이 무엇인지에 따라 대상 파악의 능력이 달라진다(이상호, 2017).

이러한 인지 개념의 학문적 내용들은 여러 연구자의 이론적 배경에 근거한다.[1] 그중에서 가장 중요한 것은 메를로-퐁티의 지각이론이다. 그는 인간의 충동적인 본능과 이성적인 사고가 복합적으로 상호작동하는 과정에서 대상을 지각하는 것으로 설명한다(Merleau-Ponty, 2012). 즉 인간의 지각은 환경, 문화, 자신의 신체 조건에 따라 대상 파악을 다르게 인식한다. 이것이 자신의 경험으로 축적되어 나타난다. 이와 같이 메를로-퐁티 인지의 의미는 인간의 주도적 능력을 배제하지 않으며, 경험의 문제를 설명할 수 있는 유용한 이론적 근거를 제공한다. 즉 인지의 본질 파악은 과학적인 해명 이외에도 경험의 본질을 파악 가능한 현상학적 해석이 뒷받침되어야 한다. 현상학적 관점에서 보인 대상은 객관적인 실체가 아니라, 자신과 연결된 상황에서 바라본다. 대상과 자신이 서로 떨어질 수 없다는 사실은 가상세계와 현실세계를 분리해서 파악할 수 없음을 보여준다. 현상학자인 메를로-퐁티가 언급한 현상적 몸의 관점[2]에서 본다면, e스포츠에서 아바타와 현실에서 움직이는 사람과는 차이가 없다는 것이다. 이는 e스포츠가 일어나는

---

1 여기에는 메를로-퐁티(Merleau-Ponty), 생태심리학자인 깁슨(Gibson)의 행동가능성(Affordance), 라이코프(Lakoff)와 존슨(Johnson)의 인지 언어학, 존 듀이(John Dewey)의 경험주의, 바렐라(Varela)의 자율생성체(Autopoesis), 다마지오(Damasio)의 항성성(Homeostasis) 등 다양한 이론적 배경을 갖는다.
2 현상적 몸은 본능과 이성이 구분되지 않는 상황에서 나오는 몸을 말한다. 그 몸은 자신의 생리적 조건뿐만 아니라 의도나 태도에 따라 할 수 있는 능력을 보여준다.

가상세계의 개입은 현실세계와 전혀 다른 세계가 아니라 서로 연결된 것으로 파악이 가능하다.

02 e스포츠의 인지적 특성

e스포츠의 인지적 작동은 크게 주어진 환경과 문화, 플레이어가 갖고 있는 대상 파악 능력, 자신의 몸의 조건에 의해 좌우된다. e스포츠가 가상의 환경 및 공간에서 인지적 작동이 일어난다면, 먼저 가상성(virtuality)의 이해가 필수적이다. 현실에서 본다면, 가상의 공간은 호이징가(Huizinga)가 언급한 마술의 영역이지만, 그 속에서 우리는 현전감을 느낀다는 것이다. 그리고 e스포츠에서 대상 움직임의 파악 능력은 자신의 피지컬 능력(physicality)에 따라 다르게 나타난다는 점에서 피지컬 능력의 이해도 필요하다. 마지막으로 플레이어의 능력은 자신의 몸에 배인 인지(embodied cognition)에 따라 대상의 인지적 파악 내용은 달라질 수 있기 때문에 몸에 배인 인지의 특성 파악도 필요하다.

1) 가상성(virtuality)

(1) 가상의 의미

일반적으로 가상의 영역에 참여한 움직임과 현실에서 움직임은 다르다고 이야기한다. 또한 현실의 스포츠와 가상세계에서 진행되는 e스포츠가 다르다고 생각함으로써 스포츠와 e스포츠를 구분 짓는다. 이러한 구분의 가장 큰 이유는 가상을 현실에 존재하지 않는, 실제

(reality)의 반대어로 인식하기 때문이다. 하지만 가상의 영역이 우리 자신의 생각 속에서 만들어진 영역이라고 하더라도 그 자체도 우리가 살아가고 있는 영역의 일부분이다. 따라서 가상은 실제와 반대되는 단어로 생각해서는 안 된다. 우리는 가상의 영역을 현실 영역의 확장된 한 부분으로 이해해야 한다. 가상세계의 참여를 현실의 연장이나 확장에 따라 참여하는 것이지, 현실과 전혀 다른 상상의 영역에서 즐기는 것으로 파악해서는 안 된다. 따라서 e스포츠의 특징인 가상 세계의 경기 참여를 현실세계에서 일어나는 경기의 영역과 구분할 필요는 없다. 이는 기존 스포츠와 e스포츠의 영역을 이분법적으로 구분할 수 없음을 보여준다.

현실과 가상의 이분법적인 영역 구분은 많은 부분 우리가 잘못 이해하고 있는 언어적 해석에 기인한다. 사전적 측면에서 가상(假想)의 의미를 살펴보면, "사실이 아니거나 사실 여부가 분명하지 않은 것을 사실이라고 가정하여 생각"한다(국어국립원 표준국어대사전). 즉 사전적 의미에 따르면 우리는 가상을 가정하거나 생각만으로 상상의 영역에 존재하는 것으로 번역한다. 그러나 우리는 가상을 실제와 다른 상상 속에서 존재하는 영역으로 축소 해석해서는 안 된다. 가상을 머리에서 만들어 낸 실재하지 않는 것으로 인식된 이유 중의 하나가 가상(假想)의 한자 번역에 기인한다. 이러한 번역의 문제는 가상의 영어 어원과도 차이를 보인다. 영어인 가상의(virtural) 어원에서 vir는 남성적인 힘, 탁월성, 효율성이라는 의미를 가진다. 즉 잠재적인 힘을 의미한다. 따라서 가상은 아직 현실에서 실현되지 않는 가능태나 실현 가능한 하나의 현실로 접근하고 이해해야 한다. 즉 가상의 한자가 가상(假想)이라고 할지라도 우리는 그것을 하나의 형태로 가능하다는, 즉 가상(可象)이나 가상(可像)으로 이해해야 한다. 놀이의 측면에서 본다면, 놀이는 일상의 영역에서 일어나지만 그 영역도 잘 살펴보면 현실의 확장된 영역에서 벗어나지 않는다. 즉 놀이의 영역은 인간이 노는 시간적, 공간적, 심리적 공간의 확장으로 인식해야 한다. 여기에서 인간은 자유롭게 놀기 위해 그들 나름대로 가상의 영역을 만들어 새로운 놀이의 형태를 만들었다. 즉 인간의 상상력에 근거한 가상의 힘이 다양한 놀이, 게임, 스포츠, e스포츠를 만들었다.

(2) 호이징가(Huizinga)의 매직 원(magic circle)

스포츠의 경기도 인간의 상상에 의해서 만들어진 공간이다. 예컨대 특정한 공간과 시간 속에서 진행되는 배구, 야구, 축구 경기도 우리 자신의 상상에 근거해서 만들어졌다. 축구나 야구는 현실의 경기장에서 일어나지만, 그 경기의 내용과 진행 방식은 인간의 상상에 의해 만들어진 내용이 단지 현실에 실현된 것에 지나지 않는다. 호이징가는 이러한 상상의 공간을 마술의 영역(magic circle)으로 설명한다(이종인 역, 2010). 반면에 e스포츠는 현실세계와 벗어난 가상세계의 영역에서 승부를 낸다. 이는 기존 스포츠와 차이를 보인다. 하지만 우리의 현실에서 이루어지고 있는 모든 경기 또한 자신의 상상에 근거한다. 예컨대 소꿉놀이도 현실에서의 역할을 배우기 위한 상상에 의해 만들어진 놀이이다. e스포츠의 역사적 기원이라고 할 수 있는 로마의 콜로세움에서 보여주는 해전(海戰)의 시연 장면도 로마 시대의 영광을 재현하기 위해 시뮬레이션으로 하여 만들었다. 올림픽 종목에서 경기의 양상도 시대적 상황을 반영한다. 활쏘기의 경기에 총기의 대두로 사격의 경기가 새롭게 추가되었다. 그리고 오늘날 산악자전거나 스케이트 보드의 등장은 젊은 세대의 욕구를 반영하여 새로운 올림픽 종목으로 채택되었다.

e스포츠 등장은 디지털 기술의 발달 없이 설명할 수 없다. 스포츠는 참여의 장소가 현실이지만, e스포츠는 디지털 가상세계라는 차이

밖에 없다. 여기에 인간의 생존과 재미를 위한 상상력이 결부되어 새로운 다양한 e스포츠의 장르가 등장하였다(이상호, 2019). 과거에는 인형을 가지고 놀았지만, 현재는 가상세계에서 자신이 선택한 아바타(Avata)를 이용해서 놀이나 경기에 참여한다. 여기에 전세계적으로 경기 규칙의 제도화와 선수들의 치열한 경쟁이 개입되어 e스포츠의 장르가 탄생하였다. 이와 같이 e스포츠는 주어진 문화적 환경, 디지털 기술의 발달, 인간의 상상력이 결합되어 나타난 결과물로 이해해야 한다(이상호, 2021).

인간은 놀이의 공간을 현실에서 실현하였지만, 디지털 기술의 발달에 근거한 디지털 플랫폼의 등장은 새로운 놀이 영역을 더욱 확대시켜 왔다. 예컨대 로블록스(Roblox)에서는 자신만의 상상력으로 새로운 경기를 만들어 가고 있다. 이와 같이 e스포츠는 가상공간에서 전략을 세우고 서로 경쟁하고 협력한다. 비록 e스포츠의 경쟁이 이루어지는 공간이 가상공간이라고 하더라도 현실에서 진행되는 일정한 규칙이 그 속에서도 유지된다. 어떻게 보면 e스포츠는 디지털 특성상 스포츠보다 더 공정한 경쟁을 가능하게 해준다. 그리고 스포츠에서 보인 도구의 활용이 오늘날 디지털 플랫폼에 근거한 매체의 활용과 연결된다.

e스포츠에서 매체는 두 가지 역할을 한다. 첫째, 매체는 인간이 사용하는 도구의 확장으로 등장하였다. 둘째는 매체가 직접적인 영향력을 발휘한다. 전자는 e스포츠가 인간의 문명 발달에 따른 도구의 확장 과정에서 나왔다는 사실을 의미한다. 스포츠에서도 도구의 활용에 따라 그 영역도 새롭게 확대되어 왔다. 예컨대 활쏘기 경기도 총기의 대두 이후 사격 종목이 새롭게 추가되었다. 현대에서는 스포츠에서 공정성을 담보하기 위해 디지털 기기인 VAR이 개입되었고, 우리는 그것을 경기 결과를 결정하는 중요한 요소로 인정하고 있다. 후자는 e스포츠가 보여 주는 모니터의 영향력이다. 매체와 플레이어 간에 직접적인

영향력은 전통 스포츠의 영역보다 더 크다(이상호, 2021). 특히 디지털 매체의 특성상 플레이어가 경기에 더 쉽게 접근하고 참여할 수 있기 때문에 디지털 매체의 영향력이 더욱 크다고 말할 수 있다.

가상의 영역에서 진행되는 e스포츠 경기에 몰입하는 순간 우리의 의식은 현실의 영역과 구분하지 못하는 특성을 갖는다. 우리가 놀이에 빠져 있을 때 우리가 놀이를 하고 있다는 사실을 알지 못한다. 놀이에 재미를 느끼는 그 순간은 현실과 가상 세계를 구분하지 못하기 때문이다. 이때 e스포츠는 가상 환경과 몰입의 상관관계에서 재미를 느낀다고 말할 수 있다. 비록 e스포츠의 가상 영역이 실제 세계의 대상과 떨어져 있지만, 우리는 멀리서 통제 가능한 자신의 경험으로 느낀다고 말할 수 있다(Lombard, Biocca, Freeman, Ijsselsteijn, & Schaevitz, 2015; Calleja, 2011). 물론 우리는 일반적으로 현실과 가상공간에서 일어나는 것을 다르게 접근한다. 하지만 현실에서 놀이, 게임, 스포츠에 참여할 때 우리 자신은 그것에 참여하고 있다는 사실을 알지 못한다. 이러한 이유는 우리 자신에게 그 대상이 하나의 현전감으로 다가오기 때문이다. 따라서 현전감은 몰입의 관계를 배제하고서는 설명할 수 없다. 물론 일상에서 스포츠와 e스포츠의 현전감의 차이는 있겠지만, 그 경기에 열광한다는 점에서는 같다.

(3) 현전감(presence)
e스포츠 플레이어는 자신의 아바타 움직임과 상대 움직임을 자신의 시각 장 영역 안에서 들어온 모니터 화면을 통해 전반적으로 파악한다. 모니터에서 보여준 움직임이 나의 시각 장에서 파악이 가능하기 때문에 우리는 인지 작동의 과정에 대한 이해가 필요하다. e스포츠의 승패는 화면에서 보이는 상대 움직임의 패턴을 얼마나 빨리 판단하고 지각하느냐에 승부가 결정된다. 이를 통해 우리는 감각하며, 지각하고

손으로 잡힐 것 같은 느낌이 든다. 이러한 느낌을 우리는 현전감(presence)으로 설명한다. 현전감은 느낌, 지각, 감각 등 다양한 용어와 변용 가능한 단어이다. 현전은 단지 디지털 기기에만 사용되지 않는다. 스포츠에서도 사용된다. 굼브레히트(Gumbrecht)에 따르면 우리가 스포츠에 매혹을 느끼고 열광하는 이유를 운동의 실행, 즉 나에게 드러나 느끼고, 지각하고, 손에 닿을 수 있는 퍼포먼스(performance)의 느낌을, 즉 현전감(presence)으로 설명한다(한창호 역, 2008). 하지만 e스포츠의 현전감(presence)은 그래픽, 음향, 사운드 그리고 디지털 작동의 알고리즘에 따라 스포츠보다 더 많은 영향을 받는다. 이에 따라 현전감은 스포츠보다 더 큰 것이 사실이다.

현전감은 미디어 세계가 우리에게 보여주는 정도를 설명하기 위한 이론적 개념에서 나왔다. 사람들이 컴퓨터 화면이나 컴퓨터에서 보인 환경과 상호관계를 할 때 그들이 느낀 현전감을 경험의 내용으로 설명한다. 예컨대 디지털 화면에서 보인 가상세계의 현전감은 플레이어가 현실세계와 같은 경험을 느끼게 하는 매개의 역할을 담당한다. 따라서 우리는 e스포츠에서 보여지는 가상세계의 움직임이라고 하더라도, 매체에서 보여준 현전감은 플레이어의 시각, 청각, 촉각에 자극을 준다. 이에 따라 우리는 가상세계가 아니라 실제 세계와 같은 실재감을 느낀다. 결국 몰입의 최고 단계는 현전감으로 나타난다.

대상에 대한 현전감과 몰입의 인지적 작동 해명은 우리가 e스포츠에 열광하는 근본적인 이유를 제공한다. 사실 현전감의 내용을 이성적 판단의 내용으로 설명하기 어렵다. 현전감의 내용은 이성적 판단 이전에 몸 감각작용에서 출발하기 때문이다. 따라서 현전감의 설명은 몸 감각작용에 대한 이해가 필수적이다. 더 나아가 현전감은 대상을 보는 주체와 서로 분리되지 않고 연결된 상황에서 나온다는 점에서 그 연결 관계에 대한 과학적 해명도 필요하다. 이 외에도 e스포츠와 관련된 현전감은 단순히 플레이어로 하여금 단순히 수동적인 역할을 넘어 주어진 e스포츠의 규칙과 한계를 극복하려는 이유도 해명해야 한다. 그리고 e스포츠 경기가 보여준 긴장과 흥분을 야기하는 근본적인 해명도 필요하다(이상호, 2021).

2) 피지컬 능력(physicality)

스포츠에서 피지컬은 키, 골격, 근육량에 따른 선수의 지구력, 반응 속도, 도약, 속도 등 운동 능력을 말한다. 또한 가상의 공간에서 이루어진 e스포츠의 움직임도 자신의 피지컬 능력으로 설명한다. 하지만 e스포츠에서는 피지컬을 단순히 신체 근육의 힘으로 말하지 않는다. e스포츠에서 피지컬 능력은 능숙한 기술, 멀티태스킹, 즉각적인 반응, 조준의 정확도, 상황 판단 능력을 말한다. e스포츠 승부에서는 화면에 보이는 대상 움직임의 파악과 예측 능력이 승부를 결정짓는 중요한 요소이다. 하지만 e스포츠에서 피지컬 능력은 단순히 정신적 판단이외에 신체적 측면을 고려한다. 일반적으로 스포츠가 대근육을 기반으로 하는 활동이라면, e스포츠는 왼손의 키보드 조작 능력과 오른손의 마우스 협응 능력을 강조한다. 그러나 우리는 e스포츠 선수들이 가지고 있는 동체 시력, 집중력, 상대의 움직임에 대한 조준 실력을 단순히 손목과 지각의 협응 능력으로 축소시켜서는 안 된다. 이에 더해 상대의 움직임에 대한 전술 파악과 팀 간의 전략 수립은 단순히 정신적인 능력으로만 한정 지을 수 없다. e스포츠는 고도의 집중력을 요구하고, 이 상태를 유지하기 위해서는 신체적 능력이 뒷받침되어야 한다(이상호 역, 2021). 따라서 우리는 e스포츠의 피지컬 능력을 신체와 정신이라는 이분법적인 관점에서 정신만을 강조하여 규정지을 수 없다.

e스포츠 선수의 피지컬 능력은 무엇을 해야 하는지를 아는(knowing what to do) 전략적 능력과 그 능력을 집중하고 유지할 수 있는 근육이 뒷받침되어야 한다. 자신이 어떻게 움직일 수 있다는 것은(knowing how to do) 신체적 근육이 뒷받침되어야 집중력을 유지할 수 있기 때문이다. 더 나아가 신체적 근육은 이완된 상태를 유지해야 집중력의 유지도 가능하다. 그리고 e스포츠는 기술적 능력과 집중의 상태를 유지해야 하지만, 개인이 e스포츠에 가져야 할 목표와 동기도 기술적 능력만큼 중요하다. 프로 e스포츠 선수가 하루에 10시간이 넘게 e스포츠를 할 수 있기 위해서는 자신의 목표와 동기가 수반되어야 한다(이상호 역, 2021). 결국 e스포츠 선수의 피지컬 능력은 경기 기술 능력과 그 능력을 뒷받침할 수 있는 신체적 준비, 감정의 컨트롤 그리고 e스포츠에 대한 목표와 동기를 필요로 한다. 이는 스포츠 선수가 가져야 할 피지컬 능력과 다르지 않다.

최고의 프로e스포츠선수가 되기 위해서는 많은 시간의 훈련을 통해서 만들어진다. e스포츠는 단순히 반사 능력이 뛰어나다고 해서 최고의 선수가 될 수는 없다. 특정 상황 속에서는 e스포츠 선수에게 반사 능력은 올바른 행동 선택을 하는 데 방해가 된다. e스포츠 선수들은 주어진 상황마다 즉각적으로 판단하고 행동해야 한다. 하지만 전략적 판단이 개입되는 상황에서 e스포츠에게 반사 능력은 e스포츠 선수들에게 충분조건이지 필요조건은 아니다. 단체전은 반사 능력보다는 전략과 전술 그리고 동료와의 호흡 등을 요구하기 때문이다. 개인전이라고 할지라도 e스포츠 특성상 가상공간에서 일어나는 주위의 환경이나 상황을 고려해야 한다.

e스포츠는 짧은 시간 내의 지각과 행동의 결정이 승부에 영향을 미친다. 뛰어난 e스포츠 선수는 상대의 움직임에 대한 지각 능력과 판단이 즉각적으로 이루어진다. 디지털 특성상 여기에 운의 요소가 개입될 여지

는 상대적으로 부족하다. 그 판단은 시각의 움직임, 지각, 행동, 의사결정 등 복잡한 과정의 결과이다. 또한 그 속에서 자신의 e스포츠에 대한 정신적 태도와 감정의 통제도 가능해야 한다. 덧붙여 자신의 몸 조건도 승부에 중요한 영향력을 미친다. 근육이 부드럽게 되지 않는 상황에서 상대의 움직임에 즉각적으로 반응하기란 힘들다. 긴장하면 어깨에 힘이 들어가고, 이는 패배로 이어지는 결과를 도출하기 때문이다. 그리고 e스포츠는 윤리적 태도나 살아가는 삶과는 전혀 상관이 없다고 생각하는 사람들이 존재한다. 이는 틀린 이야기이다. e스포츠 특성상 행동의 반응에 대한 결과는 즉각적으로 이루어진다. 즉각적인 행위에는 자신의 평소 습관이나 행동이 영향력을 미칠 수밖에 없다. 즉 일상에서의 행동이 e스포츠 경기 내에도 영향을 준다는 의미이다. 진정한 e스포츠 선수가 되기 위해서는 더 윤리적인 행동을 해야 하는 이유가 여기에 있다. e스포츠 선수들에게 필요한 피지컬 요소를 증대시키기 위해서는 운동감각, 지각과 행동, 감정의 작동, 이성적 판단, 의식의 지향성, 윤리적 태도 등 다양한 요소를 파악해야 한다. 이는 기존 스포츠와 다른 e스포츠의 신체적 요소에 대한 이해를 요구한다.

따라서 e스포츠의 피지컬 능력은 운동감각의 개입, 공간의 개입, 감정적 개입, 이성의 역할, 윤리적 태도와 관련된 다양한 논의가 해명되어야 한다. 특히 가상의 몸(virtual body)은 몸이 환경에 대한 지향성의 근거로 무언가 할 수 있음을 보여준다. 여기에서 상상력과 창의력이 발휘된다. 물론 그 영역이 가상의 영역에서 머물지 않고, 현실에서 상상력과 창의성의 근거로 어떻게 작용할지는 다른 차원의 문제이다. 물론 저자가 가상의 영역에서 사고는 현실의 사고와는 일정 부분 다름을 인정한다. 예컨대 "가상현실은 우리의 자기수용성(proprioception), 곧 자신의 신체를 인식하는 능력을 가로챔으로써 우리가 연기하는 가상의 자아와 우리를 구별하지 못하게 만든다"(이현정, 2020: 18). 이에 따라 우리는

e스포츠 경기에서 자신이라고 착각하는 가상의 몸이 진정한 인간의 사고 작용에서 나온 연장된 몸인지에 대한 논의도 필요하다.

3) 몸에 배인 인지(embodied[3] cognition)

e스포츠가 진행되는 영역은 디지털 플랫폼이나 특수한 디지털 기기의 사용에 따라 e스포츠 경기종목이 달라진다. 전자는 PC 기반의 e스포츠 경기나 모바일 e스포츠며, 후자는 VR e스포츠를 말한다. 그러나 플레이어가 매체를 이용한다는 것에는 모두가 동의한다. 외형적으로 보면 우리가 이용하는 매체는 인간의 행위와 전혀 관계가 없는 객관적인 대상으로 우리에게 존재한다. 하지만 그 매체도 인간의 생각과 의도가 개입된 대상으로 존재한다. 즉 하나의 대상으로 나타나는 매체와 나는 엄밀하게 구분할 수 없다. 엄밀하게 본다면, 마우스와 키보드로 e스포츠를 하는 나와 e스포츠 경기를 구분할 수 없다. 축구선수와 축구공을 구분할 수 없는 것과 같다. 문제는 e스포츠 특성상 매체가 갖는 속성상 스스로 힘을 확장하여 인간 삶과 생활 영역에 큰 영향력을 미치고 있다는 점이다. 현실에서 디지털 매체의 영향력은 상대적으로 커질 수밖에 없다. e스포츠가 디지털 매체를 도구로서 사용하는 현실에서 매체의 속성 파악은 e스포츠를 이해하기 위해 대단히 중요하다. 인간 소통의 편리함을 위해 만들었던 핸드폰의 역할은 이제 그 자체가 나의 기억이나 신분을 증명하는 대체 기능을 한다. 핸드폰을 집에 두거나 잃어버리면 심리적으로 불안한 이유가 여기에 있다. 결국 디지털 기기의 등장

---

3 embodied은 원래 '체화된', '신체화된'으로 번역한다. 이와 다르게 저자는 몸에 배인으로 번역하고자 한다. 단어의 번역과 관련된 논의와 정의는 이상호(2017b)를 참조.

은 우리들의 놀이 수단을 바꾸어 놓게 되었고, 이를 경험한 세대는 그들만의 새로운 사고와 행동 패턴을 만들어 낸다. e스포츠 경기와 놀이도 우리의 새로운 사고와 행동 패턴에 영향을 준다.

　디지털 기술의 발달 없는 e스포츠의 등장은 불가능하다. 전통적 스포츠가 자신에게 주어진 도구를 활용한 경쟁에서 승리를 추구하는 것이라면, e스포츠는 한 손에는 방패인 자판기와 또 다른 손에는 칼로 상징되는 마우스를 사용하여 경기에 참여한다. 소꿉놀이에서 활쏘기로, 총이 발명됨으로써 사격으로, 디지털 기술의 발달이 e스포츠를 등장하게 하였다. 컴퓨터의 발전이 e스포츠를 등장하게 만들었다. 인간은 도구를 사용하여 문명의 발달에 이바지하였고, 그 속에서 디지털 기술의 활용과 관련된 새로운 스포츠 종목의 탄생을 확인할 수 있었다. 오늘날 스포츠에서 디지털 기술이 응용되지 않는 분야를 찾기란 쉽지 않다. 어떻게 보면 우리는 디지털 기기를 이용하기보다는 이제 같이 살아갈 수밖에 없는 존재로 인식한다. 특히 지금의 젊은 세대는 태어날 때부터 스마트폰이나 컴퓨터에 익숙한 세대이다. 이를 통해 젊은 세대가 e스포츠 재미와 열광을 즐기는 것은 당연하다.

　문제는 디지털 기계에 익숙한 행동이 그들의 사고나 행동 양식에 영향을 미친다는 사실이다. 태블릿 PC나 스마트 폰에 익숙한 유아들은 종이를 넘길 때 종이를 잡고 넘기기보다는 터치나 손으로 누르고 넘기는 행동을 한다. 유아들은 종이를 넘긴다는 사실을 모르는 상황에서 자신이 이전에 태블릿 PC에서 터치한 경험을 그대로 적용하기 때문이다(김동환, 최영호 역, 2020). 과거 유치원에서 유치원생은 물건을 사고파는 놀이를 할 때 그들은 서로 가격을 흥정하고, 돈과 잔돈을 주는 행위를 한다. 하지만 요즘 아이들은 가격을 확인하고 돈이 아니라 카드를 상대에게 준다. 카드를 받는 아이는 카드를 긁는 행위를 한다. 이 모든 행위는 주위의 환경에서 나온 경험이 자연스럽게 유아나 어린이의 행동에 스며들어 나온 행동의 결과이다.

　다수는 e스포츠를 이야기할 때 일반적으로 긍정적인 부분보다 부정적인 측면을 강조한다. 중독, 과몰입, 시간낭비, 학습방해 등을 언급하지만, 왜 젊은 세대들이 e스포츠에 열광하고 시간이 가는지 모르고 몰입하는지에 대해 구체적인 설명은 하지 못하고 있다. 이 모든 행동 과정의 이해는 앞의 유아나 어린이의 행동과 같이 주어진 디지털 환경과 문화의 영향력을 파악함으로써 가능하다. 이러한 행동 원인의 이론적 근거로 저자는 몸에 배인 인지(embodied cognition)의 이해가 필요하다고 생각한다. 몸에 배인 인지의 이해는 디지털 기기의 매체와 그것을 이용하는 인간 간의 관계 설명에 유용한 이론적 근거를 제공하기 때문이다. 따라서 우리는 몸에 배인 인지를 명확하게 이해할 필요가 있다.

　e스포츠의 모든 행동의 출발은 모니터에 보이는 움직임에 대한 인지 작용과 관련된다. 여기에서 인지는 일반적으로 대상을 파악하고 저장해서 활용하는 데에 있어 자신의 의식이 표상적 방법으로 작동하지 않는다고 앞에서 지적하였다. 대상의 파악은 자신의 정신 활동 영역에서 작동하기보다는 자신을 둘러싸고 있는 자신의 경험, 의지, 더 많이 예측하는 의식의 특징, 환경이 개입되어 작동한다. 주어진 대상 파악은 자신과 분리되어 파악할 수 있는 것이 아니며 그 대상 이해에는 자신의 관점이 포함된 주관 연관적 내용임을 이해할 필요가 있다. 그리고 대상의 내용은 자신의 인지 능력의 정도에 따라 다르게 나타난다. 따라서 저자는 주도적인 심리학의 관점에서 보고 있는 인지 작동을 뇌의 작동만으로 e스포츠의 행동과 움직임을 완벽하게 설명할 수 없으며, 대신에 디지털 환경에 놓인 몸의 작용이나 상태까지 e스포츠에서 인간 행동의 중요한 구성 조건이라고 생각한다. 이에 따라 e스포츠와 관련된 행동은 주어진 환경도 중요하지만, 자신의 몸 조건과 상

태도 중요한 역할을 한다고 생각한다.

그러나 몸으로 인지한다고 말할 때 몸의 인지가 정확하게 무엇인지 파악하기란 쉽지 않다. 학자들마다 몸의 인지 개념의 설명과 관련하여 강조점을 모두 다르게 설명하기 때문이다. 그리고 몸으로 인지한다는 사실의 타당성을 확보하기 위해서는 과학적 지식이 뒷받침되어야 한다. 여기에 덧붙여 인지를 설명하는 데 경험의 문제도 해명해야 할 숙제가 있다. 인간 행동에 대한 과학적 지식과 주관적인 자신의 경험을 설명하는 현상학적 해명을 연결하여 설명하기란 쉽지 않다. 여기에 자신에게 일어나는 경험의 내용을 설명하기 위한 현상학적 이해가 필요하다. 여기에서 경험은 일상적으로 우리가 느끼고 판단하고 생각하는 경험이 아니라 특정한 경험이다. 즉 철학자 존 듀이가 언급한 자족성과 완결성의 의미를 갖는 하나의 경험(an experience)이다(박홍철 역, 2016: 89). 예컨대 많은 시간을 e스포츠에 보내는 상황에서 일상의 경험과 특정한 시간과 공간의 영역에서 느낀 경험 간의 경계가 정확하게 구분되는 것은 아니지만, e스포츠 재미나 열광의 근본 이유는 몸에서 얻게 되는 경험을 벗어나지 않는다는 사실이다.

따라서 우리는 e스포츠 재미나 열광의 경험이 자신의 사고, 의식, 판단에 직간접적으로 영향을 미치고 있음을 파악해야 한다. 예컨대 롤(LoL) 경기의 경험은 MZ세대에게 다음과 같은 영향을 미친다. 첫째는 MZ세대는 계층의 위치를 인정한다. 둘째 MZ세대는 평등성을 전제한 노력의 결과물에 박수를 보낸다. 셋째, MZ세대는 자신만의 자유로운 선택을 한다. 넷째, MZ세대는 상호수평적 관계에서 명확한 지시와 답을 요구한다(이상호, 2021.01.17). 이와 같이 e스포츠 재미와 열광의 이유를 좀 더 세부적으로 몸에 배인 인지의 작동 과정으로 설명하면 e스포츠가 사회에 미치는 영향과 e스포츠 문화를 이해하는 데 도움이 된다. 물론 e스포츠 재미와 열광을 몸에 배인 인지로 설명하는 것은 쉬

운 작업이 아니다. 왜냐하면 과학적 해명과 경험의 본질 둘 다 해명해
야 하는 어려운 작업이기 때문이다.

　　여기에 덧붙여 몸에 배인 인지가 통일된 하나의 이론으로 설명하
고 있지 못하고 있다는 점 또한 e스포츠 재미와 열광의 근본적인 이유
제시에 어려움을 더한다. 학자마다 그들의 강조점을 다르게 설명하고
있지만, 저자는 몸에 배인 인지를 크게 여섯 가지로 설명하고자 한다.
각각의 관점이 주장하는 내용 파악은 e스포츠 재미와 열광의 근본적인
이론적 배경을 제시 가능하고, 더 나아가 e스포츠 본질을 해명하고 설
명하기 위한 이론적 근거로 제시할 수 있다. 각각의 내용을 살펴보자.
첫째, embodied(몸에 배인)의 관점이다. 이는 우리 인식 판단의 근거를
두뇌 이외의 몸의 구조나 과정에서 이루어지는 것으로 본다(Shapiro,
2019). 여기에서는 몸의 역할을 극단적으로 강조한다. 예컨대 습관이
자신의 인지에 영향을 줄 수 있다. 이는 e스포츠 선수나 일반인에게도
다 적용이 가능하다. 둘째, extended(연장된) 인지의 작용은 나의 뇌에
한정되지 않고 확장된 것으로 설명한다. 예컨대 핸드폰에 저장된 지식
이 나의 머리의 역할을 한다(Clark & Chalmers, 1998). 이는 e스포츠에서
일어나는 인지의 작동이 자신의 몸 영역에서 이루어지는 것이 아니라
아바타로 대표되는 확장된 역할을 인정한다는 것이다. 이는 인지가 단
순히 뇌의 표상이나 기능에서 작동하지 않음을 보여준다. 셋째, enaction
(행위창출)의 관점이다. 행위창출에서 인지는 감각운동(sensorimotor)의
행동에 의해 만들어지는 것으로 설명한다(Noë, 2004; Thompson, 2007).
즉 감각운동의 움직임과 인지를 구분하지 않는다. 거기에 덧붙여 의식
과 행동은 유기체와 환경과의 조정관계에서 나오는 인간의 행위가 지
각을 형성한다고 설명한다. 우리가 e스포츠 경기 화면 속에서 참여하
여, 주어진 숙제와 장애물의 극복 과정에서 자신의 의식이 만들어진다
는 것이다. 다섯째, extensive(확장된) 인지의 관점이다. 이는 연장된 마

음으로 작동하기보다는 우리의 의식이 이미 환경과 서로 연관되어 나타난 의식 작동의 과정으로 인식한다(Hutto & Myin, 2013). 확장된 인지는 우리의 인지 작용이 자신의 몸 영역을 벗어나 새로운 공간과의 만남에서 의식이 형성되는 것으로 설명한다. 예컨대 이미 젊은 세대는 태어날 때부터 디지털 기술에 익숙한 세대라는 것이다. 여섯째, embedded (착근된) 인지의 관점이다. 이는 인지 작용이 환경과의 상호조정 과정의 결합에서 나온다는 것이다(Gallagher & Zahavi, 2008). 착근된 인지는 환경과의 상호 조정의 상황 속에서 인지가 일어난다는 점에서 주어진 환경의 경험을 강조한다. 예컨대 오랜 시간 e스포츠의 경험은 일상의 움직임에 상당한 영향력을 준다. 이와 같이 몸에 배인 인지는 앞의 여섯 가지 의미를 모두 포함한다. 물론 e스포츠 재미와 열광의 이유에 대한 각각의 이론적 배경과의 관계는 앞으로 좀 더 세밀하게 연구될 필요가 있다.

몸에 배인 인지(embodied cognition)와 관련해서 우리가 생각해야 할 것은 먼저 인간은 자율적인 행위자라는 사실이다. 신경계의 작동은 하나의 유용한 패턴을 만들어내고 자신에게 의미를 만들어낸다. e스포츠에서 재미를 느끼는 것은 다른 어떠한 것보다 플레이어로 하여금 자율적인 행위자의 기분을 갖게 한다. 이는 자기 스스로 경기를 하기 위한 주도적인 캐릭터의 선택으로 이어진다. 또한 e스포츠 재미와 열광은 뇌의 특성인 주어진 패턴의 발견에서도 일어난다. 왜냐하면 뇌는 패턴의 발견에 가장 많은 즐거움을 갖기 때문이다(이상호, 2020). 경기 진행의 과정 속에서 패턴의 발견은 경기의 승리로 이어지고, 이에 따라 우리의 e스포츠에 대한 재미와 열광은 배가 된다. 그리고 e스포츠가 부여하는 상황에서 우리가 즉각적으로 대응함으로써 새로운 문화를 만들어낸다. 예컨대 e스포츠 경기의 특성인 즉각적인 반응, 평등한 조건, 명료한 설명 등은 그들 간의 e스포츠 문화를 만들어 낸다. 마지막으로 e스포츠 재미와 열광은 자신의 주관적인 경험이 어떻게 일어나고 작동하는지를 파악해야 그 답을 찾을 수 있다. 가상세계에서 경험은 그 자체로 몸에 배인 상태로 작동한다. 자신의 e스포츠의 주관적인 태도에서 경험이 이루어지는 상황에서 경험의 본질 탐구는 대단히 중요한 문제이다. 이는 과학적 분석이 아닌 철학적 이해의 영역에서 다루어야 할 부분이다. 디지털 세계에서 살아지는 경험(lived experience)의 해명은 우리의 e스포츠 재미와 열광의 긍정적 이유와 부정의 극복 방안까지도 답을 제공해 준다. 따라서 몸에 배인 인지의 깊이 있는 이해는 e스포츠 재미와 열광에 대한 근본적인 이론적 근거와 해답을 제공한다.

03 e스포츠의 재미와 열광을 넘어 ✎

우리는 드러난 현상에만 관심을 갖는 경향이 있다. 우리는 외형적으로 보이는 e스포츠 선수와 관련된 비즈니스와 산업적 측면이나 올림픽이나 아시안 게임 정식종목의 채택에 많은 관심을 보인다. 반면 많은 사람이 e스포츠에 참여함으로써 나타난 과몰입, 중독, 시간낭비, 폭력성 등에도 관심을 갖는다. 그러나 이러한 모든 논의 이전에 왜 젊은 세대가 e스포츠 재미에 열광하는지 진지한 학문적 관심을 갖고 답을 찾으려는 노력이 필요하다. e스포츠의 학문적 논의와는 별개로 젊은 세대가 즐기는 e스포츠 현상을 더 이상 외면할 수 없기 때문이다. 저자는 e스포츠가 하나의 문화 현상으로 나타난 근본적인 출발점이 e스포츠 재미와 열광에 있다고 생각한다. e스포츠 재미가 열광을 만들어 내었고, e스포츠 열광에 비즈니스나 산업적 측면이 개입된다. 이렇게 만들어진 e스포츠는 그 자체로 힘을 발휘하여 긍정적 측면과 부정적 문제를 양산한다. e스포츠의 긍정적인 측면으로는 자기 주도적 경험, 스트레스 해소, 인지 기능의 발휘, 새로운 직업 창출 등이 있다. 그 반면에 부정적인 측면으로 우리는 시간낭비, 폭력성, 과몰입, 중독 등의 사회 문제를 언급한다. 긍정과 부정이 교차하는 상황에 e스포츠의 재미와 열광이 어디에서 나타나는지에 대한 분석은 학문적으로 의미가 있다. e스포츠의 특징인 하나인 디지털 매체와 플레이어 사이의 관계와 인지적 분석은 e스포츠의 특징과 본질 이해에 도움이 된다.

e스포츠의 인지적 분석은 e스포츠가 가상의 공간에서 일어나기 때문에 가상공간에 대한 이해가 우선되어야 한다. 가상은 상상에 존재하는 것으로 생각하기보다는 우리가 생활하는 공간의 확장이다. 가상의 경험도 우리의 일상생활에 영향력을 미치기 때문이다. 또한 가상공간에서 우리는 스스로 무언가를 할 수 있는 능력을 발휘하고자 한다. 물론 그 능력은 자신의 생물학적 능력과 주어진 사회적 환경 및 문화와의 상호관계 속에서 좌우된다.

우리는 e스포츠 재미와 열광을 기존 신경계와 뇌 중심의 인지적 관점이 아니라, 자신의 몸 수준에서 출발해서 오늘날 주어진 디지털 환경과 문화와의 관계 속에서 형성된다는 것을 이해하고 설명할 수 있어야 한다. 예컨대 e스포츠 중독의 문제를 설명해보자. 많은 사람은 e스포츠 중독을 개인의 일탈적 습관이나 성향으로 보기보다는 뇌질환으로 설명한다. 하지만 중독은 단지 사고의 수준에서 일어나지 않는다. 이미 몸의 수준에서 형성된 것이다. 어떻게 보면 우리가 생각하기 이전에 몸의 수준에서 고착된 지각-운동의 결합 또는 고착된 개체-환경 구조적 접속의 하나이다. 이러한 구조적 패턴이 자신의 몸에 배인 상태 하에서 어느 한쪽의 요소가 작동하면 다른 쪽도 거기에 반응하여 작동하기 마련이다. 이러한 중독의 현상은 일반적으로 대상에 단순히 자신이 갖고 있는 DNA에서 생기는 현상이거나 두뇌의 생화학적 반응이라고 한다. 하지만 중독은 사람이 살아가는 삶의 과정에서 마음-몸-환경 간 구조적 결합이 자신의 몸에 배인 상태(embodiment)가 됨으로써 나타난 현상이다(이기홍, 2017). 이는 중독이 자신의 뇌 생리적 요인보다는 자신을 둘러싼 환경과 문화적 결합에 그 원인이 있을 수 있다는 점을 시사한다. 이러한 관점은 e스포츠와 관련된 중독 해결의 방법이 약물치료와 같은 물리적 해결책이 전부가 아님을 보여준다. 이와 같이 e스포츠 재미와 열광에 대한 인지적 특성은 e스포츠의 부정적 측면에 대한 새로운 해결책을 제시할 수 있다. 아직 e스포츠의 학문적 토대가 형성되지 않은 상황에서 e스포츠 재미와 열광의 인지적 특성과 관련된 가상성, 피지컬 능력, 몸에 배인 인지의 논의는 e스포츠의 학문적 영역을 형성하는 데 중요한 이론적 근거로 제시될 수 있을 것이다.

10장 토론 내용

- 우리는 가상공간을 어떻게 인식해야 하는가?
- 피지컬 능력의 구성요소는 무엇이고, 수치화할 수 있는가?
- 재미와 몸에 배인 인지와 관계는 어떻게 설명이 가능인가?

더 읽어야 할 책

몸에 배인 인지의 이론적 근거는 Varela, Thompson, & Rosh(석봉래 역, 2013)와 가상세계에서 인지와 경험에 대해서는 Bailenson(백우진 역, 2019)과 비디오 게임의 인지적, 신체적, 감정적, 사회 기술적 요구와 관련된 내용은 Bowman(2018)을 보라. 진화심리학의 이해는 Buss(이충호 역, 2012)와 인간 몸의 경험에 대해서는 Johnson(김동환, 최영호 역, 2012)을 보라.

아시안 올림픽게임과
e스포츠

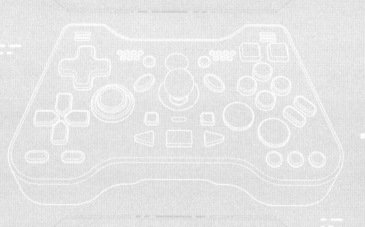

PART

11

아시안 올림픽게임과 e스포츠

e스포츠는 2018년 아시안 전시종목을 거쳐, 2023년 9월 항저우 아시안 게임에서는 7개 메달을 놓고 경쟁하는 정식종목으로 채택되었다. 2018년 팔렘방 아시안 게임 전시종목에서 한국 e스포츠팀은 리그 오브 레전드(League of Legends, 가칭 롤)와 스타크래프트2에서 각각 은메달과 금메달을 획득하였다. 이 시기에 젊은 세대에 인기 있는 롤 경기는 공중파에 방송되었다. 이러한 e스포츠는 실내 무도아시안 게임(Asian Indoor & Martial Arts Games)[1]과 동남아시아 게임에서는 정식종목으로 인정받고 있다. 그리고 오버워치(Overwatch)나 롤과 같은 e스포츠 단일 종목은 오버워치 월드컵과 리그 오브 레전드 월드 챔피언십이라는 이름으로 매년 도시와 국가를 돌아가면서 개최되고 있다. 이들 단체 경기는 국가 간의 경쟁으로 인식된다. 미국에서 열린 2022년 11월

---

1 아시아경기대회(Asian Games)를 주관하는 아시아올림픽평의회(OCA)가 창설한 국제스포츠 대회로, 년 주기로 열린다. 아시아실내경기대회(Asian Indoor Games, AIG)와 아시아 무도경기대회(Asian Martial Arts Games, AMAG)를 통합하여 2013년부터 개최되기 시작했다. 6회 2021년 방콕-촌부리 실내 무도 아시안 게임에서 4종목의 e스포츠가 코로나로 연기되어 2023년 11월 17부터 26일 까지 진행될 예정이다 (https://en.wikipedia.org/wiki/2021_Asian_Indoor_and_Martial_Arts_Games).

6일 롤 월드 챔피언십에서는 한국의 두 팀이 결승전에 올랐다.[2] 중국을 제외한 514만 명이 그 결승전을 시청하였다(김형근, 2022). 그리고 항저우 아시안 게임에서 e스포츠 종목은 7메달 중 한국은 4개 종목에 참여하여, 전부 메달을 획득하였다. 특히 e스포츠 종목을 대표하는 리그 오브 레전드에서 한국의 금메달 획득은 한국이 e스포츠 종주국임을 보여주었다. 특히 스트리트 파이터에서 44세 김관우의 금메달은 옛날 오락실 게임이라고 외면하던 것이 아시안게임에서 정식종목으로 받아들임으로 해서 비디오 게임을 새롭게 인식하는 계기가 되었다(이상호, 2023.10.05.).

하지만 e스포츠가 아시안 게임이나 차후 올림픽 종목의 선정 가능성만으로 e스포츠의 장밋빛 미래가 펼쳐질 것이라고 단정할 수 없다. 국제올림픽위원회(IOC)는 e스포츠 종목을 올림픽 종목으로 아직까지 인정하지 않고 있다. 인간의 존엄과 평화 추구라는 IOC의 이념과의 불일치, 통일된 국제기구의 부재, 신체성의 결여, 폭력성 등을 이유로 부정적인 입장을 견지하고 있다. 물론 IOC는 경기종목으로서 e스포츠를 완전히 배제하지 않는다. 2021년 IOC 정상회의에서는 e스포츠가 VR과 시뮬레이션의 영역이 강조된다면, 스포츠의 영역으로 고려할 수 있다고 하였다(Richman, 2019.12.16.). 이러한 상황을 반영하여 IOC 올림픽 아젠다(Olympic Agenda) 2020＋5에서 신체성의 움직임을 강조하는 VR/AR 기반 e스포츠 대회의 활성화를 언급하였다. 이에 따라 IOC는 VR/AR 기반 e스포츠를 합법적인 스포츠로 인정하였고, 도쿄 올림픽에서 올림픽 가상시리즈(Olympic Virtual Series)를 개최하였다. 종목으로는 야구, 사이클, 조정, 요트, 모터스포츠 등 VR e스포츠로 진행하였

---

2 결승전에 DRX가 T1을 상대로 우승을 하였다. 여기에서 데프트 김혁규 선수의 이야기 "중요한 것은 꺾이지 않는 마음"이라는 주장으로 유명해졌다(김형근, 2022.11.17).

다. 이때 토마스 바흐 IOC 위원장은 발표문에서 "올림픽 가상 시리즈는 가상 스포츠 분야에서 새로운 관객과의 직접적인 교감을 키우는 것을 목표로 하는 새롭고 독특한 올림픽 디지털 경험"이라고 말했다.[3] 그리고 올해 2023년 6월 22일에서 25일까지 올림픽 e스포츠 위크(Olympic Esports Week)로 설정하여 싱가포르에서 글로벌 버추얼 시뮬레이션 스포츠 경기로 테니스, 댄스, 모터스포츠, 사격, 사이클, 야구, 양국, 태권도, 요트, 체스 총 10개 종목 경기를 개최하였다.[4] 그럼에도 불구하고 IOC는 국제스포츠연맹(The International Sports Federations) 기구가 e스포츠 종목을 채택하는 과정에서 올림픽 가치를 손상하지 않는 방향으로 규제의 필요성을 지적함으로써[5] 아직 e스포츠를 정식종목으로 받아들이지 않고 있다.[6]

IOC의 입장에서 본다면, 좌식성에 기반 하는 e스포츠 종목과 다르게 전제 신체 움직임을 전제로 하는 VR e스포츠 경기가 올림픽 정신과 이격되지 않는다고 생각한다. 그러나 전지구적으로 젊은 세대의 PC기반 e스포츠 열광에 따라 e스포츠의 올림픽 종목 유입은 시간문제라 생각한다. IOC의 입장에서는 젊은 세대의 올림픽에 대한 관심 증대

---

3 http://www.xinhuanet.com/english/2021-04/22/c_139899215.htm

4 https://olympics.com/ko/esports/olympic-esports-series

5 15 February 2021 IOC Executive Board proposes Olympic Agenda 2020+5 as the strategic roadmap to 2025.

6 그럼에도 불구하고 IOC 의장인 토마스 바흐는 2023년 IOC 위원회에서 "IOC는 가상 스포츠는 전통적인 올림픽 스포츠를 보완하고 향상시킬 수 있는 가능성이 있으며, 선수들과 팬들이 올림픽 운동에 참여할 수 있는 새로운 기회를 제공할 수 있다고 믿는다. 우리는 가상 스포츠가 올림픽 게임의 중심에 있는 우수성, 우정, 존중의 가치를 증진하는 데 도움을 줄 수 있고, 전 세계의 젊은이들이 스포츠에 참여하고 활동적이고 건강한 생활방식을 영위하도록 영감을 줄 수 있다고 믿는다"고 하였다(Šimić, 2023.09.06.). 여기에 덧붙여 그는 141차 IOC 섹션에서 Olympic Esports Games을 만들겠다고 하였다 (https://olympics.com/ioc/news/ioc-president-announces-plans-to-create-olympic-esports-games-at-opening-of-141st-ioc-session-in-mumbai(2023.10.04.)).

와 새로운 종목확대에 따른 산업적, 경제적 부가가치 창출을 외면할 수 없기 때문이다.

　올림픽 위원회가 새로운 종목을 받아들이는 데 항상 주저했던 것만은 아니다. 1912년에서 1948년까지 올림픽 위원회가 예술 올림픽 정식종목으로 건축, 미술, 책 등을 채택하였던 적도 있다. 아래의 그림은 1928년 예술 경쟁에서 자코비(Jacoby)가 금메달을 딴 그림이다.

1928년 암스테르담 올림픽 예술 금메달
출처: Olympic Museum Lausanne

　올림픽 위원회의 올림픽종목 채택 기준은 문화적, 시대적 환경에 따라 폭넓게 변화되어 왔고 앞으로도 그러할 것이다. 이러한 점에서 e스포츠도 앞으로 충분히 정식종목으로 채택될 가능성이 높다. 올림픽에서 e스포츠 종목의 채택은 시간문제라 생각한다. 그럼에도 e스포츠가 올림픽 정식게임으로 선정되고, 아시안게임의 정식종목으로서 연속성을 보장받기 위해서는 다양한 측면이 고려되어야 한다.

　이장주 외3(2020)은 e스포츠의 올림픽 정식종목 채택을 위한 다양한 정책적 방안을 제시하였다. 그들은 ① e스포츠 대회 유형의 다양화 ② 올림픽 선수 출전 제도의 변화 ③ e스포츠 경기가 모든 사람에게 관심을 얻기 위해 경기의 공격적 전개를 위한 운영 제도의 마련 ④ e스포츠 경기에서 여성 선수 비율의 확장의 필요 ⑤ VR/AR 기반 게임의

e스포츠 대회의 활성화 ⑥ e스포츠의 관련된 신체적 심리적 사회적 건강 연구의 활성화의 필요성을 설명하였다. 하지만 앞선 지적들은 올림픽 정식종목을 위한 정책방안으로서의 의미는 충분하지만, 구체적으로 실현 가능한지는 좀 더 면밀하게 검토할 필요가 있다. 첫째와 둘째 방안은 부산에 있는 국제e스포츠연맹이 주축이 되어야 한다는 전제로 설명한다. 그러나 정책적 방향으로 그렇게 진행되어야 한다는 주장과 현실에서 한국에서 기반을 둔 국제e스포츠연맹이 그러한 역할을 할 수 있느냐는 다른 차원의 문제이다. 현실적으로 국제e스포츠연맹이 게임회사와 분리되어 자생능력을 가졌는지, 덧붙여 생활스포츠와 전문스포츠의 영역을 총괄할 수 있는 독자적인 운영능력을 가지고 있는지도 살펴보아야 할 것이다.

본 장은 아시안게임의 정식종목으로서의 지속 가능성과 올림픽 종목채택을 위해 고려해야할 몇 가지 요소를 설명하고자 한다.

01 아시안게임과 올림픽 가치 ✏

아시안 올림픽 평의회(OCA)의 설립 목적은 아시안 젊은이들의 스포츠, 문화, 교육 환경개선에 도움을 주며, 스포츠의 공정한 경쟁으로부터 도덕적, 신체적 자질과 국제적인 존경, 우정, 호의, 평화, 환경의 증진으로 설명한다. OCA는 바둑을 아시안게임의 종목의 인정하였듯이 e스포츠를 멘탈 스포츠의 하나로 받아들인다. 비록 상업적인 요소를 완전히 배제하지 못하더라도 e스포츠는 위에서 언급한 OCA의 설립목적과 크게 다르지 않다고 판단하였다.

반면에 IOC는 약간 다른 입장을 갖는다. IOC는 올림픽 모토(Motto

of Olympic)인 더 빨리(CITIUS), 더 높이(ALTIUS), 더 강하게(FORTIUS)에서 알 수 있듯이 전신운동을 통한 경쟁에 초점을 맞춘다. 이 모토는 경쟁을 하는 선수에게 최대한 자신의 기량을 발휘하기 위해 동기부여를 부여하고, 최선을 다해 경쟁에 참여할 것을 그 목표로 한다.

IOC는 올림픽종목으로서 인정은 올림피즘과 연관되어 설명한다. 올림피즘의 세 가지 가치는 탁월함(excellence), 우정(friendship), 존경(respect)이다. 그들은 올림픽 운동으로 더 나은 세상 만들기를 목적으로 한다. 그리고 스포츠, 문화, 교육 촉진을 위한 근거가 되기를 희망한다. 올림피즘의 가치는 시간이 지남에 따라 다음과 같이 진화된 내용으로 표현된다. 첫째, 올림픽은 탁월함을 위해 노력하고 사람들이 최선을 다하도록 격려한다. 둘째, 올림픽은 올림픽게임에서 독특한 우정을 기념하는 것이다. 셋째, 올림픽은 자신과 규칙, 상대방, 환경, 대중들에 대한 존중 등 다양한 방식으로 존경심을 보여주어야 한다. 올림피즘은 노력에서 발견되는 기쁨, 좋은 본보기의 교육적 가치, 보편적 윤리적 원칙에 대한 존중을 바탕으로 삶의 방식을 창조하고자 한다.7 하지만 IOC는 올림피즘을 너무 이상적으로 설정함으로써 e스포츠에서 보인 과몰입, 시간 낭비, 폭력성과는 너무 대비된다. 따라서 올림피즘의 관점에서 본다면, IOC는 e스포츠의 또 다른 부정적인 측면을 너무 인지편향의 입장으로 접근함으로써 e스포츠를 스포츠의 영역으로 받아들이기를 거부한다.

e스포츠 선수는 자신의 기량을 발휘하기 위해 최선을 다한다. 개인의 영역을 넘어 국가를 대표하여 경쟁할 준비가 되어 있다. IOC는 e스포츠가 신체활동이 아니고 폭력성을 갖고 있기 때문에 반대하고 있지만, 젊은 세대의 올림픽에 대한 관심을 재고하기 위해서라도 IOC는

---

7 https://olympics.com/ioc/olympic-values

e스포츠를 외면할 수 없다. 2020년 도쿄올림픽은 3대3 길거리 농구, 스케이트보드, 자전거 장애물 경주(BMX) 등 젊은 세대에 인기 있는 스포츠를 정식종목으로 채택한 이유가 여기에 있다. 또한 2024년 파리올림픽에서는 브레이크댄싱이 정식종목으로 채택하였다.

　　마침내 국제올림픽위원회(IOC)도 e스포츠를 합법적인 스포츠로 인정했고, 올림픽 가상시리즈(Olympic Virtual Series)로 VR 스포츠대회를 개최하였다. 올림픽 가상 시리즈는 5월 13일부터 6월 23일 사이에 개최되어 야구, 사이클, 조정, 요트, 모터스포츠 등 모든 것이 VR로 진행하였다. 토마스 바흐 IOC 위원장은 발표문에서 "올림픽 가상 시리즈는 가상 스포츠 분야에서 새로운 관객과의 직접적인 교감을 키우는 것을 목표로 하는 새롭고 독특한 올림픽 디지털 경험"이라고 말했다. 성명에서 구체적인 참가국은 언급되지 않았지만, 위원회는 "전세계에 가상 스포츠, e스포츠, 게임 마니아들을 모을 것"이라고 주장하고 있다 (IOC. 2021.04.22.).

02　e스포츠 경기종목의 선정주체 ✎

　　e스포츠 아시안 정식종목의 채택과 관련하여 2022년 항저우 조직위원회는 2020년 12월 16일 오후 오만(Oman)의 무스카트(Muscat)에서 열린 제39회 아시아총회 올림픽평의회에서 공식 프로그램으로 e스포츠와 브레이크댄싱을 추가하자는 제안을 했다. 최종적으로 아시안 올림픽 평의회(Olympic Council of Asia, OCA)는 e스포츠와 브레이크댄싱(breakdancing)을 각각 마인드스포츠, 댄스스포츠로 분류해 새로운 종목으로 확정하였다. OCA는 e스포츠 경기를 주관하고 e스포츠 경기종목을

선택하는 단체로 아시아 전자 스포츠 연맹(AESF, Asian Electronic Sports Federation)가 선택되었다. 이 단체는 OCA로부터 아시아 지역 e스포츠를 관장하는 기구로 인정받은 유일한 단체이다. 이 단체의 총재인 케네스 포크(Kenneth Fok)는 아시안 조직위원회의 아시안 종목의 인정에 대해 "나는 이 소식에 감격하며 이를 전적으로 환영한다"라고 말했다. 이어 "이번 아시안게임에서 e스포츠의 참여는 결단력, 영감, 우수성, 연대라는 올림픽 가치에 맞춰 e스포츠를 한 단계 끌어올리고 이번 기회를 통해 e스포츠발전을 위해 활용할 것을 약속한다"고 하였다.8 하지만 이 단체가 아시안 전체 e스포츠를 대표할 수 있느냐의 문제는 남아있다. 이는 e스포츠 종목선정과 관련되기 때문이다. 이는 e스포츠가 가지고 있는 가장 큰 약점 중 하나이다. 아시안게임에서의 e스포츠 종목 선택은 OCA로부터 아시아 지역 e스포츠를 관장하는 기구로 인정받은 AESF는 홍콩에 기반을 둔 이 단체는 중국의 입장을 대변하지 않을 수 없고, 이에 따라 e스포츠는 종목 선택에 대한 중립성을 해칠 위험이 존재한다.

IOC는 아직 e스포츠와 관련하여 정식으로 승인한 단체가 없다. 현재 e스포츠단체를 표방한 단체 중 하나는 싱가포르에 기반을 두고 중국 기술기업인 텐센트(Tencent)의 지원을 받는 Global Esports Federation (GEF)이 있다. 하지만 이 단체는 국제올림픽위원회(IOC)로부터 세계 e스포츠연맹(GEF)에 가입하지 말라는 경고를 받은 바 있다. 또한 IOC는 e스포츠 게임지원 그룹(ELG, Esports and Game Liaison Group)을 통해 하계와 동계 국제 스포츠연맹에게 서신을 보내 어떤 조직도 e스포츠를 관리하는 세계기구로 인정하지 않을 계획이라고 밝혔다.9 ELG 단체의 수

---

8 https://www.aesf.com
9 https://teamtto.org/index.php/international-games/olympic-games/7942-exclusive-

장은 국제사이클연맹 회장 데이비드 래피텐트(David Lappartient)이다. 현재 대표적인 국제e스포츠 기구로, 세계e스포츠연맹(GEF, Global Esports Federation)[10]과 국제e스포츠연맹(IeSF, International Esport Federation)이 있다. 부산에 근거를 두고 있는 국제e스포츠 연맹은 전세계 80개국이 넘는 회원국을 가지고 있다는 점에서 외형적으로 큰 조직이지만, IOC로부터 e스포츠를 관장하는 세계기구로의 인정받기 위해선 아직 갈 길이 멀다. e스포츠 국제기구에 대한 인식과 운영에 대한 국가의 전폭적인 지원이 필요한 시점이다.

03 대한체육회의 인식전환 ✏️

아시안게임에 국가대표로 참여하기 위해서는 한국e스포츠협회가 대한 체육회의 가맹단체로 인정되어야 한다. 2018년 팔렘방 아시안게임의 참가는 2018년 대전 e스포츠협회가 한시적 준회원 단체로 인정받아 가능하였다. 그 이후 대한체육회와 생활체육회의 통합과정에서 달라진 회원자격으로 인해 회원자격을 상실하였다. 하지만 순차적으로 대전광역시, 부산광역시, 경상남도, 전라남도, 광주광역시 5개 지역의 시도체육회에 가입해 인정단체 기준을 충족, 2019년 3월 협회는 대한체육회 이사회에서부터 최종 승인을 받았다. 현재는 대한체육단체로 한국e스포츠협회(KeSPA)가 인정단체로 있으면서, 2021년 12월 27일 준가맹단체로 인정받았다.

blow-for-global-esports-federation-as-ioc-warn-olympic-sports-not-to-join-them

10 https://www.globalsports.org/

e스포츠가 아시안게임 정식종목에 채택됨에 따라 대한체육회회장이 한 "e스포츠는 스포츠가 아니라 게임이라 생각한다"라는 발언에 대해 다시금 생각해 보아야 한다. 물론 이 발언은 2018년 국회에서 e스포츠는 스포츠인가 아닌가의 국회의원의 질문에 대한체육회장의 답변이었지만, 아시안 정식종목으로 채택된 지금 이 질문을 다시 한다면, 그 답은 달라져야 한다. 아직 대한체육회나 스포츠 영역에서 e스포츠에 대한 인식은 크게 전환되지 않고 있다. 그들의 e스포츠에 대한 인식과 상관없이 하나의 스포츠종목으로서 인정받고 있는 상황이다. 우리는 아시안게임과 올림픽 경기종목이 시대적으로 달라진다는 사실을 인식해야 한다. 과거에 맨손으로 하는 것이 레슬링, 활로 하는 것이 양궁이었지만, 총의 등장은 사격종목으로 나타났다. 다른 경기종목들과 마찬가지로 e스포츠는 경쟁의 도구로 컴퓨터라는 매개체를 활용한다. 도구를 사용한다는 점에서 e스포츠와 e스포츠 간에는 차이는 없다.

저자는 스포츠를 전공하는 학생들과 일반학생들을 구분하여 e스포츠가 스포츠인지 아닌지를 질문을 던져보았다. 스포츠를 전공하는 학생들보다 일반학생들이 스포츠라는 대답이 훨씬 더 많았다. 스포츠를 전공하는 학생들이 배워 왔던 대근육의 움직임과 좌식성의 e스포츠를 다르게 생각하는 태도가 전제되어 있다. 스포츠 전공학생들은 외형적으로 드러난 움직임에 더 의미를 부여한다. 스포츠가 갖는 가치를 추구하는 대한체육회의 입장에서 본다면, e스포츠에 대한 부정적 인식에 어느 정도 긍정할 수 있다.[11] 이러한 긍정과 부정의 입장은 바둑이 스포츠인가 아닌가의 논쟁을 벗어나지 않는다. 저자는 기존의 스포츠 영역을 부정하는 것이 아니다. 디지털 기기의 매체를 이용한 e스포츠

---

11 사실 e스포츠를 스포츠로 인정하지 않는 이면에는 스포츠가 국가로 받아왔던 많은 혜택을 e스포츠와 같이 공유해야한다는 현실적인 문제도 외면할 수 없다.

도 하나의 스포츠의 영역으로 진지하게 받아들여야 한다. 아시안게임에 정식종목으로 채택되었기 때문에 스포츠로 인정해야 한다는 것은 아니다. e스포츠 경기 승리에 환호하고 패배에 눈물 흘리는 것은 스포츠와 다르지 않다. e스포츠 선수들도 자신의 기량을 발휘하기 위해 얼마나 노력하는지 우리는 알아야 한다. e스포츠감독, 코치, 데이터 분석관, 트레이닝 코치 등 스포츠와 같은 역할을 보여준다. 하지만 한국체육의 학문적 근거를 제공하는 한국체육학회에서 아직 학문적으로 e스포츠와 관련된 논의가 없다는 점에서 e스포츠에 대한 스포츠의 인식과 태도를 잘 보여준다.

04 공공재의 문제 ✎

　　아시안게임과 올림픽종목의 인정과 관련하여 e스포츠가 갖는 또 하나의 큰 약점은 공공재의 문제이다. 우리가 축구를 한다고 돈을 내지는 않는다. 누구나 쉽게 축구를 즐긴다. 반면에 e스포츠 종목은 그렇지 않다. 지적 재산권의 문제가 개입되기 때문에 누구나 경기를 하고 싶다고 할 수는 없다. 그리고 언제든지 더 재미있고 대중의 관심을 끄는 e스포츠 경기가 나오면, 이전의 경기종목은 사라질 수 있는 가능성이 높다. e스포츠 종목을 컨트롤 할 수 있는 국제기구의 부재도 아시안게임과 올림픽종목선정에도 부정적으로 작동한다. e스포츠가 아시안게임과 올림픽 종목으로 인정받기 위해서 지속적인 e스포츠 종목의 공공재로서의 역할이 해결해야 한다.

　　오늘날 대중적인 e스포츠 종목으로 인정받고 있는 롤(LoL)은 2009년에 시작되어 스포츠와 비교해본다면 그리 오랜 역사를 가지고 있지 않다. 다른 e스포츠의 종목도 마찬가지다. 누군가는 e스포츠가 굳이 올림픽종목이 될 필요가 없다는 의견을 가지고 있다. e스포츠 종목에 따라 롤 월드컵, 오버워치 챔피언십, 각종 e스포츠세계대회가 진행되는 상황에서 올림픽종목이 아니더라도 전세계적인 관심을 받고 있기 때문이다. 경제적 관점에서 자기 회사의 e스포츠 종목을 도입, 발전, 확산하기 위해 롤 월드컵이나 연고지 방식을 채택한 오버워치 리그와 같이 독자적인 경쟁체계를 구축하고 있다. 이 점과 관련해서 축구의 챔피언스리그나 FIFA월드컵과 다르지 않다. 그러나 올림픽종목의 선정이 필요한 이유는 다른 스포츠 종목과 마찬가지로 특정한 시간, 공간에서 주목을 받을 수 있기 때문이다. 4년마다 열린 올림픽경기의 참여와 우승의 의미는 매년 e스포츠경기가 세계 각국에서 열리는 경기와는 또 다른 의미를 부여한다.

　　개인적으로 올림픽 종목으로서 e스포츠 경기의 지속 가능성 유지를 위해서는 e스포츠 종목을 만든 회사들의 인식전환이 필요하다. 인기 있는 e스포츠 종목의 선택은 유저들의 관심에서 형성된다. e스포츠를 하는 사람이 없으면, e스포츠와 관련된 이해관계자(stakeholder)의 몫도 적을 수밖에 없다. 따라서 e스포츠를 만든 회사들은 공공재의 역할을 어떻게 해야 할 것인지 고민해야 한다. 플레이하는 유저가 없으면 e스포츠는 존속할 수 없다. 일반 e스포츠 플레이어들도 e스포츠의 종목사에게 공공재의 역할을 요구해야 한다. 우리 각자가 e스포츠 종목의 발전과 성장에 직접적으로 기여한 장본인으로서 충분히 e스포츠 종목사에게 e스포츠의 공공재 역할을 요구할 권리를 갖고 있다. e스포츠는 e스포츠를 만든 회사 것이 아니라 우리가 참여함으로 만들어진 것이기 때문이다.

05 국가대표선발과 생활e스포츠 ✏

경기규정과 선수선발을 어떻게 할 것인가에 대해서는, 게임협회와 대한체육회 간의 관계설정이 중요하다. 2018년 국가대표선발전을 보자. 롤(LOL)은 한국e스포츠협회와 라이엇게임즈가 기술위원회를 통해 국가 대표를 선발했다. 예를 들어 스타크래프트2의 경우는 종목사 블리자드 엔터테인먼트와 기술위원회가 2017 WCS(스타크래프트2 월드 챔피언십 시 리즈) 포인트와 2018 WCS 포인트(5/12 기준)를 합산해 순위가 높은 선 수를 1차 선발했다. 이를 토대로 상위 8명의 선수를 대상으로 오프라 인 선발전을 진행하여 대표선수를 선발하였다. 아레나 오브 발러(펜타 스톰)는 협회와 넷마블로 구성된 기술위원회 회의를 거쳐 별도의 예선 전을 치르지 않고 지난 4월 진행된 펜타스톰 월드컵 한국대표 선발전 에서 우승한 팀을 아시안게임 국가대표로 선정했다. 이러한 선발과정 이 공정하느냐는 문제가 제기될 수 있다. 이번 아시안게임부터는 금메 달을 획득하면 경제적인 부 이외에도 병역면제라는 부가적인 이익이 부여되기 때문에, 분명 공정한 대표선발에 관한 논의가 필요하다.

e스포츠가 아시안게임에서 정식종목으로 채택됨으로써, e스포츠 의 스포츠로서의 가능성이 어느 정도 인정받았으나, 그것이 e스포츠의 밝은 미래를 보장하는 것은 아니다. e스포츠가 아시안게임의 정규종목 의 유지나 올림픽에서 종목선정에 대해 해결해야 할 많은 숙제가 우리 들 앞에 놓여있다. 앞으로 e스포츠가 일상화되어 가는 과정에서 프로e 스포츠뿐만 아니라 학교스포츠로서의 가능성, 교육적 가치 개발, 가족 간의 소통 도구, 생활스포츠 등 e스포츠가 가진 많은 가능성에 관심을 가져야 한다.

e스포츠가 일상에서 즐기는 생활스포츠의 역할이 뒷받침되어야

한다. 생활스포츠는 모든 사람을 위한 스포츠(Sport for All) 또는 평생 스포츠(Sport for Lifetime)으로 e스포츠에 참여함으로써 개인의 행복과 삶의 질에 개선에 도움이 되어야 한다. 생활스포츠는 신체기능의 발달, 운동기능의 발휘, 인지발달이나 사회정서나 감정을 배우는 데 도움이 되어야 한다. 직장 간의 e스포츠 대회도 열리고 있다. 대통령배 아마추어 대회가 한국e스포츠협회의 주관으로 2009년에 시작해서 13회(2021년)로 열리고 있다. 이 대회는 프로e스포츠선수와 아마추어선수의 균형 잡힌 성장을 도모하고자 한다. 전국대회 이외에도 e스포츠회사의 주관으로 PC방 토너먼트, 대학생 배틀, 직장인 토너먼트 등 경기가 진행된다. 그리고 장애인 관련 '전국장애학생 e페스티벌'도 진행된다. 오늘날 전문 스포츠단체와 생활스포츠 단체는 하나로 통합되었다. 생활스포츠의 활성화가 전문스포츠를 활성화하는 데 도움이 되고, 생활스포츠가 없는 전문스포츠의 영역은 존재하지 않기 때문이다.

한국e스포츠협회(KeSPA)도 생활스포츠로서 건전한 e스포츠를 어떻게 형성할 수 있는지에 대한 구체적인 방안을 제시해야 한다. 필요하다면 대한체육회와 같이 이 문제를 풀어나가야 한다. 대한체육회는 생활스포츠의 활성화에 대한 많은 노하우를 갖고 있기 때문이다. 생활스포츠로서의 e스포츠 활성화를 위해 한국e스포츠협회(KeSPA)와 대한체육회 간의 진지한 고민과 토론이 필요한 시점이다.

06 e스포츠의 부정적 인식 전환 ✎

일반적으로 e스포츠에 갖는 기성세대의 부정적인 측면은 e스포츠를 마약과 같은 중독으로 인식한다. e스포츠는 학습에 방해가 되거나 부모와의 단절 그리고 폭력성을 언급한다. 우리는 e스포츠가 우리의 몸에 긍정적인 것보다는 부정적인 측면을 더 많이 가진 것으로 판단한다. e스포츠를 장시간 앉아서 노는 것으로 본다면, e스포츠가 심각한 문제를 야기한다는 지적은 틀린 것이 아니다. 과도한 화면에 대한 집중으로 시야의 흐림과 충혈, 반복적인 손목의 움직임으로 손목 터널 증후군, 잘못된 자세로 인한 목과 허리의 통증, 장시간 앉아서 발생하는 소화기능의 문제, 경기의 결과에 대한 우울증과 불안감 그리고 폭력성 등 다양한 건강상의 문제점들을 야기한다.

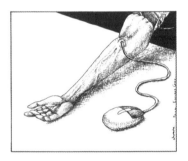

출처: www.gosugamers.net/features/3782
8-gaming-addiction-a-mental-dis
order

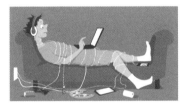

출처: https://parentology.com/5-ways-to-
help-a-teen-addicted-to-video-ga
mes/

하지만 이러한 문제를 풀기 위해 프로e스포츠선수들은 퍼스널 트레이닝 센터를 만들어 체계적인 신체 강화훈련을 지속하고 있다. 정신적 집중이나 전략과 전술을 발휘하는 신체적 조건이 뒷받침되어야 한다. 일반 프로스포츠에서 선수들의 최적 경기력을 유지하기 위해 물리치료사, 트레이너가 있듯이 e스포츠에서도 같은 방법으로 진행되고 있다. 특히 e스포츠는 심리상태가 경기력유지에 상당한 영향력을 미치기 때문에 심리상담사와의 주기적인 면담도 이루어지고 있다. 오늘날 프로e스포츠선수들은 상담프로그램에 참여하거나 명상(mediation)을 통해 경기에서 안정된 심리상태를 유지하고자 노력한다.

우리가 e스포츠를 이야기할 때 프로e스포츠만을 생각해서는 안 된다. 프로e스포츠선수들은 하루에 10시간 이상 넘게 경쟁에서 살아남기 위해 연습을 한다. 그들 모두를 과몰입이나 중독으로 설명할 수는 없다. 그들은 그들 나름대로 자신이 e스포츠를 하는 목적의식과 방향성을 갖는다. 프로e스포츠선수들이 치열한 경쟁에서 살아남기 위해 얼마나 노력하는지를 생각해 봐야 한다. 아무런 목적 없이 e스포츠를 하는 것이 문제이다. 따라서 e스포츠를 좋아하는 것이 지금의 주어진 환경이나 상황을 회피하기 위한 수단으로 접근해서는 안 된다. e스포츠가 청소년들에게 하나의 놀이 수단이라고 인정하자. 비록 기성세대가 같이 참여하여 경기하지 못한다고 하더라도 이해하려는 노력은 필요하다. e스포츠는 젊은 세대를 이해하는 수단이기 때문이다. e스포츠가 갖는 부정적인 인식은 e스포츠의 이해나 발전에 도움이 되지 않는다.

11장 토론 내용

- 왜 IOC는 e스포츠에 대해서 긍정과 부정의 이중적인 입장을 가지고 있는가?
- 올림픽 종목으로서의 e스포츠 가능성과 조건은 무엇인가?
- 생활e스포츠는 어떻게 활성화시킬 수 있는가?

더 읽어야 할 책

스포츠가 디지털 기술의 발달에 따른 혼합현실 체험으로 전개되는 과정은 Miah(2017)를 보라. 스포츠와 다른 e스포츠의 법적 권리에 관해서는 Holden, Baker, & Rosenthal(2021)을 보라.

e스포츠의 현상학적
질적 연구

PART

12

PART 12.

e스포츠의 현상학적 질적 연구

누군가에게 e스포츠는 관련된 일을 하고 싶은 대상으로, 또 다른 이들에게는 과몰입, 시간 낭비, 중독, 폭력의 원천으로 생각한다. 학문적 영역에서 e스포츠 연구는 다양한 영역에서 진행되고 있다. 예컨대 법률적 영역(최정호, 이제욱, 2019), 건축(고진현, 2020), 소비동기(진추범, 2020; 김재훈, 2023), 도핑(이송이, 2020) 등의 연구가 있다. 각자의 연구 분야나 학문적 관심에 따라 e스포츠 현상을 설명하고 있지만, e스포츠 연구는 비즈니스, 마케팅, 프로e스포츠선수의 기술발휘와 심리와 인지분야에서 중점적으로 이루어지고 있다. 이는 외국에서도 마찬가지다. 자연과학적 해명은 인과관계를 설명하고, 실험이나 수치로 논리적 타당성을 보여주기 때문에 e스포츠 연구방법으로의 타당성을 갖는다. 하지만 e스포츠 현상의 자연과학적 접근만으로 e스포츠가 갖는 경험의 본질과 관련된 구체적인 내용을 완벽하게 설명할 수는 없다. e스포츠의 몰입과 재미는 과학적 설명만으로 해결될 문제는 아니기 때문이다. e스포츠의 열광, 재미, 과몰입, 중독, 폭력성의 현상을 이해하기 위해 과학적 연구방법으로 접근해서 해결책을 찾는다고 하더라도 자신에게 어떻게 적용해야 하는 문제는 여전히 남아 있기 때문이다.

저자가 생각하기에 모든 현상 이해는 자신의 경험에서 출발해야 한다고 앞에서 지적하였다. 사실 e스포츠의 본질과 관련된 경험의 중요성에도 불구하고 경험과 관련된 학문적 연구는 부족하다. e스포츠의 경험을 통해 재미가 있으니까 열광하고, 열광하니까 경제적 관점이 개입된다. 그리고 재미의 경험이 부정적으로 나타날 때 중독이나 과몰입 등으로 설명한다. 따라서 우리는 e스포츠의 경험이 자신에게 어떠한 의미로 다가오는지 해석하는 것에도 관심을 가져야 한다.

경험의 작동원리 파악은 e스포츠의 학문적 근거를 제공한다. 예를 들어 우리들의 열광과 중독의 경험이 어떻게 작동되는지 알 수 있다면, 그 속에서 보인 부정적인 내용에 대한 해결방안의 유용한 이론적 근거를 찾을 수 있다. 이러한 경험의 본질을 파악하기 위한 유용한 이론적 방법이 현상학이다. 그중에서 현상학적 질적 연구는 일인칭의 관점에서 자신에게 경험이 어떻게 일어나고 그 경험이 갖는 본질이 무엇인지를 설명해준다. 여기에서 우리는 e스포츠를 실증적 접근과 다르게 이해할 수 있다.

앞에서 언급한 기존의 e스포츠 연구는 e스포츠의 현상에 대한 3인칭적인 객관적 분석에 한정되어, e스포츠가 갖는 경험의 본질을 설명하지 못한다. e스포츠 경험의 본질 파악은 학문적 연구의 토대가 됨에도 불구하고 이와 관련된 연구는 부족하다. 물론 과학적 방법으로 e스포츠의 열광과 재미를 분석하고 해석하는 것도 필요하고, 의미가 있다. 하지만 수치에서 보여준 내용의 해석을 가능할지 몰라도 본질적 내용의 파악을 하기 위해서는 한계를 갖는다. 특히 e스포츠에 대한 3인칭의 객관적인 연구는 자신의 경험을 해석하는 데 일정 부분 한계를 가질 수 밖에 없다.

다른 사람의 e스포츠의 재미나 열광의 이유는 알겠다. 그러나 그것이 나에게 어떻게 경험되며, 그 경험의 의미가 무엇인지 바로 설명해주지는 않는다. 따라서 나 자신의 경험 본질과 관련한 연구가 다른 연구보다 선행되어야 한다. 사실 기존의 스포츠와 다르게 e스포츠의 디지털 특성상 직접적인 시각과 감각에 따른 경험의 영향력은 다른 스포츠보다 훨씬 더 크다. 경험과 관련된 본질 파악의 현상학적 연구는 양적 연구와 질적 연구로 나누어진다. 양적 연구는 수치화를 통한 과학적인 방법과 이론적 근거로 타당성을 제시하는 것이고, 일인칭의 경험과 관련된 질적 연구가 있다. 수치화된 e스포츠의 경험과 관련된 연구와 비교해본다면, 일상에서 e스포츠의 질적 경험연구는 상대적으로 부족하다. e스포츠의 경험이 일상적인 상황에서 발생하고, 그 일상의 경험에서 답을 찾기 위해서라도 양적 연구 이외에도 질적 연구는 필수적이다.

e스포츠 현상학을 이해하기 위해서는 먼저 현상학을 창시한 후설과 그의 사후 메를로-퐁티, 하이데거, 사르트르 등 많은 학자가 주장한 현상학에 대해 개략적인 이해가 선행되어야 한다. 본 논문은 e스포츠 현상학의 전반을 다루기보다는 e스포츠 현상을 드러내기 위한 방법으로 질적 연구의 가능성과 연구방법론에 관해 이야기하고자 한다. 여기에서는 e스포츠의 경험이 어떻게 구성되어 가는지, 그리고 그 속에서 e스포츠의 본질은 어떻게 파악이 가능한지에 한정하여 설명하고자 한다. 물론 현상학적인 양적 연구도 있다. 하지만 양적 연구는 설문지로 통해 설문지 참여자의 e스포츠 현상의 확인에 머물 가능성이 높다. 중독이나 과몰입의 정도에 대한 심층적 내용을 파악하기 위해서는 직접 참여나 면담을 통한 현상학적 질적 연구가 뒷받침되어야 한다. 일상적인 생활에서 e스포츠에 참여하는 사람들의 e스포츠 경험의 현상학적 질적 연구는 e스포츠문화를 이해하는 데 도움이 된다. 그리고 현상학적 셀프연구를 통한 경험의 문제도 개인이 e스포츠를 새롭게 볼 수 있는 기회를 제공한다. 셀프연구는 특히 청소년들에게 필요하다.

하지만 현상학적 관점에서 질적 연구는 쉬운 작업이 아니다. 자신의 판단이 환경이나 문화의 영향력 속에 놓인 판단이라는 점에서 한계를 갖는다. 그리고 e스포츠의 개인적 경험은 e스포츠라는 대상과 그것을 경험하는 나의 의식이 분리되어 경험되지 않는 상황에서 경험의 내용을 추출하기란 쉽지 않다. 왜냐하면 우리의 의식은 대상에 대해 능동적과 동시에 수동적으로 작동해서 경험이 일어나기 때문이다. 따라서 자신의 e스포츠에 대한 느낌이나 생각은 판단중지와 같은 현상학적 방법을 적용해서 경험의 본질을 파악해야 한다.

본 장은 경험의 본질 파악을 위한 현상학적 방법인 질적 연구에 한정하여 설명하고자 한다. e스포츠의 질적 연구를 설명하기 위한 이론적 전제로 현상학이 무엇인지, e스포츠 현상학의 전개하기 위한 이론적 토대가 무엇인지 간략하게 언급하고, e스포츠 현상학과 관련된 양적 연구와 질적 연구의 차이점을 설명하고자 한다. 그리고 e스포츠의 질적 현상학적 연구방법은 e스포츠 경험과 관련된 사실적 이해와 본질적 이해로 나누어, 각각의 의미를 파악하기 위한 절차와 방법을 제시하고자 한다. 이를 통해 e스포츠의 질적 연구가 e스포츠 현상을 새롭게 이해할 수 있는 이론적 방법이 되었으면 한다.

01 e스포츠의 양적 연구와 질적 연구 ✎

자연과학적 해명이 e스포츠를 설명하는 유일한 방법은 아니다. 자연과학적 실험의 결과를 부인하는 것이 아니다. 자연과학적 방법으로는 인간의 경험을 해명을 하는 데 일정 정도 한계를 갖는다는 점이다. 예컨대 자연과학적 관점은 인간의 경험을 망막의 과정, 뇌의 시각피질, 뇌의 연합영역, 장기기억 등의 인과과정으로 설명한다. 예컨대 e스포츠 재미는 자신의 망막을 통해서 대상을 보고, 뇌의 시각피질, 뇌의 연합영역의 작동과정에서 신경전달물질인 도파민의 작동으로 설명한다. 문제는 도파민이 재미를 만들어낸다고 말할 수는 있겠지만, 도파민에서 재미 그 자체를 확인할 방법은 없다. 우리가 재미를 느끼는 것은 개인적인 경험에서 나온다면, 경험이 갖는 내용에 대한 다른 관점의 해명이 필요하다. 즉 과학적 해명은 경험이 갖는 의식 지향성에 따른 의식의 정체성을 밝히지 못한다. 자연과학적 태도에서 얻는 것과 다르게 현상학적 질적 연구는 경험의 의미연관, 목적연관, 동기연관의 내용 파악에 도움이 된다(이남인, 2014).

우리는 e스포츠를 하면서 다양한 경험을 한다. 경기에서 이길 때는 기쁨과 패배할 때 화를 낸다. e스포츠를 하고 싶다는 열망에 따른 경험은 수 없이 존재한다. 그리고 자신에게 일어나는 경험에 대해 자신이 이해할 수 있는 능력은 내적 지각의 고유한 능력에 따라 다르게 나타난다. 예컨대 선수가 되기 위해 승리를 느끼는 것과 그냥 즐기는 재미와는 차이가 있다. 현실에서 재미를 얻지 못하는 경우와 가상세계에서 재미를 얻는 경우도 존재한다. 따라서 재미를 느끼는 개인의 경험은 상황에 따라 다를 수밖에 없다. 하지만, 우리가 재미의 경험을 갖는다는 사실은 부인할 수 없다.

그렇다면 e스포츠를 함으로써 재미있다고 느끼는 이유는 무엇인가? 그 이유는 우리가 무언가를 경험할 수 있는 능력이 있기 때문이다. 이는 우리가 자신의 반성 능력이 있음을 보여준다(이남인, 2014: 103). 반성 능력은 내적으로 일어나는 것에 대한 이해 가능한 능력을 말한다. 우리는 경험을 통해 자신이 경기를 잘못 풀어갔다는 사실을 인지하는 반성 능력이 있다. 특정한 e스포츠 종목이 재미가 있는지 없는지 파악에도 자신의 내적 고유한 능력에 기인한다. 어떻게 하면 승리하는지도 자신이 갖는 해석의 능력에 따라 다르게 나타난다. 자신의 갖고 있는 반성과 해석 능력에 따라 e스포츠를 다르게 경험하고 파악이 가능하다.

　따라서 어떠한 태도에서 e스포츠를 보느냐에 따라 e스포츠는 다르게 다가온다. 먼저 자연과학적 관점에서 e스포츠를 보면, 자연과학적 태도가 현상학적 관점이다. 예컨대 자연과학적 태도는 e스포츠 선수들의 기량 발휘를 위해 어떻게 시작이나 양쪽 손의 협응능력을 키울 것이냐에 주도적 관심을 갖는다. 경제적 관점에서 보면 e스포츠의 산업규모, 경제적 수익, 경제적 효과 등에 관심을 갖는 태도가 경제적 현상학적 관점이다. 이러한 자연과학적 태도와 경제적 태도도 양적 연구와 질적 연구로 구분한다. 이남인(2014)은 양적 연구와 질적 연구를 구별하는 중요한 역할을 태도로 설명한다. 양적 연구는 연구자가 질문문항을 제시하고 참여자의 태도나 연구자가 얻고자 하는 결과를 평가한다. 양적 연구는 경험의 내용을 수치화하거나, 조작된 연구변수를 설정하여 어떠한 의미를 갖는지 설명한다. 여기에는 추상적인 사고과정을 거친다. 그러나 숫자가 경험의 내용으로 바로 연결되지 않는다. 경험을 심층적으로 이해하기 위해서는 질적 연구방법이 요구된다. 전자는 수학적인 태도로 가지고 해명하는 것이라면, 후자는 수학적 해명으로 드러난 사실 이외에도 주어진 세계가 자신의 의식에 어떻게 작동하는지에 초점을 둔다(이남인, 2014: 346-348).

　e스포츠의 질적 연구와 양적 연구의 차이점은 다음과 같다.

　첫째, 철학적 전통에서 본다면, 양적 연구의 전통은 실증주의의 관점에 기반을 둔다. 이에 반해 질적 연구는 현상학에 철학적 바탕을 둔다. 실증주의란 감각 경험과 실증적 검증에 기반을 둔 과학주의 관점이다. 실증주의에 따르면 철학의 내용도 과학과 같이 추상적 사유가 아니라 과학적 지식이 뒷받침되어야 한다고 주장한다. 예컨대 실증주의 관점에서는 e스포츠를 하는 주체와 e스포츠 대상은 객관적으로 구분된다. 반면에 현상학은 이 둘의 관계를 연결된 것으로 대상에 대해 자신의 생각이 추가되어 나타난다는 것으로 설명한다. 따라서 자신의 사유가 어떻게 작동하는지에 초점을 맞추어 근본적인 이유를 설명하고자 한다.

둘째, 양적 연구는 경험에 대한 과학적 분석과 증명을 요구한다. 통제된 조건으로 가설의 검증을 통해 객관적인 내용을 설명하고자 한다. e스포츠의 연구도 관찰이나 실험으로써 검증하기 위해서는 양적인 수치로 답을 제시해야 타당성을 갖는 것으로 판단한다. 이에 반해 현상학적 질적 연구는 선입감이 배제된 있는 그대로 자신의 의식에 주어진 경험의 본질이나 구조에 관심을 갖는다.

셋째, 양적 연구는 설문지 방법으로 상대가 어떻게 생각하는지 단계별로 나누어 상대에게 질문을 던지고 묻는다. 상대가 생각하는 의견이나 정도의 폭을 수치로 통해 신뢰성을 얻고자 한다. 하지만 현상학적 질적 연구는 개인의 경험 그 자체를 하나의 이론으로 만드는 데 초점을 둔다. 자신의 생각과 의견이 진정으로 자기 생각과는 일치하지 않을 수 있기 때문에 판단중지나 태도 변경의 현상학적 환원의 방법으로 경험의 본질을 파악하고자 한다.

넷째, 양적 연구는 3인칭의 방법이라면, 질적 연구는 1인칭의 방법이다. 양적 연구에 따라 분석은 객관적인 자료가 수집된 후 연구가 진행되지만, 현상학적 질적 연구는 연구자가 질문을 만드는 것과 동시에 이루어진다. 질문에 대한 범주설정에 자신의 주관을 배제한다. 그에 대한 질문자의 설명에도 자신의 주관이 개입되지 않는 진솔한 설명이 필요하다.

다섯째, 연구기법상 양적 연구보다 질적 연구는 소수의 사람을 대상으로 심층적으로 이루어진다. 엄밀하게 본다면, 질적 연구는 자연인과적 설명, 관찰 및 실험, 수학적인 양적 분석을 통한 양적 연구와는 구분되지 않는다. 양적인 연구에서도 자기 생각이 완전하게 개입되지 않는다는 보장이 없기 때문이다. 따라서 질적 연구에서도 데이터와 같은 수적인 것이 개입되어 설명한다면, 양적 연구도 의미가 있다.

02 e스포츠 경험의 이해

e스포츠의 세계는 사이버 세계에서 서로 경쟁하고 협력하고 경쟁에서 이기고자 한다. 가상의 시공간 안에서 경험은 플레이가 일상의 경험과 다른 독특한 경험을 가져다준다. e스포츠에서 경험하는 디지털 공간은 우리의 지각과 인지능력을 벗어난 객관적인 공간이 아니다. 사이버 세계는 우리가 살아가고 있는 자신의 생물학적 문화적, 기술적 환경과 연결된 공간이다.[1] 이러한 가상공간에서 주관적인 경험을 설명하기 어려운 이유는 이미 우리는 e스포츠에 대한 환경과 자신의 관점이 밀접하게 연결되어 있기 때문이다. e스포츠에 자기 생각과 경험이 첨가되어 나타나기 때문에, 우리는 e스포츠에 대한 주관적인 설명이 아니라 주관적인 경험에 대한 설명이 필요하다.

경험에 대한 주관적인 설명과 주관적인 경험에 대한 설명을 구분된다(박인성 역, 2013: 45). 현상학적 경험은 주관적인 경험이다. 주관적인 경험의 내용은 우리 삶의 모든 상황에서 일어난다. 예컨대 경험의 시작은 내가 꽃을 좋아하고 있다는 사실을 바로 안다. 우리 자신이 반성의 작동과정 없이 바로 그 사실을 안다. 경험은 이미 나에게 현전해 있고 이미 나에게 있어서 어떤 것이며, 그런 의미에서 그것은 의식적

---

1 오늘날 일상세계에서 가상세계의 광범위한 경험의 세계는 메타버스 개념의 하나로 설명이 가능하다. 이와 관련해서는 김상균(2020)을 참조.

생각 이전의, 즉 전반성적으로 의식적인 경험이다(박인성 역, 2013: 87). 여기에서 경험의 내용은 주관적인 생각이 추가되어 아는 것이 아니라 즉각적으로 아는 경험이다.

　사실 주관적인 경험의 내용을 설명하기 쉽지 않는 이유는 경험이 살아지는 경험(lived experience)에서 나오기 때문이다. 즉 살아지는 경험은 원래 자신의 인식작용 근저에 축적된 관점이 포함되어 있기 때문에 엄밀하게 경험의 내용을 서술하기란 쉽지 않다. 몸과 마음이 구분되지 않는 상황에서 경험의 내용도 의식과 대상이 복잡하게 작동하기 때문에 자신의 기술, 반성, 해석에 항상 자신의 관점이 다를 수 있음을 확인해야 한다. 우리의 의식은 대상의 모습을 있는 그대로 표상하여 인식하지 않는다. 의식은 주어진 대상의 표상을 넘는 역할을 담당한다. 또한 우리의 의식은 능동적 의식과 수동적 의식의 역할을 한다. 몸의 위치나 역할에 따라 경험의 내용도 달라진다. e스포츠 경기 시 화면에 보이는 상대의 움직임도 나의 위치, 나의 역할, 내가 할 수 있는 행위 가능성에 따라 다를 수밖에 없다.

　이와 같이 주관적인 경험과 관련해서 설명해야 할 내용은 많다. 주관적인 경험에 대한 설명은 지향성과 관련된다.[2] 예컨대 e스포츠의 경험을 가능케 하는 주체는 유아, 초등학교학생, 중학교학생, 고등학교 학생들 중 누구인가? e스포츠에 대한 경험의 내용이 어떻게 이루어지는가? 일인칭 경기와 롤과 오버워치와 같은 단체전 경기에서 경험은 같은가 다른가? e스포츠 종목에 따라 자신만의 경험은 다르고, 장소와 시간에 따른 경험의 내용은 무엇인가? 사실 PC방과 실제 경기장에서

2　이남인(2014: 105-111)은 여행 경험과 관련된 지향성을 11개로 설명한다. 경험의 주체, 지향적 대상으로서의 체험된 대상, 시간성, 공간성, 타인과의 관계, 자기와의 관계, 동기와 목적, 변화와 전개 과정, 주체의 삶에 대한 의미, 주체의 가치평가, 여행의 사회적·역사적 맥락과 사회성 및 역사성이다.

이루어지는 경험은 다를 수밖에 없다. 시간의 흐름에 따라 나타난 경험의 내용은 무엇인가? 보이지 않는 타인의 경험을 어떻게 인식하는가? 경기에서 이기고 질 때의 감정은 자신의 경험에 어떠한 영향을 미치는가? e스포츠가 주는 경제적, 문화적 경험의 가치는 무엇인가? 어떤 종목은 재미가 있고 다른 것은 재미가 없는 이유는 무엇인가? 이와 같이 우리는 e스포츠와 관련된 주관적인 무수히 많은 경험의 본질을 해명해야 한다.

이러한 논의에서 e스포츠의 긍정과 부정에 대한 근원적인 출발점을 확인할 수 있을 것이다.

03 e스포츠 경험의 현상학적 질적 연구

e스포츠의 현상학적 질적 연구는 경험의 사실적 측면의 해명을 목표로 하는 것과 본질적 측면을 연구하느냐에 따라 구분된다(이남인, 2014: 115). 경험의 본질은 경험의 사실적 이해를 바탕으로 파악이 가능하다.

1) 경험의 사실적 이해

e스포츠의 사실적 이해는 사실적 현상학적 심리학3적 경험연구와

---

3 여기에서 현상학적 심리학은 심리학의 분과학문을 의미하는 것이 아니라 넓은 의미의 마음과 관련된 자연적 태도를 연구하는 모든 인문과학을 포괄하는 학문이다(이남인, 2014: 118). 사실적인 경험의 내용은 일상적인 생활세계의 경험으로 이해하면 된다.

e스포츠의 사실적 초월론적 현상학적 경험연구로 구분된다. 사실적 측면은 우리 앞에 보이는 현상이 존재한다는 사실에 대한 인식이다. 사실적 e스포츠의 현상은 일반적으로 우리가 갖는 인식을 전제로 하는 태도이다. 그러나 각자 주어진 상황에 따라 경험의 내용은 다르다. 자신이 경제학자이면 e스포츠의 경제적 관점에, 자신이 심리학자면 선수들의 심리상태에 선수나 감독이면 선수들의 경기력 확대에 관심을 둔다. 자신이 어떤 태도를 갖고 있는지 생각해보자. 자연과학적 태도인지, 선수로서의 태도인지, 부모로서의 태도인지, 각각의 태도에 따라 경험의 내용이 다르다. 즉 자신의 위치에 따라 경험하는 내용은 다를 수밖에 없다. 따라서 그 경험 내용을 정확하게 파악하기 위해서는 자신의 경험내용에 대한 태도4변경이 있어야 한다. 왜냐하면 각자의 관점에 경험한 내용은 경험 그 자체를 완벽하게 설명하는 것이 아니기 때문이다. 자신의 관점에서 경험한 내용을 다른 태도로 접근함으로써 경험의 본질에 대해 한 발짝 더 다가가게 된다.

재미가 하나의 경험적 사실이라고 전제해 보자. 사실적 현상학적 심리학적 경험연구는 다음과 같이 전개가 가능하다. 예컨대 재미의 주체는 누구인가? 재미를 주는 이유는 무엇인가? 언제 재미를 느끼는가? 재미의 목적은 무엇인가? 어디에서 재미를 느끼는가? 재미가 자신의 삶에 어떤 영향을 주는가? 재미의 동기와 목적은 무엇인가? 재미를 어떻게 평가하는가? 등이 사실적 현상학적 심리학적 연구이다. 이와 같이 경험이 주는 유형에 따라 다양한 경험의 연구가 전개된다. 또한 e스포츠의 종류, 즉 MOBA, FPS, MMORPG에 따른 경험의 내용도 다를 수밖에 없다. 세부적인 그 경험도 초등학교의 경험, 중학교의 경험, 선수

---

4 태도는 일상을 보는 주도적인 관점을 말한다. 저자는 집에서 아버지로, 학교에서 선생으로, 검도장에서는 수행자로 공간과 시간에 따라 태도가 변화한다.

들의 경험이 다를 수 있다. 이 경험도 집에서 PC에 따라 그 경험도 다양한 설명이 가능하다. 그리고 경험이 자신이 가진 능력과 기분에 따라 다르게 전개될 수 있다. 과거와 미래에서의 경험 비교도 가능하다. 연구자의 영역에 따라 개인적, 다른 사람의 재미, 나를 포함한 재미의 연구도 가능하다.

다음으로 e스포츠의 사실적 초월론적 현상학적 경험연구이다.

사실적 초월론적 현상학적 경험연구는 사실과 관련된 경험이 지닌 대상 및 세계 구성기능을 해명한다. 앞에서 우리의 의식은 대상에 대해 지향성을 갖고, 자신이 더 높은 단계의 대상 및 세계를 구성하는 능력을 갖는다고 하였다. e스포츠의 경기에서 상대 움직임의 경기패턴을 읽는다고 하자. 화면 속에서 보여주는 움직임은 어떻게 작동하는지를 아는 의식과정이 구성작용이다. 더 나아가 상대방 아바타의 움직임을 통해 지금 상대의 심리상태나 기분을 파악할 수 있다. 이것은 우리의 의식이 보이지 않는 대상을 향해 초월하여 생각하기 때문에 가능하다.

경기를 풀어가는 능력이 성장함에 따라 경기의 경험은 우리 자신에게 다르게 다가온다. 왠지 모르게 이번 경기는 이길 것 같은 개인적인 기분이나 감정 상태를 가질 수 있다. 그리고 몸의 상태나 홈에서 하거나 외국의 환경에 따라 대상을 파악하는 정도는 다를 수밖에 없다. e스포츠에 대한 사실적 초월론적 현상학적 경험은 경기에서 승리나 패배의 과정에서 자신의 의식구성이 어떻게 작동하였는지 파악하는 데 도움이 된다. e스포츠 경기에서 승리나 패배의 구성 경험은 e스포츠를 바라보는 시각에 영향을 준다. 따라서 이 경험을 통해 자신의 의식이 어떻게 변화하였는지 해명을 하는 것은 다음번 경기를 풀어나가는 데 있어 대단히 중요한 요소이다. 재미도 마찬가지다. 자신의 재미가 어떻게 구성되어 가는지, 자신의 재미가 세상을 바라보는 데 있어 어떠한 변화를 가져오는지 파악하는 것은 우리 자신들에게 e스포츠 재미의 본질 파악을 하는 데 도움이 된다.

2) 경험의 본질적 이해

e스포츠의 경험은 본질적 현상학적 심리학적 경험연구와 본질적 초월론적 현상학적 경험연구로 나누어진다. 본질은 우리는 경험이 갖는 사실의 해명과정을 통해 더 깊은 사실 파악을 목적으로 한다. 이는 본질 파악과 연결된다. 본질이란 "사물이나 현상을 성립시키는 근본적인 성질"이다. 어떠한 것을 어떠하다고 말할 수 있는 근거를 말한다. 사실이 특정한 시간과 공간에 존재하는 것이라면, 본질은 초시간적 초공간적으로 존재한다(이남인, 2014: 123).

경험과 관련된 e스포츠 재미에 대한 본질을 파악한다고 생각해보자. e스포츠의 재미 본질은 무엇인가? 누군가의 관점에 따라 e스포츠를 느끼고 판단하는 것은 다를 수밖에 없다. 하지만 내가 e스포츠를 경험하는 주체라는 사실은 변함이 없다. 먼저 재미의 주체, 재미의 대상, 재미의 시간성, 재미의 공간성, 타인과의 관계, 동기와 목적, 재미의 변화와 과정, 재미와 관련된 삶의 변화, 재미의 가치, 재미의 사회적 역사성 등의 본질 파악은 가능하다. 이와 같이 각각의 본질 파악의 내용은 본질적 현상학적 심리학적 경험연구의 주제이다.

이와 다르게 본질적 초월론적 현상학적 경험연구는 앞선 방법과 다르지 않다. 다만 그러한 본질을 파악하기 위한 방법으로 초월론적 방법이 추가되어야 한다. 우리의 경험에 대한 설명은 그 경험에 대한 우리의 생각이 첨가되어 나타난다. 이렇게 추가된 의식작동의 본질이 무엇인지 파악하기 위해서는 초월론적에 대한 정확한 이해가 필요하다. 초월론적이란 '더 많이 생각한다.'라는 뜻이다. 더 많이 생각하는 것은 우리의 의식이 대상을 인식할 때 대상을 있는 그대로 파악하는 것이 아니다. 우리의 의식은 대상에 덧붙이거나 빼기를 하는 의식구조가 작동한다. 구조란 일반적으로 외형적으로 만들어져 보인 것을 의미하지 않는다. 구조란 우리 의식이 스스로 만들어내는 것을 말한다. 예컨대 e스포츠 경기에서 상대의 움직임은 단순히 물리적 대상이 아니다. 자신이 어떻게 해야 하는지의 생각과 행동이 포함된 판단이다. e스포츠 경기 안에서 이루어지는 선수들의 패턴 작용의 이해는 상대 선수들의 움직임을 자신 나름대로 파악하고자 하는 의식의 구성작용에서 나온다. 물론 e스포츠에 대한 자신의 구성도 자신이 언제 e스포츠를 배웠는지, 언제 e스포츠를 아는지, e스포츠 이해의 수준에 따라 e스포츠를 파악하고 구성하는 내용은 다를 수밖에 없다. 여기에서는 자신이 e스포츠 재미라고 생각하는 이유가 무엇인지 파악을 해야 한다. 개인의 의식 주체에 대한 반성과 확인 과정을 통해서 e스포츠의 본질적인 경험을 해명해야 한다.

3) 현실적인 경험연구의 내용

현상학적 경험연구의 대부분은 사실적 현상학적 심리연구이다. 일상적인 경험 대부분은 우리의 사실적인 경험에서 나오기 때문이다. e스포츠의 재미에 대한 연구를 한다고 해보자. 각자가 느끼는 e스포츠 재미의 경험연구는 재미를 갖는 e스포츠의 경기종목, PC방 또는 집의 장소, 게임하는 시간, 친구들의 관계, 초중고대학 나이의 정도에 따라 다를 수 있다. 재미와 관련된 경험의 동기, 목적, 세계관, 삶에 어떤 영향력을 미치는지 등의 연구가 가능하다. 그리고 연구대상을 앞에서 언급한 전부를 하거나, 각각의 경험내용을 한정하느냐에 따라 달라진다. 그리고 즉 연구자가 직접 참여하거나, 연구 참여자가 다수이거나, 연구자와 연구 참여자가 다를 경우도 발생한다.

본질적 현상학적 심리적 경험연구는 사실적 현상학적 심리적 경험연구를 기초로 시작한다. 여기에는 자신의 자유변경과 본질직관의 방법으로 한다. 자유변경은 "어떤 본질의 정체를 파악하기 위하여 그 본질을 구현하고 있는 어떤 개별적 대상으로부터 시작해 그 본질을 구현하고 있는, 이 개별적 대상과 유사한 무수히 많은 개별적 대상을 상상 속에서 자유롭게 산출해나가는 과정"을 의미한다. 본질직관이란 상상 속에서 산출해 나가면서, 저 모든 개별적 대상들에 공통적인 보편적 속성을 파악하는 것이다(이남인, 2014: 175). 초월론적 현상학적 경험연구는 초월론적 환원5의 방법으로 한다는 점에서 차이점을 갖는다.

4) 현상학적 질적 연구의 절차와 방법

우리가 현상학적 경험연구를 통해 알고 싶은 것은 정확한 경험의 내용파악이다. 이를 통해 그 경험의 본질 파악과 이에 따른 해결방안을 제시하는 데 있다. 따라서 경험연구의 절차와 방법도 과학적 연구와 마찬가지로 엄밀하게 논리타당성을 확보해야 한다. 이남인(2014, 2019)에 따르면, 경험연구의 절차와 방법에 관해서는 다음과 같이 설명한다. ① 연구준비, ② 자료수집, ③ 자료분석, ④ 자료분석을 통한 연구결과의 도출, ⑤ 연구보고서 작성 등의 절차에 따라 수행된다. 예를 들어 청소년들의 e스포츠 재미를 분석한다고 해보자.

---

5 초월론적 환원은 철저한 태도를 의미한다. 자신이 보는 것이 정확하지 않다는 자세에서 자신에게 경험의 뿌리까지 되돌아 가는 태도를 말한다. 근본적으로 자신에게 질문을 던지고 경험의 가능성까지 소급해 가는 것을 목표로 하는 철처한 태도이다(박인성 역, 2016: 48).

첫째, 연구준비단계이다. 세부적으로 청소년들의 롤(LoL) 경기에서 어떤 재미를 느끼는지 구체적인 질문을 만드는 단계이다. 자신이 문항을 만드는 과정에서 연구자가 살펴보고자 하는 구체적인 연구결과를 어느 정도 형성되어 있어야 한다. 거기에는 청소년들의 재미를 파악하기 위한 전체적인 조망을 그리고 다양한 문제 극복을 위한 방안까지도 포함되어야 한다. 물론 자신이 롤(LoL) 경기의 재미를 많이 알면 그 질문의 정도는 심도 깊은 결과물을 도출할 수 있을 것이다. 예컨대 어떤 스킬을 성공했을 때 재미를 느끼는지 구체적인 질문도 필요하다. 하지만 연구자가 롤(LoL) 경기에 더 많이 아는 것은 자신이 보고자 하는 중학교 학생들의 재미분석을 하는 데 도움이 되지 않을 수 있다. 따라서 자신의 판단을 배제하고 있는 그대로 파악하고자 하는 노력이 필요하다. 여기에서 가장 중요한 것은 설문지 작성이나 인터뷰진행, 연구참여자의 설명에 대한 해석시 항상 자신의 관점에 대한 태도 변경은 필수적이다. 이는 연구준비단계에서 연구자가 가져야할 태도이다.

둘째, 연구자료수집의 단계이다. 이 단계에서는 다양한 자료를 수집이 가능할 수 있겠지만, 심층면담의 방법으로 해야 한다. 여기에서 가장 중요한 태도는 질문에 있어 연구자의 선입견을 배제해야 한다. 물론 상대의 질문에서 깊이 있는 대답이 나올 경우에 대비하여 추가적인 질문은 가능할 수는 있겠지만, 자신의 선입감을 최대한으로 배제해야 한다. 나의 경험이 아니라 연구참여자의 경험이기 때문에 질문 상호주관적 환원이 필요하다. 여기에 연구자의 경험이 덧붙일 경우가 발생하기 때문에 엄밀한 해석의 방법을 동반해야 한다(이남인, 2019: 3). 물론 그 해석도 있는 사실 그 자체를 이해하려는 노력은 필수적이다.

셋째, 자료분석단계이다. 청소년들의 롤(LoL) 경기시 재미분석의 내용은 인터뷰자료이다. 방만하게 언급된 내용을 정확하게 분석하기 위해서는 해석의 과정은 피할 수 없다. 인터뷰할 때 연구 참여자의 표

정이나 말투, 동작이 어떤 의미를 갖는지까지 고려해서 해석을 해야
한다. 물론 자신의 편견을 없앨 수 있는 태도 변경은 말할 필요가 없다.

넷째, 연구결과의 도출단계이다. 연구참여자의 경험을 다른 사람
들에게 설득력을 갖기 위해서는 명료하게 설명할 필요가 있다. 그중에
서 경험한 내용을 명확하게 드러내기 위해서는 연구결과의 내용을 범
주로 설정할 필요가 있다. 연구결과는 통일적인 내용으로 경험의 내용
을 파악하고자 하는 사람들로 하여금 일목요연하게 정리할 필요가 있
다. 통일된 범주화와 관련하여 이남인(2014: 251)은 초기의 연구준비단
계부터 고려해서 이 단계에서 완성되는 과정이라 하였다.

보고서작성의 단계는 1) 서론(연구의 필요성, 연구목적, 선행연구 검토),
2) 연구절차와 방법(연구설계, 연구참여자, 자료수집, 자료분석, 윤리적 고려),
3) 연구결과, 4) 논의, 5) 결론 및 제언, 6) 참고문헌 등으로 구성한다(이
남인, 2019: 3-4). 여기에서 그는 기존의 보고서작성에 연구방법으로 설
명하기보다는 연구절차와 방법으로 작성하는 것이 적절하다고 하였다.
우리가 연구 참여자의 경험을 있는 그대로 파악하기 위해서는 언제 만
나서, 무엇을 질문할 것인지의 구체적인 절차의 과정을 연구절차와 방법
에 기술해야 한다. 그 이후에 어떠한 현상학적 방법을 적용하였는지, 예
컨대 1대 다수로 연구한 것인지, 1대1 연구인지, 자신이 참여한 다수의
연구인지 등의 방법을 설명해야 한다. 그리고 연구내용의 결과를 논리적
으로 기술하고, 그 연구의 논의 및 결론을 해서 보고서를 마무리한다.

우리가 현상학적 질적 연구를 하는 이유는 경험의 내용 파악의 이
론적 설명을 넘어 실천적 방법의 유용한 답을 제공해주기 때문이다.
예를 들어 e스포츠의 과학적 설명은 약물이나 운동 등 물질적인 대응
이 위주이다. 반면에 현상학적 방법은 경험을 갖는 의식작용에 대한
새로운 해석을 가져다준다. 우리 의식의 특징이 무언가를 더 많이 생
각한다는 점에서 많이 생각하는 추가적인 내용을 제거하면 대상을 더

정확히 볼 수 있다. 여기에 덧붙여 자신의 생각을 반성하고 새롭게 볼 수 있는 여지를 가져다준다.

우리가 e스포츠는 부정적 또는 긍정적이라는 생각도 우리가 e스포츠에 갖는 자연적 태도에서 나온다. 자신이 어떠한 태도에 있느냐에 따라 e스포츠에 대한 느낌은 다를 수밖에 없기 때문이다. 따라서 자신의 생각에 대한 판단중지를 하고 대상에 대해 사심 없이 바라보아야 한다. 즉 태도 변경을 통해 자신의 생각이나 관점이 연구에 개입되는 것을 방지하려는 노력이 필요하다. 프로e스포츠선수는 e스포츠경기에 많은 시간을 할애한다. e스포츠를 오래 하면 할수록 중독의 가능성을 언급하는 것과 반대로 중독으로 생각하지 않는다. e스포츠가 중독인지 아닌지의 차이는 e스포츠에 대한 태도 차이에서 나온다. 프로e스포츠는 하나의 직업, 즉 최고의 선수로서의 위치를 얻기 위해 노력한다. 반면에 중독에 빠진 사람들은 단순히 재미로 생각하는 것에서 서로 차이가 난다.

물론 우리는 양적 연구의 방법이 우리에게 훨씬 더 설득력이 있다. 관찰과 실험의 결과로 축적된 지식과 표준화된 연구방법은 양적 연구의 타당성을 확보해 주기 때문이다. 하지만 양적 연구는 우리가 알고 싶어 하는 본질적 그 자체의 해명을 통해 자신의 행동과 태도를 바꾸어야 하는 실천적인 방법까지는 보여주지 못하고 있다는 점에서 질적 연구에 대한 더 많은 연구가 필요하다.

12장 토론 내용

- 비디오 게임의 디자인 경험과 e스포츠의 경험의 공통점과 차이점이 무엇인가.
- 질적 연구와 관련된 e스포츠의 경험과 지향성의 관계는 어떻게 설명이 가능한가?
- e스포츠의 현상학적 질적 연구는 왜 필요하고, 그 절차와 방법이 어려운 이유는 무엇인가?

더 읽어야 할 책

현상학과 질적 연구와 방법은 이남인(2014; 2019)을 보라. 그리고 공간과 시간 안에서 게임하기를 통해 플레이어의 경험에 대한 논의는 박근서 (2004)와 디지털 미디어의 기술적 생동감에 대한 인간의 경험에 대해서는 Chow(김동환, 최영호 역, 2020)를 보라.

e스포츠의 현상과 학제적 접근

PART

13

e스포츠의 현상과
학제적 접근

　e스포츠가 디지털 콘텐츠의 영역인지, 스포츠의 확장인지, 게임학의 영역인지, 아니면 전혀 다른 학문적 영역으로 규정할 것인지 아직 학문적 일치가 이루어지지 않고 있다. e스포츠가 스포츠, 미디어, 비디오 게임, 디지털 기술 등이 융합된 새로운 학문분야라고 하더라도 마찬가지로 그 방향과 내용도 학자들 간의 논의와 합의가 필요한 부분이다. e스포츠 20년의 짧은 역사를 고려한다면 e스포츠의 학문적 영역과 내용과 관련된 논란은 당연하다. 하지만 e스포츠의 지속 가능한 생태계의 복원을 위해 e스포츠의 체계적인 연구가 필요한 시점이라는 점에서는 모두가 동의할 것이다.

　e스포츠 현상에 대한 연구가 산업, 마케팅, 사회현상만을 강조한다면 e스포츠의 지속 가능성은 담보하기 어렵다. 한국은 e스포츠의 종주국이라는 위상에 걸맞게 e스포츠문화와 제도화를 설명할 수 있는 물리적 토대가 충분히 마련되어 있다. 여기에 e스포츠의 학제적 연구의 전 단계로 e스포츠 현상을 파악할 수 있는 방법론 제기는 e스포츠의 학문을 위한 의미 있는 작업이다. 그러나 e스포츠의 학문적 토대가 구축되지 않는 상황에서, 저자의 e스포츠 현상에 대한 설명이 주관적인 경향을 배제할 수 없다.

저자는 'e스포츠는 스포츠다'라고 주장한다. 엄밀한 의미에서 e스포츠는 스포츠를 요소의 포함하고 있다는 것이 정확한 표현이다. 스포츠는 놀이와 게임의 요소를 포함하지만, 우리는 놀이와 게임을 스포츠라고 동일시하지 않는다. 놀이, 게임, 스포츠가 지향하는 내용이 다르기 때문이다. 스포츠 종목이라고 부르는 것에서도 놀이에 내재하는 인간의 본능과 의지 그리고 사회문화적 환경이 연결되어 탄생하였다. 이러한 사실은 4장, 5장에서 검토하였다. 이렇게 탄생한 오늘날 e스포츠가 기존의 스포츠 종목보다 훨씬 더 큰 영향력을 발휘한다. 디지털 플랫폼의 주는 직접적인 영향력은 기존의 스포츠에서 느끼는 것보다 훨씬 더 크기 때문이다. 이에 따라 우리는 e스포츠 현상을 설명하기 위해서는 디지털 기술과 인간움직임 간의 만남을 해명해야 한다. 우리의 행동과 움직임이 e스포츠 현상을 만들었지만, 이제 e스포츠 스스로가 힘을 발휘하여 우리의 삶에 영향력을 미치고 있다. e스포츠 연구는 이 둘의 상관관계도 해명해야 한다.

개인이 e스포츠와 관련이 없다고 말할 수 있을지라도 자신을 둘러싼 친척, 자식, 친구들이 e스포츠와 연관되어 있다. 디지털의 속성과 플레이어 사이를 분리할 수 없는 상황은 e스포츠 연구를 어렵게 만든다. 과거의 지나간 사건을 분석하고 해명하기는 쉽지만, e스포츠와 같이 현재 진행 중이거나 미래의 사건을 해석하고 설명하기란 쉽지 않기 때문이다. 또한 개인적인 관점에서 e스포츠 현상에 긍정적으로 보는 입장이 개입된 상황에서 e스포츠를 객관적으로 분석하기도 힘들다. e스포츠 연구는 모든 연구를 일관된 관점으로 설명해야 하지만 저자의 학문적 역량으로 e스포츠의 학제적 접근에 따른 전반적인 그림을 그릴 수는 없다. 따라서 본 장에서는 e스포츠 현상의 이해와 학제적 연구 방향과 관련된 내용을 담론적으로 설명하고자 한다.

01 e스포츠 현상의 이해 ✎

e스포츠 현상을 어떻게 이해해야 하는가? e스포츠에 대한 학문적 태도에 따라 e스포츠 현상의 설명도 달라질 수밖에 없다. 저자는 e스포츠 현상을 정적인 관점과 동적인 관점으로 설명하고자 한다. e스포츠 현상의 정적인 관점은 e스포츠를 객관적인 하나의 대상으로 놓고 파악하는 것이다. 동적인 관점은 e스포츠에서 보인 디지털 기기와 플레이 간에서 일어나는 사건에 대한 현상분석이다.

1) 정적인 e스포츠 현상의 이해

정적인 관점에서 e스포츠 현상의 이해는 e스포츠에 대한 긍정과 부정의 관점이다. 먼저 e스포츠 현상의 부정적인 관점이다. 부정적 관점은 단순한 여가의 즐거운 시간을 넘어서는 과몰입의 현상을 지적한다. 부정적인 현상은 2011년 '청소년게임셧다운제도'이다. 일명 '신데렐라 법'으로 알려진 이 법은 16세 미만의 청소년에게 자정부터 오전 6시까지 게임을 사용하지 못하도록 하는 제도이다.[1] 과도한 게임중독으로 청소년을 보호하기 위해 제정되었지만, 실효성의 문제는 지금도

---

[1] 2014년 4월 24일 헌법재판소는 "청소년의 게임 이용률이 높고 게임에 과도하게 몰입할 때 생기는 부정적 영향, 자발적으로 중단하기 쉽지 않은 인터넷 게임의 특성상(셧다운제)는 과도한 규제라고 보기 어렵다"고 밝혔다. 또 적용 대상을 만 16세 미만으로 규정한다는 점, 금지 시간대도 자정부터 아침 6시로 적용한다는 점 등을 고려하면 과도한 규제가 아니라고 판단했다(https://100.daum.net/encyclopedia/view/47XXXXXXXX36). 그러나 이 법은 2021년 9월에 폐지되었디.

논란의 중심에 있다. 인터넷 게임의 부정적인 요소는 e스포츠의 낙인 효과(stigma)로 설명한다. e스포츠는 학습에 방해가 되며, 과도한 e스포츠의 몰입은 사회적 고립, 과체중, 폭력성의 원천으로 생각한다. 반면에 긍정적으로 볼 때 e스포츠는 과몰입이나 시간 낭비가 전부는 아니며, 규칙 속에서 선수 자신의 기량을 겨루어 승부를 낸다. 단체전에서는 서로의 작전과 전략이 필요로 한다. e스포츠 선수들은 하루에 10시간이 넘게 자신의 기술발휘를 위해 연습한다. 이는 과몰입이나 중독으로 설명할 수 없다.

긍정과 부정의 관점은 e스포츠가 스포츠인가 아닌가의 논의에도 적용된다. 긍정적으로 e스포츠가 규칙과 경쟁이라는 스포츠 속성이 있지만, 공공재로서의 역할 부족과 종목의 지속성을 보장하지 못한다는 부정적 측면을 지적하기도 한다. 이익을 창출하는 기업의 관점에서 기획된 게임문화의 일부분이기 때문에 언제든지 수익의 관점에서 e스포츠의 존속여부가 결정될 수 있다. 긍정적인 관점으로 e스포츠의 참여는 일반스포츠와 마찬가지로 개인적 즐거움과 경험의 확대를 가져다준다. e스포츠의 참여 공간은 좁은 지역을 넘어 전세계적인 사회관계의 확대를 제공한다. e스포츠의 산업과 경제적 이익은 일자리 창출에 기여하고, e스포츠문화산업에도 긍정적인 역할을 한다. 젊은 외국 관광객들이 한국에서 가장 가고 싶은 곳 중의 하나가 PC방이다. 또한 e스포츠의 활동은 스포츠의 규칙과 진행 방법을 사전교육으로 배울 수 있다. e스포츠 활동이 일상생활이나 스포츠 활동에도 긍정적인 역할을 한다(박태희, 2006; 안진호, 이근모, 김준, 2008; 선건영, 2008). 그리고 e스포츠를 통한 교육적 도구로서 학습의 내용에 긍정적 역할을 담당한다.

e스포츠의 롤(LoL)이나 오버워치(Overwatch) 등 팀별 경기에서는 서로의 배려와 판단이 중요한 역할을 한다. e스포츠는 다중게임에서 상호협력이 얼마나 중요한지 우리에게 가르쳐준다. e스포츠 선수 간의 협

력과 그들이 참여하는 가상공간의 경험은 일상의 생활에서도 영향력을 미친다. e스포츠가 제시한 규칙의 해결은 플레이어로 하여금 가상세계에서 주어진 환경 개척이라는 경험을 가져다준다. e스포츠의 다양한 경험은 현실적인 자신의 삶과 분리된 비연속성인 관계가 아니다. 우리는 라이프로깅(Lifelogging)의 세계에서 살아간다는 점에서 가상의 영역은 우리 생활과 연결된 것으로 받아들여야 한다(김상균, 2020). 온라인 피파 축구 경기가 추상적이고 가상적 경쟁이지만, 그 속에서 경쟁의 본질은 사라지지 않는다. e스포츠의 경기 결과 승리와 패배 그리고 랭킹의 위치는 영국 축구리그의 순위 형태와 크게 다르지 않기 때문이다.

이외에도 정적인 e스포츠의 이해와 관련하여 해명해야 할 학문적 숙제는 많다. e스포츠를 가능케 하는 스토리, 플레이의 경쟁에 따른 윤리적 문제, 플레이어들의 열광과 재미에 따른 심리적 현상, 디지털 기기와 인간의 본성[2] 등을 연구해야 한다. e스포츠 현상은 긍정, 부정, 일상의 삶, 문화, 경제, 디지털 기술, 스토리를 포함하는 인문학 등 복잡한 요소가 결합하였기 때문에 그 내용을 일목요연하게 파악하기란 또한 쉬운 일이 아니다. 이는 더 많은 연구자가 e스포츠 현상에 관심을 가지고 연구를 진행해야 함을 역설적으로 보여준다.

차후 e스포츠 연구의 편리성을 위해 저자는 정적인 e스포츠 현상의 연구는 크게 네 가지로 나누었다. 첫째, 디지털 기기로 대표되는 미디어 매체가 갖는 특성 연구가 필요하다. 이는 디지털 미디어의 속성이 e스포츠 탄생의 가장 중요한 요소이기 때문이다. 둘째, e스포츠를 하는 플레이어의 움직임과 관련된 연구가 필요하다. 이는 승부에 영향력을 미치는 요소의 파악과 e스포츠의 긍정적 측면의 인정과 부정의

---

2 인간은 본래 타고난 사이보그(신상규 역, 2016)이기 때문에 디지털 기기에 익숙하고, 그것을 통한 경쟁을 하는 e스포츠에 익숙할지 모른다.

해결방안을 찾는 데 도움이 되기 때문이다. 셋째, e스포츠와 관련된 경제적·사회적·문화적 측면의 연구가 필요하다. 넷째, 스포츠의 지향하는 가치 및 방향성과 e스포츠 간의 비교연구도 필요하다.

2) 동적인 e스포츠 현상의 이해

미디어와 e스포츠, 객관적인 사회적 경제적 현황으로 e스포츠의 현황 파악 그리고 e스포츠의 긍정적 측면과 부정적 관점의 연구도 중요하다. 하지만 e스포츠는 플레이어(player)와 디지털 기기와 만남에서 나타나는 역동적인 현상의 이해도 필요하다. 특히 동적인 e스포츠 현상은 객관적인 e스포츠 플레이어(eSportsplayer)의 연구가 아닌, 디지털 기기와의 관계 속에서 e스포츠 플레이어가 어떠한 움직임을 만들어내는지 그 속에서 경험이 어떻게 형성되는지 초점을 맞추어 설명해야 한다.

e스포츠 연구는 플레이어가 e스포츠를 다룰 수 있는 능력을 배제하고 단지 객관적이고 정적인 대상으로만 파악해서는 많은 것을 놓친다. '놀이가 문화를 만든다'는 호이징가(Huizinga)의 지적을 언급하지 않더라도, e스포츠를 만든 것은 e스포츠를 하는 플레이어의 움직임에서 나타났다. 우리 각자들이 e스포츠를 다룰 수 있는 능력과 정도에 따라 e스포츠에 대한 평가는 달라질 수밖에 없다. e스포츠 종목과 내용은 e스포츠를 만든 게임회사가 만들지만, 플레이어가 하지 않으면 그 경기는 사라진다. 따라서 e스포츠의 대상과 플레이 간의 동적인 연구는 e스포츠 플레이어의 움직임과 행동을 이해하는 데 도움이 된다.

동적인 관점으로 e스포츠 현상의 연구내용은 다음과 같다.

첫째, e스포츠의 동적인 관점은 e스포츠를 보여진 대상의 하나로 파악하지 않는다. e스포츠의 산업발달, 경제적 수익, 선수들의 연봉 등 외형적인 측면만을 판단한다면, 여기에서 우리는 e스포츠의 본질 파악을 간과할 가능성이 크다. e스포츠에 대한 정적인 관점도 중요하지만, e스포츠가 형성되는 동적인 과정 자체에 관한 연구도 필요하다. 예를 들어 e스포츠는 단지 프로e스포츠 플레이어들의 행위와 결과물이 전부가 아니다. e스포츠를 하는 플레이어들은 주어진 문화의 영향력과 그들이 가진 디지털 기술의 활용능력이 포함된 상황에서 e스포츠에 열광하고 재미를 경험한다. 재미와 열광이 국제적인 e스포츠 대회를 만들게 되고, 그 속에서 프로e스포츠선수들이 형성되었다고 보아야 한다.

　e스포츠의 동적인 이해는 e스포츠의 열광, 과몰입, 중독 등 근본적인 이유를 설명해준다. 여기에 덧붙여 개개인의 e스포츠에 대한 이해의 정도를 파악할 수 있다. 그리고 e스포츠의 참여 정도는 플레이어가 가진 e스포츠의 이해 수준에 따라 다르게 전개된다. 예를 들어 미국 메이저리그의 시청자의 평균나이는 50대 중반인 반면에 젊은 층은 상대적으로 적은 편이다. 반면에 e스포츠의 주요 시청자층은 10대와 20대이다(김아름, 2019, 06.18). 이러한 사실은 e스포츠가 주어진 문화와 환경에 영향력을 받는다는 사실이다. 젊은이의 뛰어난 e스포츠 활용 정도는 반도체, 디지털의 시대에 자라고 그 문화에 익숙한 세대이다. 우리는 환경의 영향력에서 벗어날 수 없음을 보여준다.

　둘째, e스포츠의 동적인 관점은 우리의 움직임을 몸의 연장으로 파악한다. e스포츠는 디지털 기계가 자신에게 영향을 주고 거기에 따른 수동적 움직임이 아니라 자신의 몸 일부가 연장된 기계와의 관계 속에서 능동적으로 작동한다. 스포츠 경기에서 도구는 자신의 움직임을 위한 도구이다. 예컨대 테니스는 라켓으로, 야구선수는 방망이로, 축구에서 공은 자신의 몸의 연장으로 이용한다. e스포츠에서 자신의 몸은 마우스와 키보드를 넘어 디지털 공간까지 확대된다. 사이버 공간과 스포츠 일상공간 간의 차이는 있지만, 자신의 몸의 연장으로 세계와 접촉한다는 것에는 다르지 않다. e스포츠의 프로선수들은 자신의 목표를 위해 1분에 400번이 넘는 양손의 움직임이 작동한다. 마우스와 키보드기계의 작동은 자신의 몸의 연장과 연결된다. 거기에는 외형적으로 이성적 판단이 먼저 작동하지 않는다. e스포츠에서 마우스는 나의 손과 다름없이 사용한다. 즉 마우스와 키보드는 나와 다른 대상이 아니라 나의 몸과 연결된 연장이다. 그리고 e스포츠 경기에서 아바타(avata)는 자신의 움직임을 가능하게 하는 몸의 연장을 파악해야 한다. e스포츠 경기에서 승패의 요소는 얼마나 자신의 움직임대로 연장을 잘 다루느냐에 따라 결정된다. e스포츠의 참여는 자신의 몸의 움직임이 이미 개입되어 있다는 점이다. 자신의 몸이 개입된다는 사실은 e스포츠의 참여가 자신의 마음과 몸의 움직임이 분리될 수 없음을 보여준다. 따라서 e스포츠는 자신의 몸의 연장으로 파악해야 한다.

인간움직임의 연장에서 나온 e스포츠는 스포츠에서와 마찬가지로 윤리적 문제도 중요하다. 예를 들어 e스포츠의 승부조작, 도핑, 핵, 경기에서 플레이어의 비윤리적 행위 등에 관심을 가져야 한다. e스포츠는 짧은 시간과 동시 다발적 확산이라는 디지털 기기의 속성상 훨씬 더 윤리적 문제가 심각하게 제기될 수 있기 때문이다.

셋째, e스포츠의 동적인 관점은 테크놀로지를 대표하는 과학과 그것을 이용하여 경쟁에 참여하는 철학적 해석이 필요하다. 우리는 e스포츠와 행동 움직임을 뇌의 작동과 연관하여 연구를 진행한다. 인지작동의 결과는 많은 부분 뇌의 작동에 근거하기 때문에 e스포츠의 행동과 관련된 뇌의 역할연구는 중요하다. 하지만 인간은 생존 욕구를 드러내지 않으면서 명문화된 규칙하에서 경쟁의 도구를 만들어왔다. 사실 남들보다 더 잘 달릴 필요가 없는데 왜 더 잘 달리려고 노력하는가?3

---

3 조지 쉬언(George Sheehan)은 "달리기와 존재하기"(김연수 역, 2003)에서 달리기의 방

디지털 기기에 자신을 대신한 아바타가 경쟁에서 이기고자 하는 이유는 무엇인가? e스포츠에서 생존과 경쟁의 속성이 나타나는 철학적 이유가 무엇인지 파악해야 한다.

넷째, e스포츠의 동적인 관점은 감각운동을 이해해야 한다. 스포츠가 대근육 활동에 초점을 맞추는 것과 대조적으로 e스포츠는 직접적인 시각과 즉각적인 감각운동을 중요시한다. e스포츠의 재미, 즐거움, 경험을 가져다주는 움직임의 가장 근본적인 출발점은 감각운동이다. e스포츠는 즉각적인 감각운동의 결과를 보여준다. 여기에서 우리는 재미와 기쁨을 경험한다는 점이다. 물론 그 속에 전략전술이 필요 없는 것은 아니다. 하지만 이성적으로 옳고 틀림의 문제가 아니라 자신에게 얼마나 잘할 수 있느냐는 자신의 감각운동의 작동에서 시작해서, 감정에 영향력을 미치는 것으로 이해해야 한다. 이러한 감각운동과 감정의 영역은 단지 자신의 몸에 한정되지 않는다. 몸의 영역은 자신을 둘러싼 공간의 영역으로 확대된다.4 여기에서 우리는 마우스의 감각을 통해 화면 속 너머 보이는 적의 움직임까지도 파악하게 된다.

다섯째, e스포츠의 동적인 관점은 현전감(presence)과 몰입(immersion)의 관계를 파악해야 한다. 현전감(presence)에 대한 연구는 세리든(Sheriadan, 1992)의 연구에서 본격적으로 논의되었다. 현전감은 느낌, 지각, 감각 등 다양한 용어와 변용 가능한 단어로 사용된다. 현전은 단지 디지털 기기에만 사용되지 않는다. 스포츠에서 사용된다. 우리가 스포츠에 매혹을 느끼고 열광하는 이유를 굼브레히트(Gumbrecht)는 운동의 실행, 즉 나에게 드러나 느끼고, 지각하고, 손에 닿을 수 있는 퍼포

법이 아니라 달리기의 의미를 자신의 경험을 바탕으로 설명하였다.

4 몸의 연장과 관련된 내용은 환상지(phantom limb)의 경우에서도 알 수 있다. 인지 과학적 관점에서 본다면, 확장된 마음은 우리의 사고가 얼마나 확장될 수 있는지를 잘 알 수 있다.

먼스(performance)를 현전감(presence)5으로 설명한다(한창호 역, 2008). 반면에 e스포츠는 기존 스포츠의 현전감보다 더 크게 느낀다. 하지만 현전감에서 정도의 차이는 있을 수 있으나, 우리가 현전감을 통해 열광한다는 점에서는 같다. e스포츠는 가상환경과 몰입의 상관관계에서 느끼는 것이며, 실제 세계의 대상을 멀리서 통제 가능한 경험으로 나타난다(Lombard, Biocca, Freeman, Ijsselsteijn, & Schaevitz, 2015; Calleja, 2011). 현전감은 미디어 세계가 우리에게 보여주는 정도를 설명하기 위한 이론적 개념이다. 예컨대 사람들이 컴퓨터 화면이나 컴퓨터에서 보인 환경과 상호관계를 할 때 그들이 경험하는 내용으로 설명한다. 디지털 화면에서 보인 가상세계의 현전감은 플레이어가 현실세계에서 경험하게 하는 것과 같은 매개의 역할을 담당한다. e스포츠에 보여준 가상세계의 움직임을 통해 플레이어들은 시각, 청각, 촉각의 자극을 받는다. 하지만 이 속에서 우리는 가상세계가 아니라 실제 세계와 같은 실재감을 느낀다. 몰입의 최고 단계는 현전감으로 나타나기 때문이다. 현전감과 몰입 사이의 동적인 해명은 우리가 e스포츠에 열광하는 근본적인 이유를 제공한다. 현전감은 이성적 판단 이전에 작동하기보다는 몸 감각작용의 인식이 우선한다는 점에서 몸 감각작용에 대한 이해가 필수적이다. 또한 현전감은 대상을 보는 주체와 서로 분리되지 않고 연결된 상황에서 나온다는 점에서 그 연결관계에 대한 과학적 해명도 필요하다. 더 나아가 현전감은 단순히 플레이로 하여금 단순히 수동적인 역할을 넘어 주어진 e스포츠의 규칙과 한계를 극복하려는 근본적인 해명도 필요하다.

---

5 한창호 역(2008: 73)은 presence를 현존으로 해석하고 있다. 본 논문의 일관성을 위해 현전감으로 번역하고자 한다. 스포츠와 e스포츠에서 보인 현전감의 문제는 차후에 다른 곳에서 다루고자 한다.

여섯째, e스포츠의 동적인 관점은 자신의 한계극복의 의미를 파악해야 한다. 스포츠는 주어진 장애물이 존재하고 이를 극복하려고 한다. 그 대상은 스포츠의 규칙일 수도 경쟁의 상대가 될 수 있다. e스포츠에서 우리는 승리를 위해 자신이 가진 한계를 극복하고자 노력한다. 장애물 극복의 궁극적인 대상은 자신에게 귀착된다. 장애물의 극복이라는 측면에서 e스포츠는 스포츠와 다르지 않다. 단지 e스포츠는 디지털 기기의 작동에 따른 빠른 시간의 결정을 요구하기 때문에 의사결정에 즉각적인 행위가 일어난다는 점에서 차이가 난다. e스포츠를 수행하는 의사결정의 특징이 무의식적이라면, 그 과정에 대한 해명도 필요하다. 무의식의 과정이라고 할지라도 e스포츠는 주어진 대상을 극복하고자 하는 자신의 의지 없이는 작동하지 않는다는 점에서 무의식과 의식의 연결과정도 해명되어야 할 숙제이다.

일곱째, e스포츠의 동적인 관점은 e스포츠의 규칙(rule)과 윤리문제를 이해하는 데 도움이 된다. 스포츠의 규칙과 다르게 e스포츠의 규칙 변화는 상대적으로 적다. 스포츠와 비교해본다면 e스포츠는 디지털 특성상 상대적으로 우연성이 적다. 물론 e스포츠의 경기 시 그 자체의 우연성이 없다는 것은 아니다. 배틀그라운드(Battlegrounds)의 임의적인 장소의 변경에 따른 가변성과 우연성의 작동은 경기의 시간 축소와 공간의 역할에 중요함을 보여준다. 하지만 e스포츠에서 보인 규칙과 관련된 윤리적 문제는 디지털 속성상 일반 스포츠의 윤리적 문제와 비교한다면 훨씬 더 심각한 문제를 야기한다.

02 e스포츠의 학제적(學際的) 연구방향 ✎

　　e스포츠는 기존의 학문적 접근으로 해석하기에는 너무 복잡한 현상을 보여준다. e스포츠가 디지털 기술의 발달과 사회구조의 변화로 새롭게 나타난 현상이라면 이를 이해하고 설명하기 위해서는 반드시 학제적 연구가 필요하다. 여기에서는 저자가 생각하는 학제적 연구 방향을 담론적으로 제시하고자 한다.

1) e스포츠의 학제적 이해

　　e스포츠의 학제적 연구는 e스포츠를 정당화할 수 있는 지식체계와 탐구 활동이다. 새롭게 등장한 e스포츠 현상은 기존의 학문적 접근으로 해명하기는 어려운 학제적(學際的, interdisciplinary) 연구 분야이다. 학제적 접근의 의미도 두 가지로 나눌 수 있다. 첫째는 e스포츠의 학제적 접근은 e스포츠를 기존의 스포츠, 게임학, 디지털 커뮤니케이션과 전혀 다른 새로운 학문의 영역으로 설명하는 것이다. 둘째는 디지털 기술과 스포츠의 만남 속에서 공통적인 요소를 찾아 e스포츠라는 고유한 학문적 영역으로 설정하는 경우이다. 각자의 학제적 연구 방향은 e스포츠의 학문적 내용과 연결되기 때문에 어느 쪽을 선택하느냐는 중요한 문제이다. 전자는 넓은 의미의 e스포츠라면 후자는 좁은 의미의 e스포츠의 학제적 연구이다. 전자의 관점은 저자의 능력 부족으로 설명하기에는 역부족이다. 다만 후자는 저자의 스포츠와 게임의 학문적 경험으로 설명이 가능하고 이와 관련된 내용을 본 장에서 설명하고자 한다.

　　기존의 스포츠 학문도 엄밀하게 본다면 학제적 연구이다. 스포츠 학문은 철학, 심리학, 윤리학, 생리학, 운동학 등 유기적인 연관성 아래에서 학문적 토대를 만들어왔다. e스포츠도 스포츠와 마찬가지로 e스포츠 철학, e스포츠 생리학, e스포츠 운동학, e스포츠 윤리학도 가능하다. 하지만 학문적 영역과 내용과 관련하여 e스포츠의 연구는 이제 걸음마의 단계에 있다는 사실은 부인할 수 없다.

다만 e스포츠의 학제적 연구는 대학의 시장 지향적 이익창출의 관점을 극복해야 한다. 한국에서는 전남과학대, 오산대, 국제대 등의 e스포츠과와 호남대 e스포츠 산업학과가 개설되어 운영 중이다. 하지만 그들 대학이 학문적 근거와 토대를 가지고 학과 커리큘럼이 진행되고 있는지를 살펴보아야 한다. 대학이 e스포츠 전문선수와 e스포츠관련 전문가들을 키우는 것도 중요하다. 하지만 e스포츠학과가 특정 선수나 직업군을 양성하기 위해 설립되어서는 안 된다. e스포츠 전문가의 역할을 담당하기 위한 학문적 커리큘럼도 의미가 있지만, 이는 e스포츠의 학문적 영역을 축소하는 결과를 초래한다. 우리가 국문학, 영문학, 경제학을 배운다고 해서 전부 그쪽 분야를 선택하는 것은 아니다. 각자 가지고 있는 학문적 위상을 갖추고 있기 때문에 학과로서 유지된다. 외국에는 e스포츠의 비즈니스와 관련된 대학원 과정은 개설되고 있지만, 본격적으로 e스포츠학과 개설되지 않은 이유가 학문적 토대의 빈곤에 기인한다고 생각한다.

e스포츠의 학문적 요구는 이제 피할 수 없는 시대적 산물이다. 한국이 e스포츠의 강국이라서가 아니라 e스포츠라는 새로운 현상이 드러난 이상 그것을 설명하고 해석하는 것이 필요하다. e스포츠 현상이 스포츠의 영역인지 아닌지 또한 마케팅과 산업과 경제의 논리만으로 그리고 디지털 게임의 영역으로 한정해서도 안 된다. 물론 각자의 관점에서 학문적 영역의 주장은 가능하다. 하지만 e스포츠와 마주하고 있는 연구자들은 서로 만나 토론하는 등 e스포츠의 학문적 방향에 진

지한 논의를 진행하고 있지 못하고 있다.

2) e스포츠의 학제적 방향

e스포츠의 학제적 방향과 내용은 학문적 토론의 장(場)에서 관련
학자들과 학계에서 인정받아야 한다. 아직 본격적으로 학제적 연구와
관련된 논의가 이루어지지 않는 상황에서 e스포츠의 학문적 내용을 주
장하는 것은 성급한 것일 수도 있다. 하지만 학제적 논의가 어렵다는
것과 학제적 논의를 어떻게 할 것인가는 다른 차원의 문제이다. 저자
는 e스포츠의 학문적 방향과 이해를 여섯 가지로 설명하고자 한다.

첫째, 철학적 접근의 이해이다. 이는 e스포츠의 인식, 존재, 가치
의 의미를 밝히는 것이다. e스포츠가 무엇이고 어떻게 볼 것인가에 대
한 이론적 토대를 구축하고 제시해야 한다. e스포츠가 하나의 학문으
로 존속하기 위해 현재 가장 필요한 요소는 e스포츠의 본질이 무엇인
지를 제시해야 한다. e스포츠의 본질과 관련하여 놀이, 게임, 스포츠와
의 관계 속에 공통적인 속성을 통해 e스포츠의 본질 제시는 e스포츠의
가치 지향과 자연스럽게 연결된다.

둘째, 교육적 접근의 이해이다. 디지털 문화의 이해와 활용과 관
련된 내용을 밝히는 것이다. e스포츠가 디지털 기기를 통한 경쟁의 좁
은 의미도 있지만, 디지털 기계를 다루는 데 있어 나타나는 주의 집중
력 강화, 즉각적인 판단력의 증대, 노령화의 치매 교육의 수단 등 학습
의 흥미와 긍정적인 역할을 담당한다.6 e스포츠와 관련된 디지털 리터
러시(digital literacy) 교육을 어떻게 접근하고 해석하느냐에 따라 교육적

---

6 디지털 게임과 학습의 긍정적인 측면과 관련된 다양한 논의는 Whitton(2014)을 참조.

응용은 다르게 나타난다. 디지털 환경과 기술적 속성의 교육적 관점은 창의적인 결과물인 새로운 e스포츠 경기를 만들어내는 토대가 된다.

셋째, 심리적 접근의 이해이다. e스포츠는 인간의 욕망과 욕구해소의 공간이다. e스포츠는 플레이어들 간의 공동체의 의식형성을 위한 유용한 수단이며, 시간의 낭비이거나 과몰입의 문제의 부정적인 요소로 작동한다. 이 모든 것은 심리적 측면과 경험의 문제에서 논의되어야 한다. e스포츠에서 보인 가상공간과 현실공간의 경험은 심리적 현상을 넘어 경험에 대한 해석을 요구한다. e스포츠의 경기에서 필요한 심리적 태도나 과정에 대한 이해도 중요하다. 이는 e스포츠플레이에 대한 심리분석에 한정된다. 모든 사람이 e스포츠의 시공간 세계에서 느끼는 가장 중요한 요소는 경험에 대한 해명이다. e스포츠 경험의 해명은 다양한 설명이 가능하다. 즉 가상세계에서 아바타와의 관계, 경기에서의 패턴 인식, 보이지 않는 동료와 적의 움직임 파악, 현실과 가상의 차이 등을 설명해야 한다. 디지털 속성의 영향력이 e스포츠의 플레이어들에게 직접적으로 영향력을 미친다는 점에서 인지와 관련된 이해도 필요하다.

넷째, 경제·문화적 접근의 이해이다. e스포츠는 경제적 수익 모델이 되는 산업과 이에 따른 문화적 현상을 만들어낸다. 4차 산업시대에 새로운 부가가치를 창출할 수 있을 것이다. 플랫폼 기반의 상상의 세계가 경제적 부와 창조적 문화의 새로운 입구를 만들어낸다. 온라인을 기반으로 하는 기업과 국제적 미디어 기업의 경제적 관심은 e스포츠를 새로운 수익모델로 인정하고 있다.

다섯째, 기술적 접근의 이해이다. e스포츠는 디지털 기술발달을 전제로 한다. 사실적인 움직임의 그래픽, 사운드, 고속데이터 통신망의 구축 등 디지털 기술의 발달은 e스포츠의 경기 내용과 형식을 새롭게 만들어낸다. e스포츠가 보여주는 디지털 기술에 따른 플레이어와의 관계를 어떻게 인식하느냐는 중요한 문제이다. 컴퓨터와 인간의 인터페이스 간의 연구는 선수들의 기량증진에 초점을 맞춘다.

위의 이러한 e스포츠의 학제적 접근은 학문적인 틀이 없는 개론적 언급에 불과하다. 이것은 e스포츠의 연구를 하는 데 필요한 것이 무엇인지 파악하는 데는 도움이 될지는 모르지만, 학제적 연구방향을 설정하는 데 한계를 가진다. e스포츠의 학제적 접근은 학자들의 관심사와 학문적 방향에 따라 다르게 전개되고, 자신의 학문적 관점과 역량에 따라 e스포츠의 학제적 구성은 달라질 수밖에 없다.

03 e스포츠 학제적 연구의 과제 ✎

우리는 e스포츠 현상을 어떻게 파악해야 하는가? 우리는 젊은이들이 열광하고 e스포츠 경기의 상금이 천문학적인 것과 프로e스포츠선수의 평균연봉이 약 1억이 넘는 것에만 관심을 가지며, e스포츠산업과 경제적 마케팅의 효과에 기울어진 관점에 초점을 맞추고 있지 않은가? 물론 경제적인 관점에서 e스포츠 현상을 파악하고 연구하는 것도 중요하다. 외형적으로 e스포츠의 시청자수는 유튜브(Youtube)나 트위치(Twitch)의 플랫폼 등의 기준으로 4억 5,400만 명이 넘고, e스포츠의 세계 시장 규모는 약 10억 달러 수준 이상이다(한국콘텐츠 진흥원, 2019). 하지만 오늘날 e스포츠를 마케팅을 포함한 경제적인 입장만을 이해한다면, e스포츠는 흘러가는 하나의 유행가에 지나지 않게 된다.

한국에서는 전남과학대학에서 e스포츠과와 호남대 e스포츠산업학과가 설립되었다. 미국 어바인(Irvine)에 있는 캘리포니아 주립대학은 학교에 e스포츠아레나가 설치되어 있고, 많은 대학에서 e스포츠와 관련된 연구소를 운영 중이다. 새년도어 대학(Shenandoah Uni.)에서는 e스포츠 전공을 개설하고 있다. 이처럼 미국의 많은 대학에서는 전통적인 스포츠 팀 이외에도 e스포츠 팀을 운영하면서 e스포츠 관련 연구와 교육에 관심을 가지고 운영 중이다. 중국도 산둥체육대학이 e스포츠 및 경영 전공과 화이자 대학의 e스포츠학과가 있다. 이를 기반으로 중국은 e스포츠 강국으로 진입 중이다.

스포츠관련 학과는 e스포츠 현상들 때문에 e스포츠관련 학과를 설치해야 하는가? 아니면 새롭게 등장한 e스포츠를 설명하기 위한 학문적 영역으로 접근하느냐는 다르다. 비록 저자가 'e스포츠는 스포츠다'라는 관점을 고수하지만, 그 명제가 타당성을 얻기 위해서는 다양한 관점에서 학문적 논쟁과 학계에서 인정을 받아야 한다. e스포츠의 역사가 25년이 되었다는 것이 중요한 것이 아니다. 그동안 e스포츠 연구가 문화적 산업적 경제적 관점에서만 접근하여 논의하고 있지 않는지 반성할 필요가 있다. 특히 경제적인 관점으로 편향된 e스포츠의 연구는 e스포츠의 선순환적인 발전에 도움이 되지 않는다. 학문적 토대 없는 e스포츠 발전은 모래 위에 성을 짓는 것과 같다. 경제적 산업적 강조와 다르게 학문적 관점에서 e스포츠 연구를 어떻게 설정해야 하는가? 의 근본적인 질문에 답을 해야 할 시점이다. 그 이유는 e스포츠가 단지 프로 e스포츠 플레이어의 연봉이나 세계 e스포츠 대회만이 전부는 아니기 때문이다.

우리는 프로e스포츠선수가 아닌 일반인이 즐기는 놀이 문화이며, 경쟁과 규칙이 포함된 경기의 영역이라는 점에서 e스포츠에 대한 연구도 필요한 시점이다. e스포츠가 주어진 문화와 테크노 기술과의 연결에서 속에서 일반인이 즐기는 하나의 문화 현상으로 바라보아야 한다. e스포츠는 기성세대의 관점에서 본다면 젊은 세대를 이해하는 도구이다. 그리고 디지털 테크놀로지의 삶을 구현하는 수단이라는 점에서 디지털 테크놀로지, 대중문화, 스포츠의 인문학 등 다양한 학제적 연구이다. 그 학제적 연구는 한국에서 시작해야 한다. 한국은 e스포츠의 종주국이라고 알려져 있고, e스포츠문화와 관련된 학문적 근거와 자료가 풍부하기 때문이다.

K-Pop이 한류로서 인기를 갖고 있다면, 그러한 현상을 학문적으로 설명하는 것은 의미가 있다. Jin Dal Young에 따르면 K-Pop문화를 디지털 테크놀로지와 소셜 미디어를 기반으로 혼종성(hybridity)의 개념으로 설명한다(나보라 역, 2017). 그러나 아직 한국e스포츠의 현상과 관련된 논의는 부족하다. 한국의 e스포츠 경기력의 세계 평균화, e스포츠의 부정적인 인식, 서구의 e스포츠의 학문적 관심들은 한국이 e스포츠의 제왕이라는 타이틀을 내려놓아야 할 시점이다. 2019년 오버워치대회의 4연속 우승을 실패하였고, 2019년의 롤드컵에서는 작년과 마찬가지로 결승전에 올라가지 못하였다. e스포츠의 강국신화가 무너지는 이유가 어디에 있는지도 설명할 수 있어야 한다. 단지 e스포츠를 둘러싼 환경, 국가지원의 부족, e스포츠의 IP(지적 재산권)를 근거로 유리한 e스포츠의 생태계 조성의 미흡, e스포츠에 대한 부정적 사회적 인식 인지 등 다양한 관점에서 논의되어야 한다. 이 모든 것은 학문적 근거를 가지고 새롭게 검토해야만 한다. 현재 e스포츠의 연구도 디지털 미디어연구자, 스포츠경영학자, 정보학연구자, 게임연구자, 스포츠철학자, 미래학자 등 다양한 분야에서 혼자만의 연구 영역에서 논의되고 있다. 연구자의 관심 주제에 따라 e스포츠 연구의 방향은 다를 수밖에 없다. 이러한 사실은 그만큼 e스포츠의 학제적 연구의 필요성을 역설적으로 보여준다.

저자는 'e스포츠는 스포츠다'라는 관점이 옳다고 주장하는 것이 아니다. e스포츠를 해명하는 데 가장 중요한 핵심적인 단어가 경험이라고 강요하는 것은 더 더욱 아니다. e스포츠 현상의 이해와 학문적 관점의 필요성을 담론적 수준에서 제시한 것에 지나지 않는다. 다만 e스포츠의 학제적 영역의 그 길이 어디로 연결될지 모르겠지만, 틀린 길이라도 누군가는 길을 제시해야 그 길을 토대로 새로운 길을 모색하거나 다른 길을 찾을 수 있을 것이다. 따라서 많은 연구자들의 e스포츠의 학제적 논의에 대한 관심과 비판이 필요한 시점이다.

13장 토론 내용

- e스포츠는 하나의 학문으로 가능한 이론적 전제 조건은 무엇이라고 생각하는가?
- e스포츠 학제적 연구에서 가장 중요시 고려되어야 할 부분은 무엇이라고 생각합니까?

더 읽어야 할 책

e스포츠와 미디어와의 관계는 Torres–Toukoumidis(2023)와 e스포츠의 방송과 관련된 내용은 Taylor(2018)를 보라. 그리고 e스포츠의 비즈니스와 관련된 것은 Scholz(2019)와 윤리적 문제와 관련해서는 Sicart(김겸섭 역, 2014)를 보라. e스포츠 학문과 관련된 내용은 이상호 & 황옥철(2021), 이학준(2022)을 보라. 승리하는 개인과 팀의 자세는 Andrejkovics(이상호 역, 2021)를 보라.

색인

참고문헌
Reference

강영옥 역(2021) / Wolfgang, B. **스포츠의 탄생**. 서울: 까치글방.

고진현(2010). **e-Sports 경기장 건축 계획에 관한 연구**. 미간행석사학위, 홍익대학교 건축도시대학원.

고현석 역(2021) / Damasio, A. **느끼는 아는 존재**. 서울: 흐름출판.

국립국어원 표준국어대사전.

김겸섭(2008). '놀이학'의 선구자, 호이징가와 까이와의 놀이담론 연구. **인문연구 54**, 148-190.

김겸섭(2012). **디지털 게임의 재발견**. 경기도: 도서출판 들녘.

김겸섭 역(2014) / Sicat, M. **컴퓨터게임의 윤리**. 서울: 커뮤니케이션북스.

김겸섭(2018). **노동사회에서 구상하는 놀이의 윤리**. 서울: 지성인.

김기홍, 심선향 역(2020) / Fincham, B. **재미란 무엇인가?** 경기도: 팬덤북스.

김기환, 이승애, 이민호(2022) **이스포츠인사이트**. 경기도: 한울아카데미.

김남진, 김용욱 역(2018). / Hall, T.E., Meyer, A., & Rose, D. H. **보편적 학습 설계 기반 수업**. 서울: 학지사.

김남진, 이학준, 김용성 역(2019) / Nelson, L. L. **보편적 학습설계-설계에서 수업 까지-**. 서울: 학지사.

김동규 역(2022) / Zahavi, D. **현상학 입문**. 서울: 길.

김동환 역(2018) / Slinerland, E. **애쓰지 않기 위해 노력하기**. 경기도: 고반.

김동환, 최영호 역(2012) / Johnson, M. **몸의 의미: 인간 이해의 미학**. 서울: 동문선.

김동환, 최영호 역(2020) / Chow, K. K. N. **애니메이션, 신체와, 디지털 미디어의 융합**. 서울: 싸아이알.

김동훈 역(2019) / Uptin, B. **플레이의 미학: 게임과 놀이의 숨은 아름다움**. 서울: 에이콘출판주식회사.

김린 역(2017) / Damaso, A. **데카르트의 오류**. 경기도: 눈출판그룹.

김상균(2014). **교육, 게임처럼 즐겨라**. 서울: 홍릉과학출판사.

김상균(2020). **메타버스**. 서울: 플랜비디자인.

김선진(2018). **재미의 본질(개정판)**. 부산: 경성대학교 출판부.

김성기, 이한우 역(2002) / McLuhan, M. **미디어의 이해**. 서울: 민음사.

김영래(2017). 역량 중심 인성교육으로서의 사회정서학습(SEL). **교육의 이론과 실천**, **2**(2), 31-53.

김영선(2023). e스포츠경험의 재구성과 스포츠교육의 가능성. **한국스포츠교육학회지**, **30**(1), 49-75.

김영선, 이상호, 정영수, 황옥철(2020). e스포츠 개념 사용에 대한 비판적 성찰. **한국체육철학회지**, **28**(3), 31-45.

김영선, 이학준(2020). 세대소통으로서의 e스포츠. **e스포츠연구: 한국e스포츠학회지**, **2**(2), 46-67.

김재홍 역(2018) / Aristoteles. **아리스토텔레스 정치학**. 서울: 샘앤 파커스.

김재훈(2023). 럭셔리 브랜드와 e스포츠 콜라보레이션에 대한 소비자 반응 연구: e스포츠 콜라보레이션 제품의 O4O (Online for Offline) 관점에서. **e-비즈니스연구**, **24**(1), 81-100.

김주호(2020). **e-스포츠 소비자의 경기 관람에 대한 만족도 판단 구조**. 미간행석사 학위논문. 서울대학교 대학원.

김태우(2018). 생태학적 심리학 관점에서 분석한 게이머의 가상환경지각 연구-배틀그라운드를 중심으로-. **만화애니메이션연구**, **50**, 239-273.

김한영 역(2004) / Johnson, S. **이머전스**. 서울: 김영사.

김형근(2022. 11. 17. 포모스). **데프트와 DRX의 해피엔딩, '514만 명' 함께하여 기록 달성**. https://www.fomos.kr/esports/news_view&entry_id=115813

나보라 역(2017) / Jin Dal Young. **신한류**. 경기도: 한울아카데미.

남윤성, 윤아람(2021). **e스포츠 직업설명서**. 서울: 틈새책방.

노명우(2011). **호모 루덴스 놀이하는 인간을 꿈꾸다**. 서울: 사계절.

노희찬(2020). **한·일 e스포츠의 변천과정 비교 연구**. 미간행석사학위논문. 경성대학교 일반대학원.

민경환, 김명선, 김영진, 남기덕, 박창호, 이옥경, 이주일, 이창환, 정경미 역(2015) / Daniel L. Schacter, D. L., Gilbert, D.T., Wegner, D. M., & Nock, M. K. **심리학입문**. 서울: 시그마프레스.

박권생 역(2014) / Reed, S. K. **인지심리학: 이론과 적응**. 서울: 센케이지 러닝코리아(주).

박광석(2019.05.17). **타임지, 2019년 차세대 리더로 '게구리' 김세연 선정**. http://www.inven.co.kr/webzine/news/?news=220388&site=overwatch

박근서(2009). **게임하기**. 서울: 커뮤니케이션북스.

박성주(2020). e스포츠는 "진짜" 스포츠인가?. **한국체육학회지, 59**(3), 47-58.

박성희, 김혜진(2020). 스포츠 시설로서의 e스포츠 공간의 기원과 확장: 고대 그리스의 스타디온에서 PC방까지. **한국사회체육학회지, 82**, 55-67.

박영욱(2009). **의미와 무의미의 경계에서**. 경기도: 김영사.

박인성 역(2013) / Gallagher, S., & Zahavi, D. **현상학적 마음–심리철학과 인지과학 입문**. 서울: 도서출판b.

박인성 역(2016) / Thompson, E. **생명 속의 마음**. 서울: 도서출판b.

박재호, 이해영 역(2019) / Levi, S. **해커, 광기의 랩소디: 세상을 바꾼 컴퓨터 혁명의 영웅들**. 서울: 한빛 미디어.

박지선 역(2017) / Platoni, K. **감각의 미래**. 서울: 흐름출판.

박지영(2020). **당신의 기억력은 변한다**. 서울: 좋은 땅.

박창호 역(2016) / Norman, D. A. **디자인과 인간 심리**. 서울: 학지사.

박홍철 역 (2016) / Dewy, J. **경험으로서 예술 1**. 파주: 나남.

백우진 역(2019) / Bailenson, J. **두렵지만 매력적인-가상세계(VR)가 열어준 인지와 체험의 인문학적 상상력-**. 서울: 동아시아.

백욱인(1998). **디지털이 세상을 바꾼다**. 서울: 문학과 지성사.

백인성, 강현구, 조윤상, 이영재, 박영준, 조억, 김성범(2020). 3차원 합성곱 신경망을 활용한 실시간 전략 게임 승패 예측. **대한산업공학회지, 46**(4), 349-355

백인후(2020). **e스포츠 참여자의 제약협상과정**. 미간행석사학위논문. 고려대학교 일반대학원.

백종현 역(2009) / Kant, E. **판단력비판**. 서울: 아카넷.

서송석(2019). 호모 루덴스 VS 호모 디기탈리스. 강병창, 김요한, 류은영, 변군혁, 서송석, 엄소연, 이윤희, 최지영. **디지털문화와 놀이**. 서울: 한국외국어대학교 지식출판콘텐츠원.

석봉래 역(2013) / Varela, Thompson, & Rosh. **몸의 인지과학**. 서울: 김영사.

송명길(2020). 샌드박스 게임의 미술관 교육 활용 가능성 탐색. **미술교육연구논총, 62**, 155-174.

송형석 역(2008) / Guttmann, A. **근대 스포츠의 본질: 제례의식에서 기록추구**. 서울: 나남.

신재호(2020). **e스포츠 소비자들의 관여도에 따른 스폰서십 인식 정도 및 구매의도 분석**. 미간행석사학위논문. 고려대학교 세종캠퍼스 대학원.

신현숙 역(2011) / Merrell, K. W., & Gueldner, B. A. **사회정서학습-정신건강과 학업적 성공의 증진**. 서울: 교육과 과학사.

신민철, 강유원(2022). e스포츠와 건강에 대한 재논의. **Journal of Sport and Leisure Studies, 90**, 243-253.

심백선 역(2023) / Kent, S. L. **게임 전쟁: 게임 패권 다툼 그리고 위대한 콘솔의 탄생**. 서울: 한빛미디어(주).

안용규, 김동규, 권오륜, 송형석, 김홍식(2011). 스포츠 용어 정의 재정립. **한국체육철학학회, 19**(4), 33-60.

안인희 역(2012) / Schillar, F. **미학편지**. 서울: 휴먼 아트.

에이케이 편집부 역(1996) / 고우이치, 히사가즈. **게임대학**. 서울: 도서출판 에이케이.

여명숙(2006). 디지털 한국의 일상성: 게임은 장난이 아니다. 함인희 편. **한국의 일 상문화와 몸**. 서울: 이화여자대학교 출판부.

오성주(2019). **지각의 기술: 지각심리학의 실습적 이해**. 서울: 서울대학교출판문화원.

옥덕경(2020). **e스포츠와 스포츠 소비자 비교연구**. 미간행석사학위논문. 서울대학교 일반대학원.

유창석, 전유택 역(2017) / Koster, R. **라프 코스트의 재미이론**. 서울: ㈜도서출판 길벗.

윤아름(2020). **한국 e스포츠 산업 현황 및 발전방안 연구**. 미간행석사학위논문. 광 운대학교 일반대학원.

윤영수, 채승병(2005). **세상을 움직이는 숨겨진 질서 읽기**. 서울: 삼성경제연구소.

윤종석, 나유진, 이진 역(2017). Bolz, N. **놀이하는 인간-놀지 못해 아픈 이들을 위 한 인문학-**. 서울: 문예출판사.

윤태희(2020.02.10.). **고대 이집트 '죽음의 보드게임' 초기 버전 발견… "3300년 전 제작"**. 서울신문. https://nownews.seoul.co.kr/news/newsView.php?id= 20200210601006

윤형섭, 권용만 역(2010) / Salen, & Zimmerman. **게임디자인 원론 1**. 서울: 지 코사인언스.

윤형섭, 이대웅 역(2011) / Salen, & Zimmerman. **게임디자인 원론 2**. 서울: 지 코사인언스.

윤형섭, 역(2013) / Salen, & Zimmerman. **게임디자인 원론 3**. 서울: 지코사인언스.

이경민, 정다희, 최예슬, 주혜연, 신민정, 장민하(2021). **게임하는 뇌**. 서울: 뭉스북.

이기흥 (2017). 행화주의 마음치유: 시론. **철학탐구, 48**, 91-129.

이길우, 이선관, 임호길, 한동원 역(2000). Gadamer, H-H. **진리와 방법 1**. 서울: 문학동네.

이남이(2019). 현상학적 질적 연구 심사자를 위한 "현상학적 질적 연구". **질적 연**

구, **20**(1), 1-14.

이남인(2013). **후설과 메를로-퐁티 지각의 현상학**. 경기도: 한길사.

이남인(2014). **현상학과 질적 연구**. 경기도: 한길사.

이남인(2019). 현상학적 질적 연구 심사자를 위한 "현상학과 질적 연구". **질적 연 구, 20**(1), 1-14.

이남인, 김태희 역(2020) / Huserl. E. **내적 시간의식의 현상학**. 경기도: 서광사.

이대열(2017). **지능의 탄생-RNA에서 인공지능까지**. 서울: 바다출판사.

이동규(2016). **너 이런 심리법칙 알아**. 경기도: 21세기북스.

이동연 외 11명(2020). **게임의 이론-놀이에서 디지털게임-**. 경기도: 문화과학사.

이무연 역(2002) / Kent, S. L. **게임의 시대**. 서울: 파스칼북스.

이명숙(2019). 마인크래프트 플랫폼을 이용한 소프트웨어교육 교수학습 모형. **디지 털산업정보학회, 15**(3), 119-128.

이상률 역(1996). / Caillios, R. **놀이와 인간**. 서울: 문예 출판사.

이상호(2016a). 무도윤리학의 인지과학적 적용가능성. **한국체육철학회지, 24**(1), 201-219.

이상호(2016b). 무도현상학. **한국체육철학회지, 24**(3), 151-171.

이상호(2017a). 검도철학에 대한 일 고찰-몸, 몸의 움직임, 반성과 경험-. **한국체 육철학학회지, 25**(2), 139-159.

이상호(2017b). 무도철학과 인지과학. **한국체육철학학회지, 25**(3), 117-145.

이상호(2019). e스포츠의 역사와 과정. **e스포츠연구: 한국e스포츠학회지, 1**(1), 1-27.

이상호(2020a). e스포츠의 개념 형성과 특징. **e스포츠연구: 한국e스포츠학회지, 2**(1), 1-16.

이상호(2020b). e스포츠 재미의 학문적 이해. **e스포츠연구: 한국e스포츠학회지, 2**(2), 1-20.

이상호(2021). e스포츠의 역할과 몸 기능향상. 고영삼 편. **게임은 훌륭하다**. 부산: 호밀밭.

이상호 역(2021) / Andrejkovics, Z. **보이지 않는 e스포츠**. 서울: 박영사.

이상호(2021.01.17. 게임와이). **e스포츠와 MZ세대의 이해: 롤 (LOL)을 중심으로**
http://www.gamey.kr/news/articleView.html?idxno=3000781

이상호(2022). e스포츠 재미와 열광의 인지적 특성. **한국체육학회지, 61**(2),
25-38.

이상호(2023. 10. 05, 게임와이). **항저우 아시안 게임에서 e스포츠의 성과와 과제**
http://www.gamey.kr/news/articleView.html?idxno=3006655

이상호(2023a). 태권도의 e스포츠화에 따른 전망과 과제. **한국체육학회지, 62**(6),
1-13.

이상호(2023b). 스포츠의 관점에서 본 e스포츠와 e스포츠의 관점에서 본 스포츠.
e스포츠연구: 한국e스포츠학회지, 5(1), 20-34.

이상호(2023c). e스포츠문화의 이론적 특징과 이해 도식에 관한 연구. **스포츠인류
학연구, 18**(4), 233-256.

이상호, 황옥철(2018). e스포츠의 철학적 이해. **한국체육학회지, 57**(5), 29-47.

이상호, 황옥철(2019a). **e스포츠의 학문적 이해**. 서울: 부크크.

이상호, 황옥철(2019b). e스포츠의 해석학. **한국체육학회지, 58**(2), 1-23.

이상호, 황옥철(2019c). e스포츠의 학제적 구성과 이해. **한국체육학회지, 58**(3), 31-
49.

이상호, 황옥철(2020a). e스포츠의 본질: 놀이, 게임, 스포츠와의 관계. **한국체육학
회지, 59**(1), 29-38.

이상호, 황옥철(2020b). e스포츠 현상의 이해와 학제적 접근. **한국체육학회지, 59**(2),
19-32.

이상호, 황옥철(2021a). 호이징가의 놀이이론에서 본 e스포츠. **한국체육학회지, 60**(1),
23-36.

이상호, 황옥철(2021b). 카이와 게임이론에서 본 e스포츠. **한국체육학회지, 60**(3),
77-88.

이상호, 황옥철(2022). 생활e스포츠의 가능성과 조건. **e스포츠연구: 한국e스포츠학**

회지, **4**(2), 57-71.

이송이(2020). **e스포츠에서 도핑적용에 관한 연구**. 미간행석사학위논문. 단국대학교
일반대학원.

이스포츠(전자스포츠) 진흥에 관한 법률. http://law.go.kr/%EB%B2%95%EB%
A0%B9/%EC%9D%B4%EC%8A%A4%ED%8F%AC%EC%B8%A0(%E
C%A0%84%EC%9E%90%EC%8A%A4%ED%8F%AC%EC%B8%A0)
%EC%A7%84%ED%9D%A5%EC%97%90%EA%B4%80%ED%95%9
C%EB%B2%95%EB%A5%A0/.

이승현, 김재훈. (2022). 럭셔리 브랜드와 e스포츠의 콜라보레이션을 활용한 가치
창출 사례연구. **e-비즈니스연구, 23**(6), 61-77.

이승용(2020). **e스포츠마케팅 쪼개기**. 서울: 북마크.

이승훈(2019). 국내 e스포츠 관련 연구동향. **e스포츠연구: 한국e스포츠학회지, 1**(1),
28-37.

이시후(2016.10.16). **비·눈 와도 운동할 수 있어요…ETRI, 학교체육 VR 효과 입증.**
https://news.joins.com/article/207210046

이시훈(2019.05.10). **중국 팬들, 뉴욕 타임스퀘어에 '페이커' 이상혁 생일 축하 광고
게시**http://www.inven.co.kr/webzine/news/?news=21994

이장주, 이제욱, 양준석, 박성제(2020). 이스포츠의 올림픽 정식종목 채택을 위한
정책 방안. **스포츠엔터테인먼트와 법, 23**(1), 153-176.

이재현(2013). **디지털 문화**. 서울: 커뮤니케이션북스.

이정우 역(1999) / Deleuze, G. **의미의 논리**. 서울: 한길사.

이정우(2009). **철학사전**. 서울: 중원문화.

이종관(2017). **포스트휴먼이 온다**. 사월의 책: 경기도.

이종인 역(2010) / Huizinga, J. **호모 루덴스**. 경기도: 연암서가.

이창신 역(2018) / Kahneman, D. **생각에 관한 생각**. 서울: 김영사.

이충호 역(2012) / Buss, D. **진화심리학**. 서울: 웅진지식하우스.

이학준 편저(2020). **e스포츠 연구의 현주소**. 서울: 퍼플

이학준, 김영선(2020). e스포츠는 스포츠이다. **한국체육철학회지, 28**(1), 19-30.

이학준, 김영선, 김용옥(2020). UDL 기반 통합체육에서 e스포츠의 효용과 활용. **특수교육저널: 이론과 실천, 21**(2), 215-234.

이현정(2020). 가상현실과 인간의 몸, 정체성, 그리고 상호작용. **코기토, 91**, 7-26.

이희은 역(2013) / Idhe, D. **테크놀로지의 몸**. 서울: 텍스트.

임재구(2021). 코로나 19 상황에서 e스포츠의 스포츠 정의에 대한 소고. **한국웰니스학회지, 16**(1), 127-132.

임지룡, 윤희수, 노양진, 나익주 역(2002) / Lakoff, G. & Jobnson, M. **몸의 철학-신체화된 마음의 서구 사상에 대한 도전-**. 서울: 박이정.

장성진 역(2014) / Juul, J. **하프 리얼**. 서울: 비즈앤비즈.

전대호 역(2014) / Kandel, E. **기억을 찾아서**. 서울: 알에치코리아.

정낙림(2017). **놀이하는 인간의 철학**. 서울: 책세상.

정해창 역(2008) / James, W. **실용주의**. 서울: 아카넷.

중앙일보(2006. 9. 26). **2000년 한국에서 'e스포츠'용어 공식화**. https://news.joins.com/artile/2459297

진성록 역(2007) / Freeman, W. J. **뇌의 마음**. 서울: 부글국스.

진우기 역(2009) / Baddeley, A. **당신의 기억**. 서울: 예담.

진추범(2020). **e스포츠 관람객들의 소비동기가 관람만족도, 팀동일시 및 재관람의도에 미치는 영향: 한·중 관중 비교 연구**. 미간행석사학위논문. 서울과학기술대학교 일반대학원.

최유찬(2002). **컴퓨터 게임의 이해**. 서울: 문화과학사.

최인수 역(2004) / Csikszentmihaly, M. **몰입, FLOW**. 서울: 한울림.

최정호, 이제욱(2019). 가상·증강현실 기반 e스포츠의 스포츠화를 위한 입법 개선 방안 연구. **스포츠엔터테인먼트와 법, 22**(1), 109-127.

한국e스포츠협회(2019). **e스포츠 20년사**. 서울: 켐툰.

한국복잡계학회 역(2015) / Johnson, N. F. **복잡한 세계 숨겨진 패턴**. 서울: 바다

출판사.

한창호 역(2008) / Gumbrecht, H. U. **매혹과 열광**. 경기도: 돌베게.

홍지수 역(2017) / Johnson, S. **원더랜드**. 서울: 한국경제신문.

황규홍, 정용길, 김용명 역(2017) / Fromkin, V., Rodman, R., & Hyams, N. **현대영어학개론**. 서울: 센게이지러닝코리아(주).

황상웅(2022). **국내 e스포츠 종목의 장르별 특성에 관한 연구**. 미간행석사학위논문. 광운대 스마트 융합대학원.

Aggerholm, K., & Rucinska, Z. (2019). *Handbook of Embodied Cognition and Sport Psychology* (pp.669-694). Massachusetts: MIT Press.

Anderson et al., "Understanding Esports as a STEM Career Ready Curriculum in the Wild," *2018 10th International Conference on Virtual Worlds and Games for Serious Applications (VS-Games)*, Würzburg, Germany, pp. 1-6, doi: 10.1109/VS-Games.2018. 8493445.

Aviles, C., Isaacs, S., Lion-Bailey, C., & Lubinsky, J. (2020). *The eSports Education Playbook*. San Diego: Dave Burgess Consulting.

Baddeley A. (2000). The episodic buffer: a new component of working memory? *Trends Cogn Sci., (11)*: 417-423. doi: 10.1016/s1364-66 13(00)01538-2. PMID: 11058819.

Baker(2016.05.25. RollingStone). *Stewart Brand Recalls First 'Spacewar' Video Game Tournament.* https://www.rollingstone.com/culture/ news/stewart-brand-recalls-first-spacewar-video-game-tourname nt-20160525).

Blanco-Herrera, J. A., Gentile, D. A., & Rokkum, J. M. (2019). Video Games can Increase Creativity, but with Caveats. *Creativity Research Journal, 31*:2, 119-131, DOI: 10.1080/10400419.2019.1594524

Blehm, C., Vishnu, S., Khattak, A., Mitra, S., & Yee, R. W. (2005).

Computer vision syndrome: a review. Surv. *Ophthalmol., 50*, 253–262. doi: 10.1016/j.survophthal.2005.02.008

Boswinkel, A .L., & Diepmaat, V. B. L. (2020) *Faculty of Social and Behavioural Sciences Theses* (Bachelor thesis).

Bowman, N. D. (2018). Video Games: *A Medium That Demands Our Attention*. New York: Routledge.

Caillois, R. (1958). *Les Jeux et Homme*. Pari: Gallimard.

Caillois, R. (2001). *Man, Play and Game*. (Barash, M. trans.). Illinois: University of Illinois Press.

Calleja, G. (2011). *In-Game: From Immersion to Incorporation*. Cambridge, MA: The MIT Press.

Campbell M. J., Toth A. J., Moran A. P., Kowal M., & Exton C. (2018). eSports: A new window on neurocognitive expertise? *Prog Brain Res., 240*, 161–174.

Canning, S., & Betrus, A. (2017). The culture of deep learning in esport: An insider's perspective. *Educational Technology, 57*(2), 65–69.

Carse, J. P. (1986). *Finite and Infinite Games: A Vision of Life*. New York: Random House Publishing.

Clark, A. and Chalmers, D. (1998). The Extended Mind. *Analysis 58*, 7–19.

Consalvo, M. (2016). Player one, playing with others with virtually: What's next in game and player studies. *Critical Studies in Media Communication, 34*(1), 84–87.

Costikyan, G. (2015). *Uncertainty in Games*. Cambridge, MA: The MIT Press.

Credeur, D. P., Miller, S. M., Jones, R., Stoner, L., Dolbow, D. R., Fryer, S. M., et al. (2019). Impact of prolonged sitting on peripheral and central vascular health. *Am. J. Cardiol., 123*, 260–266. doi: 10.1016/j.amjcard.2018.10.014

Dale, G., Kattner, F., Bavelier, D., & Green, C. S. (2019). Cognitive abilities of action video game and role-playing video game players: data from a massive open online course. *Psychol. Pop. Media Cult.* doi: 10.1037/ppm0000237.

Donohue, S. E., Woldorff, M. G., & Mitroff, S. R. (2010). Video game players show more precise multisensory temporal processing abilities. *Atten. Percept. Psychophys, 72*, 1120–1129. doi: 10.3758/APP.72.4.1120

Dunk, N. M., & Callaghan, J. P. (2010). Lumbar spine movement patterns during prolonged sitting differentiate low back pain developers from matched asymptomatic controls. *Work 35*, 3–14. doi: 10.3233/WOR-2010-0953

Enji Park et al. (2021). Secrets of Gosu: Understanding Physical Combat Skills of Professional Players in First-Person Shooters. *CHI '21: Proceedings of the 2021 CHI Conference on Human Factors in Computing Systems. 331*, 1–14.

Ferguson, C. J., & Colwell, J. (2020). Lack of consensus among scholars on the issue of video game "addiction". *Psychology of Popular Media, 9*(3), 359–366

Graetz, J. M. (1981). *The origin of space war.* (https://wheels.org/spacewar/creative/SpacewarOrigin.html).

Hallie Zwibel (2019). An Osteopathic Physician's Approach to the Esports Athlete. *The Journal of the American Osteopathic Association, 119*, 756–762. doi:https://doi.org/10.7556/jaoa.2019.125).

Hartshorne, J. K., & Germine, L. T. (2015). When does cognitive functioning peak? The asynchronous rise and fall of different cognitive abilities across the lifespan. *Psychol Sci., 26*(4): 433–443.

Harvey, M., H., & Marlatt, R. (Eds.). (2021). *Esports Research and Its Integration in Education*. Hershey PA: Information Science Reference.

Holden, T., Thomas A Baker III, T. A., & Rosenthal, R. (2021). *Esports and the Law: A Game Plan for Business and Legal Trends*. Chicago IL: ABA Publishing.

Huizinga, J. (1949). *Homo Ludens: A Study of the Play Element in Culture*. Boston: Beacon.

Hutto, D., & Myin, E. (2013). *Radical Enactivism: Basic Minds without Content*. Cambridge, MA: MIT Press.

IOC(2019.12.07.).https://www.olympic.org/news/declaration-of-the-8th-olympic-summit.

IOC(2021.04.22.).https://olympics.com/ioc/news/international-olympic-committee-makes-landmark-move-into-virtual-sports-by-announcing-first-ever-olympic-virtual-series

IOC(2023.10.04.)https://olympics.com/ioc/news/ioc-president-announces-plans-to-create-olympic-esports-games-at-opening-of-141st-ioc-session-in-mumbai.

Ishak, A. W. (2017). Communication in sports teams: A review. *Communication Research Trends*, *36*(4), 4–38.

Jin Dal Yong (2010). *Korea's Online Gaming Empire*. Cambridge, MA: The MIT Press.

Jin Dal Yong (Eds.). (2021). *Global esports: Transformation of Cultural Perceptions of Competitive Gaming*. New York: Bloomsbury Academic.

Jonasson, K. (2016). Broadband and Circuits: the place of public gaming in the history of sport. Sport, *Ethics and Philosophy. 10*(1), 28-41.

Johnson, M. (2017). *Embodied Mind, Meaning, and Reason.* Chicago: The University of Chicago University.

Juul, J. (2013). *The Art of Failure: An Essay on the Pain of Playing Video Games.* Massachusetts: The MIT Press.

Keith, S. (2012.11.12.). *The Golden Age Arcade Historian.* http://allin colorforaquarter.blogspot.com/2012/11/the-atari-50000-centipede -fiasco.html

Keyi Yin, Yahua Zi, Wei Zhuang, Yang Gao, Yao Tong, Linjie Song, & Yu Liu (2020). Linking Esports to health risks and benefits: Current knowledge and future research needs. *Journal Sport Health Sci., 9* (6), 485-488.

Kowal, M., Toth, A. J., Exton, C., & Campbell, M. J. (2018). Different cognitive abilities displayed by action video gamers and non- gamers. Comput. *Hum. Behav., 88*, 255-262. doi: 10.1016/j.chb. 2018.07.010

Kowert, R. (Eds.). (2021). *The Video Game Debate 2.* New York: Routledge.

Lagunas, K. L. (08.02.2019). *Are esports good for your health?* https:// www.dw.com/en/are-esports-good-for-your-health/a-47408527

Lakoff, G & Johnson, M. (1999). *Philosophy in the Flesh: the Embodied Mind & its Challenge to Western Thought.* New York: Basic Books.

Lantz, F. (2023). *The Beauty of Games.* Cambridge, MA: The MIT Press.

Large, A. M., Bediou, B., Cekic, S., Hart, Y., Bavelier, D., and Green, C. S. (2019). Cognitive and behavioral correlates of achievement in a complex multi-player video game. *Media Commun. 7*, 198-212.

doi: 10.17645/mac.v7i4.2314

LeDoux, J. E. (1998). *The Emotional Brain*. New York: Simon and Schuster.

Lee, Sangho (2023). eSports is eSports. *International Journal of eSports Studies*, 1, 36–54.

Li, R. (2016). *Good Luck Have Fun: The Rise of eSports*. New York: Skyhorse Publishing.

Lombard, M., Biocca, F., Freeman, J., Ijseselsteijn, W., & Schavits, R. J. (2015). Immersed in Media: *Telepresence Theory, Measurement & Technology* (Eds). Switzerland: Springer.

Martin-Niedecken, A. L., & Schättin, A. (2020). Let the Body'n'Brain Games Begin: Toward Innovative Training Approaches in eSports Athletes. *Frontiers in psychology, 11*, 138.

Merleau-Pony, M. (2012). *Phenomenology of Perception*. (D. A. Ladens, Trans.). London: Routledge.

McLuhan, M. (2017). *Understanding Media* (4th). Berkeley: Gingko Press.

Miah, A. (2017). *Sport 2.0.-Transforming Sports for a Digital World-*. Massachusetts: The MIT Press.

Neisser, U. (2014). *Cognitive Psychology-Classic Edition-*. New York: Taylor Francis.

Noë, A. (2004). *Action in Perception*. Cambridge, MA: MIT Press.

Parry, J. (2018). E-sports are not sports. *Sport, Ethics and Philosophy, 13*(1), 3–18.

Piaget, J. (1954). *The Construction of Reality in the Children*. New York: Basic Books.

Rachel Kowert, R. (Eds.). (2015). *The Video Game Debate*. New York: Routledge.

Richards, P. W. (2020). *Esports in Education: Exploring Educational Value in Esports Clubs, Tournaments and Live Video Productions.* Free digital copy.

Richman, Olivia (2019.12.16.). *IOC wants VR sports games in the Olympics, not CSGO or LoL.* https://win.gg/news/ioc-wants-vr-sports-games-in-the-olympics-not-csgo-or-lol/

Rizzolatti, G., Fadiga, L., Gallese, V., & Fogassi, L. (1996). Premotor cortex and the recognition of motor actions. *Cognitive Brain Research, 3*(2): 131-41.

Rogers, R. (Eds.). (2019). *Understanding Esports: An Introduction to the Global Phenomenon.* New York: Lexington Books.

Scholz, T. M. (2019). *eSports is Business.* Switzerland: Palgrave Pivot.

Scholz, T. M., & Nothelfer, N. (2022). *Research for CULT Committee: Esports-Background Analysis.* https://www.europarl.europa.eu/thinktank/en/document/IPOL_STU(2022)699635

Shapiro, L. (2019). *Embodied Cognition*(2th). London: Routledge.

Sharp, J., & Thomas, D. (2019). *Fun, Taste, & Game.* Cambridge, MA: The MIT Press.

Šimić, Ivan (2023.09.06). *International Olympic Committee launches IOC Esports Commission.* https://esportsinsider.com/2023/09/ioc-esports-commission?utm_source=ESI%20Newsletters&utm_campaign=2560ec26e3-RSS_EMAIL_CAMPAIGN&utm_medium=email&utm_term=0_b0121a8f6d-2560ec26e3-212124302

Smithies, T..D., Toth, A.J., Conroy E., Ramsbottom, N., Kowal M., &

Campbell M. J. (2020). Life After Esports: A Grand Field Challenge. *Front Psychol., 5*;11:883. doi: 10.3389/fpsyg.2020.00883. PMID: 32431652; PMCID: PMC7214923.

Suits, B. (2014). *The Grasshopper-Games, Life, and Utopia*-(third ed). Ontaro: Broadview Press.

Sutton-Smith, B. (1997). *The Ambiguity of Play*. Massachusetts: Harvard University Press.

Taylor, T. L. (2018). *Watch Me Play: Twitch and the Rise of Game Live Streaming*. New Jersey: Princeton University Press.

Thompson, E. (2007). *Mind in Life: Biology, Phenomenology, and the Science of the Embodied Mind*. Cambridge, MA: The Pelknap Press of Harvard University Press.

Torres-Toukoumidis, A. (Eds.). (2023) *Esports and the Media*. New York: Routledge.

Tran-Duy, A., Smerdon, D. C., & Clark, P. M. (2018). Longevity of outstanding sproting achievers: Mind and Muscle, *PLos ONE 13* (5), 1-12.

Vygotsky, L. S. (1978). *Mind and Society: The development of higher mental processes*. Cambridge: Harvard University Press.

Wagner, M. G. (2006, June). On the scientific relevance of eSports. *Symposium conducted at 2006 international conference on Internet computing & conference on computer games development*. Las Vegas, NV.

Weissberg, R. P., Durlak, J. A., Domitrovich, C. E., & and Gullotta. T.P. (2016). Social and Emotional Learning: Past, Present, and Future. J. A. Durlak, C. E. Domitrovich, R. P. Weissberg, & T. P. Gullotta (Eds.), in *Handbook of social and emotional learning: Research and practice*. New York: The Guilford Press.

Whitton, N. (2014). *Digital Games and Learning-Research and Theory-*. New York: Routledge.

Wilson, M. (2002). Six views of embodied cognition. *Psychonomic Bulletin & Review 9*, 625-636. https://doi.org/10.3758/BF03196322

https://blog.naver.com/kdmusic(이박사와 e스포츠같이 놀기)

https://dailian.co.kr/news/view/734920

https://dictionary.cambridge.org/

https://ie-sf.org/esports

https://learningenglish.voanews.com

https://newzoo.com/insights/articles/newzoo-coronavirus-impact-on-the-esports-market-business

https://olympics.com/ioc/olympic-values

https://opendic.korean.go.kr/dictionary/view?sense_no=1321480&viewType=confirm.

https://teamtto.org/index.php/international-games/olympic-games/7942-exclusive-blow-for-global-esports-federation-as-ioc-warn-olympic-sports-not-to-join-them

https://www.aesf.com/en/News-And-Media-Coverage/Oca-Confirms-Aesf-As-Technical-Delegate-For-Esports-At-2022-Asian-Games.html

https://www.apa.org/news/press/releases/2020/03/violent-video-games-behavio

https://www.espn.com/esports/story/_/id/19860473/why-associated-press-stylebook-went-esports-not-esports

https://www.etymonline.com

https://www.metaverseroadmap.org/overview/

https://www.olympic.org/news/declaration-of-the-8th-olympic-summit.
(2019.12.07.)

https://www.olympic.org/sports.

https://www.pbs.org/newshour/arts/breakdancing-gets-olympic-status-
to-debut-at-paris-in-2024

https://www.youtube.com/watch?v=Bw1Vl7LRNNY

[저자 소개]

이상호

저자는 대학을 졸업하고, 게임회사에 근무 중 무도철학의 관심으로 진로를
바꾸게 되었고, 동양철학, 현상학, 인지과학(박사 후 과정)을 공부하였다.
한국체육철학회 편집이사와 학술이사를 역임했고, 한국체육철학회 최우수
논문상을 2회 수상하였다. 현재 경성대학교 e스포츠연구소 연구교수로 근
무 중이며, 한국체육철학회와 한국e스포츠학회에서 부회장과 한국e스포츠
학회지 편집위원으로 일하고 있다. e스포츠현상학, e스포츠의 인지행동과
관련된 연구를 진행 중이다. 검도 6단(대한검도회)이다. 역서로는 『보이지
않는 e스포츠』, 공저로는 『e스포츠의 학문적 이해』, 『게임은 훌륭하다』,
『Esports Business Management』, 저서로는 『검도철학』 등이 있다.

개정판
e스포츠의 이해

초판발행	2021년 9월 10일
개정판발행	2024년 2월 28일
지은이	이상호
펴낸이	안종만·안상준
편 집	탁종민
기획/마케팅	박부하
표지디자인	이영경
제 작	고철민·조영환
펴낸곳	(주) **박영사**
	서울특별시 금천구 가산디지털2로 53, 210호(가산동, 한라시그마밸리)
	등록 1959. 3. 11. 제300-1959-1호(倫)
전 화	02)733-6771
f a x	02)736-4818
e-mail	pys@pybook.co.kr
homepage	www.pybook.co.kr
ISBN	979-11-303-1968-1 93690

정 가 22,000원